KB145256

데브옵스 도입 전략

기업 상황에 따라 적용하는 데브옵스 도입 방법

데브옵스 도입 전략

기업 상황에 따라 적용하는 데브옵스 도입 방법

산지브 샤르마 지음 **정아정** 옮김

i!i
에이콘

 에이콘출판의 기틀을 마련하신 故 정완재 선생님 (1935-2004)

이 책은 현재에 안주하지 않고 항상 더 열심히 삶을 살게 해주는 원동력인
아내 리티카Ritika와 우리 아이들, 사란쉬Saransh와 슈리아Shreya에게 바칩니다.

지은이 소개

산지브 샤르마 Sanjeev Sharma

데브옵스와 클라우드 도입 분야에서 세계적으로 유명한 사상가이자 기술 임원이며 작가다. 글로벌 기술 영업 리더, CTO, 인수합병 기술 리더, IT 아키텍처로 재직했다. IBM에서는 수석 엔지니어 Distinguished Engineer (기술리더 중에서도 기술적 소양이 매우 뛰어나 별도로 직함을 부여함)로 인정받았다.

데브옵스와 클라우드를 도입할 때 어떤 최신 솔루션, 구조, 전략 등을 채택하면 좋을지 결정할 수 있다. 또한 IBM에서 데브옵스 기술 영업 부문 글로벌 CTO로 일했던 경험으로 경영과 IT 니즈 둘 다 이해할 수 있는 통찰력과 고유의 관점을 갖게 됐다. 이러한 관점으로 산업의 종류나 지역과 상관없이 데브옵스 및 클라우드를 도입하려는 임원 및 고위 기술 임원진에게 멘토가 돼 여러 가지를 조언한다.

데브옵스 및 클라우드 전문가로서 국제 콘퍼런스에서 자주 발표도 한다. 블로그(http://bit.ly/sdarchitect)에 주요 기술 발표에 대한 기사, 블로그 포스트, 영상 등을 자주 올리며, 트위터는 @sd_architect다.

감사의 말

이 책은 데브옵스 커뮤니티에서 고객 및 동료 간에 이루어진 데브옵스 및 IT 최적화와 혁신에 대한 무수한 대화와 토론을 활자화하려는 노력의 일환이다. 이러한 대화와 토론뿐만 아니라 많은 관련 블로그, 기사, 책, 세미나, 비디오, 회의, 프레젠테이션 등이 이 책을 쓰는 데 많은 도움이 됐다.

- 주요 기여자로 IBM 동료인 데브옵스 주제 전문가와 기술 이론 리더가 있다(이름은 알파벳 순).
- 알 바그너Al Wagner
- 앨버트 호Albert Ho
- 알렉스 아비 칼레드Alex Abi Khaled
- 안나 로페즈 만시시도르Ana Lopez-Mancisidor
- 앤디 모나한Andy Moynahan
- 앤 마리 소머빌Ann Marie Somerville
- 안슈 칵Anshu Kak
- 아뉴제이 비들라Anujay Bidla
- 아바 하킴Ava Hakim
- 발라 라저라맨Bala Rajaraman
- 버니 코인Bernie Coyne
- 빌 히긴스Bill Higgins
- 밥 보건Bob Bogan
- 브라이언 네일러Brian Naylor
- 크리스 라자로Chris Lazzaro
- 크리스 루카Chris Lucca
- C. J. 폴C. J. Paul

- 클로데트 히키Claudette Hickey
- 클리프 어스타인Cliff Utstein
- 댄 버그Dan Berg
- 데이비드 커비실리David Curbishley
- 데이비드 리David Leigh
- 데이비드 지스킨드David Ziskind
- 디비 에드워드Dibbe Edwards
- 에릭 미니크Eric Minick
- 에릭 앤더슨Erik Anderson
- 그레그 운덜Greg Wunderle
- 헤이든 린지Hayden Lindsey
- 헬렌 다이Helen Dai
- 자간 카루투리Jagan Karuturi
- 제임스 피어스James Pierce
- 제프 크룸Jeff Crume
- 짐 피젤러Jim Fieseler
- 짐 모피트Jim Moffitt
- 존 라누티John Lanuti
- 존 위건드John Wiegand
- 케이 존슨Kay Johnson
- 케다 왈림베Kedar Walimbe
- 크리스토프 클로이크너Kristof Kloeckner
- 카일 브라운Kyle Brown
- 리 윌리엄슨Leigh Williamson
- 마헨드라 핑게일Mahendra Pingale
- 마네시 고얄Maneesh Goyal

- 마크 보로프스키 Mark Borowski
- 마크 마인샤인 Mark Meinschein
- 마크 로버츠 Mark Roberts
- 마크 톰린슨 Mark Tomlinson
- 매나기 번캇 Meenagi Venkat
- 마이클 엘더 Michael Elder
- 마이클 사마노 Michael Samano
- 마이크 맥나미 Mike McNamee
- 무스타파 카파디아 Mustafa Kapadia
- 폴 바스 Paul Bahrs
- 폴 메이하그 Paul Meharg
- 피터 엘레스 Peter Eeles
- 피터 스펑 Peter Spung
- 랜디 뉴웰 Randy Newell
- 르네 보스틱 René Bostic
- 릭 위버 Rick Weaver
- 롭 커디 Rob Cuddy
- 로비 민쉘 Robbie Minshall
- 로저 스눅 Roger Snook
- 로잘린드 래드클리프 Rosalind Radcliffe
- 샐 벨라 Sal Vella
- 샐림 파다니 Saleem Padani
- 스티브 에이브람스 Steve Abrams
- 스티브 케이건 Steve Kagan
- 스티븐 분 Steven Boone
- 수드하카르 프레데릭 Sudhakar Frederick

- 스와티 모렌^{Swati Moran}

- 토니 도일^{Tony Doyle}

- 팀 한^{Tim Hahn}

- 팀 푸이에^{Tim Pouyer}

- 바르반 바실리브^{Varban Vassilev}

- 웬디 토^{Wendy Toh}

IBM에서 근무했던 기여자들은 다음과 같다.

- 앨런 새니^{Alan Sanie}

- 애샥 레디^{Ashok Reddy}

- 보우먼 홀^{Bowman Hall}

- 데이비드 그림^{David Grimm}

- 데이비드 마이어스^{David Myers}

- 잰 스보바다^{Jan Svoboda}

- 마이크 런블러드^{Mike Lundblad}

- 머레이 캔터^{Murray Cantor}

- 스티븐 포그^{Steven Pogue}

- 워커 로이스^{Walker Royce}

또한 여러 고객과 비즈니스 파트너, 관련 전문가는 조직에서 리더로서 데브옵스를 도입해 실제 사례를 들 수 있게 도와줬다. 이러한 사례로부터 많은 교훈을 얻을 수 있었다. 책에서는 실천 사례와 교훈을 주는 대화의 끝에 그들을 언급했다. 다만 IBM 직원으로서 일로 만났기 때문에 모두 이야기할 수는 없다. 함께 회의, 미팅, 세미나에서 공동 발표했던 사람과 기사 및 블로그를 함께 만들었던 사람은 다음과 같다(소속 회사 병기).

- 앨런 시멜^{Alan Shimel}(데브옵스닷컴)

- 안토니 모리스Antony Morris(모니타이즈)

- 벤 초드로프Ben Chodroff(클라우드원)

- 브래드 시크Brad Schick(스카이탭)

- 카르멘 디아도Carmen DeArdo(네이션와이드 인슈어런스)

- 크리스 레프레Chris Lepre(웰스 파고)

- 게리스 에반스Gareth Evans(모니타이즈)

- 제임스 가버너James Governor(레드몽크)

- 제인 그롤Jayne Groll(데브옵스 인스티튜트)

- 존 코마스John Comas(NBC 유니버설 미디어)

- 존 코스코John Kosco(블루 어질리티)

- J. P. 모겐탈J. P. Morgenthal(CSC)

- 마크 하월Mark Howell(로이즈 뱅킹 그룹)

- 타파브레타 "토포" 팔Tapabrata "Topo" Pal(캐피탈 원)

데브옵스 최고 권위자인 진 킴Gene Kim이 그의 책과 데브옵스 엔터프라이즈 서밋 콘퍼런스로 이 책에 기여했다.

또한 10년 넘게 함께 일한 리 레이드Lee Reid에게도 특별히 감사를 전하고 싶다. 그는 내 동료로서 IBM 월드와이드 데브옵스 설계팀을 2년 동안 이끌었다. 또한 데브옵스 가치 흐름 지도Value Stream Mapping 워크숍 기법을 함께 개발했고 많은 아이디어를 함께 이야기했다. 이 책의 기술 감수를 맡은 것을 계기로 IBM을 떠나 세인트노버트대에서 그의 실력과 생각을 활용할 기회를 얻은 것은 정말 좋은 일이었다. 그의 통찰력, 비판, 피드백이 없었다면 책이 제대로 완성될 수 없었을 것이다.

마지막으로 출판사 와일리Wiley의 훌륭한 편집자인 아다오비 오비 툴턴Adaobi Obi Tulton과 메리루이즈 와이액Marylouise Wiack에게 감사한다. 덕분에 처음 작성했던 초안에 비해 가독성과 문장의 일관성이 매우 높아졌다.

기술 감수자 소개

리 레이드^{Lee Reid}

제조 및 정보기술 분야에서 소프트웨어 엔지니어링, 아키텍처 설계, 제품 개발, 기술혁신, 팀 리더 등을 30년 이상 수행한 경험이 있다. 제너럴 모터스 대학^{General Motors Institute}을 졸업하고 미시간대^{University of Michigan}에서 석사학위를 취득했으며 4건의 미국 특허를 갖고 있다. 최근에는 세인트노버트대^{St. Norbert College}에서 린^{Lean}과 데브옵스를 가르치며 IT 업계를 이끌고 있다.

옮긴이 소개

정아정

부산대 정보컴퓨터공학부, 동 대학원 컴퓨터공학과를 졸업하고 LIG넥스원에서 소프트웨어 개발자로 근무하고 있다. 주 사용 언어는 C++로 무기체계 관련 소프트웨어를 개발하고 있다. 소프트웨어 구조 및 성능 개선뿐만 아니라 개발문화의 발전을 꿈꾸고 여러 분야에 관심을 갖고 있으며 다양한 경험을 선호하고 호기심이 많아 이것저것 해보는 것을 좋아한다.

옮긴이의 말

데브옵스는 2009년 처음 등장한 개념이다. 오래 되지 않은 새로운 개념이지만 업계에서는 그 취지에 공감하며 도입 시도가 늘고 있다. 많은 기업의 가치 상승과 부서간 시너지 상승 기대감에 도입했지만 이면에는 실패 사례도 적지 않다. 이는 시스템 구축 역량의 부족이나 너무 대규모로 시작했기 때문이거나 기타 다양한 이유가 있겠지만 모두 잘못된 초기 도입 전략 때문일 것이다. IBM 데브옵스 도입 전문가인 저자의 경험을 바탕으로 기업과 조직이 처한 다양한 상황(특히 대규모 기업)에 따라 전략을 어떻게 세우면 좋을지 적절한 가이드를 제시한다.

데브옵스 도입 의지가 있는 모든 사람이 대상이다. 실제로 데브옵스 도입 과정에서 인프라를 어떻게 재구성하고 어떤 도구가 더 좋을지 고민하는 엔지니어뿐만 아니라 기업 전체의 비즈니스 가치 향상을 고민하는 경영진에게도 추천할 만한 내용을 담고 있다. 조직 전체 관점에서 데브옵스를 도입할 때 어떤 점을 고려해야 할지, 무엇을 중점적으로 고민해야 할지 가이드해준다.

다양한 독자가 읽을 수 있다는 점을 감안해 번역하면서 IT 비 전문가가 읽었을 때도 이해가 되도록 노력했다. 최대한 우리말로 기술했지만 대체하기 어렵거나 이미 광범위하게 사용되는 경우에는 영문 그대로 사용했다. 저자는 내용 중간중간 다양한 스포츠에 비유해 데브옵스 관련 내용을 설명했는데 스포츠 관련 부분은 번역하면서 어려움이 있었지만 이후 다시 읽어보니 기억에 남고 내용도 더 잘 이해됐다. 저자의 의도를 알 수 있는 부분이었다. 스포츠 관련 내용은 생소하겠지만 찬찬히 읽어보면 더 오래 기억에 남는 데 도움이 될 것이다. 부족한 번역이 좋은 책에 누가 되지 않길 바라며 여러분에게도 조금이라도 도움이 되길 바란다.

좋은 책을 번역할 기회를 주신 에이콘출판사 담당자 분들께 감사드리며 새로운 도전에 기름을 부어준 남편이자 책 쓰는 프로그래머인 준수 씨에게도 감사의 말을 전한다.

차례

지은이 소개 6

감사의 말 7

기술 감수자의 말 12

옮긴이 소개 13

옮긴이의 말 14

들어가며 23

1장   데브옵스: 개요 37

데브옵스의 시작 38

데브옵스: 뿌리 40

개발팀 대 운영팀에 대한 생각 44

데브옵스: 실천 방안 48

지속적 통합 49

지속적 전달 55

지원 방안 60

시프트 레프트 71

아키텍처와 리스크 경감 74

지속적 개선 76

메트릭 77

비즈니스 영향 요소 77

데브옵스: 문화 79

요약 82

2장   데브옵스 도입 83

플레이북 개발 86

목표 대상의 상태 파악(비즈니스 목표와 영향 요소) 87

현재 상태 평가 91

혁신 전략 선택 107

혁신 전략 도입 · 109

요약 · 114

3장   데브옵스 혁신 비즈니스 사례 개발   115

비즈니스 사례 개발 · 116

비즈니스 모델 캔버스 채우기 · 120

고객 부문 · 121

    사업 관련 부서의 고객 부문 · 121

    IT 조직의 고객 부문 · 123

가치 제안 · 124

    사업 관련 부서의 가치 제안 · 124

    IT 조직의 가치 제안 · 126

채널 · 130

    사업 관련 부서의 채널 · 130

    IT 조직의 채널 · 130

고객 관계 · 130

    사업 관련 부서의 고객 관계 · 131

    IT 조직의 고객 관계 · 131

수익 흐름 · 131

    사업 관련 부서의 수익 흐름 · 132

    IT 조직의 수익 흐름 · 132

핵심 자원 · 132

    사업 관련 부서의 핵심 자원 · 133

    IT 조직의 핵심 자원 · 133

핵심 활동 · 133

    사업 관련 부서의 핵심 활동 · 133

    IT 조직의 핵심 활동 · 134

핵심 파트너십 · 135

    사업 관련 부서의 핵심 파트너십 · 135

    IT 조직의 핵심 파트너십 · 136

비용 구조 · 136

사업 관련 부서의 비용 구조 136

IT 조직의 비용 구조 136

요약 137

4장   전달 파이프라인 최적화를 위한 데브옵스 전략   139

최적화를 위한 데브옵스 140

비즈니스 목적: 최적화 대 혁신 142

핵심 주제 148

사이클 타임 최소화 149

배치 크기 축소 153

올바른 문화 확립 158

데브옵스 전략 162

전략: KPI와 측정지표 확립 162

전략: 애자일 도입 172

전략: 통합 전달 파이프라인 177

전략: 지속적 통합 185

전략: 지속적 전달 190

전략: 시프트 레프트 – 테스트 208

전략: 시프트 레프트 – 운영팀 참여 218

전략: 지속적 모니터링과 피드백 225

전략: 릴리즈 관리 233

분야별 데브옵스 도입 전략 237

전략: 모바일 환경에서의 데브옵스 238

전략: 메인프레임 환경에서의 데브옵스 248

전략: 사물인터넷 환경에서의 데브옵스 253

전략: 빅데이터 환경에서의 데브옵스 256

요약 263

5장   혁신 추진을 위한 데브옵스 전략   267

혁신을 위한 최적화 269

우버 신드롬 270

혁신과 기술의 역할 271
　새로운 비즈니스 모델 혁신 272
　비즈니스 모델 실험 273
　새로운 사용자 참여 모델을 위한 혁신 275

핵심 주제 278
　다중 속도 IT 달성 278
　지속적인 타당성 확인 283
　실험 활성화 287
　안티프래질 시스템 전달 290
　IT 시스템과 안티프래질 293

전략: 데브옵스 플랫폼 구축 299
　애플리케이션 전달 및 안티프래질 시스템 302
　환경 추상화 303
　클라우드 호스팅 데브옵스 플랫폼 305
　서비스형 인프라 312
　추상화 계층으로서의 오픈스택 히트 319
　서비스형 플랫폼 321
　컨테이너 326

전략: 마이크로서비스 아키텍처 제공 330
　마이크로서비스 아키텍처 332
　12 팩터 앱 335
　클라우드 네이티브 337
　마이크로서비스와 컨테이너 340
　마이크로서비스로 마이그레이션 341

전략: API 경제적 개발 345
　배포 자동화와 API 347
　데브옵스 플랫폼과 API 348

전략: 혁신을 위한 조직 구성 350
　대기업 혁신문화 조성 352

요약 353

6장　기업에 데브옵스 확대 적용　355

핵심 주제 356

조직 문화 357

도구와 관행의 표준화 358

체계적 도입 359

조직 사일로 타파 360

전략: 데브옵스 역량 센터 361

데브옵스 역량 센터의 기능과 목표 363

핵심 역량 센터의 역할 365

데브옵스 코치 365

역량 센터 설립 368

전략: 규모에 맞는 혁신문화 개발 369

제안 관리팀 373

전략: 지속적 개선문화 개발 376

도입 로드맵 개발 378

지속적 개선과 가치 흐름 지도 379

전략: 데브옵스 팀 모델 383

전략: 도구 및 프로세스 표준화 386

데브옵스 통합 플랫폼 표준화 388

전략: 데브옵스 보안 고려사항 390

보안 관련 위험 관리 392

데브옵스 프로세스 및 플랫폼 보안 문제 해결 ... 396

API의 경제성과 보안성 401

전략: 데브옵스 및 아웃소싱 403

전략적 아웃소싱 404

IT 공급망 405

아웃소싱으로 데브옵스 활성화 406

요약 407

7장   기업 내 데브옵스 도입 이끌기   409

전략: 혁신 활동으로서의 데브옵스 411

행동해야 할 설득력 있는 이유 413

데브옵스 혁신 안티 패턴 415

전략: 협업과 신뢰의 문화 개발 418

가시성을 통한 신뢰성 확보 420

가장 중요한 것은 사람 421

전략: 사업 관련 부서를 위한 데브옵스 사고방식 422

사업 관련 부서와 IT 부서의 협력 423

데브옵스 혁신 참여 425

섀도 IT는 밝은 곳으로 425

전략: 파일럿 프로젝트 시작 426

파일럿 프로젝트 선택 428

임원진의 지지 429

전략: 항공모함에서 유니콘 키우기 430

아이디어 육성 432

요약 434

부록   사례 연구: 데브옵스 도입 로드맵 예   437

조직 배경 438

로드맵 구조 439

데브옵스 최적화 및 혁신 워크숍 439

배경과 컨텍스트 441

도입 로드맵 443

비즈니스 영향 요소 443

기존 IT 계획 444

병목현상 446

근본 원인 449

데브옵스 실천 방안 449

로드맵 도입 456

참고문헌 457

찾아보기 472

들어가며

플레이북[1] 안에는 뭐가 들어 있을까?

2016년 4월 빌라노바대 와일드캣(Wildcats) 팀과 노스캐롤라이나대 타힐스(Tar Heels) 팀은 NCAA 전국 농구 챔피언십에서 역대 최고의 기량을 발휘하며 결승전을 치렀다. 마지막 4.7초를 남기고 노스캐롤라이나의 조엘 베리 2세(Joel Berry II)가 3점 슛을 성공시켜 74대74 동점을 만들었다. 빌라노바의 제이 라이트(Jay Wright) 감독은 마지막 타임아웃을 요청했다. 경기가 재개되고 빌라노바의 크리스 젠킨스(Kris Jenkins)는 같은 팀 가드인 라이언 아치디아코노(Ryan Arcidiacono)에게 공을 패스했다. 빌라노바의 아치디아코노는 노스캐롤라이나의 베리를 지나 골대를 향해 드리블했는데 모든 플레이는 경기를 이기기 위한 전략이었다. 노스캐롤라이나 팀은 빌라노바의 아치디아코노를 1대3으로 마크했다. 아치디아코노가 베리를 넘어서면 노스캐롤라이나 팀의 저스틴 잭슨(Justin Jackson), 아자이야 힉스(Isaiah Hicks), 브라이스 존슨(Brice Johnson) 3명이 3점 슛을 막을 계획이었다. 빌라노바는 아치디아코노가 하프 코트를 지나 3점 슛이 가능한 위치에 있는 동료 선수에게 패스하는 전략을 세웠다. 아치디아코노는 전략에 성공했다. 젠킨스에게 패스했고 3점 슛을 성공시켰다. #승리!

– 사란쉬 샤르마(Saransh Sharma, 2016)

기업 규모에 맞는 데브옵스 도입을 위한 플레이북

뛰어난 팀은 훌륭한 리더, 코치, 팀원으로 구성되고 적절한 교육과 프로세스를 갖고 있지만 그게 전부가 아니다. 여러 상황에 직면했을 때 무엇을 어떻게 해야 할지 알기 때문에 뛰어난 팀인 것이다. 이는 다양한 시나

---

1 농구, 미식축구 등의 스포츠에서 팀의 공수작전 등의 전략을 기술한 책 – 옮긴이

리오의 해결책이 담긴 전략서, 플레이북을 갖고 있음을 뜻한다.

어려운 상황에 직면했을 때 선수와 코치는 함께 모여 플레이북에서 적절한 전략을 선택해 경기한다. 여기서 중요한 것은 실제로 경기를 하는 것이다. 나의 모교 빌라노바대는 결승전에서 간발의 차로 우승했다. 연습경기로 플레이북을 만들어왔고 결승전에서는 상황을 읽고 적절한 전략을 세운 덕분에 이길 수 있었다. 노스캐롤라이나의 허를 찌르지 못했다면 결과를 알 수 없었을 것이다.

마찬가지로 IT 조직에서도 실전이 중요하다. 매일매일 애플리케이션을 전달하고 운영하는 일이 개발, 전달, 운영 절차를 이루며 실전으로 이어진다. 성공적인 IT 조직은 우수한 프로세스를 따르며 잘 실행한다. 하지만 IT 조직 혁신은 별개의 이야기다. 대부분의 조직은 혁신이 일어날 때 문화적 관성과 조직 관성Organizational inertia[2]을 극복하기 힘들어한다. 어떤 어려움이 발생할지 알 수 없기 때문에 더 어려운 것이다. 이 책에서는 기업 규모에 맞게 데브옵스를 도입할 수 있도록 입증된 전략을 소개한다. 또한 크고 복잡하고 분산된 IT 조직에서 데브옵스를 도입할 때 채택할 수 있는 변화 전략을 소개한다.

이러한 전략은 실전 경험에서 나온 것으로 그동안 나는 세계 곳곳의 다양한 산업 분야에 데브옵스를 도입하는 것을 도왔다. 도입 대상 조직은 규모나 조직성숙도 면에서 다양했다. 데브옵스 초창기부터 IBM의 데브옵스 기술영업 부서의 글로벌 CTO로 재직하면서 데브옵스의 발전을 눈앞에서 볼 수 있었다. 데브옵스의 발전은 스타트업이 개척한 일련의 실천 방법부터 대기업의 문화적, 기술적 변화 노력으로 이루어졌다. 나는 IBM에서 데브옵스 선구자이자 개척자였고 고객에게는 데브옵스를 담당하는 얼굴이었다. 많은 고객이 조직이나 기업 단위에 데브옵스를 도입해 일하고 고생하고 성공하는 것을 봤다. 이 책은 그 과정에서 성공 패턴을 뽑아

---

2 조직이 새로운 변화에 저항하면서 익숙하고 편안했던 과거로 다시 회귀하려는 성향 – 옮긴이

내 제시한다.

작은 조직에서 데브옵스를 도입하는 것은 어렵지 않다. 대기업처럼 여러 조직 간 지역이 다르거나 문화적 관습 차이가 있는 것이 아니기 때문이다. 큰 조직에서도 작은 팀(라지 사이즈 피자 두 판[3]으로 식사를 해결할 수 있을 정도의 팀)은 대부분 데브옵스 도입으로 사업적 성과를 거둘 수 있다. 대부분의 조직은 많은 노력을 들이고 대부분 성공으로 노력의 보상을 받는다. 개인, 팀 레벨에서 성공하고 조직 전체로 확대하는 경우도 있다. 소규모 댄스팀이 모여 있다고 생각해보자. 저마다 특성이 있다. 팀에 따라 살사, 재즈, 왈츠 등 다른 춤을 춘다. 또 다른 팀은 내 딸이 말한 "힙합"을 춘다. 이 팀들을 합쳐 대규모 무용단을 조직해 큰 무대에서 공연할 수 있을까? 그럴 수 없다. 같은 음악에 맞춰 같은 춤을 춰야 하는데 그렇게 할 수 없기 때문이다. 이와 유사하게 성공적으로 데브옵스를 도입한 작은 팀이 있더라도 기업 전체에 적용하는 것은 또 다른 일이다. 따라서 조직의 다른 팀들이 따라할 수 있도록 실천 방법, 프로세스, 플랫폼, 도구를 표준화하기 위해 노력해야 한다.

조직은 데브옵스 도입을 위해 적절한 환경을 설정해야 한다. 혁신 노력을 지원하고 바꾸기 힘든 기존 프로세스를 변경할 수 있게 하고 문화적 관성을 극복하기 위해 하향식 접근을 하게 한다.

> **노트** 실무자가 주도하는 상향식(bottom-up) 접근 방식은 매우 생산적인 각 팀이 데브옵스를 도입할 때 채택할 수 있다. 임원진이 주도하는 하향식(top-down) 접근 방식은 개개인의 성공을 조직 전체로 확장할 수 있게 해준다.

데브옵스 도입을 조직 전체로 확장하려면 업무 규약이 필수다. IT 조직은 비즈니스 가치를 고객에게 증명해야 한다. 따라서 역량을 발휘해 비즈니스 가치를 실현해야 한다. IT 조직은 이를 위해 최적화를 해야 한다.

---

3 아마존의 CEO 제프 베조스(Jeff Bezos)는 피자를 두 판 이상 먹는 팀은 생산적인 팀이 될 수 없다고 주장했다.

즉 더 민첩하게 변화하고 변화에 더 탄력적으로 대응하고 더 적은 리소스로 더 많은 일을 하고 좀 더 생산적이고 처리량을 늘리고 더 빨리 수행하고 더 높은 품질을 실현하고 시장 상황에 반응적이고 경쟁업체를 이기고 비용을 줄이고 계속 변경되는 규제와 규정을 충족시키는 것이다.

또한 IT 조직은 혁신이 필요하다. 회사가 신규 시장에 진입하고 기하급수적인 성장을 하고 고객을 확보하고 고객의 요구에 부응하고 다시 비용을 줄이기 위해서다. 이러한 요구를 충족시키는 것(모든 요구를 충족시킬 필요가 없길 바라지만)은 변화의 필요성을 인지하고 혁신을 시작하는 것이다. 데브옵스 도입으로 얻는 많은 이점은 혁신할 동기가 된다.

노트   멋있어 보인다는 이유만으로 데브옵스를 도입하면 안 된다. 명확한 업무적 이유가 있어야 한다. 민첩성 증대와 업무속도 향상의 필요성은 데브옵스를 도입해야 하는 중요한 이유다. 데브옵스가 지난 몇 년 동안 발전하고 널리 퍼진 것은 오늘날 변화하는 시장과 고객의 기대를 반영했기 때문이다.

따라서 IT 조직의 혁신을 위해서는 이러한 변화가 IT 조직의 능력을 향상시키고 강화하는 결과로 이어져야 한다. 비즈니스 가치를 높이는 방법으로 기업역량을 높이는 것이 선행돼야 한다. 데브옵스 도입으로 혁신을 경험하는 IT 조직은 최적화와 혁신의 균형을 이루며 기업이 가장 필요로 하는 것을 제공해야 한다. 이를 위해 기업과 IT 조직 간의 적절한 파트너십은 필수다. 사업 목표는 왜 IT가 변화하는지, 어떻게 변화를 추진해야 할지에 돼야 한다.

이 책은 데브옵스 도입 전략을 다음과 같이 분류한다.

- 최적화를 위한 데브옵스
- 혁신을 위한 데브옵스
- 기업에서의 데브옵스 도입 확대
- 기업에서의 데브옵스 혁신 추진

각 항목마다 교훈, 사례, 성공 패턴, 안티 패턴[4]이 소개된다. 데브옵스 도입으로 고성능 애플리케이션 전달 조직이 혁신할 때는 조직의 성숙도와 상태에 따라 다양한 시나리오와 상황이 발생할 수 있다. 이 책은 스포츠 플레이북처럼 여러 시나리오와 상황에 맞는 전략을 제시하도록 설계됐다. 조직은 데브옵스를 도입하려는 프로젝트와 팀에 따라 전술적으로 전략을 실행해야 한다. 적과 마주쳤을 때 전술, 전략이 없으면 살아남기 힘들듯 데브옵스 도입 전략은 각 조직에 맞게 설계한 광범위한 도입 로드맵이나 실행 계획에 맞춰 수행돼야 한다.

게다가 현실적으로 똑같은 조직은 없다. 조직의 어느 부분에서는 성숙도가 높지만 다른 부분에서는 낮을 수 있다. 같은 건물에서 일하는 조직에서도 어떤 팀은 이미 민첩성도 높고 문제해결 속도도 빠르지만 다른 팀은 문화적 관성이 남아 있을 수 있다. 서로 다르더라도 조직 전체로 확장하기 위해서는 모든 팀이 협력해야 한다.

하나의 조직 내에 폭포수 개발방식을 엄격하게 따르는 코어 시스템 팀이 있을 수 있고 모던 애자일과 데브옵스를 도입해 실천하는 혁신적인 연구소도 있을 수 있다. 따라서 도입 패턴은 같은 조직이더라도 팀의 특성에 따라 다르게 적용돼야 한다. 또한 다양한 팀의 요구사항에 맞춰 커스터마이즈돼야 한다. 이러한 노력을 돕기 위해 이 책은 가치 흐름 지도를 적용한다. 가치 흐름 지도는 린 실천운동의 구성요소로 수십 년 동안 사용돼왔다. 또한 조직의 비즈니스 목표, 성숙도, 역량에 맞게 세워진 전략으로 구성한 도입 로드맵을 개발하는 데 사용될 수 있다.

---

4   실제로 많이 사용되는 패턴이지만 비효율적이거나 비생산적인 패턴 – 옮긴이

혼란을 겪거나 혼란을 일으키거나

우리는 엄청난 변화의 시대를 살고 있다. 1960년 미국 포춘Fortune지가 선정한 500개 기업의 평균수명은 75년이었다. 오늘날 평균수명은 15년으로 줄었다. 왜 그럴까? 우버효과를 이해하면 그 이유를 알 수 있다. 택시 업계 출신이 아닌 창업주가 이끄는 우버Uber는 모바일 앱을 터치하는 것으로 수세기 동안 지속된 업계를 혼란에 빠뜨렸다. 우버는 소비자가 택시 서비스를 원할 때 서비스를 바로 제공하는 방식인 주문형 방식으로 만들었다. 많은 투자를 하고 주요 인프라를 구축하고 경력자를 채용해 스타트업을 설립하고 새로운 IT역량(애자일, 데브옵스 등 새로운 접근 방식과 클라우드, 마이크로서비스[5] 등의 기술이 겹치며 발전됨)으로 클라우드 서비스와 모바일 애플리케이션을 갖춘다면 우버처럼 커질 수 있다.

> **노트** 세계에서 가장 빠르게 성장하는 운송회사는 보유한 차량이 없다(우버). 세계에서 가장 빠르게 성장하는 숙박 공유회사는 자사 소유의 부동산이 없다(에어비앤비). 세계에서 가장 빠르게 성장하는 미디어회사는 미디어를 만들지 않는다(페이스북). 세계에서 내용이 가장 방대한 백과사전은 전속 작가가 없다(위키피디아). 혼란은 현실이다.

그렇다면 당신 회사는 혼란을 일으키는 쪽인지, 혼란을 겪는 쪽인지 자문해보자. 현실은 대부분 혼란을 겪는 쪽이기 때문에 오늘날 IT 조직은 어느 때보다 큰 압박을 받고 있다. 경쟁업체가 우버처럼 될까 봐 두렵기 때문이든, 사업상 속도를 올려야 하기 때문이든 IT 조직은 핵심 애플리케이션의 최적의 운영을 보장하면서도 혁신적이 되도록 균형을 맞춰야 하는 상황이다. 사실 혁신과 기존 시스템의 효율성 유지는 공존할 수 있다. 우버와 에어비앤비 같은 웹 기반 업체와의 경쟁이 쉽지는 않겠지만 조직

---

5 애플리케이션이 느슨하게 결합된 서비스 모임으로 구조화하는 서비스 지향 아키텍처(SOA) 스타일의 일종인 소프트웨어 개발 기법 – 옮긴이

전반에 데브옵스를 규모에 맞게 도입하면 민첩성, 효율성, 혁신성을 높일 수 있다. 데브옵스 도입은 조직을 혁신의 선두에 서게 하므로 혼란을 겪는 것을 막을 수 있다. 즉 혁신의 선두에 서서 혼란을 일으키는 쪽이 된다. 오늘날 기술중심 세계에서 IT역량은 혼란을 겪는 쪽과 혼란을 일으키는 쪽 사이의 차별화 요소가 된다.

데브옵스의 정의

조직은 데브옵스를 도입할 때 다양한 전략을 세우고 적용해야 할 핵심 기능과 실천 방법을 자세히 살펴봐야 한다. 하지만 그 전에 먼저 데브옵스라는 용어의 정의부터 알아야 한다.

신기술이나 기술 관련 패러다임이 업계에 도입될 때마다 그랬듯이 데브옵스는 유행어가 됐다. 모두가 데브옵스를 이야기하지만 모두가 데브옵스를 아는 것은 아니다. 정말 최악인 것은 데브옵스를 도입했다고 주장하는 대부분이 여전히 힘들게 일하고 있다는 것이다. 데브옵스 운동의 선두에 서서 뛰어난 성과를 거둔 몇몇 기업(자주 인용할 엣시^{Etsy}, 플리커^{Flickr}, 페이스북, 넷플릭스^{Netflix})은 좋은 사례다. 하지만 여기서조차 데브옵스 도입에 좋은 접근 방식에 대한 논쟁의 여지가 있다. 넷플릭스는 개발자가 운영 부분까지 맡으므로 노옵스^{NoOps}라고 부른다. 이것이 난장판으로 이어질 거라고 이야기하는 사람도 있다.

이러한 논쟁은 업계에서 데브옵스가 진화하면서 나올 것으로 예상된 바다. 이 책에서 길게 설명하겠지만 데브옵스 도입에는 다양한 접근 방법이 있다. 각 조직은 여러 리스크와 비즈니스 영향 요소$^{business\ driver}$를 고려해 데브옵스를 도입할 때 적절한 기능과 실천 방법을 검토해야 한다. 실제로 이러한 도입은 이 책에서 설명될 기법을 활용해 프로젝트 수준에서부터 기업 전체로 확장돼야 한다.

앞에서 언급했듯이 많은 블로거와 기술 전문가가 데브옵스를 정의했고 하다못해 데브옵스가 무엇인지에 대한 의견을 갖고 있다. 개발자가 왕인 데브옵스의 관점도 있다. 지속적 전달로 데브옵스를 도입한 경우 클라우드 상에서만 동작하기 때문에 클라우드가 없으면 아무 것도 할 수 없을 때 데브옵스를 마이크로서비스처럼 취급하는 경우가 그것이다. 자, 우선 (공정하게) 중립적인 출처로부터 나온 정의를 보자(위키피디아, 2016).

데브옵스는 소프트웨어 전달과 인프라 변경 프로세스를 자동화하며 소프트웨어 개발자와 IT 전문가 간의 소통과 협업을 강조하는 실천 방법, 동향, 문화를 가리킨다. 데브옵스는 소프트웨어 빌드, 테스트, 릴리즈가 더 빨리, 더 자주, 더 안정적으로 이뤄지게 해주는 개발 환경을 구축하고 이러한 문화를 창조하는 것이 목표다.

데브옵스의 발전에 따라 위키피디아 내용도 진화했다. 비교를 위해 2013년의 위키피디아 내용을 아래에 추가했다.

> 데브옵스(개발Development과 운영Operations의 혼성어portmanteau)는 소프트웨어 개발자와 IT 전문가 간의 소통, 협업, 통합을 강조하는 소프트웨어 개발 방법이다. 데브옵스는 소프트웨어 개발과 IT 운영 간 상호의존성에 대한 반응이다. 또한 조직이 소프트웨어 제품과 서비스를 빨리 생산하도록 돕는 것을 목표로 한다.

위키피디아 정의의 진화는 데브옵스의 진화와 산업계가 데브옵스를 어떻게 바라보는지를 보여준다. 많은 사람이 사전에서 찾아봐야 했던 난해한 단어인 혼성어를 변경한 것 외에도 주목해야 할 부분은 다음과 같다.

- 소프트웨어 개발 방법에서 실천 방법, 동향, 문화로 바뀐 것
- 자동화 개념 추가
- 최종 목표를 "소프트웨어 제품, 서비스의 신속한 생산"에서 "더 빨리, 더 자주, 더 안정적으로 소프트웨어 빌드, 테스트, 릴리즈하는

것"으로 변경. 따라서 데브옵스의 목표는 단순한 속도 향상뿐만 아니라 신뢰성과 품질 향상으로 변경됐다.

물론 지금까지 작성된 데브옵스의 가장 짧은 정의는 생략하겠다. 2013년 오라일리 벨로시티 콘퍼런스^{O'Reilly Velocity Conference}의 티셔츠에서 볼 수 있었다.

데브옵스 − IT에서 SH를 제거하라^{taking the SH out of IT}.

이 책의 대상 독자

스포츠 팀은 선수뿐만 아니라 감독, 코치, 부코치, 관리진, 임원진, 트레이너, 의사, 영양사, 물리치료사, 장비관리인, 볼 캐리어와 워터 서버 등 여러 명으로 이뤄진다. 팀을 운영하는 데 모두 필요하며 팀이 최고의 역량을 발휘하기 위해서는 각자의 위치에서 최선을 다하고 팀워크를 다져야 한다. 마찬가지로 데브옵스는 개발자와 운영 실무자만의 문제가 아니다. 애플리케이션 전달 파이프라인에 있는 모든 이해당사자가 작업 방식, 협업 및 소통 방식, 협력 방식을 성과가 우수한 팀이 하는 방식으로 바꿔야 한다.

이 책은 애플리케이션 전달 파이프라인의 이해당사자인 조직 내 모든 팀원을 대상으로 한다. 기업 오너부터 애널리스트, 아키텍트, 디자이너, 개발자, 테스터, QA 팀원, 자동화 엔지니어, 인프라 엔지니어, 운영 실무자, 데이터베이스 관리자, 시스템 관리자, 문서작성 담당자, 프로젝트 관리자, 서비스 총괄, 고위 임원까지 모두가 이해당사자다. 맡은 역할은 조직에 따라 달라질 수 있다. 데브옵스 도입에 따라 조직은 무엇을 어떻게 할 것인지 고민하며 진화하고 혁신해야 한다. 모두에게 이익이 되도록 이 책을 썼다.

이야기할 전략은 이해당사자마다 다르게 적용될 것이다. 역할 변화, 협력 방식이 어떻게 이뤄지는지 궁금한 사람도 있을 것이고 별로 궁금하지 않은 사람도 있을 것이다. 보통 볼 캐리어와 워터 서버는 경기에 큰 영향을 미치지는 않지만 제 위치에 없으면 팀 성과에 영향을 미칠 수 있다. IT 조직의 지원 부서도 마찬가지다. 애플리케이션 전달 파이프라인상에서 산출물과 프로세스를 직접 다루는 주요 이해당사자에게는 이 책의 전략이 많은 도움을 줄 것이다. 그들은 경기를 직접 뛰는 선수이자 최고의 기량으로 경기에 임하도록 도와주는 직접 지원 스태프이기 때문이다.

1장에서는 데브옵스 개요를 소개한다. 여기서는 데브옵스의 기원부터 오늘날까지 어떻게 발전해왔는지 이야기한다. 또한 데브옵스를 구성하는 실천 방법과 기능을 규정하고 이 책의 전제인 데브옵스 혁신과 데브옵스의 넓은 정의를 살펴본다.

2장에서는 팀의 리더 위치에 있는 코치와 주장, 팀의 핵심선수가 해야 할 일에 초점을 맞췄다. 팀을 위한 플레이북, 즉 적절한 경기 전략을 개발하고 선택하기 위해 경기 컨디션과 경쟁 팀을 평가하는 방법을 이야기한다. IT 관리, 프로젝트 및 프로그램 관리자, 서비스 총괄, 팀 리더, 선임 실무자, 데브옵스 코치를 위한 내용이다. 이 역할 중 하나를 맡길 원하는 사람도 포함된다.

3장에서는 적절한 후원과 투자로 성공으로 이어지도록 데브옵스를 도입할 때 필요한 비즈니스 사례 구축 지침을 제공한다.

4~6장은 실제 전략이며 다음과 같이 분류한다.

- **4장 – 최적화를 위한 데브옵스 전략** 낭비요소를 제거해 효율을 극대화하기 위한 애플리케이션 전달 파이프라인 최적화 전략
- **5장 – 혁신을 위한 데브옵스 전략** 변화를 꾀하고 여러 아이디어를 시험할 수 있도록 애플리케이션 전달 파이프라인을 빠르고 민첩하게

만들기 위한 전략

- **6장 – 조직 전체(기업)에 적용하기 위한 데브옵스 확대 전략** 조직성숙도가 제각각이고 크고 복잡하고 분산된 조직 전반에 데브옵스 도입을 확대하기 위한 전략

7장에서는 데브옵스 도입을 추진하려는 임원진을 위한 내용을 다룬다. 스포츠 팀의 단장이나 운영진처럼 기업 임원진은 기업 운영을 위한 결정을 내리고 조직의 문화와 방향을 설정한다. 임원진은 데브옵스 도입을 수행하기 위해 결정을 내려야 하는 사람이다. 또한 도입에 필요한 투자와 후원도 해야 한다. 도입에 따른 여러 변화에 대한 비즈니스 사례 구축 방법을 알아야 하고 투자수익률도 결정해야 한다. 선두에 서서 기업 전반의 혁신을 이끌어야 한다.

부록에는 가치 흐름 지도 연습을 위해 만든 가상은행에 데브옵스 도입 로드맵 예시가 있다.

이 책은 도구와 플랫폼의 구애를 최대한 받지 않게 했다. 책에서 도구, 플랫폼, 기술 도입 사례(상업용, 오픈소스 모두)를 소개하지만 현재 시장에서 자동화를 위해 어떤 것이 사용되는지 예시를 들기 위해서다. 도구는 프로세스 자동화에 필수이며 자동화는 작업을 빠르고 반복 및 확장이 가능하게 해주며 오류를 없애준다. 도구와 플랫폼은 계속 발전하고 있으며 더 새롭고 좋은 것으로 대체되고 있다. 그러므로 사용 가능한 도구와 플랫폼을 추천하는 것은 헛수고일 뿐이다. 도구와 플랫폼이 발전하더라도 유지되는 주요 기능 부분에 집중한다.

스포츠와의 유사성

전체에 대한 개인의 헌신이 팀, 회사, 사회, 문명을 이룬다.
　　　　　　　　　　　　　– 빈스 롬바르디(전설적인 미식축구 감독)

스포츠만큼 문화, 언어, 지역적 경계를 초월하는 것도 없다. 의심스럽다면 지난 올림픽을 다시 보면 된다. 스포츠나 IT 조직 둘 다 팀 단위로 움직이므로 애플리케이션 개발과 전달도 스포츠와 유사한 부분이 있다. 새로운 애플리케이션과 서비스를 개발하고 전달하는 데 올림픽 금메달 리스트처럼 신체조건을 맞춰야 하는 것은 아니지만 스포츠 팀과 마찬가지로 리더십과 원활한 소통 및 협업, 상호 신뢰가 필요하다.

나는 개인적으로 스포츠에 대한 열정이 있다. 어린 시절부터 스포츠에 관심이 많은 집안에서 컸다. 외할아버지는 올림픽에 출전한 인도 국가대표 출신이자 국제적인 스포츠 인사였다. 젊은 시절 인도 하키 국가대표로 뛰었고 1952년 헬싱키 올림픽에서는 인도 축구 국가대표팀 임원으로 활동했다. 성화 봉송도 했는데 1964년 도쿄 올림픽 성화가 인도를 통과해 성화를 들고 뛸 수 있었다. 외할아버지는 내가 어릴 때부터 수십 년 동안 인도 축구계 임원으로 활동했다. 이렇게 집에서 올림픽 성화와 함께 자라면서 스포츠인에 대한 존경심을 갖게 됐다.

이 책에서 나는 여러 스포츠에서 나온 사례, 인용, 선수와 감독의 경험을 데브옵스 도

1964년 도쿄 올림픽에서 성화를 봉송하는 라치먼 싱(Lachhman Singh) 시장(싱 가족 소장)

입 전략에 대입시켰다. 이렇게 책을 쓴 것은 전략을 더 쉽게 공감하고 이해하고 책을 더 흥미롭게 만들기 위해서다.

공식 웹사이트

주로 사례 연구, 프레젠테이션, 영상, 책의 인용 등 관련 내용을 게시하며 주소는 http://devopsadoptionplaybook.com이다.

정오표

한국어판 정오표는 에이콘출판사의 도서정보 페이지 http://www.acornpub.co.kr/book/python-for-devops에서 찾아볼 수 있다.

질문

한국어판에 관한 질문은 이 책의 옮긴이나 에이콘 출판사 편집 팀(editor @acornpub.co.kr)으로 문의해주길 바란다.

1장

데브옵스: 개요

스트용 데이터를 추출한다. 하지만 금방 오후가 되고 모두 알고 있듯이 금요일 오후에는 일이 잘 진행되지 않는다.

월요일 오전 데이터베이스 분석가는 테스터에게 테스트용 데이터를 전달한다. 회귀 테스트로 결함을 발견할 때까지 20분이 걸린다. 새로운 서비스 코드를 작성하고 빌드한 지 일주일이나 지나서야 개발자에게 문제를 반환한다. 개발자는 그동안 결함이 있는 줄도 모르고 새로운 코드를 추가했는데 이렇게 되면 또 일주일이 늦어진다. 더 무서운 것은 타사 사람들에게 이 이야기를 했을 때 공감해준 것이 아니라 "그렇게 효율적으로 일하다니!"라며 놀랐다는 것이다.

– 계속 좌절하는 개발 관리자

데브옵스의 시작

데브옵스 운동은 2009년 오라일리 벨로시티O'Reilly Velocity 콘퍼런스에서 존 올스파우John Allspaw와 폴 해몬드Paul Hammond의 발표에서 시작됐다. 제목은 "하루에 10번 이상 배포하기: 플리커의 개발팀과 운영팀의 협력"[1]으로 당시 하루에 10번 이상 배포하는 것은 전례가 없었다. 패트릭 드부아Patrick Debois는 같은 해 벨기에 겐트에서 열린 첫 데브옵스데이DevOpsDays에서 이러한 개념을 데브옵스DevOps라고 이름지었다.

데브옵스가 많은 관심을 얻기 시작하면서 초기에는 웹 애플리케이션을 개발하는 스타트업이 관심을 보였다. 웹 애플리케이션은 개발팀에서 잦은 변경과 많은 업데이트를 수행한다. 하지만 운영팀은 변경에 매우 엄격한 관리 프로세스 하에서 배포하므로 실제로는 배포가 늦어진다.

데브옵스 운동의 목표는 이러한 차이를 극복하는 것으로 개발팀과 운영팀이 더 많은 소통을 통해 신뢰를 구축해 협업이 잘 이뤄지게 하는 것이다. 그 핵심은 애플리케이션을 더 빠르고 효율적으로 전달할 수 있게

---

1 http://conferences.oreilly.com/velocity/velocity2009/public/schedule/detail/7641

자동화해 개발팀과 운영팀 간의 문화적 간극을 좁히는 것이다. 2010년 소트웍스ThoughtWorks의 제즈 험블Jez Humble은 저서『신뢰할 수 있는 소프트웨어 출시』(에이콘, 2013)에서 데브옵스의 주요 구성과 내용을 구체화해 많은 사람이 이용할 수 있게 했다.

하지만 여전히 데브옵스는 (크고 복잡한 기존 시스템을 유지할 필요가 없고 최신기술을 쉽게 적용할 수 있는) 유니콘 스타트업에서 적용할 수 있는 개념으로 보였고 대기업에 적용하는 것은 요원해 보였다. 하지만 대기업은 스타트업에서 데브옵스를 적용해 무엇을 얻는지 봤고 데브옵스를 자사에 어떻게 적용할 수 있을지 고민했다. IBM 같은 기업은 배포 자동화와 환경 설정의 시각화에 손대기 시작했다. 동시에 어반코드UrbanCode 같은 빌드 자동화 분야 회사들은 유디플로이uDeploy 출시와 함께 데브옵스에 집중하기 시작했다. 즉 지속적인 전달 관련 도구의 카테고리가 탄생한 것이다. 한편 노리오Nolio 등의 다른 자동화 분야 회사들은 각자의 제품으로 경쟁했다. 동시에 운영 및 인프라에서 나온 "코드"라는 의미의 옵스코드 Opscode(현재는 셰프Chef와 퍼핏랩스Puppet Labs) 등이 관심을 끌었다.

2012년 데브옵스는 대규모 산업으로 성장하기 시작했다. IBM은 스마트 클라우드SmartCloud로 지속적 전달Continuous Delivery 개념을 시험하며 경쟁에 처음 뛰어들었다. 소트웍스와 IBM 같은 컨설팅 회사도 스타트업에서 데브옵스를 적용해 효과를 본 부분을 잘 추려내 데브옵스를 적용하려는 조직 특히 대기업에게 컨설팅을 제공하기 시작했다. IBM과 CA테크놀로지스CA Technologies는 각각 어반코드와 노리오를 인수해 2013년 4월 데브옵스 세계로의 공식적인 진출을 발표했다.

2013년 진 킴Gene Kim이『피닉스 프로젝트』(프리렉, 2014)를 출간하면서 데브옵스 운동의 최대 전환점이 됐다. 이 책은 엘리 골드렛Eliyahu M. Goldratt 의 저서『더 골The Goal』(동양북스, 2019)[2]에서 영감을 받아 만들었다. 진 킴

---

2 원서는 1984년 발행됐다. - 옮긴이

의 책은 엘리 골드렛의 책이 수십 년 동안 제조업계의 필독서였던 것처럼 IT업계에서 린 실천운동[3]과 골드렛의 제약 조건 이론[4]을 구현한 필독서가 됐다. 진 킴은 그의 책으로 데브옵스를 주류로 올려놓았을 뿐만 아니라 매년 제즈 험블, 퍼핏랩스와 함께 "데브옵스 보고서State of DevOps Report"를 발간했다.

데브옵스: 뿌리

데브옵스는 어디서 왔을까? 그 시작에 대한 이야기는 앞에서 개략적으로 설명했지만 사실 데브옵스는 100여 년 전부터 있었다. 1910년의 린 운동Lean Movement이 그 시초다.

린 운동은 헨리 포드Henry Ford가 모델 T 생산라인 흐름 관리에 린 기법을 적용하면서 시작됐다. 1930년대에 도요타의 키이치로 도요타Kiichiro Toyoda와 타이이치 오노Taiichi Ohno가 이 운동을 확대하고 개선해 명문화했고 제2차 세계대전 이후 가속화됐다. 1950년대에 윌리엄 데밍William E. Deming 박사[5]는 제조 품질을 향상시키기 위해 이를 다시 개선했다. 이러한 접근에 기반해 린 생산방식운동은 제조 제품의 지속적인 개선과 제조 과정의 낭비 감소를 목표로 했다. 린 운동은 제임스 워맥James P. Womack과 다니엘 존스Daniel T. Jones의 『린 생산』(한국린경영연구원, 2007)과 『린 싱킹: 낭비 없는 기업을 만드는 최고의 솔루션』(바다출판사, 2013)을 출간하면서 또 한 번 개선됐다.

---

3 불필요한 낭비요소를 제거해 고품질 저비용 생산을 목표로 하는 운동 – 옮긴이

4 전체를 이루는 요소 중 가장 약한 부분이 전체의 결과를 좌우한다는 이론 – 옮긴이

5 계획을 세워 실행하며 평가 후 개선하는 업무 사이클 방식인 PDCA(Plan-Do-Check-Act(Adjust))를 제안했다. – 옮긴이

2001년 마틴 파울러Martin Fowler, 앨리스터 콕번Alistair Cockburn 등 17명의 사상가가 "애자일 매니페스토The Agile Manifesto"를 선언했다. 핵심 원칙은 융통성이 없고 폭포수 모델을 따르며 문서화가 많은 소프트웨어 개발 방식에서 벗어나는 것이었다. 이는 대부분의 소프트웨어 개발 프로젝트의 지연, 예산 초과, 개발 실패의 원인이었기 때문이다.

목표는 고객, 최종 사용자 또는 그 대리인과 계속 대화해 소프트웨어 변경에 유연하게 대처할 수 있도록 하는 것이다. 소스 코드 변화에 유연하지 못한 기존 마일스톤 방식에서 벗어나고자 했다. 마일스톤은 요구사항 명세서 작성 같은 주요 이벤트를 중심으로 프로젝트 진행 상황을 관리하는 방식이다. 또 다른 목표는 실제 실행 코드(동작하는 소프트웨어)로 진행 상황을 관리하는 것이다. 즉 실제 진행에 맞춰 계획을 검토한다. 그리고 변할 수 없는 요구사항이 아닌 애플리케이션 개발에 따라 진화하고 다듬어질 수 있는 요구사항을 작성한다.

애자일은 익스트림 프로그래밍, 스크럼, 최근에는 SAFeScaled Agile Framework 같은 방법론의 등장으로 개선됐다. 오늘날 애자일은 조직이나 프로젝트의 규모와 상관없이 적용되고 있다.

애자일은 데브옵스의 필요성을 대두시켰다. 개발자가 코드를 더 자주 배포하게 되면서 테스트도 자주 수행돼야 했다. 결국 개발팀과 테스트 서버, 운영 환경에 더 자주 배포해야 했다. 운영팀은 이러한 상황에 대비하지 못했다. 이렇게 되면 개발팀이 배포한 코드를 테스터가 받아 시험해야 할 때 사용할 수 있는 테스트 환경이 부족해진다. 더 심각한 문제는 릴리즈 시점에서 운영 환경을 구축해야 하는데 이때 적절한 테스트 환경이 부족해 병목현상이 발생한다는 것이다. 운영 환경에 릴리즈하는 것은 중요한 업무로 릴리즈 주간에는 주말에도 계속 일해야 했다.

릴리즈 직전 주말

1990년대 초 나는 금융기관(당시는 은행이라고 불렀다)에서 개발자로 일한 경험이 있다. 릴리즈 직전 주말만 되면 침낭을 들고 금요일 아침 출근해야 했다. 짜증나게도 주말 내내 회사에 있을 각오를 해야 했다. 모든 팀이 함께 이야기할 수 있도록 컨퍼런스 콜이 설치된 회의실도 여러 개 있었다. 한 회의실은 프로젝트 리더가 큰 스프레드시트를 켜놓고 모든 관계자의 업무를 조정하는 전략회의실로 사용했다. 경영진은 파티 분위기를 만들기 위해 최선을 다했지만 얼마 안 가 모두 사라졌다. 그러다 운영팀과 처음으로 이야기했다. 코드를 본 적도 없는 사람들에게 우리 코드를 전달했다. 운영팀은 그 코드를 우리가 잘 모르는 스크립트와 도구를 사용해 우리가 볼 수 없는 환경에 넣었다. 주말 내내 혼돈 속에 있었다. 배달음식, 오래된 커피, 결정적으로 계획대로 되는 것이 거의 없었다. 거래처는 현명하게도 이어지는 월요일에는 항상 야유회를 갔다. 주말에는 아무 것도 안 된다는 것을 이미 알고 있었던 것이다. 그리고 그들이 옳았다. 다행히 릴리즈는 1년에 두 번쯤 있었다. 더 다행스럽게도 나는 1년 만에 탈출했다.

짧은 반복iteration 개발 사이클에 따라 코드가 자주 업데이트되면서 개발팀과 운영팀이 더 긴밀히 협업해야 할 필요성이 생겼다. 소프트웨어 릴리즈에 많은 실패를 경험하고 개발자가 실제 운영 환경과 비슷한 유사 운영 환경production-like environment에 접근할 수 있도록 해야 한다는 것을 깨달았다. 전체 프로세스 중 일부인 코드 개발 프로세스만 효율화하면 테스트팀과 운영팀 간의 병목현상을 심화시키고 전체 프로세스를 비효율적으로 만든다. 애플리케이션 개발 및 전달 프로세스를 공장 조립라인으로 생각해보자. 일부 모듈 생산량을 늘리기 위해 특정 스테이션의 조립 속도를 높였다. 하지만 해당 스테이션 이후의 스테이션이 여전히 원래 속도로 조립한다면 조립라인 전체의 속도는 향상될 수 없다. 뒤쪽 스테이션은 그림 1.1처럼 작업이 밀린다. 이러한 문제는 운영팀뿐만 아니라 전달 라이프사이클상의 모든 이해관계자에게 숙제였다.

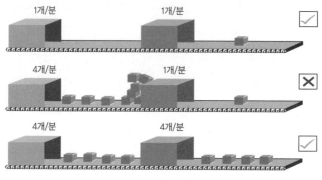

그림 1.1 전달 파이프라인 병목현상

이제 사이클 타임 단축으로 초점을 돌려보자. 사이클 타임은 요구사항이나 유저 스토리$^{User Story}$[6]가 나온 시점부터 최종 구현물이 고객에게 전달되거나 통합 및 테스트를 거쳐 고객에게 배포될 준비를 마친 때까지로 정의할 수 있다. 이로 인해 데브옵스 핵심 역량으로 지속적 통합(애자일의 핵심 기능)과 지속적 전달이 개발됐다. 이 2가지 역량은 곧 자세히 다룬다. 개발팀과 테스트팀 간의 범위를 넘어(프로세스에 운영팀을 포함, 코드가 릴리즈될 때까지 참여하지 않는 팀은 제외) 애자일에서 확장된 이 개념은 데브옵스의 핵심 원칙이 됐다.

---

6   소프트웨어 최종 사용자의 관점에서 기능을 자유롭게 풀어 쓴 것 - 옮긴이

개발팀 대 운영팀에 대한 생각

개발팀과 운영팀은 예전부터 각자 고립된 채 살아왔다. 업무상 우선순위도 서로 달랐다. 개발팀은 혁신을 창출하고 사용자에게 최대한 빨리 배포해야 하는 업무를 담당한다. 운영팀은 사용자가 안정적이고 빠르고 응답성이 뛰어난 시스템에 접근할 수 있는지 확인하는 업무를 담당한다. 두 팀의 최종 목표는 개발한 시스템으로 사용자를 만족시키는 것이지만 (궁극적으로 사용자의 고객이 행복해지고 수익도 창출하는 상태) 어떻게 실현할 것인가에 대한 생각은 본질적으로 상반된다. 어떤 개발자도 애플리케이션이 의도적으로 비정상 동작하는 버그로 가득한 시스템을 만들지 않는다. 어떤 운영자도 개발자가 새롭고 흥미로운 기능을 넣는 것을 원하지 않는다. 이러한 차이가 서로 다른 이유의 기점이 된다. 이것은 「워터-스크럼-폴」(Forrester, 2011) 현상[7]의 전형적인 원인이다. 개발자는 새로운 기능을 빨리 만들길 원하고 운영자는 항상 안정적인 시스템을 추구한다.

개발팀 대 운영팀

애자일이 등장하기 전 폭포수 패러다임이 주류일 때 개발팀과 운영팀이 각각 완전히 고립된 당시 양측 간 견해차로 발생하는 문제가 많지 않았다. 개발팀과 운영팀은 릴리즈 일정만 고려해 몇 번 안 되는 회의를 거쳐 만든 스케줄에 따라 일했다. 개발자가 만든 새로운 기능은 릴리즈돼야 비로소 공개됐다. 즉 이번 릴리즈 일정까지 새로운 기능을 만들지 못하면 다음 릴리즈를 기약해야 했다. 운영팀은 릴리즈 일정을 알고 있었고 새로운 기능을 배포하기 전 테스트할 시간은 충분했다. 고객에게 배포할 때까지 며칠이 걸려도 괜찮았다. 대형 시스템이면 시간을 두고 단계적으로 배포할 수도 있었다. 안정성이 유지됐다.

---

7 현실적으로 애자일을 모든 프로세스에 적용하기 어려울 때 개발은 스크럼, 운영은 폭포수 모델을 따르는 식으로 적용하는 하이브리드 모델을 의미한다. - 옮긴이

애자일은 모든 것을 바꿔놨다. 지속적 통합[CI]의 등장으로 개발자는 매일 기능을 구현해 배포했다. 릴리즈 일정에 맞출 필요가 없었다. 계속 움직이는 컨베이어 벨트(파이프라인) 같았다. 개발자는 기능을 구현한 후 통합한 횟수만큼 개발 환경, 테스트 환경, 운영 환경에서 실행하고자 했다. 또한 운영팀이 모든 릴리즈를 수용하길 바랐다.

운영팀은 이제 한 번의 릴리즈가 아니라 지속적 통합 빌드 세례를 감당해야만 했다. 운영팀으로 넘어온 빌드는 배포할 준비가 된 것도 있고 안된 것도 있었지만 모두 맡아 관리해야 하며 테스트 환경, 운영 환경에 배포돼야 했다. 품질도 더 신경써야 했다. 개발자와 테스터는 개발 환경과 테스트 환경을 얼마나 빨리 확보할 수 있는지, 운영 환경과 유사한지 관심을 가져야만 했고 운영 환경과 다른 환경에 코드를 전달해 시험하는 것은 무의미하다고 생각했다. 따라서 운영팀은 개발팀, 테스트팀, 운영 환경 배포 담당팀 모두를 위해 새로운 환경을 구성하고 프로비저닝[8]하는 데 시간을 허비할 수 없었다. 운영 시스템의 안정성과 신뢰성을 유지하면서 이 모든 것을 해야 했다.

> **사이클 타임?**
>
> 현재 스크럼은 2주인데 새 테스트 서버가 3주 후 들어온다면 스크럼 기간은 어떻게 해야 할까?

개발팀과 운영팀

데브옵스가 다루는 것이 바로 개발팀과 운영팀 간 갈등의 해결책이다. 혁신과 안정성, 전달 속도와 품질 사이의 균형을 달성하는 것이다. 개발팀과 운영팀 둘 다 일하는 방식을 개선하고 서로 맞춰갈 필요성이 있다.

---

8 사용자의 요구에 맞게 시스템 자원을 할당, 배치, 배포해뒀다가 필요할 때 즉시 시스템을 사용할 수 있는 상태로 미리 준비해두는 것을 말한다. - 옮긴이

개발팀의 관점 앞에서 운영팀이 개발팀보다 더 많이 개선돼야 할 것처럼 이야기했지만 개발팀도 몇 가지 개선할 부분이 있다.

- 개발팀은 운영팀과 협력해 개발한 애플리케이션이 실행될 운영 시스템의 특성을 이해해야 한다. 운영 시스템(환경) 수준은 어떤가? 애플리케이션이 그 위에서 어떻게 실행되는가? 애플리케이션은 어떤 제약 조건 하에서 동작하는가? 개발팀은 이제 시스템과 전사적 아키텍처를 이해해야 한다.

- 개발팀은 테스팅 업무에 참여해야 한다. 테스팅 업무에는 코드 내에 버그가 있는지 확인하는 것뿐만 아니라 운영 환경에서 애플리케이션이 잘 동작하는지 시험하는 것까지 포함한다. 개발팀은 QA 팀과 긴밀하게 협력하고 유사 운영 시스템 위에서 애플리케이션을 테스트해야 한다(유사 운영 시스템에 대해서는 1장에서 곧 이야기할 것이다).

- 개발팀은 배포한 애플리케이션을 모니터링하는 법을 배우고 운영팀의 업무를 알아야 한다. 모든 프로세스 사이에 어떻게 상호작용하는지, 하나의 프로세스가 다른 프로세스에 어떤 영향(느려지는지, 심하면 충돌하는지)을 미치는지 해석할 수 있어야 한다. 코드 변경은 단지 애플리케이션만 바꾸는 것이 아니다. 전체 운영 시스템에 어떤 영향을 미칠지 알아야 한다.

- 개발팀은 운영팀과 더 많이 소통하고 더 잘 협업해야 한다.

운영팀의 관점 운영팀은 새로운 환경을 신속하게 프로비저닝해야 한다. 잦은 변화에 쉽게 대응하도록 시스템을 설계해야 한다.

- 운영팀은 어떤 코드가 배포되고 운영 시스템에 어떤 영향을 미칠지 알아야 한다. 개발 중인 애플리케이션 요구사항과 시스템 사양

을 제대로 알아야 하므로 개발팀과 함께 해야 한다. 이 프로세스는 린과 데브옵스에서 시프트 레프트shift-left라고 부른다. 운영팀은 개발 진행에 따라 애플리케이션을 시스템에 올릴 수 있는지 계속 확인해야 한다.

- 운영팀은 시스템 관리를 자동화해야 한다. 자동화가 없으면 신속한 변경에 안정성 있게 대응하기 어렵다. 자동화는 신속한 변경뿐만 아니라 예상하지 못한 오류가 발생했을 때 빠른 롤백도 할 수 있게 해준다.

- 운영팀은 시스템 버전을 관리해야 한다. 인프라와 모든 변경사항이 코드 형태로 관리돼야만 버전 관리가 가능하다. 따라서 인프라는 코드로 관리하거나 소프트웨어 정의 환경을 구현해야 한다(1장 후반부에서 더 자세하게 다룬다).

- 운영팀은 전달 파이프라인 전반에 걸쳐 관리하는 모든 환경을 모니터링해야 한다. 조금이라도 이상한 낌새가 있으면 바로 알아차려야 한다.

- 운영팀은 개발팀과 더 많이 소통하고 더 잘 협업해야 한다.

쉽게 말해 개발팀과 운영팀 둘 다 데브옵스 패러다임을 도입해야 한다. 두 팀은 데브옵스가 하루 만에 이루어질 리 없으며 쉽지 않은 일이라는 것을 알아야 한다. 데브옵스 도입으로 변해야 할 부분이 서서히 바뀔 수 있도록 계획하고 노력해야 한다. 개발팀과 운영팀이 한 팀처럼 움직이기는 어렵겠지만(대부분 불가능) 데브옵스를 도입하면 각자 맡은 역할에 많은 변화가 생긴다는 것을 인지해야 한다. 조직에서 요구하는 두 팀 간의 적정선을 찾고 함께 일할 수 있을 만큼 변화해야 한다. 거기서부터 발전한다.

개발팀과 운영팀 간의 간극은 전달 라이프사이클을 줄이는 데 방해 요소가 되지만 유일한 문제는 아니다. 전달 라이프사이클에 있는 모든 이해당사자는 더 많이 소통하고 더 잘 협업해야 한다.

사업팀의 관점 사업팀의 관점을 보자. 결국 가장 중요한 것은 개발팀으로부터 전달된 애플리케이션과 서비스를 운영팀이 운영 환경으로 전달하는 것은 사업적 요구라는 것이다. 사업팀(더 구체적으로 사업 관련 부서 전체)에 필요한 것은 무엇일까?

- 사업팀은 IT에서 전달하는 모든 것의 상태를 눈으로 확인하고자 한다. 애플리케이션과 서비스 전달은 예산대로 제때 이뤄지는가?
- 사업팀은 애플리케이션 전달팀이 필요하다. 고객과 최종 사용자로부터 애플리케이션과 서비스의 피드백을 받기 위해서다. 사업팀이 기대하는 사업적 가치를 실현할 수 있을까?

IT에 대한 사업팀의 관점, 그 기대치에 대한 더 상세한 분석과 데브옵스가 사업팀에 도움을 어떻게 주는가에 대해서는 후속 장에서 자세하게 논의한다.

데브옵스: 실천 방안

데브옵스 실천 방안은 여러 책에도 쓰여 있고 블로그에는 더 많이 적혀 있다. 업계 리더들은 이러한 실천 방안을 여러 범주로 구분했고 다른 명칭을 쓴 경우도 있다. IBM에서는 다음과 같이 넓은 범주에 속하는 몇 가지 실천 방안을 소개한다.

- 생각
- 코드
- 전달
- 실행

- 관리
- 학습
- 문화

이 분류는 IBM 가라지$^{Garage 9}$ 방법론에서 비롯됐다. 이것은 클라우드 네이티브$^{Cloud Native}$와 하이브리드 클라우드$^{Hybrid Cloud}$상의 애플리케이션 전달에 초점을 맞춘 데브옵스를 도입하기 위해 만든 새로운 방법론이다.

데브옵스 핵심 역량으로 지속적 통합과 지속적 전달 기능이 있다. 두 역량을 빼면 데브옵스라고 할 수 없으며 데브옵스를 도입할 때 다른 확장, 지원 역량과 함께 필수적으로 고려해야 한다. 두 개념은 사이클 타임을 최소화하는 데 초점이 맞춰져 있다. 사이클 타임의 정의를 다시 살펴보자.

> **노트**   사이클 타임: 요구사항 또는 유저 스토리가 나온 시점부터 최종 구현물이 고객에게 전달되거나 통합 및 테스트를 거쳐 고객에게 배포될 준비를 마칠 때까지 걸리는 시간

지속적 통합

오늘날 소프트웨어 애플리케이션이나 시스템 개발은 여러 컴포넌트로 나눠 개발하기 때문에 여러 팀이 각자의 컴포넌트를 전달하며 필요하면 통합한다. 또한 완성된 애플리케이션은 기능을 수행하기 위해 보통 다른 애플리케이션이나 서비스와 맞물려 동작한다. 이러한 외부 애플리케이션이나 서비스 중 일부는 내부에서 개발된 것일 수도 있고 서드파티에서 개발한 것일 수도 있다. 결과적으로 개발자는 개발 중인 애플리케이션에 다른 개발팀이 개발한 컴포넌트뿐만 아니라 다른 애플리케이션과 서비스를 통합해야 한다.

---

9   https://www.ibm.com/devops/method/

이처럼 통합은 소프트웨어 개발 라이프사이클에서 필수지만 복잡한 작업이다. 이 프로세스를 주기적으로 수행하는 것을 지속적 통합이라고 하며 애자일 핵심 실천 방안이다. 전통적 개발 프로세스에서 통합은 컴포넌트를 빌드한 후(또는 애플리케이션이 완성된 후) 수행하는 부차적인 작업이었다. 이 작업은 원래 비용이 많이 들고 예측 불가능한 부분이 있었다. 통합하는 동안에만 나오는 호환성 문제와 결함은 개발 프로세스 후반부에 가서야 나타나기 때문이다. 이렇게 나온 문제는 작업량을 늘리고 리스크를 증대시켰다.

애자일 운동은 이러한 리스크를 감소시키기 위해 논리적 단계를 도입했다. 최대한 지속적으로 컴포넌트를 통합한다. 이 단계에서는 개발자가 컴포넌트를 다른 개발팀의 컴포넌트와 주기적으로(최소한 매일) 통합하고 통합된 결과물을 테스트한다. 여러 플랫폼, 애플리케이션, 서비스를 포함하는 기업 시스템도 개발자가 최대한 자주 다른 시스템과 서비스와 통합한다. 그림 1.2는 여러 팀 간 및 컴포넌트의 지속적 통합의 예다.

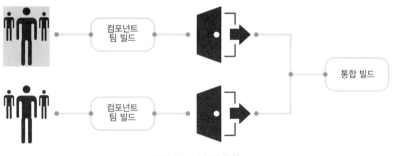

그림 1.2 지속적 통합

컴포넌트를 통합하면서 통합 관련 리스크를 더 일찍 발견할 수 있다. 기업 시스템에서는 리스크가 있는 기술이나 스케줄링 종속성을 확인할 수 있다. 이러한 방식이 자리를 잡아가면서 일부 조직은 개발자가 코드를 올릴 때마다 지속적 통합을 수행하도록 한다. 더 성숙한 조직에서는 지속적 통합으로 코드와 컴포넌트의 지속적 전달까지 수행하도록 한다. 즉 통합은 물론 테스트와 검증을 수행하기 위해 유사 운영 환경으로 전달한다. 이 부분은 다음 절에서 설명한다.

사업팀과 고객의 요구는 개발팀의 애자일 개발 방식 도입을 촉진했다. 이러한 실천 방식은 사업팀(또는 고객)과 개발팀 간의 간극을 줄이는 것이 목표다. 개발팀은 다음과 같은 3가지 방법으로 일한다.

- 전체 개발작업을 정해진 시간 단위로 반복 가능한 작은 작업 덩어리로 나누는 것. 개발자는 프로젝트 전체를 수행할 때보다 더 빨리 리스크를 감지할 수 있다.
- 최종 사용자나 그 대리인과 계속 소통하는 절차가 개발 반복작업에 포함되는 것. 이는 개발자가 사용자의 요구사항을 더 잘 이해하고 변화하는 요구사항에 더 빨리 대응하게 해준다.
- 모든 반복작업이 끝날 때마다 소프트웨어를 릴리즈하는 것. 개발자는 사용자로부터 피드백을 받기 위해 주기적으로 시연한다.

위와 같이 지속적 통합은 애자일 개발의 핵심이다. 개발자가 소프트웨어 컴포넌트를 주기적으로 다른 컴포넌트(내부 또는 외부에서 개발한)와 통합하며 리스크를 빨리 식별할 수 있게 한다.

지속적 통합의 실천 방안

마틴 파울러는 애자일 매니페스토를 선언한 사람 중 한 명으로 지속적 통합 프로세스 개발의 선구자다. 그는 이 개념을 다음 10가지 실천 방안으로 세분화했다.

1. **단일 소스 저장소를 유지하라.** 소스 및 파일을 관리하기 위해서는 버전 관리도구를 사용해야 한다. 분산 환경에서도 같은 소스에 여러 사용자가 접근할 수 있고 스트리밍, 분기, 병합이 가능해야 한다. 개

발 환경이 멀티 플랫폼이나 크로스 플랫폼이라면 같은 소스 저장소를 사용하는 것은 더 중요하다. 여러 플랫폼 간 단일 저장소가 구축되지 않으면 다른 플랫폼(IBM 시스템 z 또는 모바일) 사이의 지속적 통합을 할 수가 없다. 고립된 플랫폼에서 수행하는 작업들은 사후 통합인 폭포식 통합이 된다.

소스 코드 저장소의 최신화는 기존 시스템을 사용하는 개발팀에게 많은 변화를 요구한다. 수 년 동안 사용한 기존 시스템에 익숙한 상태에서 많은 것을 바꾸는 것은 쉽지 않다. 하지만 단일 소스 코드 관리^{SCM} 도구는 모든 산출물을 관리하고 여러 사용자 간의 고립을 타파하며 주요 병목현상을 제거하는 데 매우 중요하다.

2. **빌드를 자동화하라.** 지속적 통합은 빌드 자동화부터 시작한다. 필요하면 플랫폼에 따라 빌드를 조정할 수 있어야 한다.

3. **빌드에 자체 테스트를 추가하라.** 빌드를 자동화해야 하듯이 테스트도 자동화해야 한다. 지속적 통합의 목표는 팀 간 작업의 통합뿐만 아니라 개발 중인 애플리케이션 및 시스템의 정상 동작을 확인하는 것이다. 유닛, 컴포넌트, 애플리케이션 레벨 테스트용 테스트 스크립트를 자동화해서 구축해야 한다. 진정한 지속적 통합에서는 개발자가 코드를 커밋할 때 적절한 테스팅을 하고 통합 빌드를 수행해야 한다. 즉 빌드 스크립트는 필요에 따라 소프트웨어 빌드뿐만 아니라 테스트 서버, 테스트 환경 프로비저닝을 포함해야 한다. 또한 소프트웨어를 테스트 서버에 배포하는 스크립트, 시험 데이터 설정, 테스트 스크립트 실행까지 모두 포함한다.

빌드, 배포 환경 구축, 테스트 자동화가 지속적으로 수행된다면 결국 코드의 품질을 개선하는 데 도움이 된다. 이를 위해 시스템 리소스가 충분해야 하고 테스트를 자동화해 이를 주기적으로 자주 실행할 의지가 필요하다.

4. **매일 모든 개발자가 메인 라인에 커밋하게 하라.** 매일 모든 개발자가 저장소의 메인 라인에 (모든 컴포넌트와 개발 환경에 걸쳐) 코드를 커밋한다는 목표는 통합을 최대한 쉽게 해준다. 오늘날에도 많은 개발자가 최종 빌드 전까지 코드를 자유롭게 짠다. 즉 다른 개발자의 코드가 자신이 작성한 코드에 영향을 미친다는 것을 깨닫기 전까지 말이다. 이로 인해 기능 릴리즈가 늦어지거나 운영 환경에서 배포 테스트가 제대로 수행되지 않아 막판에 변경돼야 할 상황이 생길 수 있다. 코드의 주기적 통합은 이러한 종속성 관련 문제를 더 빨리 알게 해주고 개발팀이 시간에 쫓기지 않고 제때 처리할 수 있게 해준다.

5. **메인 라인에 커밋해 통합 시스템상에서 빌드하라.** 이것은 실천 방안 4에 이어지는 내용이다. 모든 커밋이 빌드되고 자동화된 회귀 테스트가 수행됐는지 확인한다. 이는 개발 사이클 초기에 문제를 발견하고 해결할 수 있게 해준다.

6. **빌드시간을 짧게 하라.** 실제로 오래 걸리는 빌드는 지속적 통합의 최대 지연 요소다. 최신 도구를 사용해 빌드하면 대부분 빨라진다. 바뀐 파일만 빌드하는 방식이 일반적인 방식으로 자리잡았기 때문이다.

7. **운영 환경과 똑같은 환경에서 테스트하라.** 운영 환경과 다른 환경에서 테스트하면 시스템이 많은 리스크를 갖게 된다. 이 실천 방안의 목적은 운영 환경과 똑같은 환경에서 테스트하는 것이다. 하지만 똑같은 환경을 만드는 것 자체가 어려울 수 있다. 멀티 서버 환경이나 다른 시스템이 운영되는 환경 등은 복제하기 어렵기 때문이다.

　이런 경우 운영 환경과 유사한 환경에서 테스트하는 것으로 본 실천 방안을 따른다. 테스트 환경의 구체적 사양은 최대한 운영 환경과 같아야 한다. 그리고 테스트 환경에 실데이터가 포함되면 안

된다. 많은 경우 실데이터는 숨겨야 하기 때문이다. 따라서 적절한 시험 데이터 관리가 이뤄져야 한다. 또한 시험 데이터 관리는 테스트 환경의 규모를 줄이고 복잡도를 낮출 수 있다.

여러 컴포넌트로 구성된 복잡한 시스템은 문제를 야기한다. 여러 컴포넌트에는 이미 개발된 (서비스 및 애플리케이션 같은) 컴포넌트와 개발 중인 새로운 컴포넌트가 모두 포함된다. 테스트 수행 도중에는 애플리케이션과 연관돼 동작하는 모든 컴포넌트, 서비스, 시스템 실행이 불가능할 수 있다. 이러한 상황은 여러 이유로 발생할 수 있다. 컴포넌트, 서비스, 시스템이 아직 구축되지 않은 경우, 운영 환경에서만 실행 가능한 경우, 사용할 때마다 비용 문제가 발생하는 경우 등이 있다. 예를 들어 서드파티 서비스가 실행할 때마다 비용이 든다면 비용이 주요 문제가 된다.

8. **최신 실행 파일에 누구나 쉽게 접근할 수 있게 하라.** 프로젝트와 관련된 모든 사람은 빌드 산출물에 접근할 수 있어야 하며 접근 방법도 쉽게 알게 해야 한다. 이는 예상대로 개발되고 있는지 검증할 수 있게 해준다.

9. **작업 진행 상황을 누구나 볼 수 있게 하라.** 이것은 지속적 통합보다 소통과 협업에 대한 가장 좋은 실천 방안이다. 지속적 통합을 실현하려는 팀은 소통과 협업의 중요성을 무시할 수 없다. 중앙 포털이나 대시보드에 지속적 통합의 진행 상황을 전시해 모든 실무자가 확인하게 할 수 있다.

이는 의욕을 고취시키고 공동 목표를 가진 하나의 팀으로 일하는 느낌을 준다. 문제가 발생하면 대시보드 등에서 확인 가능하므로 사람들이 개입할 수 있고 다른 팀이나 실무자도 도와줄 수 있다. 공동 팀 포털에 전시하는 것은 물리적으로 떨어져 있는 팀들에게 매우 중요하다. 나란히 붙어 있는 팀들이나 한 프로젝트에서 다른 컴포넌트를 맡은 크로스 플랫폼 팀에게도 중요하다. 작업 진행 상황은 사업팀도 볼 수 있어야 한다. 앞의 사업팀의 관점 부분에서 설명했듯이 전달하는 애플리케이션과 서비스의 현재 상태를 보는 것은 사업팀이 중시하는 부분이다.

10. **배포를 자동화하라.** 지속적 통합은 자연스럽게 지속적 전달 개념과 그 실천으로 이어진다. 지속적 전달은 소프트웨어 테스트 환경, 시스템 테스트 환경, 스테이징 환경, 운영 환경에 전달하는 것을 자동화하는 프로세스다.

지속적 전달

지속적 통합에서 다음 단계로 넘어가면 지속적 전달로 볼 수 있다. 통합 빌드가 끝날 때마다 애플리케이션이 빌드되면 애플리케이션 전달 라이프사이클에서 다음 단계로 진행된다. 개발팀에서 개발 후 QA팀에 전달돼 테스트를 수행하며 그 후 운영팀에 전달돼 운영 시스템에 전달되게 한다. 지속적 전달의 목표는 개발자가 개발한 새로운 기능을 고객과 사용자에게 더 빨리 제공하는 것이다. 지속적 통합에서 수행된 빌드는 전체가 아닌 일부 기능만 QA팀에 전달된다. 테스트가 가능한 "좋은" 기능만 QA팀에 전달돼야 한다.

마찬가지로 QA팀을 거치는 모든 빌드가 운영 환경에 전달될 필요는 없다. 기능, 안정성, 기타 비기능적 요구사항NFRs 측면에서 사용자에게 제공될 만한 것만 운영 환경에 전달돼야 한다. 어떤 빌드가 운영 환경으로 전달할 준비가 돼있는지 테스트하려면 운영 환경과 유사한 스테이징 환경이나 테스트 구역으로 전달해야 한다. 지속적 전달은 검증과 최종 릴리즈에 대비해 QA팀과 운영팀에게 개발 중인 애플리케이션을 자주 전달하는 것이다.

지속적 전달은 그림 1.3 같이 전달 파이프라인 형태로 수행돼야 한다. 전달 파이프라인을 자동화하는 것은 지속적 전달의 핵심 기능이다. 지속적 통합은 일정한 속도로 빌드를 생성하므로 빌드가 전달 파이프라인에 따라 다음 환경으로 신속하게 진행될 수 있어야 한다. 또한 빌드는 테스트 환경, 통합 빌드 및 테스트를 위한 통합 환경 등 운영 환경에 이르는 모든 과정으로 배포돼야 한다. 지속적 전달은 애플리케이션 배포가 필요할 때 파이프라인상의 다음 환경에 배포될 수 있게 해준다.

하지만 지속적 전달은 파일을 옮기는 것처럼 간단하지 않다. 그림 1.4 같이 코드, 콘텐츠, 애플리케이션, 미들웨어, 환경 설정, 프로세스 변경 등의 조정이 필요하다.

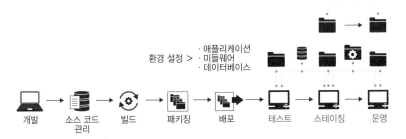

그림 1.3 전달 파이프라인

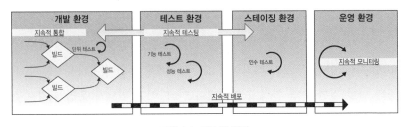

그림 1.4 지속적 전달

지속적 전달에는 기억해야 할 2가지 핵심 사항이 있다.

■ 일반적으로 알려진 지속적 배포 프로세스처럼 모든 변경 사항을

운영 환경에 배포하겠다는 의미는 아니다. 그 대신 지속적 전달은 프로세스라기보다 필요에 따라 언제 어느 환경에서도 배포할 수 있는 기능을 의미한다(이 부분은 다음 절에서 자세하게 설명한다).

- 항상 완전한 애플리케이션을 배포하는 것은 아니다. 배포되는 것은 애플리케이션 전체일 수도 있고 애플리케이션의 컴포넌트 일부, 콘텐츠, 미들웨어 환경 설정 정보, 배포되는 환경, 또는 이들의 조합이 될 수도 있다.

지속적 통합의 10가지 방법 중 2가지는 지속적 전달 필요성과 관련 있다.

- 운영 환경과 동일한 환경에서의 테스트
- 배포 자동화

운영 환경과 동일한 환경에서 테스트(실천 방안 7)하는 것은 테스트 실천 방안이다. 이를 실현하기 위해서는 지속적 전달 기능이 필요하다. 새로운 빌드를 운영 환경과 동일한 테스트 환경으로 전달해야 하기 때문이다. 필요에 따라 테스트 환경과 가상화된 서비스, 애플리케이션 인스턴스의 프로비저닝을 해야 할 수도 있다. 또한 적절한 테스트 환경에 실제로 애플리케이션을 배포하는 것 외에도 관련 시험 데이터를 배포해야 할 수도 있다.

실천 방안 10의 배포 자동화와 지속적 통합은 지속적 전달의 핵심 실천 전략이다. 배포 프로세스를 자동화하지 않으면 지속적 전달을 할 수 없다. 전체 애플리케이션을 배포하든 하나의 컴포넌트나 환경 설정 변경을 배포하든 지속적 전달에는 도구와 프로세스가 필요하다. 전달 파이프라인상 어떤 환경에서도 언제든지 배포할 수 있게 말이다.

또한 지속적 전달을 실천하는 것은 실제 배포 프로세스를 테스트한다.

애플리케이션을 운영 환경에 배포할 때 조직이 심각한 문제를 겪는 것은 흔한 일이다(앞에서 이야기했듯이). 하지만 실제로 운영하기 전에 유사 운영 환경에 여러 번 배포해 검증하고 배포 프로세스를 자동화함으로써 전달 라이프사이클 초기에 문제를 발견할 수 있다.

지속적 전달 대 지속적 배포

과거에 플리커Flickr 같은 회사들은 자사 블로그[10]에 특정한 날이나 주에 얼마나 많이 배포했는지 게시했다. 일주일에 89번이나 운영 환경에 배포하는 조직을 생각하면 무시무시하다. 무엇보다 "일주일에 운영 환경에 무엇을 89번이나 배포하는가?"라는 의문이 생긴다.

이는 데브옵스 도입을 어렵게 만드는 레퍼토리로 모든 변경사항을 운영 환경에 배포해야 한다고 생각하기 때문이다. 이는 사실과 다르다. 배포와 관련해 다음과 같은 사실을 알고 있어야 한다. 첫째, 무엇이 배포되는지 알아야 한다. 둘째, 모든 조직에 적용할 수 없고 필요하지도 않으며 실현 불가능할 수도 있다는 것을 알아야 한다.

일주일에 운영 환경에 무엇을 89번이나 배포하는가? 매일 조직이 운영 환경에 수십 번이나 배포한다고 매일 수십 번의 버그 수정이나 새로운 기능을 전달하는 것은 아니다. 조직은 전면적으로 지속적 배포를 도입해왔다. 이는 모든 개발자가 변경한 모든 사항을 운영 환경에 적용한다는 뜻이다. 다만 변경사항은 완전하지 않을 수 있다. 몇몇 변경사항은 여러 개발자가 며칠 동안 개발해야 동작하는 기능이 된다. 이런 것은 고객에게는 드러나지 않다가 기능을 완전히 구현하고 테스트까지 완료되고 나서야 드러난다. A/B 테스트[11]도 마찬가지로 일부 고객만 볼 수 있다. 단순한 환경 설정과 데이터베이스 스키마 변경을 배포할 수도 있다. 아무도 볼 수

---

10 http://code.flickr.net
11 두 가지 이상의 시안 중 최적안을 고르기 위해 시험하는 방법 – 옮긴이

없지만 성능이나 동작에 영향을 미친다. 또 다른 시나리오는 애플리케이션 변경 없이 환경 설정 변경사항만 배포하는 것이다. OS 패치, 미들웨어 패치, OS 환경 설정 변경, 미들웨어 환경 설정 변경, 데이터베이스 스키마 버전 업, 전체 노드 토폴로지 변경 등이 배포될 수 있다.

이 프로세스는 많은 조직에 적용하기 어렵다. 어떤 조직은 운영 환경에 배포하기 전에 수동 승인 프로세스 정책(워터-스크럼-폴 등)을 쓴다. 또 어떤 조직은 배포할 환경 설정이나 코드를 개발하는 팀과 운영 환경에 배포하는 팀을 분리하는 정책을 쓴다.

지속적으로 배포할 것인가? 하지 않을 것인가? 지속적 전달과 지속적 배포는 여전히 혼란스럽다.

지속적 전달은 모든 변경사항을 바로 운영 환경에 배포한다는 뜻이 아니다. 모든 변경사항을 언제든지 배포할 수 있다는 것이 증명된 상태를 의미한다.

– 칼 카움(2013)

칼 카움이 쓴 이 트윗은 단순한 문장이다. 하지만 해야 할 일과 조직이 할 수 있는 일의 본질이 정확하게 담겨 있다. 이러한 구분으로 볼 때 지속적 전달은 필수지만 지속적 배포는 선택사항이다. 운영 환경에 지속적으로 직접 배포하는 것보다 지속적으로 배포하기 위한 기능을 확보하는 것이 더 중요하다(여기서 핵심 단어는 운영 환경이다). 안타깝게도 많은 사람이 두 단어를 여전히 혼용해 쓰고 있다.

운영 환경에 이르기까지 전달 라이프사이클상의 어느 환경에서나 배포할 수 있는 기능이 필요하다. 이 기능은 테스트가 완료되고 검증된 기능이어야 한다(운영 환경 이전의 환경(하위 환경)에만 지속적 배포가 가능할 수 있다. 예를 들어 사용자 인수 테스트[UAT, User Acceptance Testing], 사전 운용 환경 등이 있다). 배포 환경은 운영 환경과 매우 유사해야 한다. 실제로 운영 환경에 배포했을 때 문제없이 잘 동작하도록 말이다.

모든 변경사항은 개발, QA 환경, 운영 환경 이전의 환경(하위 환경)에 지속적으로 전달돼야 한다. 최종적으로 운영 환경에 배포되는 것은 보통 기능 전체 또는 일부 세트, 애플리케이션 전체, 서비스 전체다.

지원 방안

데브옵스의 2가지 핵심 실천 방안, 지속적 통합과 지속적 전달(둘 다 도입하지 않는다면 데브옵스라고 할 수 없음) 외에도 지원 방안이 있다. 2가지 핵심 실천 방안을 지원하기 위해 개발됐다. 지원 방안 중에서도 필수적으로 고려돼야 할 방안은 다음과 같다.

코드로 인프라 구축

운영계의 마스터

내공이 쌓인 운영 엔지니어를 상상해보자. 그동안 정말 지나치게 많은 환경을 프로비저닝하고 관리하는 업무를 맡아왔다. 이러한 업무를 수행하려면 당연히 스크립트 툴킷도 개발해야 했다. 환경 설정에 관한 한 모든 관리자 콘솔을 손바닥 뒤집듯 다룰 수 있다. 문제가 발생하면 서버에 로그인해 애플리케이션 서버 설정에서 어떤 부분을 수정하면 해결될지 정확하게 알고 있다. 데이터베이스 문제가 발생하면 어느 전문가에게 전화해야 할지, 그 전문가와 문제해결 계약을 언제까지 했는지, 자신의 계약이 언제까지인지 모두 알고 있다. 모든 일이 일상적이다. 다음 애플리케이션 출시가 언제인지 정확하게 알고 있다. OS를 언제 업데이트할지 예상할 수 있다. 운영계의 마스터가 됐다.

시스템이 가상화되고 개발자들이 지속적 통합[CI]을 실천하면서 상황이 바뀌기 시작했다. 운영 엔지니어가 다뤄야 할 환경은 매우 많이 증가했다. 개발자는 이제 수 개월마다 새 버전을 릴리즈하지 않는다. 매일 통합 빌드를 여러 번 수행한다. 모든 빌드는 테스트하고 검증해야 한다. 이를 위해 새로운 환경 인스턴스를 빨리 가동해야 한다. 어떤 빌드는 환경 설정 변경도 동반한다. 변경사항을 개별적으로 적용하기 위해 콘솔에 로그인하는 것은 이제 무의미하다. 게다가 속도가 매우 중요하다. 테스트 환경을 사용할 수 없을 때를 대비해 개발자의 빌드는 백로그를 만든다. 휴스턴, 문제가 생겼다.[12]

다음 2가지 개념을 다시 살펴보자.

1. **사이클 타임.** 사이클 타임은 새로운 요구사항이나 변경 요청이 승인되거나 버그 수정이 필요하다고 식별된 때로부터 운영 환경에 전달될 때까지 걸리는 평균시간으로 정의한다. 애자일 조직은 전달 사이클 타임이 최소화되길 원한다. 이를 위해 새로운 기능과 수정 사항 적용에 제한을 둔다. 엣시Etsy 같은 조직은 사이클 타임을 수 분으로 줄였다! 기업용 애플리케이션에 적용하기는 쉽지 않지만 사이클 타임이 현재처럼 몇 주, 몇 달이나 걸리면 안 된다.

2. **환경 버전 관리.** 운영팀은 개발팀이 필요로 하는 환경을 언제든지 제공해줘야 한다. 따라서 여러 환경의 다양한 설정과 패치 레벨을 관리해야 한다. 또한 이러한 환경을 변경하고 유지·관리할 수 있어야 한다. 패치 적용이나 설정 변경 등 운영팀이 변경하는 것을 단순하게 콘솔에서 수정하는 것으로 보면 안 된다. 새로운 버전의 환경을 하나 만든다고 봐야 한다. 여러 변경사항을 제대로 관리하는 유일한 방법은 스크립트를 만들어 관리하는 것이다. 스크립트를 실행하면 해당 환경의 새로운 버전이 생성된다. 이 프로세스는 운영팀 교본인 ITSM^{Information Technology Infrastructure Library}과 ITSM^{IT Service Management}을 그대로 유지하면서 변경사항 관리를 간소화, 단순화해 확장까지 가능하게 한다.

---

12 실화에 바탕한 영화 〈아폴로 13〉의 명대사 – 옮긴이

위의 2가지 모두 즉 사이클 타임 최소화 및 환경 버전 관리에 대한 솔루션은 인프라를 코드에 담아 관리하는 것이다. 새로운 가상 환경이나 새로운 버전의 환경을 올리는 것은 이제 스크립트 실행으로 가능하다. 스크립트는 OS부터 전체 애플리케이션 스택까지 올려진 이미지나 이미지 세트를 프로비저닝하고 생성한다. 과거에 몇 시간이나 걸렸던 것이 지금은 몇 분 밖에 안 걸린다.

SCM 시스템에서 소스 코드 버전을 관리하듯 스크립트도 버전을 관리하면 환경 설정을 잘 관리할 수 있다. 새로운 버전의 환경 생성 스크립트를 작성할 때는 여러 가지를 고려해야 한다. 기존 스크립트에 오류는 없는지, 필요한 변경사항(OS 패치, 앱 서버 설정 변경, 애플리케이션 버전 업 등)은 모두 편집됐는지, 변경사항 적용 후에는 새로운 버전의 환경에 맞춰 다시 오류가 없는지 확인해야 한다. 이후 스크립트를 실행해 새로운 버전의 환경을 생성할 수 있다.

노트 인프라가 코드로 관리되지 않으면 운영팀은 워터–스크럼–폴 모델로 "빠지기" 쉽다.

인프라를 코드로 관리할 수 있는 자동화 프레임워크가 등장했다. 인기 있는 프레임워크로는 셰프Chef, 퍼핏Puppet, 솔트스택Saltstack, 앤서블Ansible이 있다.

클라우드의 발전으로 IT는 소프트웨어 정의 환경SDEs을 갖추는 형태로 가고 있다. 이는 환경을 완전히 코드로 정의하고 버전을 관리하며 유지·보수할 수 있다는 뜻이다. 오픈스택 클라우드 구축(아마존 웹 서비스용) 같은 기술이 선두를 이끌고 있다. 예를 들어 오픈스택은 히트 패턴Heat Pattern을 사용해 전체 스택 환경을 소프트웨어로 정의할 수 있다. 히트 패턴으로 필요에 따라 셰프나 솔트스택과 같은 인프라 자동화 프레임워크를 사용해 버전 관리 및 프로비저닝, 환경 설정을 할 수 있다. 또한 이러한 환경을 규모에 맞게 관리할 수 있게 해준다. 운영 실무자는 개별 서버의 수

명을 늘리는 데 더 이상 초점을 맞출 필요가 없다. 이제는 필요에 따라 프로비저닝, 디프로비저닝된 현재 실행 중인 많은 서버를 관리한다. 이와 같은 규모에서 민첩성을 얻으려면 소프트웨어 정의 환경을 이용해야 한다.

노트 소프트웨어 정의 환경 세계에서 서버는 (돌봐야 할) "펫"이 아니라 (일하는) "소"다 ((맥캔스, 2012), (바이어스, 2012)).

지속적 피드백

한발 물러나 전체적인 관점에서 지속적 피드백을 살펴보면 기본적으로 전달 파이프라인상 각 기능 영역에서 왼쪽으로 피드백을 주는 것을 의미한다. 개발자는 코드를 작성해 전달할 때 아키텍트, 애널리스트, 사업팀에게 피드백을 준다. 테스터는 지속적 테스팅으로 개발자, 아키텍트, 애널리스트, 사업팀에게 피드백을 준다. 전달 파이프라인 맨 오른쪽에 있는 운영팀은 QA, 테스터, 개발자, 아키텍트, 애널리스트, 사업팀 등 모든 이해관계자에게 피드백을 준다.

지속적 피드백의 목적은 코드가 설계대로 잘 동작하는지 검증하는 것이다. 코드는 다른 개발자가 작성한 코드 및 다른 애플리케이션 컴포넌트와 통합돼 작성된다. 애플리케이션이 운영 시스템에 배포됐을 때 최종 사용자가 사용하는 것처럼 설계대로 동작하는지 확인하기 위해 모니터링하는 목적도 있다. 지속적 피드백은 지속적 개선과 품질 향상에 필수다. 무엇을 어떻게 변경할지, 어떻게 동작할지 결정하는 계기를 제공하기 때문에 데밍의 PDCA 사이클의 핵심이라고 할 수 있다.

노트 지속적 피드백이 없는 지속적 통합과 전달은 (거의) 무의미하다. 테스팅과 모니터링이 지속적으로 이뤄지지 않으면 운영 환경에서 애플리케이션이 어떻게 동작하는지 알 수 없다. 이는 데브옵스 전체 프로세스를 무용지물로 만든다. 애플리케이션의 기능이나 성능이 수준 이하여서 불만이 큰 사용자가 제기한 문제로만 알 수 있다면 잘 설계된 지속적 전달 프로세스가 무슨 소용이 있겠는가?

지속적 피드백을 가능하게 하는 데브옵스 실천 방안으로 지속적 테스팅과 지속적 모니터링이 있다.

지속적 테스팅 지속적 테스팅은 전달 파이프라인의 모든 단계에서 애플리케이션, 환경, 전달 프로세스를 테스트하는 기능이다. 전달 라이프사이클 단계에 따라 실시하는 테스트 항목과 종류는 달라질 수 있다. 지속적 테스팅은 제대로 수행하면 지속적 통합 및 지속적 전달 과정과 밀접하게 연관된다. 어떻게 연관되는지 살펴보자.

개발자는 코드를 만들기 위해 일한다. 결함 수정, 기능 추가, 기능 향상, 코드 성능 향상 작업 등이 있다. 작업이 완료되면 단위 테스트를 수행하고 전달한다. 그리고 팀 내 다른 개발자의 작업뿐만 아니라 기존 팀의 작업 코드와 통합한다(지속적 통합). 통합이 완료되면 통합 코드에 대한 단위 테스트를 수행한다. 화이트박스 보안 테스트, 코드 성능 테스트 같은 다른 테스트도 할 수 있다. 이후 팀 간 공동 통합 공간에 전달한다. 공동 통합 공간은 프로젝트를 수행하는 모든 팀의 작업과 개발 중인 서비스, 애플리케이션, 시스템을 구성하는 모든 코드 컴포넌트를 통합하는 공간이다.

이러한 과정이 지속적 통합 프로세스의 본질이다. 이 프로세스를 지속적으로 만드는 것은 통합과 전달이다. 각 개발자의 코드를 팀 코드와 통합하고 개발자가 코드를 확인한 후 통합을 위해 전달한다.

여기서 주목할 점은 지속적 통합 프로세스의 목표다. 코드 통합에 오류가 없고 개발자가 수행한 모든 테스트를 오류 없이 통과했음을 검증하는 것이다. 따라서 지속적 테스트는 개발자가 시작한다.

완전한 애플리케이션(또는 서비스나 시스템)이 오류 없이 빌드되는지 확인한 후 QA 영역으로 전달한다. 개발팀이나 개발 환경에서 QA 환경으로 코드를 전달하는 것은 지속적 전달의 첫 단계다. 개발자가 코드를 팀의 통합 공간과 프로젝트 통합 공간으로 전달하면서 지속적 전달이 이뤄지지만 개발 공간으로 한정된다. 더 나아갈 새로운 환경이 없다.

QA팀에 전달하려면 어떤 환경에서 다른 환경으로 모든 것을 옮기는 트랜지션을 수행해야 한다. QA팀은 기능과 성능 테스트를 할 수 있는 자체 환경이 있다. 데브옵스 원칙은 이 환경이 운영 환경과 유사할 것을 요구한다. 또한 QA팀은 여러 테스트 모음을 실행할 때마다 새로운 데이터 세트가 필요할 수 있다. 지속적 전달은 주기적으로 지속적 통합을 수행해 이뤄지므로 통합은 매일 한 번 이상 이뤄진다. 지속적 전달을 실현하기 위해서는 여러 프로세스가 필요하다. 개발팀에서 QA팀으로 코드를 이동하는 프로세스가 필요하다. 또한 QA팀이 가진 유사 운영 환경의 새 인스턴스를 새로 고침하거나 프로비저닝하기 위한 프로세스가 필요하다. 유사 운영 환경은 테스트 수행을 위한 관련 시험 데이터와 적절한 구성이 준비돼야 한다. 이처럼 지속적 전달은 단순 코드 복사 이상의 복잡한 프로세스다. 중요한 점은 지속적 전달의 목표다. 지속적 전달의 목표는 코드를 테스트하고 릴리즈할 수 있도록 준비하고 애플리케이션을 적절한 환경에서 지속적으로 시험할 수 있게 하는 것이다.

여기서 서비스, 애플리케이션, 시스템을 스테이징 환경과 특히 운영 환경에 전달하는 프로세스를 설명했다. 이 프로세스를 확장할 때도 프로세스와 목표는 동일하다. 운영팀은 애플리케이션을 운영 환경에 전달하기 전에 무슨 수를 써서라도 스모크 테스트[13], 인수 테스트, 시스템 안정성 테스트를 자체적으로 수행하고자 한다. 스테이징 환경을 이용해 수행한다. 스테이징 환경은 QA 환경과 마찬가지로 프로비저닝이 필요한 유사 운영 환경이다. 따라서 운영팀이 실행할 인수, 성능 테스트용 시험 데이터와 스크립트가 필요하다. 이렇게 지속적 테스팅 마지막 단계까지 완료돼야만 운영 환경에 애플리케이션이 전달된다. 따라서 지속적 제공 프

---

13 본격적인 테스트 수행 전에 시스템, 컴포넌트, 소프트웨어 프로그램 등 테스트 대상이나 제품의 빌드가 구축된 테스트 환경에서 테스트가 가능한지 여부를 판단하기 위해 주요 모듈이나 시스템을 간단하게 테스트하는 것 – 옮긴이

로세스는 스테이징 환경과 운영 환경을 제공하고 애플리케이션을 전달하는 작업도 수행한다.

이 프로세스를 더 자세하게 살펴보면 지속적 테스팅은 애플리케이션과 환경의 모든 측면을 시험하면서 수행된다. 주요 시험은 다음과 같지만 이렇게 한정되는 것은 아니다.

- 단위 테스팅
- 기능 테스팅
- 성능 테스팅
- 통합 테스팅
- 시스템 통합 테스팅
- 보안 테스팅
- 사용자 인수 테스팅

지속적 테스트에서 가장 큰 문제는 일부 테스트를 수행하는 데 필요한 애플리케이션, 서비스, 데이터 소스를 사용할 수 없을 때 발생한다. 사용할 수 있을 때도 시험 관련 비용이 든다면 지속적 테스팅이 어려울 수 있다. 동시에 여러 애플리케이션을 개발하는 여러 팀이 시험할 수 있도록 대규모 시험 환경을 유지해야 할 때도 비용이 많이 들 수 있다.

해결책은 테스트 가상화^{test virtualization}를 도입하는 것이다(그림 1.5를 보자). 이 방법은 애플리케이션을 테스트할 때 통신하고 상호작용하는 실제 애플리케이션, 서비스, 데이터 소스를 가상 스텁으로 대체한다. 이러한 가상 인스턴스는 모든 환경을 구성할 필요 없이 애플리케이션의 기능, 통합, 성능을 테스트할 수 있게 해준다. 이 가상화는 앞에서 이야기한 수많은 유형의 테스트를 수행하는 데 사용할 수 있다.

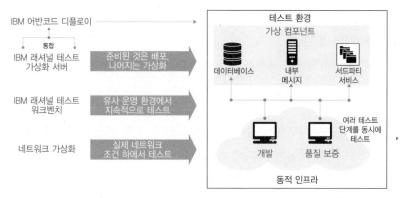

그림 1.5 테스트 가상화의 예

데브옵스 관점에서 테스트에는 지속적 테스팅 외에도 시프트 레프트 테스팅이 있다. 이는 1장 후반부에서 다룰 것이다.

지속적 모니터링 운영 환경에서 운영팀은 지속적으로 모니터링해 애플리케이션이 의도대로 수행되고 환경이 안정되도록 관리하고 보장한다. 운영팀은 환경과 실행 중인 시스템을 모니터링할 수 있는 도구를 운용한다. 궁극적으로 운영팀은 애플리케이션이 제대로 동작하는지 확인해야 한다. 프로세스 레벨에서 시스템 모니터링 도구가 모니터링하는 것보다 더 저수준까지 모두 확인해야 한다. 따라서 운영팀은 애플리케이션 성능과 이슈를 모니터링할 수 있는 도구를 사용해야 한다. 또한 구현 중인 애플리케이션에 자가 모니터링 또는 분석 수집 기능을 추가하려면 개발팀과 협력해야 한다. 이는 진정한 종단 간 모니터링을 지속적으로 실현한다.

이 분야가 성장하면서 개발팀과 사업팀에 유용하고 세분화된 피드백을 주고 애플리케이션 동작과 사용자 감정을 모니터링하는 서비스와 도구도 출현했다.

정리하면 지속적 모니터링은 다음 네 개 영역에서 측정지표를 선정하고 분석해야 한다.

- 애플리케이션 성능
- 시스템 성능
- 애플리케이션 사용자 행동
- 사용자 감정

운영팀은 데이터를 수집해 분석해야 한다. 또한 여러 대상에게 피드백을 줘 사용할 수 있게 해줘야 한다. 피드백 대상은 운영 실무자, 성능 엔지니어 같은 기술 관계자부터 비기술적 사업 이해당사자까지다. 데이터는 사용되지 않으면 가치가 없다. 좋은 데이터와 이를 더 잘 분석하는 것은 지속적 개선을 가능하게 해준다. 전달 파이프라인(사업팀에서 개발자, 테스터에 이르기까지)의 모든 레벨에서 데이터 기반으로 결정이 이뤄질 수 있다.

피드백의 미래는 인지(Cognitive)다.

IBM 왓슨(Watson) 같은 인지 기능이 등장하면서 피드백 데이터 예측 분석 영역에서 엄청난 기능이 시장에 출시되고 있다. 이제 사용자 행동, 애플리케이션 행동, 시스템 행동 데이터를 인지 기술을 이용해 분석하면 시스템 실패 예측부터 고객 행동(만족 또는 불만족) 예측까지 할 수 있다. 예측 분석은 기업이 선제적으로 운영 중단과 불만에 대응할 수 있게 해준다.

지속적 사업 계획

지속적 사업 계획을 수립하기 위한 데브옵스 실천 방안은 사업 관련 부서와 사업 계획 프로세스에 초점을 맞추고 있다. 기업은 고객 피드백에 신속하고 민첩하게 대응할 수 있어야 한다. 그래서 오늘날 많은 기업은 린 사고기법을 쓴다. 이 기법은 사업상 비전과 가치를 시험하는 데 필요한 결과와 리소스를 식별해 소규모로 시작한다. 이후 고객 피드백에 따라 지속적으로 조정한다.

지속적으로 사업 계획을 세우려면 조직은 먼저 현재 베이스라인을 측정해야 한다. 그 다음 고객이 진정으로 원하는 것을 도출하고 그에 따라 사업 계획을 갱신한다. 이는 자원이 제약된 환경에서 지속적으로 절충해 결정을 내릴 수 있게 해준다.

린 스타트업 운동으로 인기 있는 기술을 활용하려는 시도가 많았다. 린 스타트업 운동은 에릭 리스Eric Ries의 저서 『린 스타트업』(인사이트, 2012)에 자세하게 나와 있다. 에릭 리스가 책에서 소개한 최소 기능 제품MVP, Minimum Viable Product 제공 같은 일련의 기술은 기업의 인기를 얻고 있다. 복잡한 IT 시스템 구축 계획을 완벽하게 수립할 필요 없이 새로운 시장과 사업 모델을 실험하려는 기업이 대상이다. 관련 내용은 5장에서 더 자세하게 다룰 것이다.

전달 권한을 조정하고 전달한 결과물이 적절하게 산출되도록 보장하는 기술로 디자인 싱킹Design Thinking이 나왔다. 린과 애자일처럼 디자인 싱킹은 수십 년 동안 다양한 수준의 진화를 거쳐 물리적 제품을 위한 산업 디자인에 사용돼왔다. 디자인 싱킹은 피터 로우Peter Rowe가 1987년 발간한 『디자인의 사고 과정』(화영사, 1993)과 함께 주류가 됐다. 새로운 점은 IT와 특히 사용자 경험에 초점을 맞춘 애플리케이션 설계에 이를 적용했다는 점이다. 디자인 싱킹은 5장에서 더 자세하게 다룰 것이다.

협업 개발

협업 개발은 주로 IBM의 협업 기반의 수명주기 관리CLM, Collaborative Lifecycle Management 도구 제품군이 지원하는 협업 개발 실천 방안이 인기를 끌었다. 이 실천 방안은 대규모 팀으로 이뤄진 조직에서 협업이 확실하게 수행되게 해준다. 즉 분산되고 고립된 팀 간, 여러 기능에 걸친 담당자 간 가시성과 협업 능력을 확보한다. 이를 위해서는 전달 파이프라인 전반에 걸쳐 다음 2가지 기능을 보장해야 한다.

- 작업 중인 기능 영역 관련 산출물, 작업 항목, 메트릭뿐만 아니라 가시성을 확보해야 하는 모든 기능 영역에 대한 접근 권한과 가시성을 프로비저닝하는 것(당연히 역할과 보안 수준에 맞춰 접근 권한이 부여됨)
- 팀(실무자) 간 산출물을 매끄럽게 전달하는 것. 이는 기능의 경계를 넘어야 하고 산출물을 사용할 때 아무 변경 없이 사용할 수 있어야 한다.

전달 파이프라인 전반에 걸쳐 팀과 담당자가 통합 도구 세트를 사용해야 위의 기능을 수행할 수 있다.

데브옵스를 핵심 가치인 신뢰, 소통, 협업을 높이려는 문화운동으로 본다면 협업 개발은 데브옵스의 핵심 기능으로 볼 수 있다. 실무자 간 같은 도구(이메일이 아닌)로 소통하는 것만큼 소통, 협업, 신뢰를 높이는 좋은 방법은 없다. 이는 인기를 끄는 슬랙Slack이나 래셔널 팀 콘서트Rational Team Concert 등의 도구를 이용해 이룰 수 있다.

도구에서 지원하는 기능을 이용해 협업을 더 강화할 수 있다. 실무자 간 작업 항목을 이동하는 기능, 메모 추가 기능, 코드 변경 세트 첨부 기능, 현재 작업에 영향을 미치는 작업 현황을 보여주는 기능 등이 있다. 작업 현황을 보여주는 기능인 가시성만큼 신뢰를 높여주는 기능은 없다. 개발자가 단위 테스트를 어떻게 수행하는지 테스터가 그 현황을 볼 수 있다면(가시성을 확보한다면) 개발자는 코드를 커밋하기 전에 단위 테스트를 똑바로 할 것이다.

노트 전체 작업에 대한 가시성을 확보하면 높은 신뢰를 실현할 수 있다.

우리 회사에서는 이제 경비처리 절차를 없애겠습니다. 무엇을 원하든 마음대로 쓰세요. 회사에서 전부 지원해드릴 겁니다. 아무 것도 묻지 않겠습니다. 다

만 전 직원이 볼 수 있게 위키 페이지에 영수증을 올려주세요. 현명하게 쓰실 거라고 믿습니다.

– 모 실리콘밸리 스타트업 CEO

시프트 레프트

시프트 레프트 개념도 린에서 나왔다. 품질에 영향을 미치는 작업을 라이프사이클 초기로 최대한 이동시켜 품질을 향상시키는 것이 기본 아이디어다. 이 작업이 라이프사이클 전체에 걸쳐 이뤄진다. 초기에 품질 문제가 발생하면 그 근본 원인을 조기에 파악해 해결할 수 있다는 전제가 깔려 있다.

> **노트** QA계에 공리가 있다. 요구사항 단계에서 문제를 발견하면 고치는 데 1센트가 들고 개발 단계에서는 10센트가 들고 시험 단계에서는 1달러, 실제 운영 단계에서는 10 달러가 든다(라이스, 2009).

물론 위의 숫자는 예를 든 것으로 실제 원가를 통계적으로 분석한 결과는 아니지만 논리는 타당하다. 시프트 레프트는 문제를 일찍 발견해 비용을 절감하고 품질을 향상시킨다.

데브옵스 문화적 관점에서 시프트 레프트는 협업과 소통을 더 잘하는 데 사용하는 접근법으로 볼 수 있다. 더 구체적으로 협업과 소통은 라이프사이클 초기에 전달 파이프라인에서 현재 기능의 오른쪽에 있는 실무자의 참여로 더 향상시킬 수 있다.

데브옵스 또는 부부 상담

아키텍트는 개발 센터장과 운영 센터장을 만나달라고 내게 부탁했다. 식당 테이블 한쪽에 나와 아키텍트가 나란히 앉았고 맞은편에 개발 센터장과 운영 센터장이 앉아 점심을 함께 했다. 두 센터장 사이에 심상치 않은 기류가 흘렀다. 개발 센터장은 운영팀이 민첩하게 대응하지 못한다며 불평했고 운영 센터장은 개발팀이 서버를 망가뜨리지 않고는 실행조차 못할 쓰레기를 보냈다고 말했다. 서로 얼굴을 붉히고 쳐다보며 이야기했다. 마치 부부 상담 현장에 있는 것 같았다.

나는 운영팀이 (전달 파이프라인의) 왼쪽으로 조금씩 옮겨가면서 개입할 것을 권했다. 운영 환경에 배포될 때까지 개발팀과 운영팀 간에 전체적으로 가시성이 부족한 것이 최대 문제였다. 내가 제안한 것은 중요한 프로젝트를 하나 골라 일주일에 한 번 개발팀이 진행하는 일일 스탠드업 미팅에 운영팀이 가서 듣기만 하면서 상황이 개선됐는지 확인하는 것이었다.

3개월도 지나지 않아 두 센터장과 후속회의를 했다. 두 센터장은 운영팀이 일일 스탠드업 미팅에 진행 상황, 계획, 문제 상황을 공유하며 적극적으로 참여한다며 기뻐했다. 운영팀의 개입 시점이 왼쪽으로 옮겨갔다. 그들은 협업을 달성한 것이다.

품질 향상을 극대화하려면 시프트 레프트를 전달 파이프라인상 2가지 주요 영역에 적용할 수 있다.

시프트 레프트 테스팅

요구사항 단계부터 바로 테스터를 참여시키면 테스트에 필요한 것을 더 잘 준비할 수 있다. 또한 요구사항이 테스트할 수 있게 작성됐는지 확인할 수 있다. 목표는 라이프사이클 초기에 테스트를 시작하는 것이다. 업계에서 인기를 끄는 시프트 레프트 테스팅 실천 방안은 무엇보다 통합 테스트를 더 일찍 보장하는 데 초점을 맞추고 있다. "지속적 테스팅"에서 설명한 테스트 모두를 라이프사이클 초반에 하면 좋지만 그중에서도 통합 테스트가 가장 효과가 좋다.

팀이 지속적 통합을 할 때 통합을 식별하고 구조적 결함을 조기에 발견하기 위해서는 이러한 통합 지점을 테스트해야 한다. 이는 품질에 큰 영향을 미친다. 어떤 서비스나 컴포넌트가 다른 서비스 및 컴포넌트와 통합했을 때 동작하지 않는다면 혼자 완벽하게 동작하는 것이 무슨 소용인 가? 라이프사이클 초기에 통합 테스트를 수행하려면 테스트 가상화가 필수다. 테스트에 필요한 서비스나 컴포넌트를 사용하지 못할 수도 있기 때문이다. 테스트 가상화는 사용할 수 없는 서비스를 스텁으로 대체, 가상 인스턴스화해 라이프사이클 초기에 통합(다른 테스팅도 포함) 테스트를 할 수 있게 해준다. 이는 시프트 레프트 테스팅을 할 수 있게 해준다. "초기에 테스트하고 자주 테스트하라"라는 격언을 실천하려면 시프트 레프트를 수행해야 한다.

시프트 레프트 운영상의 문제

앞의 에피소드처럼 운영팀은 보통 전달 라이프사이클에서 배제됐다. 운영팀은 보통 운영 관련 요구사항이 결정되면 프로젝트를 시작할 때 참여한다. 그러고는 개발팀만 열심히 개발하다가 운영 환경에 넘기기 직전에 즉 운영 준비를 시작할 때가 되어서야 다시 참여한다. 운영팀을 라이프사이클 초기인 개발-테스트 사이클에 참여시키면 운영 환경에 배포할 때 발생하는 문제를 줄일 수 있다. 그리고 요구사항이 설계대로 진행되지 않더라도 무엇이 전달되는지, 환경에 어떤 변화를 가져올지 파악할 수 있다.

또한 운영팀이 초기에 참여하면 개발팀과 테스트팀이 배포하는 유사 운영 환경을 실제 운영 환경과 더 비슷하게 만들 수 있다. 그리고 개발팀이 개발한 배포 프로세스와 절차를 운영팀이 쉽게 이용할 수 있다. 데브옵스가 나오기 전에는 출시 주말에 운영 환경 배포와 관련해 가장 큰 문제는 운영팀이 배포 프로세스를 이용하거나 테스트해본 적이 없다는 것이었다. 운영 환경 외의 환경에 코드를 배포하는 프로세스를 반복적으로 테스트하면 운영 환경에서도 잘 동작할 것이다. 운영팀은 운영 환경에서 사용하는 것과 같은 프로세스와 절차를 초기에 자주 사용하게 된다.

시프트 레프트는 실무자 역할 변화에 큰 영향을 미친다. 이러한 변화는 미묘하게 시간이 흐르면서 발생한다. 필요한 기술과 전달 파이프라인 상 인원 분배가 의도하지 않은 결과를 부른다.

시프트 레프트를 하면 실무자 역할이 행위자에서 서비스 제공자로 변경된다. 테스터는 시험을 더 이상 수행하지 않는다. 그 대신 개발자가 자체적으로 수행할 수 있는 테스트 자동화를 제공한다. 마찬가지로 운영 실무자는 이제 서버를 실행하기 위해 빌드, 프로비저닝, 디프로비저닝 작업을 하지 않는다. 그 대신 서버 이미지를 구축하고 서버 인스턴스를 관리하며 문제에 대응한다. 운영팀이 제공하고 관리하는 셀프서비스 액세스를 활용해 개발팀과 테스트팀, 다른 실무자가 필요로 할 때 서버 인스턴스를 설정하고 프로비저닝, 디프로비저닝할 수 있다. 테스터와 운영팀이 현재 작업하는 방식을 더 추상화한다. 결과적으로 이는 필요한 기술과 자원 수에 영향을 미친다.

아키텍처와 리스크 경감

아키텍처적인 생각

1990년대 중반 래셔널 소프트웨어 개발에 참여했을 때 아키텍처가 내 머릿속에 들어왔다.

그레디 부치(Grady Booch), 제임스 럼버(James Rumbaugh), 이바 야콥슨(Ivar Jacobson) "3인방(Three Amigo)"이 개발한 UML(래셔널 소프트웨어에 내가 합류하기 직전에 제임스가 합류했다. 우리는 여전히 부치 방법론을 사용했다) 및 필립 크루첸(Philippe Kruchten)이 개발한 4+1 뷰 모델 소프트웨어 아키텍처 방법론과 함께 아키텍처적인 생각은 내 핏속에 흘렀고 지금도 흐르고 있다.

데브옵스를 실현하기 위해 관심을 가져야 할 부분은 애플리케이션 전달 영역이다. 애플리케이션 전달 영역은 아키텍처로 봐야 한다. 대규모 단일 시스템에서는 지속적 전달이 어렵다. 데브옵스 초기에는 아키텍처적 리팩토링이 보통 무시됐지만 현재는 마이크로서비스(또는 12팩터 앱 12-factor app)[14]의 발전으로 주류가 되고 있다.

마이크로서비스가 모든 애플리케이션 가치를 온전히 전달할 수 있는가에 대해서는 논란이 있지만 마이크로서비스의 인기는 더 중요한 아키텍처에 대한 관심을 불렀다. 12팩터 앱을 잘 이해했다면 웹 애플리케이션과 서비스형 소프트웨어SaaS에 집중할 수밖에 없다. 크고 복잡하고 데이터 집약적인 기존 시스템과 애플리케이션에 가치를 더하려면 비용이 많이 들더라도 코드와 데이터 리팩토링을 해야 한다. 이러한 투자는 기존 시스템을 클라우드 네이티브 상으로 옮겨 발전시키려고 할 때만 필요하다. 마이크로서비스와 12팩터 앱은 5장에서 더 심도 있게 논의할 것이다.

마이크로서비스 이용 여부와 상관없이 지속적 전달을 실현하는 데 필요한 아키텍처 변경은 작은 크기의 배치batch로 해야 한다. 배치는 각 사이클이나 스프린트에서 전달되는 변경사항 수다. 이러한 변경사항에는 전체 개발-운영 사이클을 아우르는 코드, 구성, 인프라, 데이터, 데이터 스키마, 스크립트, 배포 프로세스 등 모든 변경사항이 포함된다(매번 모든 변경사항이 운영 환경에 배포되는 것은 아니라는 것을 기억하라). 배치 크기를 줄이는 것은 다음 작업을 수행하는 데 필수다.

- 리스크 감소
- 품질 개선
- 더 빠른 전달

이러한 이점은 자명하다. 리스크와 품질을 관리하는 가장 효과적인 방법은 속도는 높이면서 반복이나 스프린트의 배치 크기를 줄이는 것이다.

---

14 http://12factor.net으로 알려진 것

이는 더 작은 크기의 새로운 버전을 더 자주 전달하기 위해서다. 배치 크기를 줄이면 각 사이클에서 테스트하고 검증하는 양이 줄고 배포할 양이 적고 변경사항이 적기 때문에 리스크가 감소한다. 문제가 나타나도 배치 크기가 작아 그 영향도 작으며 수정하거나 롤백으로 문제를 해결해 리스크를 줄일 수 있다.

지속적 개선

결국 데브옵스의 핵심은 지속적 개선을 이루는 것이다. 어디서 시작하든 어느 성숙도에 있든 데브옵스 도입은 한 번으로 끝나는 프로젝트가 아니기 때문에 지속적인 노력이 필요하다. 목표는 1990년대 피터 센게Peter Senge가 상상했듯이 궁극적으로 학습하는 조직이 되는 것이다(데이비드 가빈David Garvin, 아미 에드먼드슨Amy Edmondson, 2008). 데브옵스에서 학습하는 조직은 끊임없이 학습하고 발전한다. 무엇을 개선해 발전하는가? 개선할 수 있는 영역은 다음 3가지다.

- **애플리케이션** 전달된 애플리케이션 변경사항이 제대로 적용돼 의도대로 수행되는가? 다음 반복에서 앱을 개선하기 위해 들어온 피드백으로 무엇을 배울 수 있는가?
- **환경** 애플리케이션이 실행 중인 환경이 제대로 동작하고 있는가? 서비스 수준 협약SLA, Service Level Agreements을 충족하고 있는가? 다음 반복에서 환경을 개선하기 위해 들어온 피드백으로 무엇을 배울 수 있는가?
- **프로세스** 다음 반복에서 전달 프로세스를 개선하기 위해 실무자와 이해당사자의 경험으로 무엇을 배울 수 있는가?

대부분의 조직이 애플리케이션을 개선하기 위해 계속 노력한다. 하지만 애플리케이션을 개선할 때 실제 메트릭에 기반해 그 수준으로 엄격하게 적용하는 조직은 거의 없다. 전달 프로세스를 지속적으로 개선하는 프로그램을 시행하는 조직은 더 이상 없다. 린 운동, 애자일 스크럼 실현, 린 스타트업 확대에 따라 학습하는 조직을 만드는 데 필요한 것과 프로세스 레벨의 지속적 개선에 필요한 것을 구축해도 그렇다.

메트릭

측정할 수 없으면 관리할 수 없다.

– 피터 드러커

피터 드러커가 실제로 이런 말을 했는지와 상관없이 어떤 것을 관리하고 개선하려면 결국 몇몇 주요 측정 기준인 메트릭, 즉 핵심성과지표[KPI, Key Performance Indicators]를 측정할 수 있어야 한다. 실제로 개선되는지 확인하려면 KPI의 기준점을 측정해 시작점을 표시하고 진행 상황을 측정해야 한다. 발전 양상을 측정해야 할 뿐만 아니라 KPI를 개선한 결과로 발생하는 현상의 원인과 효과를 알아야 한다. 사람과 프로세스를 여러 번 변경하면 실제로 어떤 변경이 어떤 개선을 가져왔는지 파악하는 것이 중요하다.

비즈니스 영향 요소

무엇을 기준으로 측정하고 개선할지 결정하려면 비즈니스에 영향을 미치는 요소를 알아야 한다. 어떤 경영 성과를 보기 위해 노력하는가? 개선을 위한 변화라고 해도 비즈니스 측면에서는 좋지 않다. 데브옵스를 도입해 조직을 혁신하는 데 투자하려면 어떤 요소가 비즈니스에 영향을 미치는지 알아야 한다. 이는 어떤 측정 기준, 즉 어떤 메트릭이 중요한지, 이에 따라 어떤 기능에 집중하고 투자할지 결정하는 데 도움이 된다. 빨리 진행하는 데만 급급하면 시야가 매우 좁아진다.

의료기기 제조업체에서는 품질이 속도보다 중요하다. 리콜하는 것보다 차라리 출시가 늦어지는 것이 낫다. 이미 삽입된 인공 심장박동기를 리콜한다고 생각해보자. 모두에게 어려운 일이다.

– 의료기기 제조업체 QA 책임자

어떤 KPI, 즉 어떤 메트릭을 이용해 측정하고 개선하기 위해 노력해야 하는가? 앞에서 언급했듯이 모든 것은 비즈니스 영향 요소에 달려 있다. 사업부에서 IT 조직에게 개선을 요구하는 것은 무엇인가(같은 조직이라도 사업부문별로 달라질 수 있다)? 속도, 품질, 민첩성, 혁신능력, 비용절감인가? 새로운 비즈니스 모델을 배포하거나 신규시장을 포착할 수 있는 능력처럼 더 고수준의 것인가? 평균 고장시간 간격MTTF, Mean Time to Failure 또는 평균 수리시간MTTR, Mean Time to Resolution 개선처럼 저수준의 문제인가? 아니면 코드에서 버그를 줄이는 것인가? API를 개발해 파트너 환경에서 개발할 수 있게 하는 것인가? IT 조직이 새로운 애플리케이션을 전달할 때 필요한 모든 승인을 얻는 데 걸리는 시간을 줄이는 것인가? 오픈 소스 프로젝트에 참여하면 더 많은 기술인재를 데려올 수 있을까(오픈 소스 프로젝트에 기여하는 회사는 좋은 회사라는 것을 모두 알고 있다)?

IBM의 한 부서가 데브옵스 도입 영향을 측정하는 데 사용한 핵심 데브옵스 메트릭의 하부 집합은 다음과 같다. 다음 목록의 메트릭은 비즈니스 영향 요소로 결정했다. 각 메트릭은 비즈니스 영향 요소인 시장 출시속도, 시장점유율, 제품 수익성 향상에 영향을 미쳐야 한다.

- 프로젝트 시작 시간
- 백로그 그루밍
- 전체 개발시간
- 복합 빌드 시간
- 빌드 검증 테스트BVT, Build Verification Test 가용성

- <u>스프린트 테스트 시간</u>
- 전체 배포시간
- 생산까지 걸리는 전체 시간
- 출시 기간
- 신규개발 소요시간 대 유지·보수 소요시간(백분율)

데브옵스: 문화

"모든 사람은 운영 환경 전달에 책임이 있다."라고 적힌 티셔츠가 있다. 나는 프로젝트에 어떻게든 관련된 모든 사람에게 티셔츠를 주려고 한다. 프로젝트와 관련된 애널리스트, 디자이너, 테스터, 운영팀 사람들에게 이 티셔츠를 준다. 엔터프라이즈 아키텍처 팀, 애플리케이션 아키텍처 팀, 보안요원에게도 준다. 프로젝트 관리조직PMO 사람들은 티셔츠를 반드시 받아야 한다. 우리 층에 있는 관리인에게도 하나 준다. 화장실이 고장나 다른 층으로 가야 해 엔지니어가 20분을 허비한다면 관리인은 운영 환경에 배포가 늦어진 데 책임이 있다. 커피 머신이 고장나 인턴을 스타벅스에 보내야 한다면 커피 머신 수리기사도 배포가 늦어진 데 책임이 있다. 티셔츠는 CFO에게도 택배로 보낼 것이다. CFO가 예산 관리에 실패하고 작년처럼 12월에 직원 한 명에게라도 휴가를 주면 운영 환경 배포가 지연된다. CIO는 티셔츠를 받으면 이메일 계정 문제에서 벗어나게 해줘야 한다. CTO는 티셔츠를 받으면 기술 승인을 지연 없이 해야 한다. 내 아내가 그게 뭐냐며 말리지 않았다면 회사 야유회에 나온 모든 "중요한 사람"에게 티셔츠를 줬을 것이다. 이것이 데브옵스 문화가 내게 의미하는 바다.

– 데브옵스 문화를 만드는 대형 보험사의 부사장

앞에서 언급했듯이 데브옵스 중심에는 문화운동이 있다. 그렇다면 어떻게 문화를 바꿀 것인가? 조직은 프로세스를 개선하고 자동화하더라도 궁극적으로 내재된 문화적 관성을 극복해야만 데브옵스 문화를 도입하는 데 성공할 수 있다. 조직에는 변화에 저항하는 관성이 내재돼 있다. 변화는 쉽지 않다. 수천 명까지 안 가더라도 수백 명의 실무자 사이에 퍼져 있는 개발문화가 있을 만한 큰 조직은 특히 그렇다.

이러한 실무자들은 개인으로서는 데브옵스 도입 가치를 높이 평가할 수 있지만 집단으로서는 변화에 저항한다. 즉 문화적 관성을 갖는다. 이 관성을 극복하는 것이 관건이다. 문화적 관성은 다음과 같은 문장으로 나타낼 수 있다.

"여기서는 이렇게 하는 거야."

"그래, 그런데 나는 변경할 권한이 없어."

"우리 프로세스는 잘못된 데가 없어. 그런데 왜 바꿔야 해?"

"우리는 동작을 바꿀 수 없어. 그에 대해 이야기해야 할 거야."

"관리부서가 거부할 거야."

"우리가 규제 업종에서 일하는 것을 몰라?"

"데브옵스는 이 달의 새로운 방법론이야. 이게 얼마나 오래갈지 보자."

시간이 흐르면서 조직의 행동양식은 발전한다. 조직도에 맞춰 팀과 그룹의 업무와 책임이 나뉜다. 견제와 균형[15]은 관리 원칙이지만 진정한 관리와는 관련이 전혀 없다. 프로세스는 존재하지만 왜 그런지 아무도 모른다. 아무도 안 읽는 보고서를 작성한다. 아무도 그것을 없애려고 하지 않는다. 옛날에 있었던 문제 때문에 생긴 승인 절차도 있다. 이외에도 여러 가지가 있다. 이러한 모든 행동양식은 조직의 문화적 관성을 만든다.

데브옵스를 도입할 때 필요한 문화는 무엇인가? 신뢰, 소통, 협업이다. 데브옵스 실천 방안을 도입하는 것만으로는 문화를 형성하기 어렵다. 문

---

15 권력을 분리해 서로 견제하게 함으로써 균형을 유지시키는 원리 – 옮긴이

화가 바뀌지 않는 한 데브옵스 실천 방안은 조직의 DNA에 스며들거나 뿌리내릴 수 없다. 문화적 관성을 극복하려면 혼신의 노력이 필요한 상황이다. 문화적 관성은 3가지 영역을 해결하면 극복할 수 있다.

1. **가시성** 1장 전반부에서 길게 이야기한 만큼 중요하다. 관리해야 할 팀, 실무자를 제대로 파악하지 못하는 것만큼 불신의 큰 원인은 없다. 전달되는 산출물만으로는 무엇을 했는지 명확히 알기 어렵다.

2. **효과적 소통** 데브옵스 환경에서는 이메일, 보이스 메일 소통은 사라져야 한다. 프로젝트 계획 및 상태 문서, 프레젠테이션 슬라이드, 스프레드시트도 마찬가지다. 소통은 이메일이나 이슈 발행(티켓)을 통해서가 아니라 직접 대면하거나 관리를 통해 이뤄져야 한다. 실무자는 필요하다면 정식 절차를 밟지 않고도 다른 실무자와 소통할 수 있어야 한다. 이러한 실시간 소통은 이메일, 상태 업데이트 및 협업을 대체해야 하며 스트리밍해야 한다. 결과적으로 슬랙Slack, 힙챗HipChat, 야머Yammer, 라이크Wrike 같은 도구가 큰 인기를 얻고 있다.

3. **공통 척도** 언급한 내용 중에서 문화적 관성은 실무자와 팀을 제대로 가늠하지 못해 가장 많이 일어난다. 새로운 방식으로 시킨 일을 제대로 평가해주지 않으면 그냥 해온 방식으로 일할 것이다. 게다가 진정한 협업, 즉 여러 부서가 같은 목표를 향해 노력하는 하나의 팀처럼 되려면 성공 척도가 같아야 한다. 개발팀, 테스트팀, 운영팀은 성공을 평가하는 공통 척도, 최소한 비슷한 척도를 가져야 한다. 모든 사람이 운영 환경에 배포하는 책임을 져야 한다.

요약

데브옵스는 현재 주류다. 이는 사실이지만 모든 사람이 데브옵스가 무엇인지, 어떻게 도입해야 하는지 동일한 수준으로 아는 것은 아니다. 어떻게 도입해야 하는가에 대한 정답은 "상황마다 다르다"다. 실제로 그렇다. 현재 이루고자 하는 사업 목표에 따라, 조직의 현재 성숙도에 따라, 조직이 받아들일 수 있는 속도에 따라 달라진다. 비즈니스 가치를 높이려면 변화해야 하지만 비용을 들일 필요는 없다. 어떤 중단이든 생산성 저하는 피할 수 없고 데브옵스 도입도 마찬가지다.

데브옵스를 도입하면 첫 번째 단계로 현재 상태(A 지점)와 사업 목표(B 지점)를 파악한다. 이를 파악하면 여기서 설명된 적절한 실천 방안과 기능(올바른 경기 플레이)을 도입하기 위한 로드맵을 그릴 수 있다. 도입 로드맵을 어떻게 만들까? 이것이 바로 2장의 주제다.

2장
데브옵스 도입

필드 상태 연구

크리켓 경기는 인기가 많은 스포츠다. 약 25억 명의 팬이 있어 축구 팬 규모에 버금간다. 팬은 뉴질랜드에서 가이아나까지 크리켓 경기를 하는 모든 나라에 있다. 주로 영국 식민지였던 나라들로 인도에 팬이 가장 많다. 캐나다, 스코틀랜드, 아프가니스탄, 아랍에미리트, 홍콩에서 새로 선발된 크리켓 국가대표팀들 덕분에 크리켓은 점점 더 인기를 얻고 있다.

크리켓은 "피치"라는 중앙 영역의 경기장에서 진행된다. 피치는 골프 그린보다 더 바싹 깎은 잔디를 깐 압축된 흙판이다. 주요 플레이는 볼러가 배트맨에게 공을 던지는 피치에서 이뤄진다. 볼러는 배트맨을 아웃시켜야 하므로 공이 피치에서 튕겨나갈 때 변화를 주는 기술을 많이 사용한다. 볼러는 핑거 스핀이나 리스트 액션을 이용하거나 크리켓 공에 살짝 튀어나온 솔기를 이용할 수도 있다. 이런 기술과 피치 상태를 바탕으로 공이 튈 때의 속도, 방향, 공중 스윙에서 변화가 생긴다. 볼러의 최종 목표는 배트맨을 속여 다른 방향으로 가게 하는 것이고 배트맨의 목표는 득점으로 공이 어디로 갈지 예측하는 것이다.

피치 연구는 선수, 팀 관리자, 경기 해설가에게 일종의 예술이 됐다. 시합 전에 팀 관리자와 선수들은 피치를 연구하고 흙의 습도, 피치 위의 잔디, 흙의 부서짐 정도, 이슬 예보를 분석(추측)한다. 밤에 경기한다면 피치의 상태가 바뀌기 때문에 이 모든 것도 바뀐다. 최종 선수명단을 제출하기 전에 분석한 정보로 피치 조건에 적합한 기술을 가진 볼러를 기용한다.

팀 성적은 피치의 상태를 얼마나 잘 연구하고 평가했는가에 달려 있기 때문에 크리켓은 독자적이라고 볼 수 있다. 야구를 제외한 대부분의 팀 스포츠는 변화가 적은 필드에서 경기한다. 한편 팀이 피치를 얼마나 잘 이해하고 대비했는가에 따라 크리켓의 승패가 갈린다.

당신이 데브옵스를 도입하거나 시행하고 싶다고 말하는 것은 무슨 뜻인가? 데브옵스 솔루션은 무엇인가? 데브옵스는 제품이나 프로세스를 도입하는 것이 아니다. 사람, 프로세스, 도구에 영향을 미치는 원칙과 실천 방안이 담긴 철학을 도입하는 것이다. 데브옵스 도입은 단순히 제품이나 프로세스를 도입하는 것이 아니다. 혁신적인 변화를 겪어야 한다.

데브옵스를 도입하려는 대부분의 조직은 "데브옵스가 무엇인가?"와 "데브옵스는 일시적인 유행인가? 아니면 유지될 것인가?"라는 질문을 던지지 않는다. 그 대신 다음과 같은 질문을 한다.

- 데브옵스 도입은 어디서부터 시작해야 하는가?
- 조직 내 소규모 팀이 데브옵스 도입에 성공했다. 이를 전사적으로 확장하려면 어떻게 해야 하는가?

어느 시나리오에서든 데브옵스만 도입할 수는 없다. 데브옵스를 구성하는 기능부터 먼저 도입해야 한다(1장 참조). 데브옵스 도입은 한 번에 끝나는 프로젝트가 아니다. 사고방식과 문화를 도입해야 한다. 린 원칙에 기반한 실천 방안과 기능 세트를 도입함으로써 지속적인 개선을 시작하기 위해 노력해야 한다. 이는 장기적인 혁신으로 혁신 로드맵을 포함해 제대로 정의되고 계획된 도입 플레이북(전략서)을 필요로 한다. 물론 플레이북은 계속 진화해야 한다. 도입이 진행되면서 여러 상황이 나타나기 때문이다. 따라서 플레이북은 핵심 도입 자산으로 관리해야 하며 계속 수정되는 진행형 문서다. 즉 잘 정의된 플레이북으로 시작해야만 혁신에 성공할 수 있다.

그러면 "어디서부터 시작해야 하는가?"라는 의문이 생긴다. 이를 해결하려면 먼저 A 지점(현재 어디에 있으며 데브옵스 관련 기능을 실천하는 데 얼마나 성숙한지)과 B 지점(어디로 가고 싶은지, 데브옵스로 달성하려는 비즈니스 목표가 무엇인지)을 잘 파악해야 한다. A 지점과 B 지점을 파악하면 IT 팀들이 비즈니스 목표를 달성하기 위해(또는 B 지점에 도착하기 위해) 실행해야 할 일련의 플레이(전략)로 구성된 도입 플레이북을 도표로 만들 수 있다.

플레이북에는 데브옵스 도입에 필요한 4가지 핵심 영역을 개선하는 전략이 포함돼야 한다.

1. **프로세스 개선** – 낭비를 제거해 프로세스를 린처럼 효율적으로 만드는 방법
2. **자동화 도구** – 도구를 사용해 오류를 줄이고 개선한 프로세스를 반복, 확장할 수 있게 자동화하는 방법
3. **플랫폼과 환경** – 애플리케이션 전달 파이프라인(요구사항 도출에서 운영 환경에 이르기까지)상의 플랫폼과 환경을 복원, 변경, 확장, 구성할 수 있게 하는 방법
4. **문화** – 무엇보다 신뢰, 소통, 협업 문화를 육성하는 방법

조직은 위의 모든 영역에 이를 도입해 혁신해야 한다. 다만 혁신하는 과정은 조직마다 다르다. 조직 내에서도 프로젝트와 팀에 따라 다르다. 그 과정은 다양한 요인에 따라 여러 가지 방법으로 수행될 수 있으며 수행시간도 저마다 다르다. 다양한 요인 중 가장 중요한 것은 현재의 조직 성숙도다. 소스 코드도 제대로 관리하지 못하는 상태에서 시작해 "다운타임 없이" 지속적 배포가 가능한 상태까지 가려면 시간이 오래 걸릴 수밖에 없다.

플레이북 개발

나는 팀 동기부여 효과를 믿지 않는다. 팀이 경기장에 발을 내디딜 때 필요한
자신감을 갖고 좋은 경기를 펼치도록 준비시키면 된다고 믿는다.

– 톰 랜드리(미식축구 선수 겸 감독)

종목이나 경기와 상관없이 데브옵스 혁신에 성공하려면 결국 목표를
향해 어떻게 달려가야 하는가에 달려 있다. 즉 다른 스포츠와 마찬가지로
참고할 수 있는 일련의 전략이 들어 있는 플레이북이 필요하다. 그리고
상황(프로젝트, 부서, 조직)에 따라 적절한 전략을 실행해야 한다.

데브옵스 도입과 혁신을 계획하는 플레이북을 개발할 때 중요한 것은
경기 필드를 이해하는 것이다. 농구 플레이북에는 다음과 같은 전략이 포
함된다.

- 준비 훈련
- 인바운드 플레이
- 프레스 디펜스
- 존 오펜스
- 2차 속공
- 퀵 히터
- 버저비터
- 종료 직전 플레이

감독과 선수는 코트 위치, 스코어, 경기시간, 샷 클락 등의 상황에 따라
실행할 전략을 정한다. 마찬가지로 데브옵스 도입 플레이북은 팀, 프로젝
트, 프로그램, 부서, 기업 수준과 상황에 적합한 여러 전략을 담고 있다.

데브옵스 도입 플레이북을 만들기 위해서는 다음 3가지 핵심 요소가

필요하다.

1. 목표 대상 상태(비즈니스 목표와 영향 요소)의 명확한 정의
2. 현재 상태(현재의 능력 및 성숙도)에 대한 이해
3. 최고가 되겠다는 투지

이러한 핵심 요소를 연구하고 평가하는 것은 경기가 펼쳐질 필드의 상태를 아는 것과 거의 유사하다.

목표 대상의 상태 파악(비즈니스 목표와 영향 요소)

> 모든 우승팀은 목표지향적이다. 그리고 이 팀들은 계속 이긴다. 구체적인 목표에 집중하기 때문이다. 그들은 앞만 보고 간다. 아무 것도 그들의 목표를 달성하는 것을 방해할 수 없다.
>
> – 루 홀츠(미식축구 선수, 감독 겸 분석가)

잠시 뒤로 물러나 비즈니스 관점에서 IT 세계를 살펴보자. 사업 관련 부서는 IT 부서가 고객과 사용자에게 비즈니스 가치를 제공하길 바란다. 간단히 말해 IT 시스템은 사업 관련 부서가 고객에게 비즈니스 가치를 전달할 수 있게 해주는 매개체다. 택시 잡기, 무기체계 운영, 세금 납부, 고양이 영상에 "좋아요" 표시를 하는 것이 비즈니스 가치이든, 급여 관리가 비즈니스 가치이든 IT는 이러한 가치를 제공하는 시스템을 구축할 책임이 있다.

또한 사업 관련 부서는 여러 피드백을 받기 위해 이러한 시스템에 의존한다. 피드백에는 고객과 사용자가 비즈니스 역량을 어떻게 소비하고 가치를 창출하는지, 비즈니스 시스템과 어떻게 상호작용하는지, 가치 향상에 필요해 새로 만들거나 강화해야 할 역량과 기능은 무엇인지 등이 있다. 따라서 IT 부서는 사업 관련 부서의 목표에 맞춰 스스로 조정하고

변화하는 요구사항을 충족시키기 위해 계속 혁신해야 한다. 그동안 업계에서 IT 부서는 사업적 요구에 잘 대응하지 못했다. 이로 인해 사업 관련 부서가 내부 IT 부서를 건너뛰고 외부 IT 공급업체나 서비스 제공자로부터 요구를 충족시키는 섀도 IT^{Shadow IT}가 나오게 됐다.

그렇다면 사업 관련 부서는 IT 부서가 무엇을 어떻게 전달하길 요구하는가? 정확한 것은 조직, 산업, 지리적 요건에 따라 달라지지만 일반적으로 사업 관련 부서는 IT 부서가 IT 시스템과 애플리케이션을 전달할 때 다음 사항을 고려할 것을 요구한다.

- 속도
- 민첩성
- 혁신
- 품질
- 비용절감

위의 사항은 비즈니스 요구 측면과 기술적 요구 측면으로 나타날 수 있다. 비즈니스 요구는 사업 관련 부서가 IT 부서에 제시하며 기술적 요구는 IT 부서 스스로 사업 관련 부서의 요구를 충족시키기 위해 제시한다. 몇 가지 예는 다음과 같다.

- 가치실현 시간
- 배포 속도 향상
- 전달 비용/시간 단축
- 테스트 비용/시간 단축
- 테스트 범위 확대
- 환경 활용 확대
- 환경 활용도 증가
- 배포 관련 다운 타임 최소화

- 배포 시간 문제의 최소화(예: 주말 내내 배포하기)
- 배포된 애플리케이션의 롤백 최소화
- 결함 재현 및 수정능력 향상
- 평균 수리시간^{MTTR, Mean Time to Resolution} 및 운영 환경 문제의 최소화
- 결함 수정시간 단축

이러한 요구는 조직별, 조직 내의 프로젝트나 프로그램별로 다양하다.

그래요, 산지브. 이 5가지가 바로 기업이 우리에게 요구하는 겁니다. 저비용,
저비용, 저비용, 저비용, 저비용.

— 유럽 메이저 금융서비스 회사의 CIO

IT 부서 특히 대규모 조직의 IT 부서는 속도나 민첩성을 높이거나 혁신하기 쉽게 설계되지 않았다. IT 부서는 주로 변경 관리에 집중해 안정성과 품질, 예측 가능성을 제공하기 위해 수 년 동안 진화한다. 진화하면서 강압적인 관리 방식과 컴플라이언스 체제, 구식이고 고립된 형태의 조직 구조와 문화적 관성 등을 개선하기 위해 변경 관리 프로세스, 실천 방안, 도구가 개발된다. 또한 IT 부서는 안정성을 추구하면서 분기나 월 단위로 대형 패키지 변경사항을 전달하게 한다. 3장에서 더 논의하겠지만 안타깝게도 아무리 잘 관리해도 분기나 월 단위로 전달되는 작업의 큰 "뭉치^{chunks}"는 보통 복잡하고 상호의존적이다. 운영 환경에서 작은 변경사항을 롤백하기보다 어렵다. 최신 아키텍처와 프로세스와는 거리가 먼 기존 시스템과 전달 프로세스로는 민첩성이 부족해 더 악화된다. 여전히 IT 부서의 지원이 필요하다.

때에 따라 IT 부서가 민첩성, 속도, 혁신을 제공할 역량이 부족해 사업 관련 부서가 자체적으로 섀도 IT 부서를 구축해 IT 요구사항을 충족시킬 수 있다. 섀도 IT는 사업 관련 부서가 자체적으로 IT 팀을 만들고 외부 IT

기업이 구축한 인프라를 이용하는 상황이나 서드파티 개발팀, 공용 클라우드 서비스 등 회사의 외부 자원을 사용해 IT 요구사항을 개발하고 전달하는 상황을 설명하는 용어다. 섀도 IT는 조직의 관리와 감독을 받지 않고 가려져 있다는 문제가 있다. 게다가 섀도 IT는 대부분 비즈니스와 관련된 내부 상황에 밝지 않다. 일반적으로 사내 직원만큼 기업의 비즈니스를 이해하기는 어렵다. 기업의 외부에 있기 때문에 기업의 전략적 방향에 영향을 미치거나 관여하지 않는다. 따라서 섀도 IT는 기본적으로 사내 IT만큼 가치 있는 쪽으로 결정을 내릴 능력이 없다.

물론 필수적인 실천 방안, 자동화 도구, 조직적 변화, 문화적 변화를 IT 부서에 도입해 데브옵스로 혁신하는 것이 해결책이다. 이는 애플리케이션과 서비스를 더 빠르고 민첩하게 전달하게 해준다. 그리고 또 하나의 해결책으로 IT 부서가 빠른 실험을 하게 해 데브옵스로 혁신하는 것이다.

데브옵스 핵심 목표는 애플리케이션 전달 파이프라인을 최적화해 최대의 효율성을 달성하는 것이다. 최적화는 민첩성, 속도, 품질, 비용관리를 고려한다. 앞에서 언급했듯이 이러한 목표를 달성하기 위해서는 린처럼 효율적인 프로세스가 필요하다. 즉 통합 애플리케이션 개발 및 제공 도구, 쉽고 빠르게 프로비저닝할 수 있는 환경, 여러 부서 간 신뢰와 소통 문화가 필요하다. 조직은 효율성을 극대화하며 혁신을 추구해야 한다. 결국 혁신을 빠르게 할 수 있도록 설계된 새로운 기술 플랫폼과 프로세스 도입이 필요하다. 예를 들어 데브옵스 서비스를 기본적으로 제공하는 클라우드 기반의 "서비스형 플랫폼PaaS, Platform as a Service"이 있다. 또한 IT 부서는 혁신에 투자할 수 있는 자원(사람과 비용)을 더 확보하고 기존의 느린 전달이 혁신에 방해가 안 되도록 기존 애플리케이션 제공 기능을 최적화해야 한다.

현 시점에서 업계에서 이용하는 기술 혁신과 최적화의 균형을 다중 속도로 맞출 수 있는 모델을 생각해볼 수 있다. 스포츠에서 공격과 수비의 균형을 잡는 것과 비슷하다. 이 모델은 일반적으로 다중 속도 IT$^{Multi-Speed}$ ^{IT}라고 하며 3장에서 심도 있게 다룬다.

현재 상태 평가

노트 사람들은 데브옵스 도입으로 투자 수익을 달성하는 데 얼마나 걸릴지 묻는다. 워싱턴 DC에서 텍사스 오스틴까지 가는 데 얼마나 걸리는지 묻는 것과 같다. 비행기로 3시간 3분이 걸린다. 하지만 공항에서 바로 출발하지 않기 때문에 훨씬 오래 걸린다. 얼마나 걸릴지는 정확히 어디서 출발하는가에 달려 있다. 데브옵스 도입도 마찬가지다.

조직이나 팀의 현재 상태와 성숙도를 알아보는 방법은 많다. 스포츠 팀의 감독과 주장은 팀의 능력을 잘 알아야 한다. 즉 선수 개개인의 기술, 현재의 기량, 건강 상태, 상대 팀의 기술과 기량, 게임 상황을 보고 강점과 약점을 잘 알아야 한다. 이 데이터로 팀 감독은 다음 경기에 적합한 플레이를 선택할 수 있다. IT 세계도 마찬가지로 리더가 팀, 프로젝트, 조직의 현재 성숙도와 상태를 이해하면 플레이북에서 올바른 전략을 시기 적절하게 선택해 수행할 수 있다.

현재의 성숙도를 평가하기 위해서는 조직의 역량에 다음 질문부터 먼저 던져야 한다.

1. 새롭고 혁신적인 애플리케이션과 최신 아키텍처를 신속하게 제공할 수 있는가?
2. 기존 애플리케이션을 최신화해 더 신속하게 제공하고 더 빠르게 혁신할 수 있는가?
3. 성공하는 데 도움이 되는 문화, 도구, 프로세스를 도입할 수 있는가?

위의 질문에 대부분의 조직은 하나 이상에 대해 어렵다고 대답한다. 대부분의 조직이 실제로 3가지 영역 모두 어렵다고 말한다. 3개 질문에 제대로 대답하려면 3단계 프로세스가 필요하다.

1. 비효율적 요소와 낭비 요소의 식별
2. 비효율적 요소와 낭비 요소의 근본 원인 파악
3. 근본 원인을 해결하기 위한 계획 및 전략 개발

가치 흐름 지도를 이용한 비효율적 요소와 낭비 요소의 식별

가치 흐름 지도는 제품이나 서비스를 고객에게 전달할 때까지의 일련의 이벤트로 현재의 상태를 분석하고 미래를 설계하기 위한 린 관리 방법이다.

– 위키피디아

조직이 전달하는 다양한 애플리케이션의 전달 파이프라인을 살펴보고 낭비가 있는 곳을 찾을 수 있다. 이로써 비효율적 요소와 낭비 요소를 파악할 수 있다. 개인적인 조사와 경험에 의하면 많은 조직에서 최대 40%의 자원이 낭비되고 있다. 물론 정식 조사가 아니므로 오차 범위는 크겠지만 이와 반대되는 증거를 찾은 사람을 본 적이 없다. 메리 포펜딕^{Mary} ^{Poppendieck}은 낭비를 "고객 가치를 더하지 않고 자원을 고갈시키는 모든 것"으로 정의한다(바그너, 2009). 낭비는 대부분 실무자가 따라야 할 프로세스의 관리 오버헤드와 프로세스에 (좋은 의도로) 추가된 단계 때문에 발생한다. 예를 들어 다음과 같은 부분에서 낭비가 발생한다.

- 불필요한 프로세스 단계
- 불필요한 재작업
- 불필요한 기능
- 잘못된 산출물 또는 프로세스 구축
- 다른 사람이 만든 산출물의 변경

- 다른 사람의 업무 수행 대기
- 승인 대기
- 환경 구축 대기
- 수동작업용 이슈의 생성
- 최종 사용자 또는 클라이언트의 가치 창출에 기여하지 못하는 산출물의 생성이나 업데이트
- 데이터베이스 또는 스프레드시트를 수동으로 업데이트해 관리자에게 보고
- 현황 보고

대부분의 낭비는 이해관계자 간 특히 기능 간에 핸드오프하는 동안 발생하며 실무자가 다른 사람의 행동을 기다릴 때도 발생한다. 핸드오프하는 동안 발생하는 낭비는 이해관계자 간에 전달되는 산출물이 다음 단계에서 "있는 그대로 사용 가능"하지 않을 때도 발생한다. 즉 산출물을 받아 사용하는 측이 산출물을 사용하기 위해 수정하거나 변환해야 할 때 발생한다. 린 방법론에서는 이를 %완성도와 정확도%C&A, Complete And Accurate 메트릭으로 측정해 그 정도를 나타낸다(마틴, 2011).

낭비 요소와 비효율적 요소를 식별하는 가장 효율적인 방법은 가치 흐름 지도를 작성하는 것이다. 가치 흐름 지도는 린 운동에서 기존에 수 년 동안 사용하던 방법이다. 톰 포펜딕과 메리 포펜딕은 소프트웨어 개발 프로세스에서 낭비 요소를 찾는 도구를 만들어 소프트웨어 업계에서 인기를 끌었다(포펜딕, 2008).

데브옵스에서 가치 흐름 지도를 작성하기 위해서는 전달 파이프라인 왼쪽으로 들어오는 요구사항 흐름과 오른쪽 운영 환경에서 실행 중인 애플리케이션을 검토해야 한다. 검토사항에는 다음 내용을 포함한다.

- 새로운 요구사항

- 개선 요청
- 요청 변경
- 버그 수정
- 정책 변경
- 구성 변경
- 콘텐츠 업데이트

검토사항은 운영 환경에서 실행 중인 애플리케이션에 영향을 미치는 모든 경우를 포함한다.

변경사항(또는 신규사항)의 개발이나 전달 요청이 발생했을 때 이해관계자는 산출물을 변환, 수정, 생성하는 프로세스를 수행하고 산출물을 다음 환경으로 이동시킨다. 이로써 이해관계자 간에 산출물 전달이 일어난다. 산출물 요구사항이 전달 파이프라인의 왼쪽 끝에서 발생한다. 그리고 운영 환경에서 실행되는 코드는 전달 파이프라인의 오른쪽 끝의 산출물로 구성된다.

데브옵스의 최종 목표는 낭비를 줄이는 것(또는 린 방법론에서 말하는 가치 창출에 기여하지 못하는 작업을 제거하는 것)이다. 이는 프로세스를 효율적으로 만들거나 더 좋고 효율적인 프로세스로 대체하고 지속적으로 개선하기 위해 노력함으로써 실현할 수 있다. 이를 위해서는 다음 사항을 모두 살펴봐야 한다.

- 산출물
- 이해관계자
- 환경
- 프로세스

목표는 낭비가 어디서 발생하는지(예는 이전 목록 참조) 식별하고 근본 원인을 분석해 낭비의 원인을 밝힌다. 낭비는 다음 예에서 존재할 수 있다.

- 프로세스가 비효율적이다.
- 프로세스가 수동이다.
- 산출물이 제대로 된 형태가 아니다.
- 이해관계자 간의 핸드오프가 비효율적이다.
- 이해관계자가 프로세스에서 작업을 수행할 수 없다.
- 이해관계자가 산출물이 필요한 시점에서 필요한 산출물에 접근할 수 없다.
- 이해관계자가 불필요한 업무에 시간을 허비한다.
- 이해관계자가 불필요한 산출물을 작업한다.
- 관리 방식이 프로세스에 과중한 부담을 준다.

2장 후반부에서 근본 원인을 분석한다.

가치 흐름 지도 사용하기 전달 파이프라인에서 낭비 요소를 가장 효과적으로 식별하는 방법은 가치 흐름 지도를 그리는 것이다. 그림 2.1은 간단한 가치 흐름 지도와 구성 요소를 보여준다. 가치 흐름 지도 연습으로 낭비 요소를 식별하는 방법을 살펴보자.

2가지 방법으로 프로세스를 시각화할 수 있다.

1. 활동 중심: 제품을 만드는 데 필요한 작업 세트와 그 순서로 프로세스를 정의한다. 이는 흐름도나 IDEF 다이어그램[1]으로 잘 설명할 수 있다.
2. 산출물 중심: 프로세스를 제품과 라이프사이클로 정의한다. 제품을 상태 기계로 보고 제품의 상태 전이로 각 프로세스 단계를 구체화한다(캔터, 2014).

---

[1] IDEF(Integration Definition)는 조직이나 시스템의 의사결정, 행동 및 활동을 모델링하기 위해 고안된 방법으로 간단한 상자와 화살표로 나타낸다. – 옮긴이

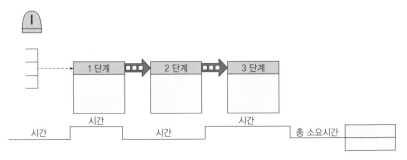

그림 2.1 간단한 가치 흐름 지도

가치 흐름 지도를 연습할 때는 활동과 산출물 둘 다 살펴봐야 한다. 이 해당사자가 산출물을 변환(상태 전이)하고 더 많은 산출물을 만들고 기존 산출물을 수정하는 활동을 전달 파이프라인을 따라가며 살펴봐야 한다. 예를 들어 하나의 개선 요청은 여러 개의 코드 산출물을 생성하고 변경한다. 산출물이 다음 이해관계자로 전달되고 다음 환경으로 이동되고 변환되면서 발생하는 병목현상과 자원 낭비를 파악하기 위해서는 제조 과정을 분석해야 한다. 그림 2.2는 연습하면서 그린 가치 흐름 지도 사진이다.

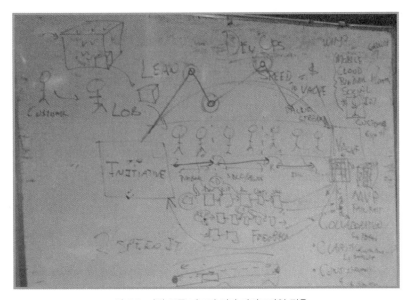

그림 2.2 가치 흐름 지도의 전달 파이프라인 적용

이 개념을 전달 파이프라인 전반에 걸쳐 적용하고 전달 파이프라인을 통해 산출물을 따라가면서 가치 지도를 그릴 수 있다. 이는 가치 흐름에서 확인된 모든 병목현상을 담는다. 가치 지도에는 2가지 측정치가 있다.

1. 프로세스 시간Process Time: 작업을 실제로 수행하는 데 걸리는 시간
2. 리드 시간Lead Time: 작업 수행이 가능한 시간부터 작업이 완성돼 다음 이해관계자에게 핸드오프할 때까지 경과된 시간(마틴, 2011)

다음 이해관계자로 핸드오프하는 작업의 품질은 앞에서 소개한 %C&A 메트릭을 사용해 측정한다.

심층 가치 흐름 지도로 연습하든(프로세스 시간과 흐름 개발 대기시간의 상세 측정 정보 및 제조공정 측정 정보를 생성함), 개략 가치 흐름 지도로 연습하든(세부적 측정보다 병목현상 확인에 초점을 맞춤) 가치 흐름 지도를 활용해 식별된 병목현상의 원인을 파악하기 위해서는 근본 원인 분석RCA, Root-Cause Analysis을 수행해야 한다. 병목현상은 근본 원인을 파악해 해결해야 하므로 데브옵스 도입 로드맵에 초점을 맞춰야 한다.

앞에서 언급했듯이 가치 흐름 지도는 일반적으로 2가지 방법으로 수행할 수 있다(가치 흐름 지도를 수행하는 방법은 컨설팅 조직과 방법론 수만큼 존재한다. 이는 누구나 고유한 접근 방식을 가질 수 있기 때문이다).

1. 심층 가치 흐름 지도 - 다수의 컨설턴트와 실무자가 모든 작업의 대기시간과 프로세스 시간을 측정하며 수일 길면 수주가 소요되는 업무다. 이 측정으로 실무자 유형에 따라 발생하는 낭비의 정확한 원인을 식별할 수 있는 상세한 가치 지도를 작성할 수 있다. 심층 가치 흐름 지도는 제조업계에서 표준이다. 노동집약적 프로세스를 효율적으로 만들 수 있게 해주기 때문이다.
2. 개략 가치 흐름 지도 - 전달 파이프라인에서 핵심 기능 영역을 대표하는 조직 임원진(실무자가 아닌)이 참여하는 워크숍으로 반나절

에서 하루 정도가 걸린다. 워크숍은 전달 파이프라인의 주요 병목 현상을 식별하는 것이 목표로 새로운 요구사항이나 변경에 대비해 본보기가 되는 전달 파이프라인을 도출한다. 식별한 병목현상을 분석해 낭비의 근본 원인을 파악한다. 개략 가치 흐름 지도는 IT 쪽에서 더 보편적이며 이번 절 후반부에서 자세하게 논의한다.

전달 파이프라인 대 공장 조립라인　데브옵스에서 지속적 전달을 설명하면서 개념이 유사한 공장 조립라인에 흔히 비유한다. 더 넓은 수준에서는 소프트웨어 공급망과 제조 공급망을 비유한다. 이 비유는 여러 가지 이유로 IT 업계 전반에서 사용되며 이 책에서도 사용되지만 한계는 있다. 가치 흐름 지도를 개발할 때는 한계를 인지하고 있어야 한다. 유사점과 차이점을 자세하게 살펴보자.

공급망Supply Chain은 제품이나 서비스가 공급자로부터 고객까지 가는 것과 관련 있는 조직, 인력, 기술, 활동, 정보 및 자원의 시스템을 말한다.

– 위키피디아

이 정의는 일반적으로 제조 공급망에서 사용한다. 하지만 실제로 소프트웨어 공급망에서도 차이는 있지만 사용할 수 있다.

제조 공급망　제조 공급망은 천연자원, 원자재, 구성품을 최종 고객에게 전달하는 완제품으로 만든다. 이러한 공급망에서 제조사는 제조보다 통합을 한다. 부품(플라스틱 바디, 모조 헤어, 의류, 판지, 플라스틱 상자)만 있으면 만들 수 있는 아동용 인형처럼 단순한 제품이든, 2만 개 이상의 하드웨어와 소프트웨어로 구성되는 자동차처럼 복잡한 제품이든 완제품에 들어가는 모든 부품을 다른 회사에서 만들 수 있는지 제조사가 검토해야 한다. 다른 회사가 필요로 하는 수량과 품질을 충족시키면서 부품을 더 빨리 저렴하게 만들 수 있는가? 그러한 모든 부품에 대해 제조사는 부품을 만드는 회사로부터 공급받는다. 물론 공급은 내부 공급자나 구성품을 납품하는 사내 다른 부서가 할 수도 있다.

대표적인 것이 자동차 브레이크다. 모든 자동차에 들어가는 필수 부품으로 제조사는 어느 공급처에서 더 좋은 품질로 싸게 만들 수 있는지 확인해 부품 공급을 받아야 한다. 또한 제조사가 만드는 데 필요한 전문지식이 없는 부품이 필요할 때도 다른 공급처에서 부품 공급을 받아야 한다. 예를 들어 자동차의 트랙션 컨트롤 시스템TCS이나 잠김방지 브레이크ABS가 있다.

공급사가 일부 부품의 지적재산을 소유해 제조사가 해당 공급사로부터만 부품을 받아야 하는 경우도 있다. 전기자동차의 대용량 배터리가 그 예다. 이렇게 요즘 자동차 제조사들은 자동차 설계자이자 대부분의 개별 부품을 외부에서 공급받아 조립하는 조립업체가 됐다. 실제로는 완성된 제품에 들어가는 실제 물리적 부품 외에도 제조사는 설계나 시제품 제작을 맡길 수도 있다. 예를 들어 항공기 제조사는 날개 가장자리 설계를 전문 항공공업사에 아웃소싱할 수 있다.

공급망에서 수요자와 공급자의 관계는 전적으로 소통과 계약에 기반한다. 수요자는 설계 명세서와 품질 요구사항을 전달하고 공급자는 보통 일정 기간 내에 약속한 품질과 수량의 부품을 제공한다. 수요자의 비용 대비 이익은 다른 데서 공급받을 수 있는 부품을 만드는 제조공장(설비, 장비, 인력)을 소유할 필요가 없는 데서 나온다. 공급자의 비용 대비 이익은 제조 규모에 따라 비용절감을 할 수 있는 데서 나온다.

소프트웨어 공급망 소프트웨어 공급망은 기존 개념을 소프트웨어와 시스템 전달 공급망 개념으로 확장한다. 소프트웨어 공급망 모델을 도입하는 근본적인 비즈니스 논리와 가치는 제조 공급망과 거의 같지만 완전하게 같지는 않다. 소프트웨어 제조사는 소프트웨어 공장을 만들기 위해 소프트웨어 공급망의 일부를 아웃소싱한다. 이는 이치에 매우 맞다. 어떤 컴포넌트는 여러 가지 이유로 다른 데서 더 저렴하게 만들 수 있다. 낮은 인건비, 컴포넌트 개발 경험, 사내에 없는 전문지식(모바일 개발 같은) 등의 이유가 있을 수 있다. 여기서 공급자가 사내 다른 그룹이나 부서에 있는 소프트웨어 팀일 수도 있다는 것을 다시 한 번 알아야 한다.

> **노트** 제조 공급망과 소프트웨어 공급망이 다른 주요 이유는 공장 조립라인에서는 같은 부품과 완제품을 생성하지만 소프트웨어 전달은 그렇지 않기 때문이다. 소프트웨어 부품(컴포넌트)은 각각 독자적이다. 개발자가 돈을 받고 하는 일은 바로 새롭고 독자적인 코드를 만드는 것이다.
>
> 이는 가치 흐름 지도도 마찬가지다. 대기시간과 프로세스 시간을 세밀하게 측정하는 심층 가치 흐름 지도는 제조 공급망에서는 적합하지만 애플리케이션 제공에는 부적합하다. 예를 들어 개발자가 어떤 컴포넌트를 개발할 때 프로세스 시간이 X시간만큼 소요된다고 다음 컴포넌트를 개발할 때도 X시간이 소요된다고 볼 수는 없다. 대기시간도 제각각이다. 개발자가 코드를 작성하는 시간은 물론 테스트에 걸리는 시간도 다양하다. 얼마나 많은 코드를 작성했는가에 따라 걸리는 시간이 천차만별이기 때문이다. 그러므로 전달 파이프라인은 세분화된 수준의 병목현상보다 주요 병목현상을 찾는 데 초점을 맞추는 것이 바람직하다. 개략 가치 흐름 지도는 데브옵스를 시작할 때 권장되는 접근 방법이다.

제조 공급망과 소프트웨어 공급망의 차이점을 자세하게 살펴보자.

- 요구사항 – 소프트웨어 사양(요구사항)은 물리적 부품 사양처럼 정의될 수 없다. 소프트웨어 프로젝트의 사용자 인터페이스(UI) 요구사항과 자동차 메인보드 UI인 대시보드의 상세 공학 및 설계 사양을 비교해보자.
- 요구사항 안정성 – 소프트웨어 요구사항은 대부분 불안정하고 수요자조차 잘 알지 못한다. 개발 중인 애플리케이션이나 시스템에 대한 수요자의 이해도가 증가함에 따라 요구사항은 시간이 지나면서 진화한다(애자일 소프트웨어 개발이 등장한 주요 이유다).
- 변경 – 소프트웨어 제품은 물리적 제품보다 훨씬 더 자주 변한다.

2012년 1월에 생산된 도요타는 5월에 생산된 도요타와 별로 다르지 않다. 한편 모바일 애플리케이션들은 대부분 자주 업데이트한다.

- 비용 - 소프트웨어 컴포넌트의 제조비용은 규모에 따라 감소하지 않는다. 포뮬러 1 경주용 자동차에 들어가야 하는 커스텀 브레이크 어셈블리를 만드는 비용보다 연간 100만 대 이상 판매되는 자동차에 들어가는 브레이크 어셈블리를 만드는 비용이 더 적게 든다. 한편 소프트웨어 개발에서는 거의 매번 코드를 작성할 때마다 커스텀해야 한다.

- 통합 - 제조업에서 부품 간 인터페이스는 잘 정의돼 있다. 고정된 크기의 너트, 볼트 같이 표준에 정의돼 있거나 표준이 아니더라도 허용 공차를 포함해 정확한 사양으로 정의할 수 있다. 소프트웨어 인터페이스는 이와는 거리가 멀다. 실제로 컴포넌트 간 통합 지점에서 수요자와 공급자의 책임을 구분하기가 모호하다. 여기에 컴포넌트 공급자가 여럿이어서 복잡하고 통합 지점도 다양한 상황이라면 정말 흥미로워진다(healthcare.gov 사이트의 첫 릴리즈를 생각해보자)[2].

- 추정 - 부품을 대량생산할 수 있는 제조시설을 구축한다면 부품을 일정 단위로 대량생산하는 데 시간이 얼마나 걸리는지, 재료가 얼마나 필요한지 정확하게 추정할 수 있다. 소프트웨어 개발에 필요한 노력 정도를 추정하는 것은 매우 까다롭다. 비슷한 종류의 컴포넌트 제작 경험이 많은 팀이 아니면 해당 컴포넌트를 개발하는 데 시간이 얼마나 걸릴지 정확하게 알기 어렵다. 요구사항과 인터페이스의 변경은 추정을 더 복잡하게 만든다. 애자일은 플래닝 포커[3]

---

2 오바마 케어(전 국민 건강보험 의무 가입)를 시행하면서 보험 정보를 제공하는 해당 웹사이트를 릴리즈했다. 촉박한 일정 때문에 웹사이트 테스트가 충분히 이뤄지지 않은 상태에서 사용자가 대거 몰려 기존 가입자 삭제, 로그인 오류 등의 운영상 차질을 빚어 오바마 대통령까지 유감을 표했다. - 옮긴이

3 팀 전체가 업무량을 함께 추정하는 기법으로 게임처럼 숫자 카드를 이용해 논의한다. - 옮긴이

를 이용하므로 그나마 추정하기 나은 편이다(하트만, 2009).

■ 품질 보증 - 품질 관리는 소프트웨어와 제조가 다르게 수행한다. 자동차 제조업체가 부품을 받을 때 사양과 허용 오차를 충족하는지 쉽게 시험할 수 있다. 또한 통계적으로 유의미한 정도의 샘플만 검사하면 받은 부품 전체의 유효성을 입증할 수 있다. 소프트웨어는 사용하는 모든 컴포넌트를 테스트해야 한다. 테스트 수준은 테스트 비용과 필요한 품질 수준을 조정하면서 결정한다.

노트 제세동기 소프트웨어는 워드프로세서보다 더 엄격하게 테스트돼야 한다(다만 워드프로세서의 오류는 제세동기를 필요하게 만들 수도 있다).

■ 표준 관행 - 일반적으로 제조업 관행은 표준화돼 있으며 공급업체들이 ISO 같은 특정 인증을 받으면 공급업체 간에 큰 차이도 안 난다. 반면 소프트웨어 개발 관행은 잘 무시되거나 표준화되지 않는다. 문서화가 잘돼 있더라도 소프트웨어 개발 관행은 구현하기 어렵고 문서대로 하기도 어렵다. 지난 수십 년 동안 폭포식 개발의 암울한 성공률이 이를 증명한다. 애자일 실천 전략은 민첩하게 진화하고 있다. 따라서 스크럼 인증 마스터가 있더라도 공급업체는 스크럼을 매우 다르게 실행할 수 있고 그 결과는 근본적으로 다를 수 있다.

■ 향상된 구성 - 하드웨어 부품은 점진적으로 구축되지 않는다. 설계 심지어 제조 관행도 시간이 지나면서 점진적으로 개선될 수 있지만 (특히 린이나 카이젠Kaizen[4]을 기반으로 지속적인 개선을 하는 조직) 제품에 들어가는 부품은 처음부터 다시 만든다. 2017년형 자동차 브레이크는 2016년형 모델보다 낫지만 2017년형 신형 자동차의 브레이크는 구형 브레이크의 어떤 부분도 사용하지 않는다. 이와 대

---

4 업무, 개인 효율성 등의 지속적인 개선에 대한 일본의 비즈니스 철학

조적으로 소프트웨어 구성 요소는 점진적으로 구축된다. 모든 반복에서 릴리즈 여부와 상관없이 새로운 코드를 적용하기 위해서는 기존 코드에 추가하거나 기존 코드를 변경해야 한다. 재사용과 오픈 소스 라이브러리의 발전으로 새로운 컴포넌트도 일반적으로 다른 컴포넌트나 오픈 소스 라이브러리 기반의 코드로 만들어진다.

- 계약 – 부품 계약은 수량, 시간, 품질을 정의한 서비스 수준 계약 SLAs, Service Level Agreements에 기반해야 한다. 알려진 제조비용과 원자재 가격을 고려해 서비스 수준 계약사항을 쉽게 만들고 시행할 수 있다. 반면 소프트웨어 컴포넌트 계약은 매우 복잡하다. 계약할 때 고정된 비용을 책정하면 문제가 될 수 있다. 컴포넌트를 만드는 데 드는 시간과 노력을 제대로 계산하지 못해 마감일을 지키지 못하거나 품질을 떨어뜨린 상태로 마감일을 지키게 된다. 시간과 비용에 대한 이러한 계약은 복잡한 서비스 수준 계약과 관리가 필요하므로 비용 책정이 어렵고 시행하기도 어렵다.

위의 목록이 보여주듯 소프트웨어와 시스템 개발 특히 크고 복잡하면 공장의 공급망과 유사하지만(추상화 수준이 낮은 경우 애플리케이션 전달 파이프라인은 조립라인과 유사하다) 더 자세하게 살펴보면 차이점이 많다.

가치 흐름 지도 워크숍 수행하기 가치 흐름 지도 워크숍은 의사결정 능력이 있는 임원진과 함께 하는 것이 좋다. 성공하기 위해서는 최소한 다음과 같은 이해관계자가 필요하다.

- 부사장 또는 사업 관련 부서의 임원진
- 부사장 또는 애플리케이션 개발 임원진
- 부사장 또는 품질보증 임원진
- 부사장 또는 운영 임원진

또한 다음 목록의 부서 임원진 등 다른 주요 이해관계자도 워크숍에 선택적으로 참여할 수 있다.

- 보안
- 기업 구조
- 프로젝트 관리조직
- 제품 제공 관리(있는 경우에만)

워크숍은 프로젝트 수준을 넘어 기업, 부서, 프로그램 또는 사업 관련 부서 차원에서 수행하는 것이 가장 좋다. 워크숍을 프로젝트 수준으로 하면 너무 세분화돼 가치 흐름을 찾기 어렵기 때문이다. 워크숍은 보통 2~4시간이 소요된다. 참석한 모든 임원진은 워크숍에 적극적으로 참여해야 한다. 목표는 임원진이 식별된 모든 병목현상을 이해해 해결할 의지를 갖고 해결 방안을 계획하는 것이다.

나는 같은 회의실에서 이렇게 많은 보고를 직접 해본 적이 없다. 기존에 맡은 영역에 집중하기보다 한 팀으로서 공통 과제를 해결하기 위해서 말이다.

– 워크숍 이후 주요 금융서비스 조직의 CIO

워크숍은 일련의 실습으로 진행되며 진행자는 참여하는 임원진에게 어떻게 해야 할지 안내한다. 추천하는 실습 내용은 다음과 같다.

1. 데브옵스 도입이 필요한 고객의 비즈니스 목표를 파악한다.
2. 이미 진행 중이거나 예정된 데브옵스 관련 IT 계획을 파악한다. 파악한 IT 계획을 조정해 비즈니스 목표에 다시 맵핑한다.
3. 임원진은 비즈니스 목표 달성에 방해가 되는 병목현상과 비효율성을 식별해 가치 흐름 지도를 만든다.
4. 식별된 병목현상을 해결하는 데 도움이 되는 상위 3~4가지 기능

을 확인한다.

5. 본보기가 되는 도입 로드맵을 작성한다. 여기에는 마일스톤, 일정, 식별된 과제가 포함된다.

워크숍에서는 가치 흐름 지도를 만드는 것이 핵심이며 가장 많은 시간을 소비한다.

가치 흐름 지도를 만드는 가장 좋은 방법은 하나의 산출물(보통 새로운 요구사항)을 전달 파이프라인에 올려보는 것이다. 2장 전반부에서 언급했듯이 이해관계자가 산출물의 상태를 변경할 때는 해당 프로세스를 실행해 다른 이해관계자에게 핸드오프하는 과정을 살펴본다. 이 과정에서 낭비가 발생하는 지점을 파악해야 한다. 낭비는 2가지 형태로 나타나는데 둘 다 전달 파이프라인에서 발생하는 병목현상으로 다음과 같다.

1. 대기시간 - 이해관계자 간의 특정 행위나 산출물의 핸드오프를 기다릴 때 발생
2. 과잉생산 또는 잘못된 생산 - 이해관계자가 불필요하거나 최종 생산물에 가치를 더하지 않는 산출물을 변경할 때 발생

전달 파이프라인에서 가치 흐름 지도 연습으로 10~15개 주요 병목현상을 식별할 수 있다. 그 다음 과제로 병목현상의 근본 원인을 분석한다. 이에 대해서는 "근본 원인 진단"에서 더 자세하게 살펴본다.

각 병목현상의 근본 원인이 확인되면 그 사이의 종속성을 찾아보고 우선순위를 정할 수 있다. 중복되는 병목현상을 없애고 종속성이 있는 병목현상을 해결하기 위해서는 종속성 분석부터 수행해야 한다. 우선순위를 정하는 나머지 기준으로 경영 성과, 투자수익률, 달성 노력이 있다. 경영 성과가 큰 항목과 쉽게 달성할 수 있는 항목의 균형부터 맞춰야 한다. 쉽게 달성할 수 있는 항목은 다루기 쉽고 효과가 바로 나타나 가치를 쉽게 보여줄 수 있다. 비즈니스 사례와 빠른 성과는 가치를 잘 보여준다. 병목

현상의 우선순위 목록은 조직의 실제 일정과 예산에 맞게 작성돼야 한다.

우선순위가 매겨진 병목현상 목록은 최초에 식별한 비즈니스 목표에 맵핑돼야 한다. 사업 관련 부서가 말하는 핵심 비즈니스 목표와 직접적인 관련이 없는 병목현상을 해결하기 위해 노력할 필요는 없다. 이 단계에서는 해결해야 할 병목현상의 우선순위를 계속 조정한다. 결과적으로 상위 5~6개 병목현상을 뽑을 수 있다. 이 목록은 데브옵스 도입 로드맵을 개발할 때 필요한 데브옵스 전략을 파악하는 데 사용할 수 있다.

근본 원인 진단

우승팀은 픽 앤 롤, 팀워크, 수비 등의 기본기를 강조한다. 우승팀은 열정적으로 열심히 경기에 임한다. 계속 공을 잡고 뛰며 공을 놓쳤을 때도 공을 따라 계속 뛴다. 우승팀은 잘 안 맞는 부분을 현명하게 파고들어 상대방의 약점을 끈질기게 공격한다.

– 월트 프레이저(전 NBA 선수)

앞에서 언급했듯이 플레이북에 어떤 전략을 넣을지 결정하기 위해서는 식별된 병목현상의 근본 원인을 살펴봐야 한다. 이는 가치 흐름 지도를 연습하면서 식별된 병목현상이 실제로 낭비와 비효율성의 전조이기 때문이다. 근본 원인을 제대로 파악하기 위해서는 분석이 필요하다. 근본 원인을 분석하는 대표적인 방법은 "왜"라고 다섯 번 물어보는 것이다(오노, 2006). 이 방법으로 문제의 전조를 넘어 문제의 중심으로 갈 수 있다.

일반적인 병목현상을 살펴보고 그 근본 원인을 살펴보자. 여기에 조직이나 프로젝트에서 발생하는 비효율성과 낭비의 전조가 있다.

- 도구 통합이 부족하면 실무자 간 산출물 전달에 대기시간이 발생한다.
- 팀원 간에 서로 어떤 작업을 하는지 바로바로 알기 어렵다. 즉 가

시성이 결여돼 있다.

- 팀 경계를 넘나들며 학습하고 기여하기 어렵다.

위의 전조는 일반적으로 통합된 전달 파이프라인에서 발생하는 문제 때문이다. 다음과 같은 전조들은 환경 표준화가 부족해 발생한다.

- 운영 환경과 유사하지 않고 여러 개로 분리된 개발 테스트 환경
- 독립적으로 유지, 관리하는 다중 기술 스택
- 리스크, 가치, 기술에 적합한 최적의 플랫폼으로 배포할 수 있는 능력의 부족

또한 다음과 같은 전조는 비효율성이 드러나는 예로 다중 속도 애플리케이션을 전달하고 관리하기 어려운 데서 발생한다.

- 사업 관련 부서의 능력 부족으로 개별 애플리케이션 출시보다 비즈니스 역량을 키워야 한다.
- 전달 파이프라인에서 속도가 떨어지는 부분이 전체 속도에 영향을 미친다.
- 대부분의 IT 자원은 기존 애플리케이션과 작업을 실행, 관리, 유지·보수하는 데 이용되며 혁신에는 최소한의 리소스만 투자한다.

혁신 전략 선택

노트 워싱턴 DC에서 텍사스 오스틴까지 비행기로 3시간 정도 걸리지만 비용 문제로 비행기를 탈 수 없다면? 운전해 가면 22시간, 기차를 타면 17시간 반, 걸어가면 488시간이 걸린다(물론 걸어가는 방법은 보통 사람에게 권장하기 어렵다). 주어진 예산과 시간, 비행기를 타는 두려움, 걸을 수 있는 능력을 바탕으로 어떻게 가야 할지 결정해야 한다.

2장의 나머지 부분은 주로 식별한 병목현상을 해결하는 데 적합한 데브옵스 기능을 선택하기 위해 실행하고 도입해야 할 다양한 전략을 기술한다. 병목현상의 근본 원인을 파악하고 알았다면 다음 단계에서는 근본원인을 해결하는 데 도움이 되는 데브옵스 기능을 결정한다. 하지만 이는 데브옵스 기능을 바로 도입하는 것처럼 간단하지는 않다. 텍사스 오스틴에 가는 여정을 결정하듯 특정 데브옵스 기능을 어떻게 도입할지 결정하기 위해서는 여러 가지 비즈니스 요인, 기술적 요인, 조직적 요인 등을 고려해야 한다. 다음과 같은 요인이 포함된다.

- 프로젝트팀에서 프로세스와 도구가 변경될 때 적응해 사용하는 능력
- 광범위한 조직에서 조직적 변화를 받아들이는 능력
- 투자 가능한 도입 예산 범위
- 프로젝트 일정
- 최종 결과의 도출 가능 시점
- 임원진의 승인과 후원
- 실무진의 승인
- 문화적 관성

3장에서는 까다로운 전략과 그 실행 방법을 논의하면서 모든 요인을 자세하게 다룬다.

적합한 전략과 데브옵스 기능을 결정하기 위해서는 해결하려는 병목현상의 4가지 영역을 살펴봐야 한다.

1. 프로세스 개선
2. 자동화 도구
3. 환경과 플랫폼
4. 문화

전략에 성공하기 위해서는 4가지 영역을 모두 다루지 못하더라도 복수 영역을 다뤄야 한다. 그 후 데브옵스 혁신을 주도하는 팀은 비즈니스 요인, 기술적 요인, 조직적 요인을 고려해 병목현상을 해결하는 데 적절한 전략을 실행해야 한다.

혁신 전략 도입

적절한 데브옵스 혁신 전략을 선택했다면 도입을 주도하는 것은 그 다음의 일련의 작업과 실제 노력이다. 대기업에서 데브옵스 도입을 추진하는 데 전념하는 전략을 6장에서 자세하게 다룬다. 데브옵스 혁신 로드맵을 개발하고 실행하는 팀은 다음과 같은 2가지 영역을 알고 준비해야 한다.

1. 생산성 저하 해결
2. 문화적 관성 극복

문제를 인지하고 해결하기 위해 어떻게 해야 할지 살펴보자.

생산성 저하의 최소화

노트 어떤 변경이든 도입하자마자 생산성이 떨어진다. 피할 수 없는 일이다. 모바일 앱을 새 버전으로 업데이트할 때 경험한다. 스포츠팀은 원정경기를 갈 때 경험한다. 뭔가 하려고 하면 힘들어지니 편하게 내 방 이불 안에서 노는 것이 좋은 이유다.

항상 이익이 생기기 전에 생산성이 떨어진다. 프로세스, 도구, 팀 구조를 변경하면서 일어나는 자연스러운 결과다. 적절한 혁신 계획을 세우고 여러 단계를 둬 생산성 저하 구간을 최소화해야 한다. 궁극적으로 생산성 손실 부분(그림 2.3의 음영 영역)이 증가한 생산성에 비해 미미하면 혁신이 성공적이라고 볼 수 있다. 물론 생산성이 이전보다 별로 높아지지 않는다면 모든 노력은 무의미하다.

생산성 손실이 심각하거나 팀이 준비한 수준을 넘어선다면 프로젝트

는 생산성 저하를 회복하기 어렵다. 이를 예방하고 생산성 저하를 최소
화하려면 시간과 자원을 최소로 투자해 최대한 빨리 생산성 향상에 도달
해야 한다. 이를 위해서는 숙련된 코치와 함께 혁신 과정을 잘 계획해야
한다.

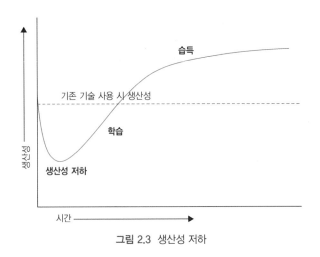

그림 2.3 생산성 저하

기업 전반에 걸쳐 애자일 도입을 추진할 때 애자일 코치를 두면 성공
적인 도입 추진이 가능하다. 이와 유사하게 개념을 확장해 데브옵스 도
입을 추진할 때 데브옵스 코치를 두면 성공적인 도입 추진이 가능하다.
IBM부터 소규모 데브옵스 컨설팅 회사까지 여러 조직은 데브옵스를 도
입할 때 프로젝트나 팀에 들어가야 할 데브옵스 코치를 교육해왔다.

데브옵스 혁신을 위해 식별된 비즈니스 영향 요소도 전략 수립에 중요
하다. 비즈니스 영향 요소는 생산성을 측정하는 핵심성과지표KPI를 적용
해야 할 대상이기 때문이다. 따라서 KPI는 다음과 같아야 한다.

- KPI는 혁신 전에 식별돼야 한다(성공 척도).
- KPI는 현재 상태를 파악하는 기준으로 삼아야 한다.
- KPI는 혁신 이후(종료 상태)에도 사용되는 것이 목표가 돼야 한다.

3장에서는 또 다른 도입 전략에서 측정해야 할 KPI를 이야기한다.

목표가 무엇인지, 점수를 어떻게 얻는지 모르고 경기를 이길 수 없듯이 개선해야 할 KPI가 무엇이고 얼마나 개선해야 할지 모르는 상태에서 혁신에 성공할 수는 없다. 마찬가지로 훌륭한 감독과 적절한 코칭 프로그램 없이 연승하는 팀을 만들 수 없듯이 경험 많은 데브옵스 코치와 잘 계획된 혁신 로드맵 없이 데브옵스 혁신에 성공할 수는 없다.

바라는 대로 이뤄지는 것이 완벽한 계획을 의미하지는 않는다… 항상 이기면 발전할 수 없다. 졌을 때 발전한다. 지면 자신을 더 돌아본다.

– 제레미 린(미국 NBA 선수)

파일럿 프로젝트로 도입 시작하기

데브옵스 혁신은 매우 복잡하고 많은 노력이 든다. 기업 전체에서 데브옵스 도입에 성공하기 위해서는 먼저 데브옵스 도입을 소규모로 시작해 로드맵을 발전시키고 성공시켜야 한다. 5장에서는 전사적으로 확장하는 전략을 구체적으로 논의한다. 어쨌든 시작하기 위해서는 성공 계획을 세워 전사적으로 도입해야 한다. 이 과정에서 데브옵스 도입 로드맵을 따라 실행하기 위해서는 일련의 파일럿 프로젝트를 선택해야 한다.

데브옵스를 전사적으로 도입하는 방법은 먼저 3~5개 파일럿 프로젝트를 선택해 시작한 후 여기서 얻은 교훈을 바탕으로 도입 로드맵을 시험하고 확장하는 것이다. 각 프로젝트의 목표는 프로젝트 당 하나의 데브옵스 기능을 도입하고 해당 기능이 특정 병목현상을 해결할 때 일어나는 영향을 측정하는 것이다. 하나의 파일럿 프로젝트에 하나의 기능만 도입하는 것은 해당 기능이 병목현상을 해결할 때 일어나는 영향만 보기 위해서다. 프로젝트에 여러 기능을 도입하면 직접적인 영향을 측정하기 어렵다.

최종 목표는 성공과 교훈을 얻는 것이다. 그러면 다른 프로젝트로 도입을 확장하면서 더 나은 결과를 얻을 수 있다. 좋든 나쁘든 성과를 내고 프로젝트 진행에 따라 도입 계획을 조정하기 위해서는 비즈니스 목표에 적합한 KPI를 식별해 파일럿 프로젝트를 시작하기 전에 기준선을 긋고 도입 과정에서 식별한 KPI를 계속 측정하면서 추적해야 한다.

각 파일럿 프로젝트에는 데브옵스 코치가 있어야 한다. 프로젝트팀 규모에 따라 프로젝트마다 전담 코치를 두거나 여러 프로젝트에 한 명의 코치를 둔다.

어떤 프로젝트를 파일럿 프로젝트로 선정해야 할까? 비즈니스에 중요하지만 핵심은 아닌 프로젝트를 선정하는 것이 좋다. 팀원의 재구성이나 자금 배정 등 조직에서 중요하지 않은 프로젝트는 부적합하다. 또한 규모가 크고 지리적으로 떨어진 팀이 수행하는 프로젝트나 너무 핵심적인 프로젝트여서 이슈 발생 등으로 지연되면 비즈니스 기능에 문제가 생기는 프로젝트는 부적합하다. 파일럿 프로젝트가 성공하면 어떤 부분이 효과가 있고 없었는지 분석한다. 분석 결과를 바탕으로 어떤 프로젝트에도 도입을 확대할 수 있다. 프로젝트 규모가 크든 작든, 지리적으로 떨어져 있는 팀이 수행하는 프로젝트이든 아니든, 대규모 핵심 프로젝트이든 아니든 말이다.

문화적 관성의 극복

궁극적으로 모든 프로세스가 개선되고 조직에 자동화가 도입되더라도 고유한 문화적 관성을 극복하지 못한다면 데브옵스 문화 도입에 성공하기 어렵다. 대부분의 조직은 변화에 저항하는 관성이 있다. 변화는 어렵다. 특히 조직문화가 여러 해 동안 발전하고 수백 명 이상의 실무자에게 스며든 큰 조직에서 말이다. 실무자들은 개인적으로 데브옵스 도입에 긍정적일 수 있지만 집단으로서는 변화에 저항하며 문화적 관성을 가질 수 있다. 문화적 관성을 극복하는 것이 중요하다.

문화적 관성은 어떻게 나타나는가? "여기서는 이런 식으로 일처리를 하지.", "그래, 하지만 X는 내 마음대로 바꿀 수 없어.", "그 사안에 대해서는 Y에게 말해. 일하는 방식을 바꾸기는 어려워." 이러한 행동과 말이 문화적 관성을 보여준다. 시간이 흐르면서 조직의 행동양식은 발전한다.

조직도에 맞춰 팀과 그룹의 업무와 책임이 나뉜다. 견제와 균형은 관리 원칙이지만 진정한 관리와는 전혀 관련이 없다. 프로세스는 존재하지만 아무도 왜 그런지 모른다. 그냥 거기 있을 뿐이다. 아무도 안 읽는 보고서를 작성한다. 아무도 그것을 없애려고 하지 않는다. 옛날에 있었던 문제 때문에 생긴 승인 절차도 있다. 이외에도 여러 가지가 있다. 이러한 모든 행동양식은 조직의 문화적 관성을 만든다.

문화적 관성을 극복하기 위해서는 조직을 비효율적으로 만드는 모든 산출물과 프로세스, 즉 모든 병목현상과 식별된 낭비의 근본 원인을 자세하게 살펴봐야 한다. 병목현상을 해결하기 위해서는 기존 데브옵스 실천 방안을 뛰어넘는 혁신이 필요하다. 혁신을 주도하고 지지하는 임원진과 혁신을 실제로 수행하는 실무자가 문화적 관성을 극복하려는 의지가 있어야 한다. 임원진은 누가 어떻게 팀 외부에서 변화를 일으키고 기존 관리 원칙을 깨는지 실무자에게 숨겨야 한다. 실무자는 습관도 고쳐야 한다. 개발 중인 기능에만 집중하지 말고 혁신의 주체가 돼야 한다.

후원과 참여

문화적 관성을 해소하기 위해서는 상향식(Bottom-up), 하향식(Top-down) 양방향으로 접근해야 한다. 그러지 않으면 어떤 데브옵스 전략도 효과적으로 도입될 수 없고 잠재적으로 가치를 전달할 수도 없다. 혁신을 시작해 추진하기 위해서는 임원진의 재정 후원이 필요하다(하향식). 혁신을 실제로 실행하기 위해서는 실무진이 받아들이고 참여해야 한다(상향식).

임원진이 데브옵스 혁신을 어떻게 후원하고 주도할 수 있는지는 6장에서 자세하게 논의한다.

2장에서 설명한 기법을 사용해 실제 고객(익명)을 위해 개발된 예제 로드맵은 부록 A에 있다.

요약

요약하면 데브옵스 도입은 스포츠팀 선수와 감독이 경기를 준비해 이기려는 것과 비슷하다. 감독이나 팀 리더가 상대 팀의 강점과 약점을 알기 위해서는 경기 조건을 연구해야 한다. 그 후 플레이북에서 적절한 전략을 선택해 연습해야 한다. 실제로 해야 할 일은 전략의 실천이다. 전략을 모두 실행하고 새로운 전략으로 비용이 증가해 발생한 생산성 하락을 만회하고 이전에 수행한 전략에서 나온 문화적 관성을 극복하고 실천 방안이 실제 게임에 모두 적용될 때까지 해야 한다.

마찬가지로 데브옵스를 도입하기 위해서는 다음과 같은 것이 필요하다.

- 목표 상태의 정의
- 현재 상태 파악
- 현재 상태에서 목표 상태로 전환하기 위한 적절한 전략 선택
- 생산성 저하 구간에 대비
- 문화적 관성 극복을 위한 후원과 참여

위의 모든 내용은 이 책 나머지 부분에서 다룬다.

3장

데브옵스 혁신 비즈니스 사례 개발

메이저리그 사커의 성장 비즈니스 사례

메이저리그 사커(MLS)는 빠른 성장을 이뤘는데 여기에는 스포츠 조직 관리도 한 몫했다.

축구 인기가 커지면서 MLS는 2007년 이후 9개 구단을 새로 추가했다(가장 최근 인 2015년에는 2개 구단을 추가함). 관중은 미국 하키리그(NHL)나 미국 프로농구 (NBA)와 비슷한 수준이며 TV 시청률은 (2013년에 살짝 하락했지만) 10년 전보다 많이 올랐다.

MLS는 재정적으로도 성공했다. 비록 메이저리그 야구(MLB)나 내셔널 풋볼리그 (NFL)보다 약소하지만 콜럼버스 크루(Columbus Crew) 구단은 MLS 클럽이 기록 한 중간 호가인 6천만 달러 이상에 매각됐다.

현재 18번째 시즌을 기록 중인 MLS는 미국 주요 스포츠 산업으로 진입하고 있다. 하지만 세계 축구와 경쟁해야 하고 관중도 증가시켜야 하는 등 여러 도전 과제에 직 면해 있다. 돈 가버(Don Garber) MLS 이사는 리그가 어떻게 하면 계속 성장할 수 있을지 이야기했다.

성장 속도가 빠를수록 잘못된 방향으로 갈 확률이 높다. 이를 막으려면 지표를 정해 측정하고 언제 어느 부분이 잘못될 가능성이 있는지 빨리 파악해야 한다. MLS는 가 버가 이야기한 방송과 언론보도, 축구경기장 개발, TV 시청률과 경기장 좌석점유율 등을 주요 성과지표(KPI)로 정해 예의주시하고 있다.

다른 지표는 계속 상승했지만 TV 시청률과 경기장 좌석점유율은 2013 시즌에 하락 했다. 가버와 MLS는 문제점을 빨리 파악했다. 일부 팀은 좌석점유율은 낮았지만 리 데브옵스 혁신을 주도하는 임원진은 데브옵스 혁신 사례를 개발해 이를 조직(CEO, CFO 등의 전체 임원진)에 납득시켜야 한다. 이 책에서는 데브옵스 혁신 도입에 활용할 수 있는 트리거나 촉매(가 되는 행동)가 있어야 하는 이유를 설명한다. 7장에서 이렇게 해야 하는 이유를 전체 모듈 형태로 제시한다. 이들을 참고해 비즈니스 사례를 만들어야 한다. 그것도 적절하고 설득력 있게 말이다. 비즈니스 사례는 조직이 비즈니스에 필요한 투자를 하게 가치를 제안하고 혁신에 필요한 시간과 자원을 확보해 지속적인 투자가 이뤄지게 한다. 데브옵스 도입은 결국 일회성 프로젝트가 아닌 지속적인 혁신이다.

비즈니스 사례 개발

데브옵스 기능은 프로세스, 도구, 플랫폼, 문화를 최적화해 애플리케이션 전달 파이프라인을 효율적이고 린처럼 만든다. 데브옵스를 도입하기 전에 기업은 예상 투자수익률을 가늠하기 위해 구체적인 수치가 나와 있는 비즈니스 사례를 필요로 한다. 데브옵스를 도입해 어떤 비즈니스 가치를 달성할 수 있는가?

이러한 비즈니스 가치를 수치로 표현하는 데 활용할 수 있는 기법은 다음과 같다.

- **사례 연구** 데브옵스 도구, 플랫폼, 혁신 서비스는 비즈니스 가치와 투자수익률을 제공한다. 서비스 공급자나 공급업체는 이를 어떻게 제공하는지 사례 연구를 수행했다. 이를 이용해 데브옵스를 도입한 유사 조직의 사례 연구와 이들이 달성한 비즈니스 가치와 투자수익률을 검토할 수 있다. 또한 조직의 도입 경험과 교훈도 얻을 수 있다.

- **외부 분석 연구** 외부 분석 전문기업도 관련 연구를 수행한다. 예를 들어 포레스터Forrester사는 통합경제효과TEI, Total Economic Impact를 연구했다(포레스터, 2013, 2015). 이를 활용해 조직이 얻는 비즈니스 가치를 평가할 수 있다.

- **가치 흐름 지도** 가치 흐름 지도는 2장에서 설명했다. 설명한 목적은 가치 흐름 지도를 이용해 전달 파이프라인의 낭비 영역을 파악해 해결하기 위해 데브옵스 도입 로드맵을 개발하는 것이다. 여기서는 가치 흐름 지도를 더 심층적으로 평가해 시간과 행동 유형을 연구한다. 즉 낭비 영역을 파악하고 그 결과로 발생하는 실제 생산성 손실량을 파악하기 위해 시간 및 행동 유형을 연구한다. 이후 낭비 영역을 경제적 수익과 연결하는 가치 지도를 만들 수 있다.

- **비즈니스 가치 평가** 비즈니스 가치 평가BVA, Business Value Assessment는 데브옵스 기능의 가치 지도를 만드는 데 사용할 수 있는 정성적 접근법이다. 이는 실질적인 경제적 수익과 데브옵스 기능이 맵핑될 수 있게 해준다. 공급자(서비스 공급자나 공급업체)가 사용하는 비즈니스 가치 평가 도구에는 미리 정의된 공식이 있다. 이 공식에 따라 현재 방식(사용 중인 도구, 플랫폼, 프로세스)의 누적비용을 계산하고 데브옵스 도구, 플랫폼, 방식을 도입(취득, 구축, 교육, 사용)했을 때의

비용을 계산한다.

위에서 언급한 모든 비즈니스 가치 측정 기법은 혁신하려는 프로젝트에 데브옵스를 도입할 때 사용할 수 있지만(4장에서 데브옵스 최적화와 혁신의 구분 방법을 설명한다) 여기에는 추가로 고려해야 할 "전환점"이 있다. 비즈니스 가치를 만드는 데 필요한 혁신적 해결책은 여러 혁신적 기술과 비즈니스 모델 등을 실험해 나온다. 이 결과로 개발되는 비즈니스 사례는 구체적이기 어렵다. 애당초 비즈니스 가치를 계산할 때 실험 미지수를 모두 고려할 수 없기 때문이다. 따라서 벤처 투자가처럼 비즈니스 사례를 만들어야 한다. 벤처 투자가는 여러 스타트업의 아이디어에 소액을 투자하는 사람으로 투자한 여러 스타트업 중 하나가 큰 성공을 거두면 거기서 수익을 본다. 이 수익으로 다른 데서 본 손실을 모두 메꿀 수 있다.

그래서 비즈니스 사례를 만들기 전에 아이디어의 비즈니스 가치를 이해하기 위한 기법이 개발됐다. 이러한 기법은 아이디어를 정의하고 필요한 투자를 결정하며 고객과 기업에 대한 잠재적 비즈니스 가치를 정량화하는 데 도움이 된다.

기술보다 아이디어에 초점을 맞춘 비즈니스 모델을 생각해볼 수 있다. 이는 기술조직이 비즈니스 가치보다 아이디어의 실행 가능성을 볼 수 있게 해준다. 린 스타트업 분야에서 주목받은 기법으로 알렉산더 오스터왈더Alexander Osterwalder와 예스 피그누어Yves Pigneur가 『비즈니스 모델의 탄생: 상상과 혁신, 가능성이 폭발하는 비즈니스 모델 캔버스 활용』(비즈니스북스, 2021)에서 소개한 비즈니스 모델이다. 이 책에서는 여러 가지 기술 중에서도 비즈니스 모델 캔버스Business Model Canvas를 사용해 조직 비즈니스 가치를 나타내는 비즈니스 모델의 구성 요소를 정의하고 이해하면서 개선한다.

그림 3.1처럼 캔버스는 9개 구성 요소로 이뤄져 있다. 각 구성 요소는 비즈니스 모델을 정의하고 더 구체화한다. 또한 실행 가능성을 결정하고

관련된 리스크와 필요한 리소스, 궁극적으로 비즈니스 가치를 파악한다. 구성 요소는 다음과 같다.

1. **고객 부문**Customer segments 대응해야 할 고객은 누구인가?
2. **가치 제안**Value propositions 고객 문제를 해결하기 위해서는 어떤 가치 제안을 해야 하는가?
3. **채널**Channels 가치 제안은 어떻게 제공하는가?
4. **고객 관계**Customer relationships 고객과의 계약으로 고객과 어떤 관계를 형성할 것인가?
5. **수익 흐름**Revenue streams 가치 제안으로 발생하는 수익원은 무엇인가?
6. **핵심 자원**Key resources 가치 제안을 제공하는 데 필요한 자원은 무엇인가?
7. **핵심 활동**Key activities 가치 제안을 제공하기 위해서는 주어진 핵심 자원으로 어떤 활동을 수행해야 하는가?
8. **핵심 파트너십**Key partnerships 가치 제안을 제공하기 위해서는 어떤 업체와 파트너십을 맺어야 하는가?
9. **비용 구조**Cost structures 가치 제안을 제공하는 데 드는 투자비용과 자원 구매비용은?

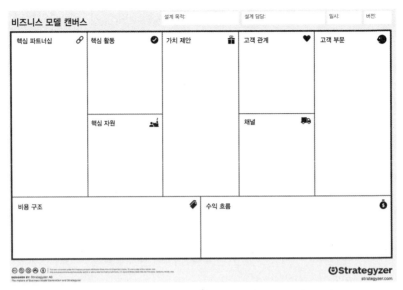

그림 3.1 비즈니스 모델 캔버스[1](스트레티저(Strategyzer), 2013)

이러한 접근은 조직이 투자하려는 아이디어에 대해 종합적인 모델을 제시해 투자 여부를 결정할 수 있게 한다. 비즈니스 모델 캔버스는 가치 제안을 만드는 비즈니스 모델을 개발할 때 사용할 수 있다. 데브옵스에서는 데브옵스 혁신에 필요한 가치 제안을 만들 때 사용한다.

비즈니스 모델 캔버스 채우기

이제 구성 요소에 내용을 채워 비즈니스 모델을 만들어보자. 이렇게 만든 비즈니스 모델 캔버스는 데브옵스 혁신에 사용할 수 있고 임원진은 혁신에 필요한 비즈니스 사례를 개발할 수 있다. 3장 후반부를 참조해 비즈니스 모델 캔버스를 채우고 데브옵스 비즈니스 사례를 개발할 수 있다.

---

1 크리에이티브 커먼즈 라이선스(재사용 허용). https://creativecommons.org/licenses/by-sa/3.0/. 비즈니스 모델 캔버스는 https://strategyzer.com/canvas/business-model-canvas에서 다운받을 수 있다.

비즈니스 모델 캔버스를 연습하면서 사업 관련 부서의 관점과 IT 조직의 관점에서 바라본 2개 비즈니스 모델 캔버스를 살펴볼 수 있다.

여기서는 비즈니스 모델 캔버스를 데브옵스 도입 시점에 그리므로 조직이 실제로 제공하는 IT 서비스만 포함한다. 이외에 발생하는 고객과의 일은 범위에서 벗어난다. 예를 들어 은행이 급여를 지급하기 위해 현금을 조직에 전달할 때 현금을 요청하고 관리하는 데 사용하는 소프트웨어는 범위 내에 속하지만 보안트럭 서비스를 이용해 현금을 전달하는 실제 배달 서비스는 범위에서 벗어난다.

고객 부문

여기서는 조직이 서비스를 제공하는 고객을 세분화한다. 앞에서 기술했듯이 사업 관련 부서 관점의 고객과 IT 부서 관점의 고객이 어떻게 다른지 살펴봐야 한다. 두 관점에서 대상 고객은 차이가 있다.

사업 관련 부서의 고객 부문

사업 관련 부서는 최종 사용자와 고객에게 비즈니스 역량을 제공하는 것을 최종 목표로 삼아야 한다. 따라서 고객 부문은 다음과 같다.

1. **최종 사용자** 최종 사용자는 애플리케이션을 최종적으로 사용하는 사람이다. 이들은 고객과 다르다. 조직이 최종 사용자로부터 직접 수익을 내지 못할 수도 있기 때문이다(다음의 정의 "2. 고객/의뢰인"을 보자). 예를 들어 최종 사용자는 페이스북, 트위터, 핀터레스트 Pinterest 같은 소셜미디어 앱을 사용하면서 비용을 내지 않는다. 소셜미디어 회사는 최종 사용자가 앱을 어떻게 이용하는지에 대한 정보를 수집해 수익화한다. 회사의 실제 고객은 서비스를 이용하면서 비용을 지불하는 쪽이다. 최종 사용자는 사용자 통계, 지역 통

계, 사용 수준 통계 등을 기초로 세분화해 분류할 수 있다.

최종 사용자와 고객을 구별하는 것은 혼란스럽다. 유튜브 같은 회사를 생각해보자. 최종 사용자는 동영상을 보거나 게시하는 모든 사람이다. 최종 사용자에는 파워 유저도 있다. 파워 유저는 유튜브 수익 공유 프로그램에 참여하며 조회수가 많은 동영상을 올린다. 따라서 파워 유저는 반드시 별도로 분류해야 한다. 유튜브는 스스로 정한 분류 방식에 따라 최종 사용자와 고객을 분류한다.

2. **고객/의뢰인** 조직에게 고객은 조직이 제공한 애플리케이션과 서비스를 이용하며 비용을 지불하는 사람이다. 소셜미디어 앱의 고객은 광고주로 최종 사용자를 대상으로 하는 광고를 앱에 올리는 데 돈을 지불한다. 여기서 고객에게도 고객이 있다는 것을 알고 있어야 한다. 보통 기업 간 거래B2B, Business-to-Business 애플리케이션이 그렇다. 애플리케이션에서 타 플랫폼을 제공하는 경우도 해당한다. 조직의 주요 고객은 궁극적으로 최종 사용자다. 예를 들어 고객은 자신의 플랫폼인 소셜미디어 사이트에서 다른 앱을 실행시킬 수 있다. 그러면 앱의 최종 사용자는 앱 벤더의 고객과 소셜미디어 플랫폼의 고객이다. 앱 벤더와 최종 사용자 둘 다 여전히 소셜미디어 사이트의 최종 사용자다. 페이스북에서 실행되는 게임인 팜빌 Farmville을 생각해보자. 팜빌 이용자는 게임 제작사인 징가Zynga의 고객이자 페이스북의 최종 사용자다. 또한 징가는 페이스북의 고객이다.

3. **고객 대리인** 대부분은 조직과 고객(또는 최종 사용자) 간 접점이 되는 직원이나 파트너사가 있다. 이때 고객은 온라인으로(디지털 애플리케이션과 서비스를 이용해) 담당자를 통해 조직과 소통한다. 온라인으로 소통할 수 없을 때는 사업 관련 부서에서 특정 직원을 고객으로 분류한다. 창구 직원, 고객 서비스 담당자, 에이전트(직원이나 외

부 파트너사)를 예로 들 수 있다. 이들을 온라인으로 소통이 안 되는 최종 사용자와 고객의 대리인으로 보고 적절한 비즈니스 가치를 최종 사용자와 고객에게 전달할 수 있게 해야 한다.

이는 소셜미디어와 다르다. 그나마 비슷한 경우로 유명인이나 회사, 임원진 등이 소셜미디어 계정을 직접 관리하지 않고 대리인을 두고 관리하는 경우가 있다. 하지만 이 대리인들도 결국 소셜미디어 입장에서는 최종 사용자이자 고객이다. 한편 창구 직원이 있는 은행이나 대리점을 통해 보험을 판매하는 보험사처럼 고객과 조직의 소통 방식이 고정된 경우를 제외하면 고객과 조직(사업 관련 부서)의 소통 방식에 차이가 있다면 별도 고객 부문으로 취급돼야 한다.

IT 조직의 고객 부문

IT 조직에서는 사업 관련 부서가 주요 고객이다. 물론 사업 관련 부서의 모든 고객이 간접적으로 IT 조직의 고객이며 IT 조직 자체에도 고객이 있다.

1. **내부 최종 사용자** 여기에는 조직 내의 최종 사용자로서 IT 서비스를 이용하는 직원, 계약자, 파트너사 등이 있다. 기업에서 직원에게 제공하는 애플리케이션과 서비스(이메일, 인트라넷, 사내 포털, 인사관리 시스템, 급여 등)를 이용하는 소비자를 의미한다.
2. **애플리케이션 전달 이해관계자** 모두 애플리케이션 전달 파이프라인에서 이해관계자로 일한다. 개발자, QA, 운영자, 비즈니스 분석가, 아키텍트, 보안 담당 등 앞에서 이야기한 데브옵스 이해관계자다. 주요 애플리케이션 전달 이해관계자는 다음과 같다.

   - 개발자
   - 테스터

- 운영 엔지니어
- IT 임원진
- 사업주

3. **고객 IT 조직** IT 조직이 제공한 IT 서비스를 이용해 고객 IT 조직은 애플리케이션과 서비스를 개발하고 가치를 창출할 수 있다. 고객 IT 조직의 이해관계자는 고객조직 직원이라는 것 외에는 2에서 언급한 바와 동일하다. 앞에서 예로 든 페이스북에서는 징가사의 IT 조직이 고객 IT 조직이다.

가치 제안

사업 관련 부서와 IT 조직은 앞의 설명대로 분류한 고객 부문에 따라 여러 이슈에 대해 제공할 가치 제안을 결정해야 한다.

사업 관련 부서의 가치 제안

각 고객 부문에 대해 사업 관련 부서는 제공하고자 하는 무수한 가치 제안을 알고 정의해야 한다.

1. **최종 사용자** 분류된 최종 사용자 부문에 따라 다양하게 가치 제안을 제공해야 한다. 또한 비즈니스 기능에 따라서도 가치 제안은 다양하게 제공해야 한다. 기존에 제공하던 기능을 최적화해야 하는가? 아니면 새롭고 혁신적인 기능을 제공해야 하는가? 새롭고 혁신적인 기능은 적절한 요구사항, 비즈니스 모델, 전달 모델을 실험하면서 계속 찾아 정의하고 개선해야 한다. 사업 관련 부서가 해야 할 가치 제안은 다음과 같다.
   - 사업 관련 부서가 전달하려는 비즈니스 가치를 최종 사용자

가 얻을 수 있도록 비즈니스 기능 제공

- 다양한 고객 부문이 각자 원하는 방식대로 이용할 수 있는 비즈니스 기능 제공
- 다양한 고객 부문의 변화하는 요구와 기대를 반영하기 위해 비즈니스 기능의 정기적인 업데이트 제공
- 다양한 고객 부문에 맞춰 사용자 경험을 제공할 수 있도록 실험 수행
- 새로운 고객 부문과의 계약과 비즈니스 모델을 구체화할 수 있도록 실험 수행
- 경쟁사보다 나은 방식으로 고객 부문에 비즈니스 기능 제공

소셜미디어 웹사이트의 예를 계속 살펴보자. 앞에서 설명한 대로 유튜브에는 일반 사용자와 파워 유저가 있다. 파워 유저는 조회 수가 많은 동영상을 게시해 실제로 수익을 나눠 받는다. 일반 사용자에게 제공할 가치 제안은 간단하다. 적당한 해상도, 적당한 품질, 적당한 속도로 국가별로 합법적인 범위 내의 동영상을 볼 수 있으면 된다. 또한 원하는 동영상을 구독하고 댓글을 달 수 있어야 하며 다른 소셜미디어 사이트에 공유해 "좋아요" 표시를 할 수 있어야 한다. 여기에 다양한 포맷과 해상도의 동영상을 쉽게 올릴 수 있어야 한다. 반면 파워 유저는 일반 사용자에게 제공되는 가치 제안을 포함해 올린 동영상으로부터 수익을 창출할 수 있는 가치 제안을 받아야 한다. 일반 사용자가 파워 유저가 게시한 동영상을 보면서 광고도 함께 보게 되는데 이때 수익창출이 이뤄진다. 파워 유저는 고품질, 대용량 동영상을 올릴 수 있어야 한다. 파워 유저가 조회 수에 따른 수익 상황을 볼 수 있게 해야 하고 게시할 광고를 통제할 수 있어야 한다. 물론 가장 중요한 수익은 적시에 정확하게 파워 유저에게 공유돼야 한다.

2. **고객** 실제로 서비스 비용을 지불하는 사람이다. 그러므로 고객에게 제공할 가치 제안은 최종 사용자에게 제공돼야 할 모든 가치 제안을 포함해 고객이 수익을 낼 수 있게 비즈니스 가치를 제공해야 한다.

   - 시장에 맞춰 경쟁력 있는 속도로 비즈니스 기능 제공
   - 고객과 합의된 명확한 서비스 수준으로 비즈니스 기능 제공
     (다양한 가격 모델과 계층에 따라 여러 서비스 수준이 존재함)
   - 다양한 고객 부문에 맞춰 여러 가격 모델을 제시
   - 다양한 고객 부문에 따라 가격 모델을 검증하기 위한 가격 책정 및 취득 모델 실험 수행

   조직이 제공하는 애플리케이션과 서비스를 활용해 고객이 자신의 애플리케이션과 서비스를 개발할 때도 있다. 이때 고객이 최종 사용자에게 가치 제안을 하는 데 필요한 애플리케이션과 서비스를 이용할 수 있는 기능이 가치 제안에 있어야 한다.

3. **고객 대리인** 최종 사용자와 고객을 대신하므로 가치 제안은 거의 동일하다. 다만 고객 대리인 측면에서 고객 서비스와 관련된 가치 제안이 추가될 수 있다. 고객 대리인은 그 어떤 도구를 사용할 때보다 높은 수준으로 고객을 만족시키면서 비즈니스 가치를 제공해야 한다. 또한 최종 사용자와 고객, 조직과 관련된 모든 질문에 대답할 수 있어야 한다. 따라서 고객 대리인에게 제공되는 애플리케이션과 서비스의 수준은 최종 사용자 또는 고객에게 제공되는 수준보다 더 광범위하게 제공해야 한다.

IT 조직의 가치 제안

데브옵스 관점에서 IT 조직이 제공하는 가치 제안은 비즈니스 목표에 따

라 달라진다. IT 조직은 최종 사용자와 고객을 위해 다음과 같은 가치 제안을 제공할 수 있다.

- 고품질(결함이 없는) 애플리케이션 및 서비스 제공
- 신규 사용자가 쉽게 익힐 수 있는 접근성
- 탈퇴 시 쉬운 계정 삭제
- 다른 애플리케이션에서 사용자 데이터를 가져오는 기능
- 사용자 데이터를 다른 애플리케이션으로 옮기는 기능
- 최종 사용자 이슈와 고객 지원 요청에 대한 신속한 대응
- 높은 가용성 – 유지·보수 및 서비스 중단의 최소화(예: 페이스북 웹사이트는 업그레이드 중에도 "예약된 유지·보수"를 위해 다운되지 않음)
- 사용자 데이터 손실 방지
- 모든 규제 및 법적 요구사항 준수
- 장애인용 접근 옵션
- 다국어 및 통화 지원으로 세계화
- 모든 사용자(고객 포함) 데이터와 개인정보 보호
- 보안 서비스
- 높은 고객만족도

애플리케이션 전달 파이프라인상의 이해관계자인 IT 직원과 공급업체를 위해서는 다음과 같은 가치 제안을 제공할 수 있다.

- 높은 가용성 및 안정적이고 안전한 인프라와 플랫폼
- 훌륭한 통합 도구 및 적절한 애플리케이션 전달 도구 체인
- 전달 파이프라인 전반에 걸친 종단 간 추적성 및 가시성
- 애자일과 데브옵스의 실천 방안 및 프로세스 활용 능력
- 전달 파이프라인 전반에 걸친 소통 및 협업 기능 제공

애플리케이션 전달 파이프라인상의 주요 이해관계자별로 대표적인 가치 제안 사례를 살펴보자.

개발자를 위한 가치 제안 사례:

- 자동화된 빌드, 테스트 및 애플리케이션 배포를 사용해 애플리케이션 또는 서비스의 변경사항을 2주 스프린트 내에 운영 환경에 전달하는 기능
- 이후의 스프린트에서도 전달된 애플리케이션 또는 서비스의 성능 및 기능적 특성을 계속 개선할 수 있도록 빠르게 평가하는 기능

테스터를 위한 가치 제안 사례:

- 신규 버전의 애플리케이션 또는 서비스를 "유사 운영 환경"에 배포하고 자동화된 도구와 검증된 테스트 데이터를 사용해 테스트하는 기능
- 이슈를 재현할 수 있도록 피드백을 개발자에게 전달하는 기능
- 운영팀을 위한 가치 제안 사례
- 품질과 속도를 크게 개선하면서 리스크와 그 해결비용의 균형을 맞출 수 있도록 완전히 자동화된 IT 프로세스와 환경을 효과적으로 제공
- 서비스 품질을 획기적으로 개선하고 운영비용을 절감할 수 있도록 분석 및 인지 운영 시스템을 활용해 생산 중단을 효율적으로 예측하고 방지

IT 임원진을 위한 가치 제안 사례:

- 애플리케이션과 서비스의 집계 성능 및 제공 환경을 한 눈에 알 수 있도록 여러 지표가 있는 대시보드 제공

- 애플리케이션 전달 파이프라인상의 이해관계자와 실무자가 성능 지표를 알 수 있도록 여러 지표가 있는 대시보드 제공
- 애플리케이션 전달 프로세스, 도구, 플랫폼, 팀 문화를 지속적으로 개선해 가치 창출 시간을 단축

사업주를 위한 가치 제안 사례:

- 시장에서 새로운 아이디어를 실험해 차별화된 고객 경험을 확보하고 새로운 비즈니스 기회 파악
- 비즈니스 결과(수익 및 비용)를 개선할 수 있도록 해당 사업부의 총 성과를 한 눈에 알 수 있는 비즈니스 대시보드 제공
- 고객 참여율과 만족도를 높이고 비즈니스 가치를 높일 수 있도록 애플리케이션과 서비스를 사용할 때의 사용자 행동과 감정에 대한 피드백 제공

고객 IT 조직을 위한 가치 제안 사례:

- 잘 정의된 API와 서비스로 높은 가용성, 안정성, 보안성 제공
- 문제 발생 및 고객 서비스 요청에 대한 신속한 대응
- 새로운 요구사항 및 개선 요청에 대한 신속한 대응
- 애플리케이션과 서비스에서 앞으로 추가, 수정, 제거되는 기능이 잘 정의된 로드맵으로 가시성 확보

물론 이러한 가치 제안들은 매우 주관적이고 애플리케이션 유형이나 고객 부문에 따라 다르며 일반적으로 애플리케이션과 서비스의 비기능적 요구사항으로 명시된다.

채널

채널은 조직이 고객 부문에 가치 제안을 제공하는 방법이다.

사업 관련 부서의 채널

사업 관련 부서는 채널을 통해 가치 제안을 고객에게 제공한다. 채널은 IT 조직이 제공하는 애플리케이션과 서비스로 다음과 같다.

- 최종 사용자와 고객이 직접 사용하는 애플리케이션과 서비스(웹, 모바일, 데스크톱 등)
- 최종 사용자 및 고객과 소통하는 고객 대리인이 사용하는 애플리케이션과 서비스
- 고객이 자신의 애플리케이션 및 서비스를 개발, 전달할 수 있도록 제공하는 서비스(API, 플랫폼, 데이터 소스 등)

IT 조직의 채널

IT 조직의 채널은 사업 관련 부서와 마찬가지로 애플리케이션과 서비스다. IT 조직은 채널에 필요한 모든 애플리케이션과 서비스를 제공해야 한다. 따라서 IT 조직은 모든 채널을 책임져야 한다.

고객 관계

다음으로 고객과의 관계가 어떻게 맺어지고 발전했는지 파악해야 한다. 다양한 가치 제안이 채널을 통해 각 고객 부문에 제공되기 때문이다.

사업 관련 부서의 고객 관계

사업 관련 부서의 고객 관계 유형은 고객 부문에 따라 3가지 유형으로 나뉜다.

- 이미 관계를 맺고 있는 기존 고객
- 관계를 탐색 중이거나 개발 중인 기존 고객
- 관계를 새로 맺는 신규 고객

사업 관련 부서는 더 나은 고객 서비스와 사용자 경험의 향상으로 고객과의 관계를 개선해야 한다.

IT 조직의 고객 관계

IT 조직의 목표는 애플리케이션과 서비스로 고객과 관계를 맺는 것이다. IT 조직의 고객 관계도 사업 관련 부서와 마찬가지로 3가지 유형의 고객 관계가 있다. 여기에 추가적으로 IT 조직만의 고객 관계도 있을 수 있다.

IT 조직은 모든 고객 부문에 걸쳐 모든 이해관계자의 경험을 개선함으로써 고객 관계를 개선한다. 그리고 IT 조직은 고객이 애플리케이션과 서비스의 지속적인 개선에 참여할 수 있게 해 고객 관계를 발전시킨다. 또한 프로세스, 도구, 플랫폼, 조직문화 개선에 참여할 수 있게 해 고객 관계를 개선한다.

수익 흐름

어떤 사업이든 고객에게 가치를 전달해 얻는 주요 결과는 수익이다. 따라서 각 고객 부문에서 나올 수 있는 모든 수익 흐름을 파악해야 한다. 여기서 조직의 최종 목표가 수익이 아닐 수도 있다는 점을 알아야 한다. 시민에게 가치를 제공하는 정부기관은 수익 창출을 목표로 하지는 않지만 제공한 가치가 얼마나 의미 있었는가를 뜻하는 "수익"을 측정하기 위해서는 별도로 그 기준을 식별해야 한다.

사업 관련 부서의 수익 흐름

사업 관련 부서는 다음을 수행해 수익 흐름을 파악하고 개선한다.

- 기존 수익 흐름의 개선
- 새로운 기능과 비즈니스 모델을 실험해 새로운 수익 흐름을 개발
- 가치 창출 서비스를 제공하는 파트너사가 개발한 비즈니스 기능으로 수익을 창출해 새로운 수익 흐름을 개발

IT 조직의 수익 흐름

IT 조직은 다음을 수행해 수익 흐름을 파악하고 개선한다.

- 기존 애플리케이션과 서비스를 최적화해 기존 수익 흐름을 개선
- 사업 관련 부서가 새로운 기능과 비즈니스 모델을 실험하고 이에 대한 피드백을 빨리 받도록 지원
- 파트너사가 제공하는 API와 서비스를 이용해 자체 솔루션을 구축할 수 있는 플랫폼을 제공

핵심 자원

조직이 가치 제안을 만드는 데 필요한 자원을 살펴본다. 이러한 자원으로 가치 제안을 제공하는 데 필요한 투자와 비용을 가늠해볼 수 있다.

사업 관련 부서의 핵심 자원

사업 관련 부서가 이용할 수 있는 핵심 자원은 다음과 같다.

- 조직의 전체 인력(IT 조직 포함)
- 조직에서 개발하고 소유한 지적재산권
- 애플리케이션 및 서비스 개발과 전달에 투자할 수 있는 재정 자원
- 고객과의 관계 및 파트너십

IT 조직의 핵심 자원

IT 조직이 이용할 수 있는 핵심 자원은 다음과 같다.

- IT 조직에서 일하는 직원과 계약업체
- IT 조직과 함께 일하는 파트너사와 공급업체
- IT 조직이 개발하고 소유한 지적재산권
- IT 조직이 개발하고 관리하는 프로세스, 도구, 플랫폼, 조직문화

핵심 활동

다음 단계로는 가치 제안을 제공하는 데 필요한 다양한 활동을 살펴본다. 이러한 활동은 투자와 비용이 필요하다.

사업 관련 부서의 핵심 활동

사업 관련 부서의 핵심 활동은 다음과 같다.

- 채널(애플리케이션과 서비스)을 통해 고객에게 비즈니스 가치 제공
- 새로운 애플리케이션과 서비스를 실험해 파트너사와 공급업체를

통해 새로운 수익 모델과 신규 시장을 개척하고 사용자 경험을 향
상시킬 수 있는 새로운 비즈니스 모델을 실험

■ 비즈니스 모델이 적용되고 제공되는 채널을 통해 고객으로부터 피
드백을 받고 분석(사용자 경험과 비즈니스 역량을 지속적으로 개선하기
위함)

IT 조직의 핵심 활동

IT 조직의 핵심 활동은 다음과 같다.

■ 고객에게 비즈니스 가치를 제공하는 애플리케이션과 서비스를 개
발하고 전달

■ 사용자와 고객의 피드백과 지침을 기반으로 전달하는 애플리케이
션과 서비스의 지속적인 개선

■ 새로운 기능, 사용자 경험, 비즈니스 모델 실험의 기능 제공

■ 파트너사와 공급업체에 API와 서비스 제공

■ 애플리케이션 전달 파이프라인상의 이해관계자에게 탄탄한 프로
세스, 도구, 플랫폼, 조직문화 제공

■ 애플리케이션 전달 파이프라인상의 이해관계자에게 피드백을 제
공해 애플리케이션과 서비스, 환경, 프로세스, 도구, 플랫폼, 문화를
지속적으로 개선할 수 있도록 지원

■ 사업 관련 부서에 애플리케이션과 서비스 기능, 성능, 사용자 경험,
사용 패턴, 사용자 감정에 대한 피드백 제공

핵심 파트너십

파트너십은 비즈니스 가치 제공에 기여하는 모든 비즈니스 파트너, 벤더, 공급업체를 말한다. 다음에서 자세하게 살펴본다.

사업 관련 부서의 핵심 파트너십

사업 관련 부서는 고객 부문을 확장하기 위해 파트너십을 맺는다.

- **파트너사** 조직이 제공하는 서비스를 활용해 자신의 가치를 창출하는 서비스를 만드는 또 다른 조직이다. 소셜미디어 앱에서 파트너사는 제공되는 서비스를 활용해 자체적으로 만든 서비스를 제공하는 조직이다. 예를 들어 별도 사용자 이름으로 로그인할 필요없이 페이스북이나 트위터 계정으로 자사 웹사이트에 로그인하고 사용자를 식별하는 회사가 있다. 다른 예로 페이스북이나 트위터 플랫폼에서 게임(팜빌 등)이나 자체 앱(페리스코프^{Periscope})을 제공하는 회사가 있다(고객, 파트너사 사이에 겹치는 부분이 많다. 일부 경쟁사는 파트너사이기도 하다).

- **공급업체** 공급업체도 여기서 중요한 역할을 한다. 이들은 고객 부문이나 핵심 파트너십과의 관계에 따라 달라진다. 공급업체의 서비스 제공 대상이 조직으로 한정되고 조직과 공급업체가 함께 가치를 창출해 수익을 낸다면 공급업체는 고객 부문으로 봐야 한다. 예를 들어 스포츠 조직(미국 프로미식축구연맹 등)이 새로운 시장에 진출하기 위해 트위터에 경기를 스트리밍한다면 이 스포츠 조직은 고객이자 공급업체, 핵심 파트너사다.

IT 조직의 핵심 파트너십

IT 조직도 기술적 역량과 서비스 범위를 확장하고 격차를 해소하기 위해
파트너십을 맺는다.

- **애플리케이션 전달 파이프라인상 이해관계자인 공급업체나 파트너사** 조직
  외부에서 애플리케이션 전달 파이프라인으로 컴포넌트를 전달하
  는 서드파티 공급업체 및 파트너사다. 여기에는 애플리케이션 서
  비스 공급자[SaaS, API], 인프라 또는 플랫폼 서비스 공급자[IaaS, PaaS,
  CaaS], 기타 기술 공급자 및 벤더가 있다.
- **가치 창출 파트너사** 조직이 제공하는 API와 서비스를 사용해 자체적
  으로 가치를 창출하는 서비스를 제공하는 조직이다. 조직의 고객
  이기도 하다.

비용 구조

수익 창출과 마찬가지로 모든 고객 부문에 최종 가치를 제공하는 데 드
는 모든 비용과 투자를 파악해야 한다.

사업 관련 부서의 비용 구조

사업 관련 부서의 비용 구조는 핵심 자원과 쉽게 맵핑할 수 있다. 모든 인
적 자원, 기술 자원, 지식재산권 자원을 이용하기 위해서는 비용이 든다.
일부는 자본 비용이고 일부는 운영 비용이다. 사업 관련 부서의 목표는
이러한 비용을 관리해 수익성과 투자수익률을 극대화하는 것이다.

IT 조직의 비용 구조

앞에서 확인한 IT 조직의 핵심 자원을 이용할 때도 비용이 든다. IT 조직

은 일반적으로 기존 애플리케이션과 서비스 실행 및 유지·관리와 관련해 상당한 비용을 부담한다. 오늘날 대부분의 IT 조직은 혁신에 투자할 자원을 확보하기 위해 이러한 비용을 최적화하려고 노력한다.

요약

부록을 참조해 조직이 데브옵스 혁신에 필요한 비즈니스 사례를 구축할 때 비즈니스 모델 캔버스 템플릿을 구성할 수 있다. 비즈니스 사례는 캔버스에 모든 핵심 구성 요소를 채우면서 완성된다. 또한 조직이 고객에게 애플리케이션과 서비스를 전달하는 방식을 검증하고 여기서 이뤄지는 투자를 검증하는 도구로 활용할 수 있다. 검증해야 할 영역은 다음과 같다.

- 기존 애플리케이션 전달 모델로 애플리케이션과 서비스의 전달 방식, 관련 비용과 수익 흐름의 타당성을 확인할 수 있는가?
- 투자수익률을 개선하기 위해서는 프로세스를 어떻게 최적화해야 하는가?
- 새로운 애플리케이션이나 서비스를 구축하거나 구매해야 하는가?
- 혁신에 투자하기 위해 조직이 확보할 수 있는 자원으로 무엇이 있는가?
- 조직의 프로세스, 도구, 플랫폼, 문화를 개선하기 위해서는 어떻게 투자해야 하는가?

2장에서 여러 전달 파이프라인에 걸친 가치 흐름 지도를 연습했다. 이와 함께 그림 3.2와 같이 비즈니스 모델 캔버스를 활용해 애플리케이션 전달 파이프라인의 낭비 영역을 파악할 수 있다. 이러한 접근 방식은 조직이 데브옵스 혁신 로드맵과 비즈니스 사례를 더 잘 구성해 혁신에 적절한 투자를 할 수 있게 도와준다.

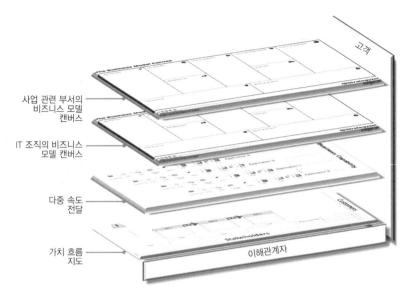

사업 관련 부서의
비즈니스 모델
캔버스

IT 조직의 비즈니스
모델 캔버스

다중 속도
전달

가치 흐름
지도

그림 3.2 데브옵스 도입 비즈니스 사례 구축

4장

전달 파이프라인 최적화를 위한 데브옵스 전략

머니볼(MONEYBALL)[1]: 혁신을 위한 최적화

2002년 오클랜드 애슬레틱스는 망했어야 했다. 애슬레틱스는 선수단 총 연봉 예산이 4천만 달러뿐이었다. 경쟁 팀인 양키스는 1억 3천만 달러였고 다른 팀들도 평균 7천만 달러를 예산으로 잡았다. 애슬레틱스 단장 빌리 빈(브래드 피트가 분함)은 영화에서 스태프진에게 말했다. "부자 팀, 가난한 팀, 최약체 팀, 그 아래에 우리가 있죠. 불공평한 게임이에요. 양키스처럼 전략을 짜고 운영하면 양키스에게 왕창 깨져요."

애슬레틱스가 이런 상황에서 이기려면 새로운 전략으로 혁신할 수밖에 없었다. 빌리 빈은 예일대에서 경제학을 전공한 피터 브랜드(조나 힐이 분함)에게 관심을 보였다(피터 브랜드는 허구의 인물이지만 하버드대에서 경제학을 전공한 폴 디포데스타(Paul DePodesta)에 바탕을 둔다). 피터 브랜드는 영화에서 야구계는 구태의연한 사고방식에 갇혀 있고 이러한 편견들로 선수의 가치도 제대로 못 본다며 이런 상황 덕분에 애슬레틱스는 예산 내에서 경쟁력 있는 팀을 만들어 승리를 살 수 있다고 말했다.

빌 제임스(Bill James)가 알린 통계로 야구를 분석하는 세이버메트릭스 기법이 있었지만 야구계는 거의 무시했다. 그 덕분에 애슬레틱스는 예산 내에서 영입할 수

---

1   메이저리그 야구팀 오클랜드 애슬레틱스가 최약체 팀에서 어떻게 벗어났는지 단장 빌리 빈(브래드 피트)의 활약상을 그린 실화에 바탕한 영화다. – 옮긴이

있는 좋은 선수들을 찾을 수 있었고 그렇게 찾아낸 선수 3명에게는 단점이 있었다. 스콧 해티버그(Scott Hatteberg)는 팔 상태에 문제가 있었고 데이비드 저스티스 (David Justice)는 나이가 많았으며 제레미 지암비(Jeremy Giambi)는 경기장 밖에서 문제가 많은 사고뭉치였다. 하지만 모두 출루율이 높았다. 당시 출루율은 시장에서 저평가받았지만 경기의 중요한 요소였다. 애슬레틱스가 찾아낸 구원투수 채드 브래드포트(Chad Bradford)는 이상한 투구 자세로 던졌고 구속도 별로 안 빨라 저평가받는 선수였다. 하지만 애슬레틱스는 채드 브래드포트가 상대 팀 선수의 출루를 막기만 하면 돼 다른 것은 상관하지 않았다.

세이버메트릭스는 야구계의 통념을 깨고 숫자를 본다. 애슬레틱스는 이를 이용했고 사람들은 베이스볼이 아니라 머니볼이라며 비난했다. 숫자에만 집중하는 것은 비인간적이고 스카우트만 볼 수 있는 여러 가지를 무시한다고 주장했다. 세이버메트릭스가 이야기의 한 축을 차지하지만 사실 머니볼은 세이버메트릭스 이야기가 아니다.

더 넓게 보면 머니볼은 성공하기 위해 혁신하는 이야기다. 빌리 빈이 영화에서 말한 "적응하라, 못하면 죽는다."에 대한 이야기이기도 하다. 빌리 빈은 혁신의 필요성을 인지하고 혁신하고자 하는 열정과 실현할 역량이 있는 기업가였다.

– 브래드버리(2011)

최적화를 위한 데브옵스

제한적인 환경에서 최대효과를 내기 위해서는 최적화가 핵심이다. 머니볼에서 오클랜드 애슬레틱스가 저예산으로 팀을 어떻게 승리로 이끌었는지 보면 알 수 있다(2002년 애슬레틱스는 리그에서 탬파베이 레이스Tampa Bay Rays와 워싱턴 내셔널스Washington Nationals에 이어 팀의 총 연봉이 3번째로 낮았다). 또한 진 킴의 『피닉스 프로젝트: 비즈니스를 승리로 이끄는 IT와 DevOps 이야기』(프리렉, 2014)에서도 볼 수 있는데 이 책은 제약사항이 많은 보통 IT 프로젝트에서 데브옵스를 도입하는 과정을 소개한다. 꼭 읽어야 할 비즈니스 소설이다. 데브옵스 이전에 제한적인 환경에서 어떻게 개선했는지 보려면 엘리 골드렛 박사의 『더 골: 당신의 목표는 무엇인가?』(동양북스, 2019)를 읽으면 된다. 이 책은 실제로 피닉스 프로젝트에 영향을 미쳤고 제약사항이 많은 현실에서 지속적인 개선을 도입하는 방법을 소개한다. 어떤 책을 참고하든 제약사항이 많은 현실 상황에서 비즈니스가 성공할 수 있게 도와준다. 여러 제약하에서도 혁신적으로 최적화해 생산성을 극대화하고 낭비 요소를 줄여야 한다. 골드렛 박사는 이를 제약 이론이라고 말했지만 책에서 이론의 예를 찾기는 어렵다. 오히려 최적화의 예로 스포츠팀의 급여와 기술 최적화하기, IT와 제조 영역에서 여러 제약 조건하에서 최적화하기 등을 들 수 있다.

데브옵스는 애플리케이션 전달과 광범위한 IT 영역에 최적화를 도입하는 방법 중 최근 등장한 방법이다. 린 사고는 수십 년 동안 제조 분야에서 성공적으로 도입됐다. 여기서 나온 관행과 교훈을 애플리케이션 전달과 IT 운영에 적용하려는 시도가 많았다. 많은 시도가 실패했지만 데브옵스는 성공했다. 많은 시도가 실패한 것은 일반적으로 개발 테스트(애자일), 운영(IT 서비스 우수 사례ITIL, Information Technology Infrastructure Library), 프로젝트 관리(식스 시그마) 같은 애플리케이션 전달 파이프라인의 특정 기능 영역(보통 1개 영역, 많으면 2개 영역)을 최적화하는 데 초점을 맞췄기 때문이다. 데브옵스가 성공한 것은 전달 파이프라인의 모든 기능 영역을 전체적으로 최적화하는 방식으로 접근했기 때문이다. 실제로 목표는 각자 맡은 기능에만 집중하는 고립 상태에서 벗어나 소통과 협업 문화로 혁신하는 것이다(그래도 조직구조상 고립 상태가 여전히 남아있을 수 있는데 이는 5장에서 설명한다). 그러므로 데브옵스가 성공한 이유로는 프로세스나 도구보다 기능적, 조직적 고립을 타파하는 문화적 혁신을 들 수 있다. 데브옵스는 문화운동이다. 6장에서는 문화보다 관리와 프로세스를 우선시하는 대기업(대규모 조직)이 데브옵스를 도입할 때 겪는 어려움을 논의한다.

4장과 5장에 걸쳐 승리를 꿈꾸며 경기를 뛰는 스포츠팀의 관점에서 데브옵스를 살펴본다. 즉 많은 제약 조건 속에서 애플리케이션 전달 파이프라인을 최적화하는 데 필요한 문화, 프로세스, 자동화 실천 방안을 도입하기 위해 데브옵스를 어떤 전략으로 운영해야 하는지 알아본다. 기술 제약 여부에 따라 전략을 나눌 수 있다. 특정 기술이 필요하고 여러 제약 사항이 있는 환경에서 사용하는 전략과 필요에 따라 어떤 기술이든 도입할 수 있는 환경에서 사용하는 전략이 있다. 또한 비즈니스 목적이 최적화인지 혁신인지에 따라 전략을 분류할 수도 있다. 애플리케이션 전달 파이프라인을 혁신하기 위해서는 최적화가 필요하지만 최적화에 혁신이 반드시 필요한 것은 아니다. 데브옵스 도입의 주요 목표로 애플리케이션 혁신에 초점을 맞춘다면 별도 처리가 필요하다(5장에서 자세하게 설명한다). 4장에서는 최적화에 초점을 맞춘다. 먼저 최적화와 혁신을 구분해보자.

비즈니스 목적: 최적화 대 혁신

다양한 데브옵스 혁신 전략을 살펴보기 전에 이러한 전략은 애플리케이션에서 발생한 문제와 주요 비즈니스 목적에 따라 달라진다는 것을 알아야 한다. 조직의 비즈니스 목적에는 크게 2가지 유형이 있다. 혁신(속도와 민첩성 포함)과 최적화에 초점을 맞추는 것이다. 비즈니스 목적이 혁신인지 최적화인지에 따라 애플리케이션을 분류하면 어떤 데브옵스 전략이 좋을지 결정하는 데 도움이 된다.

이러한 2가지 유형의 비즈니스 목적을 기반으로 애플리케이션은 다음과 같이 2가지 범주로 나눌 수 있다.

1. **핵심 기능 영역**Industrialized Core 비즈니스를 지속시키는 기능을 제공하는 핵심 영역. 여기서 비즈니스 목적은 최적화다.
2. **혁신 가능 영역**Innovation Edge 새로운 비즈니스 모델과 새로운 고객 참여 방법을 연구하고 파악하는 실험 영역. 여기서 비즈니스 목적은

혁신이다.

업계에서는 일반적으로 IT나 애플리케이션에 2개 모드를 두거나 2개 속도를 둬 분류했다. 이렇게 분류한 것은 속도의 차이나 요구사항의 변경이 얼마나 자주 일어나는가에 따라 나눠 관리하고자 했기 때문이다. 이중 속도 IT에서는 더 빨리 실행되는 애플리케이션과 더 느리게 실행되는 애플리케이션이 있다. 하지만 속도는 분류 기준에 부적합하다. 반면 2개 모드를 두면 요구사항이 변하지 않는 부분과 변할 수 있는 부분으로 나눌 수 있다. 어쨌든 이러한 분류는 제한적이다. 현실은 "정규분포"에 가깝다.

- 애플리케이션을 속도로만 분류하는 경우는 거의 없다. 거의 변화가 없는 애플리케이션은 매우 빨리 전달되기 때문이다. 수십 년 동안 사용됐고 매우 안정적이고 애플리케이션을 잘 아는 개발팀이 업데이트를 빨리 제공한다. 반면 팀이 새로운 플랫폼이나 기술 스택에 익숙하지 않다면 애자일을 적용하고 서비스형 플랫폼^{PaaS}을 활용해 최신 언어로 개발된 혁신적인 애플리케이션은 매우 느리게 실행될 수 있다.
- 얼마나 자주 얼마나 많은 요구사항이 변경되는가에 따라 모드로 분류하는 방식은 속도로 분류하는 방식보다 낫지만 좋은 분류라고 할 수는 없다. 은행 시스템처럼 명확한 비즈니스 시스템조차 은행 규제와 정치적 상황 변화로 요구사항이 계속 변한다. 반면 새로운 소셜미디어 앱은 거의 변화가 없는 요구사항(예를 들어 더 많은 사용자가 멋진 필터로 찍은 셀카를 더 많이 올릴 수 있게 하는 것)이 잘 정의돼 있다.

비즈니스 목적은 위의 2가지 분류 기준보다 나은 기준이다. 궁극적으로 IT 조직은 비즈니스 가치를 제공해야 한다. 어떻게 더 적절하게 분류할 수 있는가? 그리고 속도, 요구사항의 변화와 상관없이 어떤 비즈니스 가치를 제공해야 하는가?

리스크 관점에서 최적화와 혁신을 구분하는 방법도 있다. 핵심 비즈니스 서비스를 전달하는 애플리케이션은 리스크에 취약하다. 따라서 최적화하는 쪽으로 구분돼야 한다. 반면 혁신적인 애플리케이션은 비교적 리스크를 감당할 수 있다. 따라서 이를 시험할 수 있도록 실패를 어느 정도 허용하면서 전달될 수 있다.

"핵심 기능 영역"과 "혁신 가능 영역"은 미식축구에 비유할 수 있다. 선수들이 공격과 수비를 한 번에 전환하는 대부분의 스포츠(축구, 농구, 배구, 하키 등)와 달리 미식축구는 공격과 수비 선수 명단이 전혀 다르다. 공격진과 수비진은 코치, 훈련, 경기를 다르게 하며 무엇보다 다른 플레이북을 사용한다. 즉 보통 스포츠에는 공격, 수비 전문 선수가 있는 정도지만 미식축구는 공격진과 수비진으로 완전히 분리한다.

핵심 기능 영역

핵심 기능 영역에 속하는 애플리케이션은 조직의 핵심 시스템이다. 비즈니스를 계속 지속시키고 발전시킨다. 이 비즈니스 모델은 잘 해석돼 있다. 사용자와 소통하는 방법도 잘 해석돼 있다. 이러한 애플리케이션은 대부분 크고 복잡하다. 이러한 애플리케이션의 개발과 운영에는 다음과 같은 특징이 있다.

- 요구사항이 계속 진화하고 변경되는 상황에서도 비즈니스 모델과 사용자 참여 모델이 잘 해석되고 있다.
- 비즈니스가 변경, 업데이트되는 데 무리가 없는 속도로 안정적으로 전달된다.
- 성과는 안정성과 가동시간 기준으로 측정된다.
- 오랜 기간 운영해 보통 단일 구조다.
- 사용하는 기술이 다양하다. 기술이 발전하면서 새로 개발된 애플

리케이션에는 새로운 기술이 도입되지만 기존 애플리케이션은 그대로 운영한다.

- 비즈니스 모델에 보통 개발팀과 운영팀이 별도로 존재한다. 개발팀이 운영팀에 공식적으로 전달하는 절차가 있고 운영팀은 애플리케이션 실행을 통제한다.
- 운영팀이 여기서 왕이다. IT 서비스 관리와 ITIL이 주요 업무다.
- 운영 환경에서 애플리케이션에 문제가 발생하면 운영팀이 애플리케이션을 다시 올린다.
- 현실적으로 여러 환경이 혼재돼 있다. 없애고 싶은 기존 시스템을 포함해 무수한 플랫폼과 기술로 구성돼 있기 때문이다.
- 최적화는 민첩성, 효율성, 신속성을 높이는 게임이다.

혁신 가능 영역

혁신 가능 영역은 혁신을 추진하기 위해 개발됐거나 개발 중인 애플리케이션으로 구성된다. 혁신을 추진하면서 새로운 비즈니스 모델을 실험하고 신규 사용자 참여 모델을 실험해 새로운 시장을 개척하고 새로운 기술과 애플리케이션 전달 구조를 활용한다. 이는 조직 성장의 원동력이다. 이러한 혁신 가능 영역을 구성하는 애플리케이션은 보통 소규모로 최신 기술과 플랫폼에 기반한다. 또한 실시간 사용자 피드백에 기반해 지속적으로 혁신할 수 있도록 린 스타트업 접근 방식을 사용한다. 린 스타트업 접근 방식으로는 비즈니스 모델을 실험하고 실행하는 데 사용하는 최소 기능 제품MVP, Minimum Viable Product과 A/B 테스트가 있으며 사용자 경험과 사용자 참여 모델을 개발하는 데 사용하는 디자인 싱킹이 있다. 이러한 접근 방식들은 모두 5장에서 자세하게 다룬다. 이러한 애플리케이션의 개발과 운영에는 다음과 같은 특징이 있다.

- 비즈니스 모델과 사용자 참여 모델이 해석되기 어렵고 실험과 신속한 사용자 피드백으로 요구사항이 개선돼야 한다.
- A/B 테스트를 활용해 새로운 기능과 사용자 경험에 대한 실험을 지속적으로 수행한다.
- 사용자의 피드백에 대응해 변경사항을 얼마나 빨리 전달할 수 있는지 측정한다.
- 보통 여러 언어로 빌드되고 필요한 기능에 적합한 언어를 선택한다.
- 클라우드 네이티브와 마이크로서비스 등의 최신 아키텍처를 사용한다.
- 개발팀이 여기서 왕이다.
- 개발자는 인프라를 추상화하기 위해 비기능적 요구사항을 전달할 수 있는 클라우드 서비스를 이용한다. 클라우드 서비스에서 플랫폼 서비스 공급자가 인프라를 추상화해 개발자가 신경쓰지 않게 한다.
- 개발자는 애플리케이션 개발뿐만 아니라 애플리케이션 실행도 책임진다. 애플리케이션에 문제가 발생하면 개발자가 다시 올린다.
- 혁신은 새로운 아이디어, 기능, 비즈니스 모델을 조직에 실험하는 게임이다.

애플리케이션 분류 기준이 기술이면 안 된다. 비즈니스 목적만 기준으로 해야 한다. 비즈니스 목적을 결정하기 위해서는 애플리케이션의 리스크와 비즈니스 가치를 비교하는 프로파일을 검토해야 한다. 많은 규제를 받는 시스템을 전달하는 애플리케이션은 높은 가치와 높은 리스크를 가진다. 이 경우 마이크로서비스를 이용해 플랫폼 서비스 공급자로 인프라를 구축하더라도 최신 언어인 Node.js나 Go로 개발됐더라도 핵심 기능 영역으로 분류한다. 반대로 Java로 개발됐더라도 혁신 애플리케이션의 컴포넌트로서 새로운 비즈니스 모델을 검증하기 위해 최소 기능 제품으로 설계됐다면 혁신 가능 영역으로 분류한다.

대규모 조직에서는 혁신이 조직의 "일부edge"에서만 일어나므로 혁신 가능 영역innovation edge이라고 부른다. 실제로 어떤 조직은 혁신한다고 말만 하는 경우도 있다. 일반 IT 조직은 예산의 대부분을 혁신보다 기존 시스템의 실행과 유지에 지출하기 때문이다. 기존 시스템이 있는 핵심 기능 영역의 최적화는 혁신을 추진하는 데 필수다. 최적화로 기술 혁신에 투자할 수 있는 자원을 확보할 수 있고 느리고 복원하기 어려운 기존 시스템이 기술 혁신의 발목을 잡지 않게 할 수 있다.

미식축구는 한 팀에서 공격진과 수비진이 분리돼 운영된다. 선수 명단도 따로 관리되며 공격과 수비 전략을 각각 개발하고 훈련도 각자 받는다. 미식축구처럼 IT에서도 제공할 애플리케이션과 시스템을 핵심 기능 영역과 혁신 가능 영역으로 분류해 필요에 따라 팀을 조직하고 구성한다. 플랫폼과 환경도 애플리케이션 분류에 맞춰야 한다. 앞에서 이야기했듯이 핵심 기능 영역은 기존 IT 시스템 환경, 클라우드, 중앙 컴퓨터, 모바일에 이르기까지 다양한 환경을 가질 수 있다.

목표는 환경과 플랫폼의 최적화다. 혁신 가능 영역에서는 플랫폼 기반 환경이 필수다. 클라우드 네이티브 애플리케이션은 혁신에 필요한 속도를 내고 실험할 수 있도록 빠른 속도와 민첩성을 제공하는 애플리케이션이다. 이러한 최신 아키텍처와 최신 전략에 익숙한 팀이 필요하다. 5장에서는 마이크로서비스를 이용한 서비스형 플랫폼PaaS, 컨테이너, 클라우드 네이티브 개발을 논의한다.

비즈니스 기능을 제공하기 위해서는 핵심 기능 영역과 혁신 가능 영역에 있는 애플리케이션이 서로 밀접하게 연결돼 있다는 것을 알아야 한다. 기존 시스템이 없는 스타트업을 제외하면 혁신적으로 개발한 시스템(혁신 가능 영역에 있는)을 제공하기 위해 기존 서비스(핵심 기능 영역에 있는)를 이용해야 한다. 앞에서 이야기했듯이 핵심 기능 영역은 대규모 조직에서 보통 예산의 대부분을 지출하므로 기술 혁신에 사용할 수 있는 자원을 확보할 수 있도록 최적화해야 한다.

모바일 애플리케이션(예를 들어 모바일 뱅킹 앱)을 생각해보자. 이러한 애플리케이션을 제공하기 위해서는 모바일 프런트엔드 개발이 필요하며 이는 보통 혁신 가능 영역에서 개발하고 제공한다. 애플리케이션을 실행하기 위해 모든 데이터와 비즈니스 로직이 스마트폰에 저장돼 있어야 할까? 물론 그렇지 않다. 데이터와 비즈니스 로직은 핵심 기능 영역의 기존 시스템이나 서비스에서 제공하는 컴포넌트일 가능성이 높다. 따라서 모바일 애플리케이션은 혁신 가능 영역과 핵심 기능 영역 양쪽에서 실행되는 컴포넌트로 이뤄진 하이브리드 애플리케이션이다. 이 모바일 애플리케이션에 실험적인 기능을 넣을 때도 회사는 혁신 가능 영역과 핵심 기능 영역이 제공하는 컴포넌트를 통합해 하이브리드 애플리케이션을 출시해야 한다.

따라서 핵심 기능 영역과 혁신 가능 영역은 분리해 생각할 수 없고 팀도 완전히 분리된 형태가 아니다. 팀이 각자의 일만 하는 것은 데브옵스 도입 목적에 맞지 않다. 미식축구에서도 공격진과 수비진은 결국 한 팀이며 서로 보완한다. 공격진과 수비진을 모두 이끄는 총감독, 팀을 운영하는 단장, 경기 승리라는 공동 목표가 있다. 핵심 기능 영역과 혁신 가능 영역도 마찬가지로 서로 밀접하게 연관돼 있으며 상호의존적이다. 또한 같은 비즈니스 목표를 두고 운영 방식을 서로 맞춰 나가야 한다.

핵심 주제

어떤 사람들은 경기에서 뭔가를 찾으려고 하지만 미식축구는 블로킹과 태클 2가지뿐이다.

– 빈스 롬바르디(미식축구 선수 겸 전설적인 감독)

이 책에서 제시한 데브옵스 전략의 대부분을 이루고 린 방법론에 기초한 핵심 주제들이 있다. 전략을 알기 전에 데브옵스 중심인 핵심 주제를 알고 중요성을 인식해야 한다. 이러한 핵심 주제들은 모든 전략에 뒤섞여 나타난다. 데브옵스의 블로킹과 태클이라고 할 수 있다. 핵심 주제는 다음과 같다.

- 사이클 타임 최소화
- 배치 크기 축소
- 올바른 문화 확립

사이클 타임 최소화

"사이클 타임" 코칭 줄이기

여자테니스협회(WTA)는 경기할 때 코치진에게 실시간으로 심층분석 결과를 제공한다. 경기 후 심층분석과 전략 논의를 기다릴 필요 없이 경기 중에 선수들과 실시간으로 소통할 수 있다. 코치진은 경기에 필요한 분석 내용이 든 태블릿을 들고 있다. 그리고 태블릿을 코트로 가져가 선수들과 의논한다. 태블릿 애플리케이션은 서브 속도와 방향, 스트로크 패턴 방향, 코트 커버리지 등을 보여준다. 코치진과 선수들은 경기가 어떻게 진행되고 있는지, 코트에서 무엇을 성공하고 실패했는지 볼 수 있다.

– 도나토(2016)

소프트웨어 전달 진행률을 실제로 측정할 수 있는 척도는 운영 환경에서 실행 중인 코드뿐이다. 완전한 소프트웨어를 전달하기보다 최종 산출물과 함께 빌드될 작은 코드 조각을 전달한다. 이러한 소프트웨어의 지속적인 전달로 고객이나 고객 대리인으로부터 피드백을 받을 수 있다. 이 피드백은 다음 3가지를 개선하는 데 사용할 수 있다(2장에서 논의한 바와 같다).

1. 소프트웨어 전달
2. 소프트웨어 전달 환경
3. 소프트웨어 전달 프로세스

그림 4.1처럼 지속적 전달은 지속적 피드백을 받을 수 있게 해준다. 지속적 피드백은 결과적으로 지속적 개선을 유도한다. 피드백 데이터와 분석 결과를 최대한 빨리 실무자에게 전달해 피드백 주기를 짧게 만드는 데 초점을 맞춘다. 피드백 주기가 짧아질수록 소프트웨어, 환경, 전달 프로세스를 빨리 개선할 수 있다.

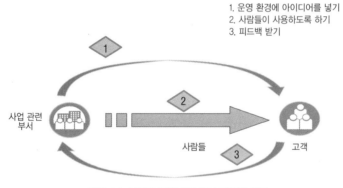

1. 운영 환경에 아이디어를 넣기
2. 사람들이 사용하도록 하기
3. 피드백 받기

그림 4.1 사이클 타임 최소화로 피드백 촉진

각 소프트웨어 컴포넌트(신규 컴포넌트, 기존 컴포넌트 개선 버전, 컴포넌트 세트 버그 수정 등)가 운영 환경에서 실행돼 사용자로부터 피드백 받을 때까지 걸리는 시간을 전달 사이클 타임(리드 시간Lead Time이라고도 함)이라고 한다. 이 전달 사이클 타임은 다양한 다른 사이클 타임에 속한다.

- 개발 테스트 사이클 타임은 개발자가 전달한 컴포넌트를 테스터가 시험하고 테스트 결과를 개발자에게 다시 전달하는 데 걸리는 시간이다.

- 배포 사이클 타임은 애플리케이션을 환경에 배포해 테스트하거나 실행하는 데 걸리는 시간이다.
- 운영 사이클 타임은 운영팀이 새로운 환경 구축 요청을 받아 환경을 프로비저닝하고 이를 요청한 팀에서 사용할 수 있게 하는 데 걸리는 시간이다.
- 데이터 센터 사이클 타임은 원격 데이터 센터로부터 핑ping 메시지 응답을 받는 데 걸리는 시간이다.
- 프로젝트 승인 사이클 타임은 신규 프로젝트가 여러 이사회와 위원회의 승인을 받는 데 걸리는 시간이다.
- 변경 관리 사이클 타임은 변경 관리 이사회가 변경을 승인하는 데 걸리는 시간이다.
- 재무 승인 사이클 타임은 재무 담당 이사CFO가 자금 관련 요청을 승인하는 데 걸리는 시간이다.
- 인수 사이클 타임은 구매 담당 부서가 인수 요청을 승인하는 데 걸리는 시간이다.
- 경영진 승인 사이클 타임은 경영진이 무엇이든 승인하는 데 걸리는 시간이다.

목표는 전달 사이클 타임을 줄이는 것이다. 전달 사이클 타임에 포함된 여러 사이클 타임(위에 나열한 사이클 타임과 전체 전달 파이프라인을 구성하는 다양한 사이클 타임)을 줄여 목표를 달성할 수 있다.

사이클 타임을 줄이는 것은 데브옵스 핵심 목표다. 이해관계자 사이에서 일어나는 어떤 상호작용이든 더 효율적이고 간결하게 만드는 것은 린 원칙이다. 이 책에서 설명한 대부분의 데브옵스 전략에서 사이클 타임 단축이 핵심 주제다.

- 산출물을 얼마나 빨리 전달할 수 있는가?

- 실무자가 새로운 요청에 얼마나 빨리 대응할 수 있는가?
- 할당된 작업을 얼마나 빨리 완료할 수 있는가?
- 얼마나 빨리 애플리케이션을 배포할 수 있는가?
- 얼마나 빨리 새로운 실무자를 프로젝트에 참여시킬 수 있는가?
- 환경을 얼마나 빨리 프로비저닝하고 통합할 수 있는가?
- 보안 변경이 얼마나 빨리 승인될 수 있는가?
- 개발 환경에서 결함을 얼마나 빨리 복제할 수 있는가?
- 운영 데이터에서 테스트 데이터를 얼마나 빨리 만들 수 있는가?
- 요청 승인 여부를 얼마나 빨리 알 수 있는가?
- 리뷰를 얼마나 빨리 할 수 있는가?
- 현황 보고를 얼마나 빨리 할 수 있는가?
- 얼마나 빨리 애플리케이션을 롤백할 수 있는가?
- 문제를 얼마나 빨리 재현할 수 있는가?
- 운영 중단을 얼마나 빨리 해결할 수 있는가?
- 고객의 피드백을 새로운 요구사항 또는 개선 요청에 얼마나 빨리 반영할 수 있는기?

사이클 타임을 줄이기 위해서는 모든 데브옵스 원칙이 적용돼야 한다. 낭비를 줄이고 협업을 향상시켜 프로세스를 린처럼 만들기 위해서다. 이렇게 낭비를 줄이고 프로세스를 린처럼 만드는 방법으로는 배치 크기를 줄이는 방법이 있다. 이를 다음에서 이야기한다.

배치 크기 축소

1% 성능 향상이 올림픽 금메달에 미치는 영향

2002년 데이브 브레일스퍼드(Dave Brailsford) 경이 영국 사이클 단장이 됐을 때 영국 사이클팀은 76년 역사상 단 한 번 금메달을 획득했다. 이렇게 부진하던 영국 사이클은 데이브 경의 지도력으로 승승장구했다. 2008년 베이징 올림픽에서 트랙 사이클 부문 10개 금메달 중 7개를 땄고 2012년 런던 올림픽에서도 비슷한 금메달 수를 얻었다. 현재 데이브 경은 영국 최초의 프로 사이클팀을 이끌고 있다. 이 팀은 최근 4번의 투르 드 프랑스 대회에서 우승을 3번 차지했다.

데이브 경은 전 프로 사이클 선수로 경영학 석사(MBA) 학위가 있다. 데이브 경은 사이클링에 한계이익 이론을 적용했다. 팀 전체가 사이클링에서 경쟁하는 부분을 세부 전략으로 나눠 각각 1% 향상시켜 모두 합치면 상당한 경기력 향상을 이룬다고 봤다.

– 해럴(2015)

프로세스를 효율적이고 린처럼 만들기 위해서는 점진적으로 전달해야 한다. 공장 조립라인을 생각해보자. 조립라인에서 품질과 속도를 맞춰 생산하게 하려면 동일한 부품을 계속 전달하면 된다. 부품이 작고 비슷할수록 조립라인은 더 빨리 돌아간다. 프로세스도 계속 반복되는 여러 자잘한 단계로 구성되므로 더 효율적으로 만들 수 있다. 공장 직원이나 로봇 암이 특정한 못을 동일한 곳에 계속 박는다면(여러 복잡한 단계가 있는 것이 아니라) 이 행동을 효율적으로 만들 수 있다. 배치 크기는 단계별로 한 번에 처리할 수 있는 작업량이다. 처리량을 최대화하고 사이클 타임을 최소화하기 위해서는 배치 크기를 적절하게 조절해야 한다.

린의 기본 원칙으로 돌아가보자. 린을 도입할 때는 3가지 영역에 초점을 맞춘다(라이너센, 2009).

1. 재고 최소화

2. 백로그(밀린 일)를 명시적으로 관리
3. 배치 크기를 팀의 처리 능력에 맞춤

이러한 원칙은 기존 공장, 물류, 사무 프로세스에 린 프로세스를 도입하는 데 적용해왔다. 이제 애자일과 데브옵스에서 소프트웨어 전달에 적용한다. 재고 최소화와 백로그 관리는 애자일 방법론에서 다뤘다. 모든 애자일 방법론은 정리한 백로그와 작업 항목(소프트웨어 전달에서 재고를 의미)을 스프린트에 대응시킨다. 세 번째 영역인 배치 크기 관리는 데브옵스에서 다룬다. 이는 배치 크기를 팀 처리 능력에 맞추는 데서 시작한다. 애자일 방법론에서 팀 처리 능력은 팀의 속도를 파악하면 알 수 있다. 작업 단위는 팀이 한 번의 스프린트에서 전달할 수 있는 작업량을 말한다. 팀의 규모, 기술력, 이전 전달 이력에 기초해 특정 유형의 작업 항목을 다루는 팀의 속도를 매우 정확하게 파악할 수 있다. 한 팀이 정해진 수의 스프린트에서 충분히 전달할 수 있는 작업 항목 세트가 이상적인 배치 크기를 결정한다. 작업 처리량을 극대화하기 위해서는 이 배치 크기를 줄여 팀 속도에 맞춰야 한다. 너무 크거나 작으면 팀 생산성을 떨어뜨린다.

배치 크기를 줄이면 팀 생산성 향상 외에 또 다른 이점이 있다.

- **사이클 타임 단축** 전달하는 작업량이 적을수록 더 빨리 전달되고 피드백을 더 빨리 받을 수 있다.
- **전달 리스크 감소** 작업 변경사항이 적을수록 전달할 때 영향이 적고 리스크도 낮아진다.
- **통합 리스크 감소** 작업 변경사항을 조금씩 지속적으로 통합하고 테스트하는 과정에서 통합 문제가 발생한다. 이렇게 발생한 통합 문제는 한 번에 많은 변경사항을 통합할 때보다 더 빨리 파악해 해결할 수 있다.
- **구조적 복잡도 감소** 배치 크기를 줄여 전달하기 위해서는 애당초 애

플리케이션이 배치 크기를 줄여 전달할 수 있게 설계돼야 한다. 결과적으로 애플리케이션 구조가 더 작은 컴포넌트로 이뤄지며 큰 단일 컴포넌트로 이뤄진 애플리케이션에 비해 컴포넌트 간 결합도가 낮아진다.

- **테스트 개선과 품질 개선** 크고 복잡한 변경사항을 가끔 시험하기보다 작은 변경사항을 자주 시험한다. QA팀은 시험을 더 많이 수행하므로 문제와 결함을 더 빨리 파악할 수 있고 변경사항으로 인한 영향이 줄어든다. 따라서 품질이 개선된다. 이는 모든 테스트(기능 시험, 성능 시험, 통합 시험, 보안 시험 등)에 해당된다.

- **오버엔지니어링 감소** 전달된 변경사항이 적을수록, 피드백이 더 빨리 수신될수록 변경사항이 제대로 전달되고 적용됐는지 여부를 더 빨리 판단할 수 있다.

- **낭비 감소** 크고 복잡한 변경사항에서 발생하는 낭비보다 작은 변경사항에서 발생하는 낭비를 파악해 줄이기가 쉽다.

- **가시성 복잡도 감소** 전달 파이프라인에서 각 팀의 상태와 컴포넌트 상태를 더 쉽게 파악할 수 있다. 이는 산출물에 적은 영향을 미치는 작은 변경 작업들로 작업 항목 세트가 이뤄져 추적하고 관리하기가 더 쉽기 때문이다.

- **환경 개선** 환경 변경사항이 적을수록 관리하기가 쉬워진다. 또한 어떤 변경 때문에 문제가 발생했는지 더 쉽게 파악할 수 있으므로 문제의 근본 원인을 파악하기도 더 쉽다.

- **프로세스 개선** 프로세스를 점진적으로 변경하면 개선하기가 더 쉽다. 이는 새로운 프로세스가 도입될 때 발생하는 생산성 저하 구간을 좁힌다. 또한 변경 때문에 프로세스에 발생하는 영향을 더 분명하고 쉽게 파악할 수 있다.

- **문서화 개선** 크고 복잡한 변경사항을 문서화해 전달하기는 어렵기

때문에 보통 모든 변경사항이 전달된 후 작성된다. 배치 크기를 줄이면 배치마다 작은 변경사항을 전달하므로 지속적으로 변경사항을 문서화하기가 더 쉽다.

- **지속적 개선 가능** 작은 사항들을 점진적으로 개선하면 (정의한 바에 따라) 지속적 개선이 가능하다. 데브옵스의 3가지 영역인 소프트웨어, 환경, 프로세스 영역 모두에서 지속적 개선이 이뤄져야 한다. 뒤에서 지속적 개선을 더 자세하게 다룬다.

배치 크기를 줄이는 것은 쉬운 일이 아니다. 사람, 프로세스, 구조적 문제, 도구 문제를 다뤄야 한다.

- **사람:** 배치 크기를 줄이기 위해 팀의 규모와 구조를 다루는 부분으로 가장 중요한 측면이다. 기존 팀 구조는 대형 프로젝트에 맞게 큰 기능 단위로 나눠 팀을 구성했다. 팀은 해당 기능 관련 업무만 하며 할당된 업무 영역 내에서 배치 작업이 끝나면 다음 기능 팀에게 인계한다. 배치 크기를 줄여 최적화하기 위해서는 라이프 사이클(요구사항부터 운영 환경까지) 전반에 걸쳐 배치 작업을 하는 CFT^Cross Functional Team를 구성해야 한다. 4장 후반부와 5장에서 이어서 다양한 팀 모델을 다룬다.
- **프로세스:** 배치 크기를 줄이기 위해서는 프로세스를 2가지 방법으로 다뤄야 한다.
  - 첫째, 작고 빈번한 컴포넌트의 개발, 시험, 전달 등을 처리하기 위해 프로세스를 어떻게 구조화해야 하는가? 프로세스와 프로세스 관리 방식을 작은 업무 단위로 세분화해야 한다. 이렇게 하면 실무자가 업무를 독립적으로 수행할 수 있고 다음 작업을 해야 할 실무자에게 인계할 수 있다.
  - 둘째, 프로세스를 어떻게 지속적, 점진적으로 개선할 수 있는

가? 프로세스는 한꺼번에 많이 개선하기보다 조금씩 개선하는 것이 쉽다. 앞에서 이야기했듯이 변경이 이뤄지면 생산성이 저하된다. 변경사항이 적다면 생산성 저하 부분도 적어진다.

- **구조**: 애플리케이션의 구조는 독립적으로 개발, 시험, 전달할 수 있게 세분화해야 한다. 기존 애플리케이션 구조를 이렇게 세분화해 리팩토링하기는 쉽지 않다. 구조 세분화와 관련해 5장에서 마이크로서비스를 설명한다. 마이크로서비스를 기반으로 하지 않더라도 배치 크기를 줄여 작업할 수 있지만 이는 전체로 전달돼야 할 큰 코드 베이스에 점진적인 변경사항을 추가하는 정도다. 팀 구조와 애플리케이션 구조는 서로 밀접하게 연관돼 있다. 이 관계를 설명한 콘웨이의 법칙은 뒤에서 다룬다.

- **도구**: 배치 크기를 줄여 빨리 전달할 수 있게 전달 파이프라인의 도구 체인을 통합할 수 있다. 도구 체인을 통합하기 위해서는 전달 프로세스에서 비자동화 부분을 최소화하고 도구를 밀접하게 통합해야 한다. 주어진 작업량을 효율적으로 처리하는 데는 이 방법이 유일하다. 도구의 역할은 프로세스를 자동화하는 것으로(수동으로 작업할 때 사용할 수 없었던) 도구의 기능을 활용해 프로세스를 더 효율적으로 만들 수 있다. 도구는 반복작업을 자동화하고 프로세스를 코드화하는 데 가장 많이 활용한다.

마지막으로 고객에게 릴리즈할 때 모든 문제가 나타난다. 팀이 배치 크기를 더 작게 해 지속적으로 전달할 수 있지만 이렇게 조금씩 변경되는 새로운 버전을 더 자주 릴리즈하는 방식으로의 전환을 최종 사용자가 받아들이지 못할 수도 있다. 최종 사용자는 업데이트할 때 배치 작업이 자주 발생하는 이러한 변화에 준비가 안 돼 있을 수도 있다. 사용자에게 새 버전을 자주 릴리즈하기 어려울 때는 작은 배치 작업을 사전 운영 환경에서 수행하고 릴리즈해야 한다. 사전 운영 환경에서 실제 운영 환경으로 릴리즈할 때는 테스트를 거쳐 고객에게 맞추고 정식 출시 일정, 사용자 인수 일정 등에 따라 가끔 릴리즈한다. 릴리즈 관리 프로세스는 4장 후반부 "릴리즈 관리 전략"에서 자세하게 설명한다.

올바른 문화 확립

팀 단결력

나는 게임에서 팀 단결력을 가장 중시한다. 단결력이 뛰어난 팀이 우승을 차지한다. 그래서 클리블랜드 캐벌리어스(Cleveland Cavaliers)가 다른 팀보다 단결력이 높아 우승할 확률이 높다. 로스앤젤레스 레이커스(Los Angeles Lakers)는 모든 사람이 좋아하지만 오만함이 드러나고 단결력이 부족해 보일 때가 있다. 캐벌리어스가 레이커스의 실력을 따라가기는 어렵지만 단결력으로 정상을 넘볼 수 있다.

– 로버트(2009)

콘웨이의 법칙: 팀과 아키텍처

1967년 멜빈 콘웨이[Melvin Conway]가 하버드 비즈니스 리뷰에 이 법칙을 제안한 논문을 처음 투고했을 때 법칙을 입증할 수 없다는 이유로 거절당했다. 하지만 프레드 브룩스[Fred Brooks] 등의 전문가들이 콘웨이의 법칙을 알렸다. 법칙인지 아닌지는 받아들이는 쪽이 결정한다. 법칙 기준을 수학적 입증에 둔다면 콘웨이의 법칙은 법칙이라고 하기 어렵다. 하지만 소프트웨어 업계에서는 콘웨이의 법칙을 입증할 수 있다. 소프트웨어 구조 특성을 귀납적으로 소프트웨어 전달 팀의 구조에 대응시켜 여러 가지 증거를 찾을 수 있다.

콘웨이의 법칙: 모든 조직은 조직 소통 구조를 그대로 답습해 시스템(대략적으로 정의)을 설계한다.

(콘웨이, 1967)

데브옵스의 팀, 조직 구성 관점에서 콘웨이의 법칙은 프로세스 구조, 애플리케이션 구조, 서비스 구조를 더 효율적으로 만들기 위해 팀을 재조직하는 근거로 자주 언급된다. 조직 소통 구조와 협업 구조를 린처럼 만들고 장애 요소와 팀의 고립 상태를 제거하면 콘웨이의 법칙에 따라 애플리케이션과 시스템 구조에 반영돼 설계된다. 반대로 (대부분의 경우) 애플리케이션과 시스템이 작은 변경도 전달하는 구조로 설계되고 이를 전달하는 데 필요한 조직을 스스로 구성한다면 콘웨이의 법칙에 따라 소통과 협업이 원활하게 이뤄지는 바람직한 조직 모델이 된다. 원활한 소통과 협업을 할 수 있도록 설계된 조직 모델과 조직이 작업 처리량을 최대로 달성할 수 있는 구조 모델이 등장했다. 소프트웨어 구조 모델로는 12팩터 앱, 조직 모델로는 스포티파이Spotify의 스쿼드Squad(완전하게 독립적인 교차 기능 팀)가 있다. 5장에서 이 두 모델을 심도 있게 다룬다.

문화운동으로서의 데브옵스

데브옵스는 문화혁신이다. 문화운동으로 시작했으며 여전히 그 중심에 문화운동이 있다. 프로세스 개선, 도구를 이용한 자동화, 빨리 프로비저닝할 수 있는 클라우드 환경 도입에 성공하기 위해서는 사람이 바뀌어야 한다. 사람들의 조직, 사람들 간 소통과 협력 방법을 혁신하지 않으면 데브옵스 실현을 장담할 수 없다. 작업 처리량과 효율을 저해하고 신뢰를 떨어뜨리는 조직적, 문화적 고립을 타파해야 한다. 또한 조직에 퍼져 있는 문화적 관성을 극복해야 한다.

문화적 관성을 극복하기 위해서는 실무자 수준을 넘어 조직 내 모든 수준에서 변화 의지와 변경 승인이 필요하다.

- **조직:** 조직 차원에서는 고위 경영진의 승인과 지지가 있어야 조직을 바꿀 수 있다. 조직을 바꾸기 위해서는 데브옵스 연구소 설립, 데브옵스 시행 자금 확보, 데브옵스 코치 양성, 전달 파이프라인상

도구, 플랫폼, 환경에의 투자, 기존 프로세스 및 관리 방안 혁신 지원, 조직 고립을 최소화하는 팀 보고 체계로 개선하면 된다. 큰 조직에 데브옵스를 도입할 때 고위 임원진이 변화를 어떻게 이끌 수 있을지는 5장에서 더 자세하게 논의한다.

■ **팀:** 어떤 애플리케이션이든 팀이 모든 것을 처리한다. 프로젝트 계획부터 요구사항, 구조 및 설계, 개발 및 테스트, 운영, 보안, 문제 관리까지 다양하다. 기존에는 팀을 기능별로 구분해 고립된 형태(사일로)로 조직됐다. 데브옵스의 핵심 원칙은 이러한 고립을 타파하고 팀원 간 신뢰, 소통 및 협업 문화를 육성하는 것이다. 또한 프로젝트(또는 애플리케이션) 개발과 전달에 기여하는 모든 실무자가 애플리케이션의 성공을 결정하는 이해관계자가 되게 한다. 실무자는 애플리케이션이 전달하려는 비즈니스 가치를 반드시 전달하겠다는 책임감과 주인의식을 가진 이해관계자가 돼야 한다. 각자 맡은 기능만 완료하고 성공했다고 끝이 아니라는 것을 알아야 한다. 팀 조직 관점에서 이를 달성해주는 팀 모델이 제안됐다. 넷플릭스(콕크로프트, 2012)에서 유명해진 노옵스NoOps, 스포티파이(크니버그, 2014)가 만든 스쿼드 등의 모든 모델은 고립을 타파해 팀이 하나로 움직이도록 설계됐다. 이러한 팀은 애플리케이션의 각 영역을 책임지는 이해관계자를 두되 기능에 대해서는 책임과 소유권을 다른 팀과 나눠 갖는다. 다양한 팀 모델과 각각의 장·단점은 6장에서 이야기한다. 실무자를 교차 기능팀]에 재편성하든 기존 보고 체계에 여러 가지 교차 기능을 수행할 수 있게 매트릭스 조직[2]을 만들든 팀 구성 형태와 상관없이 목표는 팀원 간의 효율적인 소통과 협력을 방해하는 조직적 장애물을 제거하는 것이다.

---

2 바둑판 형태의 조직으로 기능별 조직에 그 기능을 가로지르는 프로젝트를 교차시킨 것으로 구성원이 각자의 기능과 특정 프로젝트 수행 부문에 모두 소속돼 있다. - 옮긴이

- **개개인:** 개인은 조력자가 되거나 심각한 병목현상을 일으킬 수도 있다. 개인이 변화하기 위해서는 스스로 적절한 목적을 세우고 무엇보다 변화하겠다는 의지가 있어야 한다. 개인의 변화가 혁신으로 이어진다. 팀이 신뢰, 협력, 소통이 잘 되도록 조직되더라도 개개인이 참여하지 않고 문화적 관성을 극복하기 위해 노력하지 않는다면 변화는 일어나지 않는다.

정말 우연이네요! 당신이 떠나 있는 동안 병목현상의 원인을 발견했어요.

— 화가 난 상사가 사원에게

사람들은 어떻게 평가받고 보상받는가에 따라 행동한다. 따라서 조직을 변화시키기 위해서는 팀원 개개인을 평가하고 보상하는 방법도 그에 맞춰 바꿔야 한다. 책임과 소유권을 나누는 문화를 만들기 위해서는 모든 이해관계자를 평가할 때 같은 기준으로 평가해야 한다. 개인의 성과를 명확히 평가해 보상하는 것과 개개인 자신의 이익보다 팀의 이익을 앞세우기 어렵기 때문이다. 팀 스포츠에서 트로피나 금메달은 골을 가장 많이 넣고 점수를 가장 많이 올린 선수에게 주지 않고 팀 전체에 준다. 물론 최우수 선수MVP를 뽑기도 하지만 어디까지나 부수적인 상이다.

올림픽에는 MVP도 없고 팀 스포츠에서는 개인에게 주는 메달도 없다. 팀 내 모든 선수가 같은 메달을 받는다. 2016년 올림픽 축구 결승에서 결승골을 넣은 브라질 축구스타 네이마르Neymar의 금메달은 팀 내 모든 선수의 금메달과 똑같다. 팀 내 후보선수도 마찬가지다. 올림픽에서는 진정한 팀 정신 측면에서 후보선수가 한 번이라도 경기에 나가 뛰면 메달을 수여한다.

데브옵스 실현은 조직, 팀, 개인 행동보다 사람(팀), 프로세스, 자동화의 조합으로 이뤄진다. 비효율적인 프로세스를 따르거나 엄격한 관리로 과도한 부담을 받거나 자동화 확장 지원 도구가 없거나 기존 애플리케이션 전달 환경을 그대로 사용해야 한다면 잘 조직돼 있고 협업이 매우 잘 되는 팀도 실패한다. 진정한 혁신(데브옵스 도입과 혁신)은 사람, 프로세스, 도구 3가지 다 혁신해야 한다. 그냥 되는 것은 아무 것도 없다. 사람, 프로세스, 도구는 동시에 혁신해야 하며 어느 하나도 무시할 수 없다. 팀은 혁신의 중심으로 실제로 일하고 혁신을 실현하는 사람들이다. 프로세스는 일을 어떻게 해야 하는지 팀에게 설명한다. 도구를 사용하면 프로세스를 반복할 수 있고 확장할 수 있고 오류를 줄여준다.

데브옵스 전략

이제 전략을 살펴보자. 여기서는 전략을 차례대로 다룬다. 하지만 전략을 반드시 순서대로 도입할 필요는 없다. 대부분의 전략은 병행해 도입할 수 있으며 일부 전략 사이에는 종속성이 있다. 종속성은 따로 증명할 필요가 없을 정도로 명확하지만 필요하면 더 풀어 쓴다.

전략: KPI와 측정지표 확립

멋진 숏이나 드리블은 선수 개인의 장점일 뿐 팀 승리는 경기력이 결정한다.

– 팻 라일리(전 NBA 선수 겸 감독이자 팀 운영진)

3장에서 논의했듯이 필요한 데브옵스 전략을 파악하기 위해서는 다음 작업을 수행해야 한다.

- 목표 상태 정의(비즈니스 목표 및 비즈니스 영향 요소)
- 현재 상태 파악(능력 성숙도)

- 전달 파이프라인의 비효율적 영역에서 병목현상 파악(가치 흐름 지도 수행)

위의 3가지는 목표를 최적화하는 동시에 목표를 달성하는 데 제약이 된다.

다른 최적화 기법과 마찬가지로 현재의 생산성을 측정한 후 목표생산성을 설정해야 한다. 생산성 정의와 목표 개선 수준은 조직과 조직이 받는 제약에 따라 다르다. 그러므로 중요한 지표를 확인하는 것부터 시작해야 한다. 비즈니스의 주요 성과지표KPI, Key Performance Indicator는 무엇을 측정하는가? 이러한 것들이 KPI에서 중요하다. 즉 전달 파이프라인을 최적화하는 KPI가 개선돼야 한다.

KPI는 개선사항과 개선 방법을 결정하고 측정하므로 맨 처음 실행되는 전략이어야 한다. 또한 다른 전략보다 먼저 실행돼야 한다. 다른 스포츠처럼 경기를 어떻게 이길 수 있을지 알아야 한다. 대부분의 조직에서 데브옵스를 도입할 때 일반적으로 측정하는 KPI의 몇 가지 예를 살펴보자.

프로젝트 KPI

활동을 성과로 착각하지 말라.

– 존 우든(대학농구 선수 겸 감독)

프로젝트 KPI에는 2가지 핵심 영역이 있다.

- 속도
- 비용

속도와 비용은 모든 조직이 측정하고 최적화하는 KPI의 최소 공통분모다. 속도는 여러 가지 방법으로 측정할 수 있다. 다음은 속도 관련 KPI

의 예다.

- 총 프로젝트 기간
- 공수(시간 단위, 월 단위, 연 단위)
- 시장 출시까지 걸리는 시간, 가치 창출까지 걸리는 시간
- 문제를 해결하는 데 걸리는 평균 해결 시간
- 시행한 실험 차수(혁신 가능 프로젝트의 경우 5장에서 자세하게 설명)
- 전달 속도(릴리즈마다 전달하는 기능 수 또는 유저 스토리 수)

비용은 간단하게 측정할 수 있지만 프로젝트 관리 방식과 평가 방식에
따라 여러 가지 방법으로 측정할 수 있다. 다음은 비용 관련 KPI의 예다.

- 총 사업비
- 성과 가치
- 비용 성과지수
- 비용 편차
- 원가 비율
- 배포하는 데 드는 비용(초기 배포 대 재배포)
- 문제 해결에 드는 비용
- 고객 확보에 드는 비용 대 평생 동안 고객이 회사에게 주는 가치
  (고객 생애 가치)

데브옵스를 도입한 조직은 속도와 비용 측면에서 어떤 KPI를 개선할
수 있는가? IBM과 협력해 데브옵스를 도입한 대형 통신사에서는 다음과
같이 개선됐다(케이건, 2015).

- 유지·관리, 소규모 프로젝트(연간 15명 미만)
  - 경쟁 프로젝트보다 30~40% 더 빨리 전달

- □ 전체 비용의 20~25% 절감
- ■ 유지·관리, 중간 규모 프로젝트(연간 100명 미만)
  - □ 경쟁 프로젝트보다 20~30% 더 빨리 전달
  - □ 전체 비용의 15~20% 절감
- ■ 유지·관리, 대형 프로젝트(연간 100명 이상)
  - □ 경쟁 프로젝트보다 10~15% 더 빨리 전달
  - □ 전체 비용의 4~8% 절감

포트폴리오 KPI

조직은 애플리케이션 포트폴리오 전반에서 프로젝트 간 의존성과 다양한 프로젝트 유형의 혼합을 고려해 관련 KPI를 측정해야 한다. 다음은 애플리케이션 포트폴리오 관리 KPI의 예다.

- ■ 애플리케이션 유형별로 포트폴리오 내 프로젝트 혼합(메인프레임 애플리케이션, 분산 애플리케이션, 모바일 애플리케이션, 클라우드 네이티브 애플리케이션, 패키지 애플리케이션, 서비스형 소프트웨어 애플리케이션 등)
- ■ 기록 시스템 대 참여 시스템별로 애플리케이션 혼합
- ■ 아키텍처 유형별로 애플리케이션 혼합(단일 구조, 서비스 지향 아키텍처^{SOA}, 마이크로서비스, 서버리스 등)
- ■ API로 구성된 애플리케이션(또는 컴포넌트) 간의 상호의존성 수와 직접 통합해 구성된 애플리케이션(또는 컴포넌트) 간의 상호의존성 수 비교
- ■ 포트폴리오 전반에서 코드와 구조적 컴포넌트의 재사용
- ■ 비용, 리스크, 비즈니스 가치별 애플리케이션 배포
- ■ 기존 애플리케이션(폐기 예정인 애플리케이션과 유지·보수 중인 애플리케이션의 혼합)과 새로 개발할 애플리케이션의 비교

품질 KPI

품질을 측정해 개선하고 최적화하기 위해서는 적절한 방법으로 측정해야 한다. 즉 적절한 KPI를 선정해야 하는데 프로젝트나 업계마다 선정 기준이 다르다. 의료기기 개발 조직은 사진 공유 애플리케이션 개발 조직보다 훨씬 더 높은 품질을 목표로 해야 한다. 사진 공유 애플리케이션 개발 조직이 여러 필터의 제공 등 매우 많은 기능을 제공하더라도 마찬가지다.

품질 KPI는 품질 보증^{QA} 영역과 운영 영역에서 사용한다. 품질 보증 영역은 애플리케이션 개발 프로세스의 일부이며 운영 영역은 운영 환경에서 품질을 측정한다.

품질 보증 KPI는 데브옵스와 관련해 다음과 같은 질문을 해야 한다.

- 전체 테스트 대비 자동화된 테스트(단위, 기능, 통합, 성능, 보안) 비율은?
- 전체 애플리케이션과 서비스 대비 "가상화"하거나 스텁^{Stub}화할 수 있는 애플리케이션과 서비스 비율은?
- 전체 테스트 대비 유사 운영 환경에서 하는 테스트 비율은(운영 환경에서 사용될 만한 데이터를 사용해 테스트 수행)?
- QA 실무자가 테스트 환경 프로비저닝, 환경 설정, 애플리케이션 배포(테스트와 무관한 작업들)를 하는 데 소요되는 시간은 총 작업시간 대비 몇 %인가?
- 개발자가 QA에서 발견된 결함을 재현하는 데 소요되는 시간은 총 작업시간 대비 몇 %인가?

일반적으로 품질 보증 KPI는 여러 부분에서 시간과 노력을 측정한다. 예는 다음과 같다.

- 테스트 준비 논의

- 테스트 데이터 준비
- 테스트 환경 점검(스모크 테스트)
- 테스트 준비 상태 검토
- 테스트 케이스 선택
- 테스트 케이스 실행
- 테스트 결과 분석
- 결함 발견
- 결함 재시험
- 시험 결과 보고서 준비
- 시험 결과 보고서 발표

데브옵스를 도입함으로써 기존 대비 시간과 노력이 40~50% 감소하는 경우도 꽤 있다(케이건, 2015).

한편 운영 환경에서 운영팀이 측정할 수 있는 비즈니스 핵심지표는 다음과 같다.

- 심각도 레벨1[SEV 1] 사건과 심각도 레벨2[SEV 2] 사건의 발생 건수[3]
- 심각도 레벨1 사건과 심각도 레벨2 사건의 평균 해결 시간
- 심각도 레벨1 사건과 심각도 레벨2 사건의 평균 비용

데브옵스는 심각도 레벨1 사건과 심각도 레벨2 사건을 줄이고 발생했을 때 평균 해결 시간을 단축해 사건비용을 절감하는 데 초점을 맞추고 있다(쿼크, 2004). 데브옵스는 운영 환경을 지속적으로 모니터링해 문제의 유형과 원인을 파악한다. 비즈니스 핵심 지표에 적용할 수 있는 운영 환경 KPI의 예는 다음과 같다.

---

3 심각도 레벨1(SEV 1): 매우 큰 영향을 미치는 중요한 사건, 심각도 레벨2(SEV 2): 중대한 영향을 미치는 주요 사건 - 옮긴이

- 소프트웨어 오류
- 애플리케이션 오류
- 데이터 오류
- 데이터 전송 오류
- 인프라 문제
- 서비스 경고 상태/중지
- 높은 영역 활용도
- 환경 설정 오류

IBM 운영팀은 고객에게 더 나은 품질을 제공하기 위해 다음과 같이 개선했다.

- 운영 중단 및 애플리케이션 성능 저하 50% 감소
- 운영 환경 가용도 60~90% 향상
- 애플리케이션 문제의 근본 원인 진단 시간 90% 단축

전달 파이프라인 최적화 KPI

무다(MUDA)

무다는 귀중한 자원의 낭비를 일컫는 일본식 용어다. 도요타 생산 시스템의 아버지, 오노 타이이치는 무다의 원인으로 다음 7가지를 제시했다.

- 운송
- 재고
- 동작
- 대기
- 과잉생산

■ 과도한 작업 공정
■ 결함

– 페레이라(2009)

데브옵스의 최종 목표는 아이디어 단계부터 운영 환경에 전달하기까지 전체 전달 파이프라인을 최적화해 낭비를 줄이는 것이다. 이 목표를 달성하기 위해서는 애플리케이션 전달 프로세스의 복잡도를 측정하는 KPI가 있어야 하며 프로세스를 단순화해야 한다. 다음은 복잡도를 측정하는 KPI의 좋은 예다. 이러한 KPI는 애플리케이션 초기 배포와 재배포 둘 다에서 측정해야 한다.

■ 전달 사이클 당 비용
■ 전달 사이클 타임(리드 타임)
■ 전달 사이클 내 승인 단계 수
■ 전달 사이클 내 관리 검토 횟수
■ 별도 검토 단계(보안 검토, 법률 및 규정 검토, 엔터프라이즈 아키텍처 검토, 변경 제어 검토, 표준 검토 등)를 두고 승인하는(프로젝트팀에 속하지 않는) 이해관계자 수

다음은 프로세스 수준을 측정하는 KPI의 예다. 이러한 KPI는 프로세스를 개선하는 데 사용할 수 있다.

■ 프로젝트 시작 소요 시간
■ 정리된 백로그(애자일 프로젝트용)
■ 전체 개발 시간
■ 빌드 통합 시간
■ 스프린트 테스트 시간

- 빌드 검증 테스트[BVT, Build Verification Test] 시행 가능 여부
- 배포하는 데 걸린 전체 시간
- 실제로 운영하기까지 걸리는 전체 시간
- 릴리즈 간격
- 실무자가 신규 개발에 소요하는 시간과 유지·관리에 소요하는 시간 비율

문화 KPI

> 한 사람은 팀의 중요한 구성원이 될 수 있지만 한 사람만으로는 팀을 만들 수 없다.
>
> – 카림 압둘 자바(전 NBA 선수)

문화를 제대로 측정할 수 있는 KPI를 제시할 수 있다면 노벨경제학상과 노벨평화상 둘 다 따놓은 당상이다(문화의 모든 측정 기준을 통일했으므로 노벨평화상을 받을 만하다). 문화적 관성은 어떻게 측정할 수 있을까? 문화가 얼마나 개선됐는지 측정할 수 있을까? 사기가 얼마나 높아졌는지 측정해보면 된다. 사기가 많이 높아졌는가? 문화 개선이 어떻게 사기 상승으로 이어지는지 직접적인 이유를 설명하기는 어렵다. 조직문화 수준은 높지만 사기가 떨어지는 조직도 있다. 사무실 내에 벽이 없고 게임 테이블이 있고 점심시간 동안 마사지를 받을 수 있고 터무니없는 스톡옵션을 제공하는 멋진 스타트업이 있다고 가정해보자. 하지만 기술력이 떨어져 약속한 성과를 낼 수 없다면 이렇게 문화가 좋더라도 무의미하다. 스톡옵션 가격과 함께 사기가 떨어진다.

데브옵스의 첫 번째 원칙(신뢰, 협업, 소통의 문화 성장)으로 문화가 얼마나 개선되는지 확인할 수 있다. 데브옵스 도입 이전에는 문제 등록, 실무

자 간 장시간 회의, 상태 보고서 업데이트 등으로 소통한다. 데브옵스 도입 이후의 소통방식이 도입 이전보다 발전했다면 문화를 개선했다고 할 수 있다. 문화를 측정하는 모든 지표는 팀 간, 팀 내에서 얼마나 많은 소통이 이뤄지는지 측정해야 한다.

다음은 문화 성숙도를 간접적으로 나타내는 KPI 예다.

- 실무자가 다시 작업하거나 수정할 필요 없이 바로 사용할 수 있는 산출물 비율
- 실무자가 생산적인 업무와 회의에 쓰는 시간 비율
- 실무자가 요청 후 응답을(진행 상태를 알 수 없는 상황에서) 기다리는 대기시간 비율
- 실무자 간 소통 중 실시간이 아닌 경우(이메일 등)의 비율
- 최종 결과물로 들어간 산출물 중 무의미한 산출물의 수
- 매주 외부 상황 공유 회의에서 실무자와 교류하는 다른 기능 영역의 인원 수
- 상위 관리자의 개입 없이 팀이 결정할 수 있는 권한 수준
- 대시보드 대비 회의나 상황 보고로 해결된 리포트 비율
- 전체 실무자가 볼 수 있도록 프로젝트 지표와 KPI가 대시보드로 공유되는지 여부(가시성)
- 팀원 스스로 비즈니스 목표와 조직 목표에 자신이 기여한다고 생각하는 정도
- 실무자의 이직률
- 기업의 지적재산권이나 오픈 소스 프로젝트에 실무자가 기여하는 정도

팀 권한 수준과 실무자가 지적재산권이나 오픈 소스 프로젝트에 기여하는 부분을 눈여겨보자. 두 지표는 현대 사회에서 매우 중요하며 밀레니

얼 세대[4]로 팀을 구성한다면 더 중요하다. 또한 둘 다 실무자가 가진 자부심과 자신감 정도를 측정할 좋은 척도다.

사람들이 어떻게 행동하고 교류하는지 문화로 본다면 결국 적합한 인재로 팀을 구성해야 좋은 문화를 만들 수 있다. 팀원은 생산적인가? 행복한가? 팀이 성공할 수 있도록 팀원은 해야 할 일 이상으로 일하고 있는가? 팀원은 팀의 사기와 문화에 긍정적인 영향을 미치는가? 아니면 문화적 관성의 원인인가? 적합한 인재 확보를 위해 극단적 조치를 취한 기업으로 아마존과 자포스Zappos가 있다. 두 회사 모두 불행한 직원들에게 회사를 떠나라며 돈을 지급한다. 아마존은 매년 포장센터 직원 대상으로 불행하다면 그만두라며 2천~5천 달러를 제안한다. 자포스는 혹독한 연수를 막 끝낸 신입사원에게도 같은 제안을 한다. 회사 문화와 팀 문화를 해치면서 불행한 직원들을 팀에 유지시키기보다 그만두라고 돈을 지급한다(테일러, 2014).

전략: 애자일 도입

"우리는 꼭 이겨야 해. 지면 바로 탈락이야." 이런 말들로 경기 전에 팀에 동기를 부여할 수 있다고 생각했다. 하지만 역효과로 그런 말은 경기에 도움이 되지 않았다. 왜 그런지 처음에는 몰랐지만 이제는 안다. 문제는 선수 개인의 노력만으로 경기 결과에 영향을 미칠 수 없다는 점이다. 선수 개인이 최선을 다하더라도 개인이 통제할 수 없는 부분이 너무 많아 경기 결과를 바꾸기 어렵다. 통제가 안 되는 부분들 때문에 선수들은 긴장하고 최상의 컨디션을 유지하기 어렵다. 승패는 경기 전략의 결과일 뿐이라는 것을 깨달았다. 다행히 선수 개인은 자신의 경기 전략을 결정할 수 있다. 그래서 경기 전에 승패보다 팀 전체의 전략을 이야기하고 선수 개개인이 해야 할 구체적인 사항을 지시한다. 그러면 해야 할 일이 분명해 팀이 더 잘 통제된다. 이러한 접근법으로 선수들은

---

4   1980~2000년대에 태어난 세대 – 옮긴이

긴장을 풀고 최상의 컨디션을 유지할 수 있다. 우리의 결과가 이를 증명한다.

－마크 람머스(네덜란드 필드하키 선수 겸 수석코치)(피터, 2008)

대부분의 조직은 이미 애자일을 적용한 프로젝트에 데브옵스를 도입한다. 애자일은 데브옵스 도입 전에 적용돼야 할 전제 조건이다. 일부에서는 데브옵스를 애자일 도입 확장으로 실현할 수 있다고 주장한다. 전달 파이프라인의 왼쪽으로는 프로젝트 관리, 프로젝트 시작, 프로젝트 설계 단계로 확장하고 오른쪽으로는 운영 단계로 확장한다.

데브옵스를 애자일로 시작할 수 있다는 생각과 같은 선상에서 질문 하나를 던질 수 있다. 데브옵스가 폭포수 개발 프로세스를 따르는 팀에 도입할 수 있는가 여부다. 물론 폭포수 프로세스에서 지속적 통합과 지속적 전달을 수행하기는 어렵다. 한 번만 전달한다면 지속적 전달이라고 할 수 없다. 폭포수 개발 프로세스에서는 데브옵스의 모든 실천 방안을 도입할 수 없으므로 데브옵스가 주는 장점을 모두 얻을 수는 없다. 그래도 데브옵스 실천 방안 중 일부를 적용해 폭포수 모델 기반의 전달 파이프라인을 더 효율적으로 만들 수 있다.

- **배포 자동화** 수동 배포는 시간과 노력이 더 들고 오류가 발생하기 쉽다. 지속적 배포가 아니더라도 배포 자동화로 배포 시간을 줄이고 배포 품질을 향상시킬 수 있다.
- **유사 운영 환경 접근** 개발자와 테스터가 운영 환경과 다른 환경에서 개발하고 테스트하면 재작업이 발생하고 품질 저하가 일어난다. 애플리케이션 전달 전반에 걸쳐 유사 운영 환경에 접근할 수 있게 해 이를 해결할 수 있다.
- **테스트 자동화** 자동화는 속도를 높이고 오류를 줄여준다.
- **모니터링과 피드백** 개발자와 사업 관련 부서가 운영 환경 성능 지표를 볼 수 있게 해 애플리케이션과 운영 환경을 개선하게 한다.

위의 실천 방안과 앞에서 이야기한 데브옵스 프레임워크의 일부 실천 방안은 애플리케이션 전달 프로세스가 애자일이든 폭포수 모델이든 적용할 수 있고 어떤 프로젝트에도 도입할 수 있다.

프로세스 관점에서 애자일 프로젝트가 데브옵스 도입에 가장 적합하지만 애자일의 제한 때문에 애자일 프로젝트에서 데브옵스 도입이 더 활발하다. 애자일의 범위는 개발과 테스트로 제한된다. 애자일은 개발, 테스트 사이클에 사업팀을 포함하지만 사업팀의 역할은 개발과 테스트가 제대로 되고 있는지 일일이 스프린트를 확인하는 선에 그친다. 스크럼이나 확장형 애자일 프레임워크[SAFe, Scaled Agile Framework] 같은 애자일 접근 방식에서도 사업팀이나 운영팀이 애자일을 어떻게 적용해 혁신할 수 있는지를 다룬 내용은 없다. 따라서 전달 파이프라인에서 개발, 테스트 이외의 부분은 폭포수 모델로 운영된다. 일정에 따라 일을 진행하고 운영팀과 개발 테스트팀은 이슈를 발행해 소통하는 식이다. 결과적으로 워터-스크럼-폴 현상이 나타난다.

워터-스크럼-폴 환경에서 애자일 팀은 생산성 한계에 빨리 도달한다. 팀 작업 속도가 빨라지더라도 작업에 필요한 입력이 들어오는 속도나 작업 결과인 출력이 소비되는 속도와 일치하지 않는다면 임피던스 불일치가 발생해 그림 4.2처럼 속도와 민첩성에 문제가 생긴다. 임피던스 불일치를 제거하기 위해서는 데브옵스를 도입해 전달 파이프라인 전반의 속도와 민첩성을 높여야 한다.

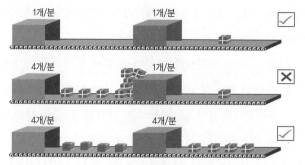

그림 4.2 "워터-스크럼-폴" 현상 때문에 발생한 임피던스 불일치의 해결

임피던스 불일치를 제거하는 과정에서 여러 병목현상(장애 요소)이 제거될 수 있는데 예는 다음과 같다.

- 개발팀이 지속적 통합을 시행하고 있다면 매일 테스트할 수 있는 빌드를 올려야 한다. 테스트팀이 이 속도로 테스트할 수 없다면 이를 해결해야 한다.
- 개발 테스트팀이 2주 단위의 스프린트를 시행 중인데도 운영팀이 새로운 테스트 서버를 프로비저닝하는 데 3주가 걸린다면 이를 해결해야 한다.
- 개발 테스트팀이 2주 단위의 스프린트를 시행해 코드를 계속 빨리 전달해도 비즈니스 분석가가 전달 속도보다 훨씬 느린, 분기마다 많은 분량의 새로운 유저 스토리를 제공한다면 이를 해결해야 한다.
- 보안팀은 새 애플리케이션의 보안 테스트를 릴리즈당 한 번만 시험하고 시험하는 데 5~10일이 걸린다면 이를 해결해야 한다.
- 변경사항이 없을 때도 모든 컴포넌트와 모듈을 빌드해야 해 통합 빌드에 여러 시간이 걸린다면 이를 해결해야 한다.
- 사업 관련 부서는 실제로 요구사항을 제대로 파악하지 못했다면 프로젝트 계획 일정을 세웠더라도 수정해야 한다.

이러한 병목현상은 2장에서 언급한 가치 흐름 지도 작성으로 사전에 식별해 이를 완화하는 계획을 세울 수 있다.

애자일 팀은 여러 병목현상을 접하면서 팀의 잠재력을 극대화하고 애자일 방식을 최대한 이용해 데브옵스 도입 사례를 만들 수 있다. 전달 라이프사이클 좌우로 "애자일"을 확장하는 데브옵스 실천 방안을 도입해 실행해야 한다. 데브옵스는 애자일 제품 관리, 디자인 싱킹, 린 스타트업 등을 이용해 라이프사이클의 앞부분(왼쪽)에 있는 이해관계자에게 데브옵스 실천 방안을 제공해 애자일을 확장한다(5장에서 자세하게 설명한다). 애자일을 오른쪽으로 확장하는 것은 데브옵스의 정수다. 데브옵스는 개발팀과 운영팀을 더 가깝게 할 목적으로 탄생했다. 여기서는 지속적 전달, 코드로 인프라 관리하기, 소프트웨어 정의 환경, 지속적 피드백 등을 도입할 수 있다. 다음 전략에서는 이러한 모든 기법과 기술을 설명한다. 아이디어에서 운영 환경에 이르는 전체 전달 파이프라인에서 민첩성과 효율성을 어떻게 이끌어낼 수 있는지 살펴본다.

데브옵스 전략 관점에서는 2가지 애자일 도입 전략이 있다.

1. **애자일팀**: 애자일을 이미 도입한 팀이나 프로젝트가 있다면 워터-스크럼-폴 현상으로 생산성 한계에 다다를 만큼 성숙한 팀을 찾는다. 그림 4.3에서 보듯이 데브옵스 도입까지 진행할 수 있다.
2. **애자일을 도입하지 않은 팀**: 애자일 개발 방법론을 도입하지 않더라도 데브옵스 실천 방안을 도입해 이익을 얻을 수 있다.

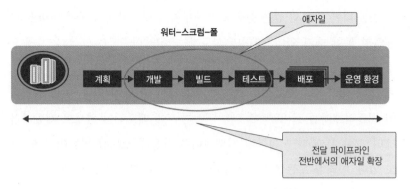

그림 4.3 전달 파이프라인 전반에서의 애자일 달성

전략: 통합 전달 파이프라인

전체 전달 파이프라인에서 효율성을 극대화하기 위해서는 파이프라인 전체에 걸쳐 병목현상과 비효율을 제거하거나 최소화해야 한다. 이는 파이프라인상 모든 이해관계자에게 영향을 미친다. 대부분의 병목현상은 이해관계자들이 교류하는 접점에서 발생한다. 접점은 이해관계자가 자신의 기능 영역에서 다른 이해관계자의 기능 영역으로 산출물을 핸드오프하는 부분이다. 비효율이 발생하는 주요 원인으로 수동작업이 있다. 도구는 프로세스를 자동화해 대기시간과 수동작업 때 발생하는 오류를 줄여준다. 하지만 도구가 통합되지 않은 경우 도구는 복잡함과 비효율을 가중시킬 수 있다. 데브옵스 이전에는 전달 파이프라인에서 개별 기능 영역을 최적화하는 데 초점을 맞췄다. 개별 기능 팀은 기능 개발에 가장 적합한 소프트웨어 도구를 사용했다. 하지만 도구는 이해관계자와 마찬가지로 외부와 단절돼 동작하지 않는다. 도구가 생성한 산출물은 팀이 선택한 도구 모음을 이용해 다른 팀으로 핸드오프된다. 이 과정에서 사용되는 도구가 통합되지 않아 도구 체인의 흐름이 매끄럽지 않으면 핸드오프 접점에서 상당한 비효율이 발생한다.

또한 다른 팀에서 받는 산출물을 실무자가 사용하는 도구에서 바로 사용하지 못할 때가 있다. 그러면 실무자는 해당 산출물(파일 등)을 수동으로 도구에 넣어야 한다. 예를 들어 애플리케이션 아키텍처 도구로 불러오기 전에 데이터를 XML이나 CSV로 변환해야 할 때가 있다. 또한 웹스피어 애플리케이션 서버WebSphere Application Server에 배포해야 하므로 개발자가 제티Jetty나 톰캣Tomcat 서블릿 컨테이너를 사용해 코드를 만들어야 할 때도 있다. 이러한 모든 상황은 수동이든 자동이든 추가적인 단계가 필요하므로 비효율성을 야기한다.

진정한 해결책은 단일 진실 공급원SSOT, Single Source Of Truth에 있는 통합 도구 체인이다. 단일 진실 공급원은 각 산출물 유형별로 단일 저장소를 제공하는 개념으로 권한이 있는 이해관계자들이 접근할 수 있다. 통합 도구 체인은 도구 간에 산출물이 원활하게 전달되도록 해주는 도구 체인이다. 이는 잘 설계된 종단 간 도구 통합으로 더 바람직하게는 표준화된 산출물 포맷을 이용해 이뤄질 수 있다. 또한 도구 데이터 저장소 간에 데이터 레벨의 링크를 구축하면 데이터 저장소 수준의 통합을 제공하므로 도구 간 산출물을 이동할 필요가 없다. 라이프사이클 협업을 위한 개방형 서비스OSLC, Open Service for Lifecycle Collaboration의 개방형 표준 커뮤니티는 데이터 레벨 링크 관련 표준을 다룬다.

그림 4.4는 전달 파이프라인의 예를 보여준다. 실제로 전달 파이프라인은 광범위하다. 요구사항 관리, 구조 설계, 애플리케이션 설계, 프로젝트 관리, 보안, 릴리즈 관리자 등의 관련 이해관계자와 사용 도구까지 포함하면 더 광범위하다. 물론 실제 이해관계자는 조직별, 프로젝트별로 다를 수 있다. 나타나는 환경도 다양하다. 기능 테스트, 통합 테스트, 성능 테스트, 스트레스 테스트, 시스템 통합 테스트, 사용자 인수 테스트, 보안 테스트 등 여러 테스트 환경과 QA 환경이 있을 수 있다. 또한 스테이징 환경도 여러 개가 존재할 수 있다. 일부 조직은 사전 운영 환경과 사후 운

영 환경을 모두 갖추고 있으며 이러한 모든 환경을 모니터링하고 관리하는 도구도 사용한다. 도구와 환경을 얼마나 갖출지는 합당한 범위 내에서 결정해야 하며 더 중요한 것은 앞에서 설명했듯이 모든 도구는 통합된 도구 체인 안에 있어야 한다는 것이다.

개발   소스 코드   빌드   패키지   배포   테스트   스테이징   운영
관리 시스템   저장소

그림 4.4 통합 전달 파이프라인

종단 간 추적성 유지

통합 전달 파이프라인으로 얻을 수 있는 주요 이점으로는 전달 파이프라인 전반에 걸쳐 산출물의 종단 간 추적성을 유지할 수 있다는 점이다. 종단 간 추적성은 기능적 영역에 걸쳐 모든 실무자와 이해관계자에게 단일 진실 공급원을 제공할 수 있게 해준다. 또한 중요한 이점은 실무자와 이해관계자가 산출물 간 관계를 쉽게 파악할 수 있도록 가시성을 제공하고 작업에 필요한 버전의 산출물에 접근할 수 있게 해준다는 것이다.

변경 요청 관련 결함의 종단 간 추적성 예시를 그림 4.5에서 살펴볼 수 있다. 다음 상황을 생각해보자. 개발자는 변경 요청을 받고 코드를 수정한다. 개발자는 변경 세트(수정한 모든 부분)를 통합 스트림에 전달하고 CI(지속적 통합) 빌드가 생성된다. CI 빌드는 테스터에게 전달된다. 테스터는 테스트 세트를 실행하고 그중 하나가 실패한다. 실패 내용은 결함 이슈로 등록된다. 종단 간 추적성이 없다면 결함을 해결하기 위해 여러 개발자와 테스터가 함께 어떤 변경 세트로 테스트했는지 확인하고 결함의 원인인 코드를 분리하기 위해 여러 번 오가야 한다. 결함을 해결하는 데 들여야 할 노력을 추정하고 영향을 분석하는 것은 훨씬 번거롭다. 종단 간 추적성으로 모든 산출물을 서로 추적할 수 있어 더 효율적으로 결함을 식별하고 영향을 분석해 문제를 해결할 수 있다.

이제 추적성 다이어그램을 살펴보자(참조: 이 다이어그램은 전체 종단 간 추적성 모델의 서브셋 정도만 나타낸다).

- 결함은 테스트 스크립트를 실행해 발견된다.
- 테스트 스크립트는 테스트 세트의 일부다.
- 테스트 세트는 테스트 계획을 나타낸다.
- 테스트 계획은 일련의 요구사항을 검증하기 위해 작성된다.
- 실패한 테스트 스크립트에는 테스트 실행 기록이 있다.
- 실패한 테스트 스크립트에는 테스트 결과가 있다.
- 테스트 결과는 결함을 발생시키는 데 사용한다.
- 결함은 CI 빌드의 마지막 코드 변경 세트에서 추적할 수 있다.
- 변경 세트는 변경 요청을 처리하기 위해 작성된다.
- 변경 요청은 일련의 요구사항에 영향을 미친다.

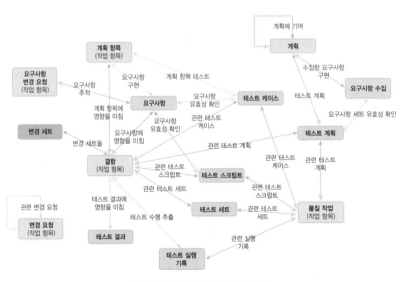

그림 4.5 결함의 종단 간 추적성

이 정도 수준의 추적성을 확보하기 위해서는 전달 파이프라인 전체에 도구 체인이 있어야 한다.

종단 간 추적성을 확보하면 가시성은 물론 다음과 같은 이점을 얻을 수 있다.

- **영향 분석** 이해관계자는 변경사항, 발생한 결함 등의 영향을 분석하고 평가해 리스크를 줄일 수 있다.
- **변경사항 관리** 추적성은 모든 산출물의 변경사항을 추적하고 변경 세트와 작업 항목별로 추적할 수 있게 해 산출물의 변경사항을 관리한다.
- **과잉생산 제거** 추적성으로 실행되지 않는 코드, 유효한 요구사항으로 추적되지 않는 코드, 요구사항으로 추적되지 않는 테스트 케이스를 식별할 수 있다.
- **실무자 효율성** 실무자는 작업 흐름을 수동으로 관리하지 않고도 추적할 수 있어 산출물 작업이 맞게 진행되고 있는지 확인할 수 있다.
- **테스트 커버리지** 모든 요구사항이 테스트되고 모든 시험이 유효한 요구사항을 테스트하는 것을 보장한다.
- **상태 보고** 종단 간 추적성으로 상태 보고를 자동화할 수 있다. 기능 팀 간 상태 보고를 통합하는 데 스프레드시트를 더 이상 쓸 필요가 없다.
- **컴플라이언스 및 감사** 종단 간 추적성으로 감사 추적 내용을 만들 수 있다. 감사 추적 내용에는 전달 파이프라인 전체에서 일어난 모든 변경사항이 들어간다. 어떤 이해관계자가 어떤 산출물을 언제 왜 변경했는지 등의 모든 변경사항을 기록한다.

종단 간 추적성은 달성하기 쉽지 않다. 통합 전달 파이프라인을 구축하면서 산출물 전체에 추적성이 유지되도록 노력해야 한다. 새로운 통합이 추가되기 전에는 추적할 수 없더라도 말이다.

여러 전달 파이프라인이 있는 다중 속도 IT

다중 속도 IT^{Multi-Speed IT} 라는 용어는 업계 안팎에서 많은 논의가 있었다. 조직에서 애플리케이션 분류는 분석업체인 가트너^{Gartner}의 논문에서 제 안된 이중 속도 IT^{Two-Speed IT}에서 시작됐다. 이는 애플리케이션 전달 속도 가 빠른지 느린지에 따라 분류하는 개념으로 바이모달 IT^{bimodal IT}에게 자 리를 금방 내줬다.

바이모달 IT는 애플리케이션 요구사항이 안정적인지 아니면 개발 과 정에서 진화하거나 실험적인지를 기준으로 애플리케이션을 분류한다. 바 이모달도 업계가 필요로 하는 분류 기준을 완전하게 충족시키지는 못한 다. 이는 2가지 모드만으로는 프로젝트를 분류하기 어렵기 때문으로 다 중 속도 개념으로 점점 대체되고 있다. 실제로 전달 파이프라인상 모든 것은 연속적이며 특히 속도는 더 연속적이다.

오늘날 업계에서는 어떤 모델이든(바이모달, 다중 속도 또는 자신을 나타 낼 수 있는 새로운 모델) 적절한 속도를 나타낼 수 있어야 한다는 데 의견 이 모인다. 네이션와이드 인슈어런스^{Nationwide Insurance}의 카르멘 데아르도 ^{Carmen DeArdo}는 미래는 다양한 속도가 될 것이라고 전부터 계속 말해왔다. 애플리케이션은 비즈니스의 의도와 목표에 따라 속도와 모드를 선택할 것이다.

미국 고속도로 차선은 속도별로 차로가 분리되거나 초행길인지 통근 길인지 구별해 분리되지 않는다. 마찬가지로 애플리케이션 전달에서도 속도나 모드를 지정할 필요가 없다. 이들은 비즈니스상의 필요성과 팀 성 숙도에 따라 전달할 팀을 결정한다. 운전면허를 갓 취득한 초보운전자는 고속도로에서 최대 허용 속도로 운전하지 않는다(해서도 안 된다). 구급 현 장에 들어가는 구급차는 속도 제한을 받지 않는다.

애플리케이션 하나만 만들어 파는 스타트업이 아니라면 전달 파이프라인 하나만으로 조직을 운영할 수는 없다. 여기서 다중 속도가 나왔다. 그림 4.6처럼 조직에는 여러 가지 전달 파이프라인이 있다. 이러한 전달 파이프라인은 기술 스택, 개발 언어, 제공 환경, 실무자의 성숙도, 실무자의 지리적 분포, 핵심 기능 영역 대 혁신 가능 영역의 비즈니스 의도, 애플리케이션에 영향을 미치는 비즈니스 리스크, 비즈니스가 필요로 하는 속도에 따라 달라진다. 이러한 요인과 기타 많은 요인은 여러 가지 전달 파이프라인이 다른 속도로 움직이게 만든다. 이것을 다중 속도 IT라고 부른다. 다중 속도 IT에서 전달 파이프라인은 독립적으로 운영되지 않으며 상호의존적으로 운영되기 때문에 문제가 생긴다. 6장에서는 이러한 상호 의존성과 전사적으로 데브옵스 도입을 확장하기 위해 다중 속도 IT를 어떻게 적용해야 할지 자세하게 설명한다.

그림 4.6 여러 가지 속도의 전달 파이프라인이 있는 다중 속도 IT

통합 전달 파이프라인 구축 관점에서 다중 속도 IT는 여러 개의 통합 전달 파이프라인이 필요하다. 각 전달 파이프라인은 플랫폼, 기술, 전달 속도에 맞춰 도구를 사용하므로 전달 파이프라인마다 도구가 다를 수 있다. 중요한 것은 전달 파이프라인이 수평적으로 통합돼 있어야 한다는 것이다. 이는 모든 전달 파이프라인이 각자의 도구를 사용하고 통합할 때 조합하면 된다는 의미가 아니며 난장판이 돼도 된다는 의미도 아니다. 표준화는 필수다. 도구 표준화는 프로세스와 실무자가 하는 일들을 표준화한다. 이는 동일한 도구 체인으로 운영되는 여러 가지 전달 파이프라인의 프로세스를 균일하게 한다. 또한 표준화로 잘 정의된 측정 지표(메트릭) 체계를 만들 수 있고 이를 이용해 지속적으로 개선할 수 있다. 전략의 목표는 결국 각 기술 분야별로 1~2개 통합 전달 파이프라인을 구성하는 것이다. COBOL/CICS, 자바, 닷넷, iOS/안드로이드, 인지 애플리케이션, 빅데이터, 블록체인 애플리케이션 등의 기술 영역에서는 각각 표준화된 도구 체인이 1~2개 있다. 이러한 전달 파이프라인 도구 체인이 조직 내에 수십 개가 있다면 혼돈이 존재할 수밖에 없다.

> 표준이 없으면 카이젠[5]도 없다.
>
> – 타이이치 오노(도요타 생산 시스템의 아버지)

하나의 전달 파이프라인 전반에 걸쳐 통합이 필요하며 여러 전달 파이프라인에 걸쳐서도 수직적 통합이 필요하다. 이렇게 통합과 도구 표준화가 반드시 이뤄져야 할 5가지 영역이 있다.

1. **계획**: 전달 파이프라인 의존성 분석으로 전달 파이프라인 전반에 걸친 업무 및 프로젝트 계획 조정
2. **아키텍처와 API**: 애플리케이션 전달 접점을 효율적으로 설계하고 API를 사용해 구현함으로써 의존성 최소화
3. **배포 자동화와 오케스트레이션[6]**: 필요할 때 환경, 미들웨어, 애플리케이션을 프로비저닝하고 오케스트레이션해 배포할 수 있는 기능
4. **테스트용 서비스와 환경 가상화**: 어떤 애플리케이션이나 서비스에 종속

---

5 업무, 개인 효율성 등의 지속적 개선을 다룬 일본의 비즈니스 철학
6 시스템, 환경, 애플리케이션, 서비스 등의 자동된 설정, 관리, 조정을 의미해 여러 시스템 전반에서 다양한 단계를 수반하는 프로세스(작업 흐름)를 자동화하는 방법 – 옮긴이

적인 전체 환경, 서비스, 애플리케이션을 사용할 수 없을 때도 그 애플리케이션이나 서비스를 테스트할 수 있는 기능

5. **릴리즈 관리:** 자원 경쟁, 지연, 통합 문제를 사전에 파악하고 다루면서 릴리즈 계획 실행

이러한 통합으로 여러 전달 파이프라인에 걸쳐 추적성을 유지할 수 있다. 여러 전달 파이프라인에 걸친 통합 지점은 이후 전략에서 더 자세하게 다룬다.

전략: 지속적 통합

스프린트는 스크럼에서 "반복"을 뜻하는 용어다. IT 업계에서 사용되는 용어지만 좀 별로다. 육상이나 수영에서 스프린트는 선수가 최대한 빠른 속도로 달리는(수영하는) 단거리 경기를 의미한다. 우사인 볼트나 마이클 펠프스가 100m 경기에서 이기기 위해 최선을 다하는 모습을 떠올려 보자. 단거리 경기는 정해진 거리에서 다른 경쟁자들보다 더 빠른 속도를 내는 것이 목표다. 한편 스크럼에서 스프린트는 보통 2~3주 일정한 기간을 주기적으로 반복한다. 이때 팀은 속도에 따라 최대한 많은 작업 항목을 처리한다. 애자일 방법론에서 속도는 일반적으로 팀이 한 번의 스프린트에서 얼마나 많은 작업 항목을 처리할 수 있는지 측정하는 데 사용하는 용어다.

실제로 애플리케이션을 개발해 전달하는 것은 단거리 경주보다 마라톤에 가깝다. 마라톤 선수처럼 팀은 완성해 전달할 수 있는 작업량을 정하고 규칙적인 흐름을 만들어야 한다. 이후 각 팀은 속도를 높일 수 있도록 이러한 흐름을 최적화하기 위해 계속 노력한다. 훈련 도중 마라톤 선수는 최적의 자기 페이스(보통 분당 160~180보로 마라톤 완주 가능)를 찾기 위해 노력한다. 이처럼 애플리케이션 전달 팀원들도 지속적 통합과 지속적 전달에서 최적의 페이스를 찾기 위해 노력해야 한다. 프로젝트를 완성

하는 데 팀원을 탈진시키는 죽음의 행진과 영웅과 같은 활약은 필요없다. 프로젝트 기간 내내 팀이 함께 일하도록 팀을 유지할 수 있어야 한다.

지속적 통합 실천 방안은 2장에서 이야기했다. 지속적 통합은 물론 핵심 특성도 설명했다. 조직 전체에 지속적 통합을 확립해야 한다. 지속적 통합이 이뤄지면 각 팀은 최적의 작업 리듬을 찾아 통합을 수행해야 한다. 이러한 지속적 통합 작업 리듬은 빌드 횟수를 뜻한다. 개발팀은 빌드를 테스트팀에 전달하고 궁극적으로 릴리즈할 수 있도록 운영팀에 전달한다. 작업 리듬은 모든 팀의 예상대로 움직여야 한다. 지속적 통합작업 리듬은 일일 빌드가 일반적이다. 일일 빌드는 운영 환경을 향한 지속적 전달이 시작될 수 있게 해준다. 이는 운영 환경에 매일 전달해야 한다는 뜻은 아니다. 많은 기업에게 합리적이지 못하기 때문이다. 하지만 적어도 매일 테스트 환경까지는 전달해야 한다.

지속적 통합의 작업 리듬은 조직마다 다르다. 매일까지는 아니더라도 꾸준히 정기적으로 해야 한다. 조직 내 다른 프로젝트팀은 다른 작업 리듬이 있을 수 있다. 작업 리듬은 프로세스, 도구, 다른 팀과 함께 일할 때 편한 정도에 따라 팀 스스로 결정해야 한다. 작업 리듬에 따라 속도도 결정된다. 팀이 지속적 통합을 하기 위해서는 최소한 매일 빌드해야 한다. 매일 빌드하기 위해서는 자동화해 빨리 빌드할 수 있어야 하고 통합 테스트에서 피드백 받는 사이클 타임이 짧아야 한다. 빌드에 여러 시간이 걸리고 테스트와 피드백 간 사이클 타임이 며칠씩 걸린다면 작업 리듬을 유지하기 어렵다. 이런 상황에서 지속적 통합작업 리듬은 없다.

지속적 통합은 모든 개발자가 해야 한다. 각 개발자는 팀이 도입한 지속적 통합 지침에 따라 통합 스트림에 코드를 전달할 수 있도록 교육받아야 한다. 개발자가 최소 하루에 한 번 이상 일일 빌드에 코드를 전달하지 않으면 코드는 통합 빌드에 포함되지 않고 팀 전체의 지속적 통합 흐름을 깨뜨린다.

성공적인 일일 빌드는 소프트웨어 프로젝트의 심장 박동이다. 성공적인 일일 빌드가 없다면 심장 박동이 없으므로 프로젝트는 죽는다.

– 짐 매카시(마이크로소프트 비주얼 C++ 제품 관리자)

지속적 통합이 이뤄지려면 팀과 프로젝트에 좋은 브랜치 구조가 있어야 한다. 좋은 브랜치 구조에서는 개발자가 여러 작업 항목에서 독립적으로 작업하고 코드의 여러 버전을 병렬로 생성하고 통합 스트림에 코드를 쉽게 전달할 수 있다. 브랜치 구조에는 개발자가 메인라인에 전달해야 하는지, 전용 통합 브랜치(이 책에서는 통합 스트림이라고 부름)에 전달해야 하는지 등의 철학이 담겨 있다. 팀은 팀의 규모, 팀의 속도, 개발자당 컴포넌트 규모에 따라 브랜치 구조를 선택해야 한다. 브랜치 구조나 소스 코드 관리 도구는 개발자가 동시에 여러 버전의 코드를 개발할 수 있게 해야 하고 어느 브랜치에서든 통합 스트림에 코드를 전달할 수 있어야 한다.

팀이 지속적 통합을 실현할 수 있도록 지속적 통합[CI] 도구가 나왔다. 젠킨스[Jenkins], 어반코드 빌드[UrbanCode Build], 팀 시티[Team City] 같은 최신 CI 도구는 개발자가 통합 스트림에 코드를 체크인할 수 있도록 주기적으로 소스 코드 관리 시스템을 쿼리하는 기능이 있다. 개발자가 코드를 전달하면 도구가 코드를 빌드하고 통합 스트림의 기존 코드에 통합한다. 빌드에 실패하면 물론 코드를 추가한 개발자에게 즉시 알려야 한다. 이로써 피드백 사이클 타임이 더 단축될 수 있다. 빌드가 성공하면 적절한 단위 테스트와 통합 테스트를 실행하도록 해야 한다. 이러한 테스트는 자동화돼야 한다. 통합 테스트는 통합 오류를 식별하고 검증하는 주요 테스트로 빌드마다 수행돼야 할 주요 테스트다. 통합 테스트를 통과하면 주요 빌드(일일 빌드 등)를 승격해 테스트 환경에 배포하고 다른 테스트(기능 테스트, 보안 테스트, 성능 테스트 등)를 수행한다. 이후에도 다음 환경으로 계속 전달하고 배포해야 한다. 따라서 지속적 통합 도구는 빌드 자동화 도구와 통합해 지속적 전달을 수행해야 한다. 다음 전략에서는 빌드 자동화 도구를 설명한다.

앞의 통합 전달 파이프라인 전략에서 설명했듯이 보통 조직은 여러 전달 파이프라인을 갖고 있다. 게다가 상호의존적이다. 같은 방식으로 대부분의 프로젝트팀은 코드를 따로 개발해 전달하지 않는다. 여러 팀이 단일 컴포넌트를 만들기 위해 코드를 함께 작성할 수 있다. 이들이 개발한 컴포넌트는 다른 컴포넌트와 상호의존적이다. 게다가 서비스나 애플리케이션을 전달하기 위해 여러 컴포넌트가 한군데 모인다. 따라서 지속적 통합은 최소 두 수준에서 이뤄져야 한다(그림 4.7 참조).

1. **컴포넌트 수준의 지속적 통합** 여러 개인이나 팀이 하나의 컴포넌트를 함께 개발해 작성한 코드를 통합 스트림에 전달하고 통합 빌드를 시작해야 하는 경우. 이러한 빌드는 팀 구성원이 통합 스트림에 새 코드를 전달할 때마다 또는 최소 하루에 한 번은 이뤄져야 한다.

2. **애플리케이션 수준의 지속적 통합** 여기서 애플리케이션에 전달되는 모든 컴포넌트는 통합 빌드로 통합된다. 이러한 빌드는 컴포넌트 수준의 빌드보다 덜 자주 수행된다. 그래도 최소 하루에 한 번은 수행해야 한다.

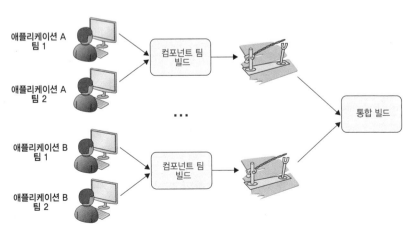

그림 4.7 컴포넌트와 애플리케이션 전반에서의 지속적 통합

또한 시스템 수준의 통합도 있다. 여기서는 여러 서비스나 애플리케이션이 통합된다. 이러한 규모에서는 지속적 통합은 아니더라도 최대한 자주 통합돼야 한다. 서비스와 애플리케이션은 독립적으로 실행되고 운영되므로 실제 빌드도 없다. 다른 서비스나 애플리케이션과 통합하기 위해 다시 빌드할 필요도 없다. 그 통합은 API 수준으로 이뤄져야 한다(API는 뒤에서 더 자세하게 설명한다).

지속적 통합 빌드에서는 모든 수준에서 각 빌드가 완료되면 바로 통합 테스트를 수행해 통합 오류와 결함을 식별해야 한다. 지속적 통합 빌드에서 통합 테스트를 수행하지 않는다면 지속적 통합이 가능하다는 것을 의미할 뿐 실제로 빌드가 어떤지 설명할 수는 없다.

조직이 팀, 프로젝트, 애플리케이션 전반에서 지속적 통합을 도입함에 따라 이를 전사에 확장할 수 있도록 빌드 프로세스 관리 방안이 필요해졌다. 대부분 지속적 통합 도구는 수백 개의 컴포넌트로 이뤄진 큰 프로젝트나 애플리케이션에도 사용할 수 있다. 하지만 프로젝트마다 자체 도구를 개발하는 등 조직에서 빌드와 지속적 확장 도구가 무질서하게 확장될 때도 많다. 이는 표준화 문제를 야기하고 빌드 품질의 차이를 만든다. 전사에 확장하기 위해 표준화는 필수다. 이는 6장에서 상세하게 다룬다.

지속적 통합은 데브옵스 도입에 매우 중요하며 여러 가지 전략이 필요하다. 이는 지속적 전달로 코드를 전달 파이프라인의 다른 단계로 이동시킨다(그림 4.8). 지속적 통합작업 리듬은 코드가 전체 전달 파이프라인을 통과하는 속도를 결정한다. 지속적 통합을 잘 수행하면 데브옵스 성공에도 더 가까워진다.

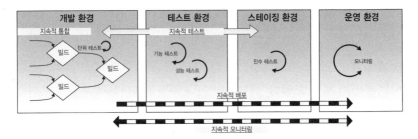

그림 4.8 지속적 통합으로 전달 파이프라인 구축

전략: 지속적 전달

일주일에 4일을 뛰는 완만한 프로그램으로 훈련을 시작한다. 훈련 첫 주에는
비교적 짧은 6마일을 뛴다. 이후 일주일마다 거리를 점점 늘려 마라톤 3주 전
에는 20마일을 뛴다. 테이퍼링 기간에는 훈련량을 줄여 피로를 해소하고 실제
경기에 힘을 집중할 수 있게 한다. 다른 운동도 한 번씩 하고 충분한 휴식을 취
하면서 훈련을 완성한다.

– 할 히그던(미국 작가이자 육상선수 겸 코치)(히그던, 2011)

지속적 전달은 지속적 통합과 함께 2장에서 설명했다. 자주 헷갈리는
용어인 지속적 전달과 지속적 배포의 차이도 설명했다. 지속적 전달은 전
달 파이프라인의 다양한 환경에 애플리케이션을 배포하는 능력이다. 이
를 위해서는 반복할 수 있고 신뢰성 있고 확장할 수 있도록 배포 프로세
스를 자동화해야 한다.

배포 자동화

개발자가 작성한 코드가 제대로 동작하는지 확인하기 위해서는 개발 서
버에 배포해야 한다. 코드를 작성하면 지속적 통합의 일환으로 이를 전달
한다. 지속적 통합 빌드는 테스트 서버에 배포돼야 하며 운영 환경에 이

르는 다른 테스트와 QA 환경으로 승격돼야 한다. 따라서 지속적 전달은 다양한 환경에 여러 가지 형태로 배포할 수 있어야 한다. 배포는 간단한 코드 모듈 배포부터 더 복잡한 오케스트레이션 배포까지 다양하다. 코드는 컴포넌트, 서비스, 애플리케이션에 통합되고 빌드되기 때문에 단순하게 서버에 배포하는 파일 수준이 아니다. 배포하는 것은 간단한 설정 변경부터 새로운 기능을 추가하는 코드 추가, 데이터베이스 스키마 변경, 환경 변경, 풀 스택 변경 등 뭐든지 될 수 있다.

이러한 컴포넌트를 어떤 노드와 미들웨어 서버에 배포할지 오케스트레이션할 수 있어야 한다. 또한 컴포넌트 배포는 적절한 순서에 따라 수행할 수 있어야 한다. 프로세스나 서버는 코드 모듈 적용이나 설정 변경 적용을 시작하고 중지할 수 있어야 한다. 데이터베이스 스키마 변경사항과 데이터베이스 제한사항은 모두 관리돼야 한다. 미들웨어 컴포넌트는 항상 설정이 변경되고 변경사항은 서버 클러스터의 모든 인스턴스에 걸쳐 업데이트되고 적용돼야 한다.

이를 위해서는 그림 4.9와 같이 빌드 자동화 도구가 복잡한 빌드 프로세스를 생성하고 여러 가지 미들웨어 서버와 프로세스를 오케스트레이션하고 업데이트할 수 있어야 한다.

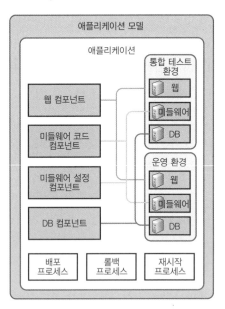

그림 4.9 애플리케이션 컴포넌트 배포

그림 4.10처럼 빌드 프로세스 외에도 적절한 롤백 프로세스를 만들어야 한다. 롤백은 여러 가지 이유로 필요하다. 배포가 실패하면 부분적으로 배포된 부분도 전부 배포 시작 전으로 되돌려야 한다. 배포에 성공하더라도 애플리케이션에 결함이 있으면 되돌려야 한다. 롤백 프로세스는 복잡할 수 있다. 부분적으로 배포된 애플리케이션(배포된 항목과 배포되지 않은 항목 추적)을 롤백해야 할 때와 전체 애플리케이션을 완전하게 롤백해야 할 때를 구분해야 하기 때문이다. 그래서 데이터베이스 변경이 복잡하다.

애플리케이션을 롤백없이 업데이트만 하는 접근 방식도 있다. 이러한 접근에서는 실질적으로 업데이트 도중 일부가 롤백을 수행한다. 애플리케이션의 이전 작업 버전을 배포하고 애플리케이션을 교체함으로써 롤백을 수행한다. 데이터베이스 상태와 데이터 변경은 여전히 문제로 남아 있으므로 주의해 처리해야 한다.

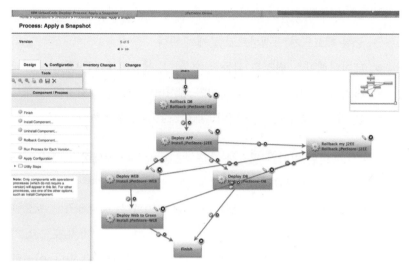

그림 4.10 롤백을 포함한 배포 프로세스(IBM 어반코드 디플로이(UrbanCode Deploy))

데이터베이스 배포

데이터베이스 배포 자동화를 구축하기 위해서는 특별히 고려해 처리해야 할 부분이 있다.

- 데이터베이스는 점진적으로 업데이트돼야 한다. 애플리케이션 컴포넌트는 새로운 컴포넌트로 바꿀 수 있지만 데이터베이스는 그렇지 않다.
- 데이터베이스는 순서대로 업데이트돼야 한다. 이전 변경사항에 기초해 각각의 변경이 빌드된다. 예를 들어 애플리케이션 서버에 여러 애플리케이션 WAR 파일을 업데이트할 때는 어떤 순서로 하든 동시에 하든 상관없다. 하지만 데이터베이스는 테이블에서 최종 데이터 세트를 보장하기 위해서는 지정된 순서대로 업데이트해야 한다.
- 애플리케이션 컴포넌트는 실수로 중복해 배포해도 문제가 안 된

다. 하지만 동일한 데이터베이스 레코드를 실수로 두 번 추가하면 중복 레코드가 발생하므로 문제가 된다.

■ 데이터베이스 변경은 되돌릴 수 없다. 애플리케이션 배포는 롤백하거나 덮어쓸 수 있다. 하지만 데이터베이스를 롤백하기 위해서는 이전에 백업한 전체 데이터베이스로 교체해야 한다.

이렇게 특별한 처리가 필요한 부분을 고려해 데이터베이스 배포 도구가 개발됐다. 기존 데이터베이스 관리자DBA, Database Administrator는 수동으로 오류가 발생하기 쉬운 스크립트를 사용해 관리했다. 데브옵스에 필요한 규모와 속도를 달성하기 위해서는 자동화가 필수다. 여러 가지 도구로 지속적 전달이 실현되도록 데이터베이스 배포 자동화를 할 수 있다. 이러한 도구로는 리퀴베이스Liquibase나 DB디플로이DBdeploy 등의 오픈 소스 도구 및 데티컬Datical이나 DB마에스트로DBmaestro 등의 상용 도구가 있다.

데이터베이스 배포와 관련된 문화적 문제도 있다. 데이터베이스 업데이트는 데이터베이스 관리자가 제어한다. 데브옵스를 도입하지 않은 팀에서 데이터베이스 관리자는 개발자, 테스터와 소통 없이 독립적으로 일한다. 그래서 개발자가 데이터베이스를 변경하는 속도를 못 따라간다. 지속적 전달을 실현하기 위해서는 개발자가 변경하는 데이터베이스를 데이터베이스 관리자가 바로바로 인지할 수 있어야 한다. 또한 데이터베이스 관리자는 제어권이 공유되는 도구 자동화에 대한 거부감이 있다. 이는 지속적 전달 도구 체인에 데이터베이스 배포 도구를 포함시켜 통합 전달 파이프라인을 만드는 데 어려움을 야기한다. 이러한 과제를 해결하기 위해 데이터베이스 관리자는 고립 상태에서 벗어나 여러 이해관계자와 동일 선상에 있어야 한다.

배포 대상, 방법, 위치

실제 배포는 자동화돼 지속적으로 수행돼야 한다. 이러한 실제 배포에서는 다음 3가지 측면을 모두 알고 있어야 한다.

1. 무엇을 배포하는가?
2. 어떻게 배포하는가?
3. 어디에 배포하는가?

UML(2005)로 표기된 그림 4.11의 모델은 배포의 3가지 측면의 관계를 보여준다. 이 모델에서 IBM 어반코드 디플로이 블루프린트[IBM UrbanCode Deploy Blueprint]에서 배포의 3가지 측면의 관계를 어떻게 그리는지 볼 수 있다. 다른 배포 도구도 유사한 개념을 사용한다.

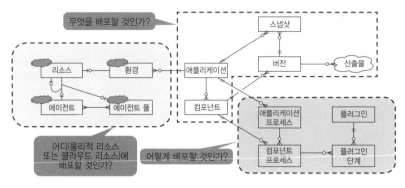

그림 4.11 배포 자동화 "블루프린트"

무엇을? 어떤 산출물이 배포돼야 하는가? 여기에는 코드, 설정, 데이터 베이스 스키마, 데이터, 콘텐츠, 웹페이지 등이 있다. 위의 모델에서 설명했듯이 배포될 산출물의 특징은 다음과 같다.

- 산출물은 배포할 수 있고 버전별로 관리할 수 있고 산출물 저장소에 저장되는 모든 자산이다.
- 컴포넌트는 여러 산출물의 모음이다.
- 애플리케이션은 여러 컴포넌트로 구성된다.
- 컴포넌트들이 버전별로 결합돼 스냅샷을 형성한다. 스냅샷은 함께 배포해야 하는 여러 컴포넌트의 집합이다.
- 모든 애플리케이션, 스냅샷, 컴포넌트, 산출물은 버전별로 관리된다.

따라서 전체 애플리케이션이나 일부 컴포넌트, 스냅샷(전체 애플리케이션이나 일부를 나타내는 컴포넌트 버전 세트를 캡처)을 배포할 수 있다.

어떻게? 어떻게 배포할 것인가? 뭔가를 배포하기 위해서는 일련의 단계를 수행해야 하는데 이는 배포 프로세스나 방법을 의미한다. 이러한 단계는 사용하는 기술에 종속적일 수 있고 단계를 논리에 맞게 특정 순서에 따라 오케스트레이션해야 할 수도 있다. 어떤 단계는 다른 단계와 동시에 수행할 수 있지만 나머지 단계는 의존성과 전제 조건이 있을 수 있다. 또한 프로세스에는 개별 단계나 전체 프로세스에서 발생하는 실패를 처리하는 단계가 있을 수도 있다. 위의 모델에서 설명했듯이 배포 프로세스의 특징은 다음과 같다.

- 애플리케이션은 배포 프로세스가 있다.
- 애플리케이션을 구성하는 각 컴포넌트에도 배포 프로세스가 있다.
- 애플리케이션 배포 프로세스에서 개별 컴포넌트 배포 프로세스를 호출한다.
- 각 컴포넌트 프로세스는 여러 단계로 구성되며 일부는 특정 기술을 플러그인해 실행해야 하는 기술에 종속적인 단계일 수도 있다.
- 배포 프로세스는 배포 대상 환경에 따라 달라진다. 애플리케이션 서버나 데이터베이스에 배포돼야 하는 컴포넌트인가? 아니면 운영체제 수준에서 설치해야 하는 실행 파일인가?
- 배포 프로세스에는 배포되는 애플리케이션 설정, 미들웨어 설정, 환경 설정을 구성하는 단계도 포함할 수 있다.

전체 애플리케이션을 배포할 때는 전체 애플리케이션 배포 프로세스가 실행되고 일부 컴포넌트만 배포할 때는 컴포넌트 배포 프로세스만 실행된다.

어디에? 배포하려는 환경은 어디인가? 배포 대상 환경은 다양한 애플리케이션 서버와 다른 미들웨어가 설치된 여러 서버로 구성될 수 있다. 배포 프로세스에 서버와 미들웨어의 설정 업데이트를 포함해야 할 수도 있다. 위의 모델에서 설명했듯이 배포 대상 환경의 특징은 다음과 같다.

- 환경은 노드나 리소스로 구성된다.
- 각 리소스에는 실제로 배포하고 작업 인벤토리를 관리하는 에이전

트^{agent}가 있다.

- 노드 세트는 에이전트 풀^{agent pool}로 보면 된다. 동일한 노드 세트는 동일한 컴포넌트를 배포해야 하며 동일한 환경 설정을 가져야 한다.
- 애플리케이션 컴포넌트는 리소스와 대응된다. 이 정보로 배포 프로세스는 어떤 애플리케이션 컴포넌트를 어떤 노드에 배포해야 하는지 알 수 있다.
- 배포 프로세스는 각 노드가 관리해야 할 환경 설정도 명시한다.

애플리케이션을 배포하는 환경에는 2가지 유형이 있다.

1. **정적 유형** 정적 환경은 정상 상태의 환경이다. 일정한 수의 노드(서버)로 구성되며 노드 간에는 사전에 정의된 정적 네트워크 연결로 정적 토폴로지를 형성한다.

   정적 환경에 애플리케이션을 배포할 때 배포 프로세스는 다양한 서버 구성을 관리하고 각 애플리케이션 컴포넌트를 적절한 서버에 배포한다.

2. **동적 유형** 이름처럼 동적 환경은 정적이지 않다. 노드 수는 여러 가지 요인과 시간에 따라 달라진다. 노드는 필요에 따라 프로비저닝되고 디프로비저닝된다. 노드 사이의 네트워크는 사전에 정의돼 있지만 토폴로지는 동적으로 형성된다.

   동적 환경으로 배포할 때 배포 프로세스와 독립적으로 노드를 프로비저닝하고 프로비저닝된 노드에 애플리케이션 컴포넌트를 배포한다. 다른 방법으로는 애플리케이션 배포 프로세스에 규칙과 조건을 두고 이에 따라 노드를 구성할 수도 있다. 이렇게 노드와 애플리케이션에서 풀스택이 구축된다. 이 부분은 5장에서 더 자세하게 다룬다.

클라우드 호스팅 환경이 등장하면서 동적 환경이 표준이 되고 있다.

동적 환경은 클라우드 패턴에 맞춰 설계된다. 오픈 스택 히트 오케스트레이션 템플릿HOT, Heat Orchestration Template, IBM 버추얼 시스템 패턴vSys, Virtual System Pattern, 아마존 AWS 클라우드포메이션 템플릿CloudFormation Template, 도커 스웜Docker Swarm 등 다양한 클라우드 패턴 정의와 표준이 있다. 패턴은 가상 시스템 이미지(노드)와 네트워크 연결(토폴로지)을 정의하고 환경의 동작도 정의한다. 패턴에 정의한 프로세스 흐름과 규칙에 기반해 환경을 어떻게 동작시킬지 오케스트레이션할 수 있다. 그림 4.12는 IBM 어반코드 디플로이UrbanCode Deploy로 설계한 오픈스택 히트 템플릿의 예다. 5장에서는 지속적 전달에서 클라우드 환경과 역할 패턴 전략을 다룬다.

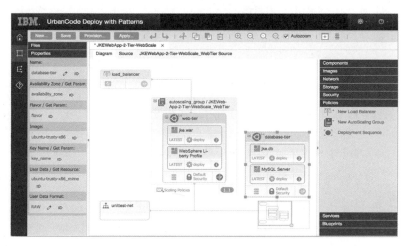

그림 4.12 오픈스택 히트 패턴(IBM 어반코드 디플로이의 블루프린트 디자이너)

어떤 애플리케이션 컴포넌트(무엇)를 어떤 환경에 대응시키는 정도는 정적 환경에서 적합한 프로세스다. 동적 환경에서는 규모와 필요한 기능에 따라 탄력적으로 환경을 확대하고 축소할 수 있도록 애플리케이션을 수평으로 확장할 수 있게 설계해야 한다.

유사 운영 환경 데브옵스 핵심 원칙에는 개발, 테스트 실무자에게 운영 환경 같은 환경을 제공하는 것이 있다. 전달 파이프라인에서 비효율성의 원인이자 주요 문제는 개발자와 테스터가 실제 운영 환경과 유사한 환경에 원격으로 접근할 수 없다는 점이다. 즉 운영 환경과 전혀 다르게 동작하는 환경에서 개발되고 테스트된 애플리케이션이 운영 환경에 배포된다. 실제 배포 프로세스를 유사 운영 환경에서 테스트하지 않으면 오류가 발생할 수 있다.

이상적인 시나리오는 개발 환경, 테스트 환경, 기타 다른 환경이 운영환경과 완전하게 동일한 클론인 경우다. 하지만 필요한 인프라 환경을 모두 구축하기 위해서는 경제적 관점에서 비용 문제 때문에 실현하기가 어렵다. 다음으로 좋은 해결책은 기능과 성능 면에서 운영 환경과 매우 비슷한 환경을 제공하는 것이다. 유사 운영 환경은 확장 가능 여부, 컴퓨터 노드 수, 메모리, 저장소, 네트워크 대역폭 등이 운영 환경과 다를 수 있다. 하지만 동일한 노드 토폴로지가 존재하고 동일한 버전의 OS와 미들웨어를 사용하며 OS와 미들웨어의 설정이 유사해야 한다.

다음은 많이 사용되는 비효율적이고 비생산적인 시나리오다.

- 개발과 테스트는 오픈 소스 애플리케이션 서버 활용, 실제 운영은 상용 애플리케이션 서버 활용
- 다양한 환경에 다양한 버전의 서버 OS 사용
- 고비용 서비스를 모의하는 방법으로 서비스 가상화가 아닌 테스트용 자체 개발 스텁Stub 사용
- 실제 운영 데이터 스키마와 다른 테스트 데이터 사용
- 하위 환경 전반에서 운영 환경 구성과 미들웨어 구성을 연결시켜 관리하지 않음
- 여러 가지 애플리케이션에서 테스트 환경을 공유해 설정과 동작에 변경 발생

풀스택 배포 풀스택 배포 프로세스가 실제로 배포하는 것은 무엇인가?

무엇이 풀스택을 구성하는지 살펴보자(그림 4.13).

- 애플리케이션(애플리케이션 코드, 애플리케이션 설정 포함)
- 데이터
- 미들웨어 설정
- 미들웨어
- 운영체제
- 가상화
- 서버(컴퓨터 노드)
- 스토리지
- 네트워크

그림 4.13 풀스택

풀스택 배포는 모든 계층에 배포하는 것을 의미한다. 풀스택 배포가
아닌 경우에는 상위 계층(애플리케이션, 애플리케이션 데이터, 미들웨어 설정)
을 배포할 수 있다. 나머지 하위 계층은 환경으로 간주하며 애플리케이션
배포 전에 프로비저닝된다. 애플리케이션 배포 프로세스로 배포되는 항

목과 환경에 프로비저닝되는 항목 간의 경계는 주관적이며 배포되는 애플리케이션에 따라 달라진다. 애플리케이션 배포 프로세스에는 미들웨어에 배포하는 것과 노드에 운영체제만 설치된 환경에 배포하는 것을 포함해 여러 가지 시나리오가 있다.

지속적 전달에 지속적 통합

400m 계주에는 단거리 경기 못지않게 기술이 들어간다. 잘 달리는 선수 4명으로 구성된 팀이 바통 터치를 빨리 하면 더 잘 달리는 선수 4명으로 구성된 팀을 이길 수 있다. 경기의 핵심은 바통 터치에 걸리는 시간이다.

– 로젠바움 n.d.

전달 파이프라인 도구 체인을 만들 때 통합의 핵심은 빌드 및 지속적 통합 도구에서 지속적 전달 도구로 배포 자산을 핸드오프하는 것이다. 지속적 통합의 흐름은 지속적 전달의 흐름을 따라야 한다. 게다가 사이클 타임 단축을 목표로 한다면 빌드와 전달 프로세스 둘 다 빨라야 한다. 지속적 통합에서 지속적 전달까지 이상적으로는 최소한의 사이클 타임으로 지속적이고 끊김이 없는 프로세스가 돼야 한다(그림 4.14 참조).

빌드　　패키지　　배포
　　　　저장소

그림 4.14 지속적 통합에서 지속적 전달까지

전달 파이프라인에는 빌드 도구와 전달 자동화 도구 외에도 보통 패키지 저장소나 산출물 저장소가 있는 것이 권장된다. 산출물 저장소에는 모든 배포 자산, 환경 설정, 종속성이 저장된다. 그리고 산출물 저장소는 이해관계자가 유일하게 접근할 수 있는 단일 진실 공급원으로 애플리케이션이나 컴포넌트를 배포하는 데 필요한 자산 세트를 얻을 수 있다. 또한 이러한 저장소는 전달 도구 통합 지점이 될 수 있으며 빌드 도구와 연계하거나 병렬적으로 동작할 수 있다. 즉 두 도구 사이에 있을 수 있다. 빌드 도구가 자산을 저장소로 푸시^{push}하면 배포 도구가 저장소(연계 경로)에서 자산을 가져와 배포한다. 또는 빌드 도구가 배포 자동화 도구에 자산을 전달할 때마다 자산을 저장소에 게시한다(병렬로 동작).

산출물 저장소는 지속적 전달 사이클 전체에 걸쳐 있다. 하지만 사이클을 벗어나 배포가 필요할 때(예를 들어 결함을 재현할 때)는 산출물 저장소에서 배포할 자산 세트가 적절한지, 버전이 맞는지 확인할 수 있어야 한다. 또한 저장소는 배포 가능한 모든 자산의 모든 버전 세트를 갖기 때문에 종단 간 추적성을 유지하는 데 필수다.

도구 관점에서 여러 가지 종류의 산출물 저장소가 존재한다. 제이프로그^{JFrog}사의 아티팩토리^{Artifactory}와 소나타입^{Sonatype}사의 넥서스^{Nexus} 같은 범용 저장소가 있다. 대부분 빌드 자동화 도구에는 배포할 자산만 저장하는 산출물 저장소가 내장돼 있다. IBM 어반코드 디플로이에는 코드스테이션^{CodeStation}이라는 저장소가 내장돼 있다. 내장형 저장소를 사용하면서 범용 저장소를 사용할 수도 있다. 이때 내장형 배포 자동화 저장소에는 배포된 자산의 복사본을 저장한다.

푸시^{Push} 핸드오프 대 풀^{Pull} 핸드오프

바통 터치의 3가지 방법

바통 터치의 3가지 방법은 각각 장·단점이 있다. 드러먼드 코치는 항상 빠르다고는 할 수 없지만 안정적인 푸시인 방식을 선호한다.

푸시인(Push-In): 들어오는 주자는 바통을 수직으로 잡고 안으로 밀어 넣고 받는 사람은 손바닥을 주자 쪽으로 편다.

업스윕(Upsweep): 들어오는 주자는 바통을 엄지와 나머지 손가락 사이에 잡고 위로 휘두르고 받는 사람은 손바닥을 아래쪽으로 편다.

지속적 통합에서 지속적 전달로 핸드오프하는 방법에는 2가지가 있다.

1. **풀 메커니즘** 배포 자동화 도구가 빌드 도구 또는 산출물 저장소에서 전달 가능한 자산을 끌어온다.
2. **푸시 메커니즘** 빌드 도구 또는 산출물 저장소가 자산을 배포 자동화 도구로 밀어 넣는다. 지속적 전달에서 선호되는 방법이다.

지속적 전달에서는 푸시 메커니즘을 선호한다. 빌드 도구는 빌드를 완료하고 이를 푸시해 배포를 수행한다. 풀 메커니즘에서는 배포 자동화 도구가 빌드의 완료 여부나 컴포넌트 배포 때 필요한 모든 배포 자산이 사용 가능한지 알 수 없기 때문에 일부만 배포돼 문제가 발생할 수 있다. 풀 메커니즘은 사전에 빌드하고 배포했던 자산을 재배포할 때 잘 동작한다 (즉 지속적 전달 사이클 밖에서 동작함). 빌드 도구만 빌드 프로세스의 완료 여부를 알 수 있기 때문에 빌드가 완료되면 빌드 도구가 배포될 수 있게 자동화 도구에 알리는 것이 좋다.

지속적 전달 도입

지속적 전달이 도입되지 않은 프로젝트의 경우 운영 환경에 릴리즈할 때 발생하는 주요 문제는 애플리케이션을 운영 환경에 처음 배포할 때 발생한다. 애플리케이션을 실제로 배포할 때는 여러 컴포넌트를 배포하는 데 실패하거나 문제가 발생하기도 한다. 이는 운영 환경에서 빌드 프로세스 실행이 처음이기 때문이다. 자동화된 빌드 프로세스도 마찬가지다. 실제로 시험한 적도 없고 검증한 적도 없기 때문에 당연한 현상이다. 팀 전체가 주말 내내(아니면 더 길게) 일해야 하는 이유다. 앞에서 이야기한 다른 문제와 함께 기존 프로젝트에서 소프트웨어를 릴리즈할 때 여러 컴포넌트를 배포하면서 나오는 문제를 해결해야 하기 때문이다.

애플리케이션을 지속적으로 전달하면 컴포넌트 기능과 성능, 전달 환경을 검증할 뿐만 아니라 컴포넌트 배포 프로세스도 검증할 수 있다. 소프트웨어 배포는 FTP에 파일을 복사하는 것처럼 간단하지는 않다. 소프트웨어를 배포할 때는 복잡한 노드 세트의 여러 위치로 파일을 전송하고 운영체제, 데이터베이스, 미들웨어 환경 설정도 변경하며 단계마다 오케스트레이션도 수행한다. 단순하게 기계적이고 선형적으로 배포 단계를 수행할 수는 없다. 환경 설정을 변경한 후에는 미들웨어 프로세스를 재시작하거나 파일 전송 전에 서비스를 중지하고 재시작해야 할 수도 있다. 모두 조정돼 오케스트레이션된 방식으로 실행돼야 한다. 지속적 전달은 이러한 프로세스를 테스트하고 여러 번 실행할 수 있게 해준다. 이는 프로세스를 여러 번 수행해본 후 운영 환경에 배포하므로 문제 발생을 줄인다. 배포는 여러 사이클이나 스프린트로 동시에 일어나므로 프로세스는 지속적으로 테스트되고 디버깅되며 동작이 입증된다. 더구나 이러한 배포 프로세스에는 애플리케이션뿐만 아니라 환경을 배포하는 프로세스도 포함된다.

여기서 중요한 것은 프로젝트 시작(스프린트 제로)부터 진행되는 내내 지속적 전달을 시작하는 것이다. 초기에는 배포가 간단할 수 있지만 프로젝트 후반부에는 배포가 훨씬 복잡한 오케스트레이션이 필요할 수도 있다. 적절한 자동화 도구를 사용해 조금씩 지속적으로 변경사항(애플리케이션, 미들웨어, 환경 설정, 데이터, 환경 등)을 전달하면 자동화, 배포 프로세스, 환경 설정 변경, 배포 환경, 배포 애플리케이션을 검증함으로써 리스크를 줄일 수 있다.

스프린트 제로부터 바로 배포하자. 스프린트 제로에서는 무엇을 배포할까? 소스 코드는 아직 없는 상태다. 간단하다. 환경을 배포하면 된다. 리눅스(또는 윈도우)를 배포하고 설치해 시작해보자.

지속적 전달 플랫폼

손바닥을 펴서 무대Platform를 만들어봐. 락을 하자, 락을 하자, 오늘.

　　　　　　－ 듀이 핀(잭 블랙 분), 스쿨 오브 락(파라마운트 픽처스, 2003)

결국 목표는 플랫폼을 실무자에게 제공하는 것이다. 플랫폼에서는 애플리케이션을 여러 가지 환경(개발 환경, 테스트 환경, 통합 시험 환경, 인수 테스트 환경, 최종 운영 환경)에 지속적, 효율적으로 배포할 수 있다. 플랫폼의 목표는 인프라와 애플리케이션 전달 파이프라인 기능 사이에 추상화 계층을 도입하는 것이다. 실무자가 인프라의 세세한 차이를 신경쓰지 않게 해야 한다. 하드웨어, 하이퍼바이저, 가상 머신, 데이터센터, 네트워크 모두 실무자에게서 추상화돼야 한다. 실무자는 어떤 인프라가 어디에 프로비저닝되는지 신경 쓸 필요 없이 개발, 테스트, 애플리케이션과 서비스 전달에 집중해야 한다. 환경은 잘 정의되고 잘 설계돼야 한다. 또한 끊김 없이 항상 사용하고 탄력적으로 운영되고 확장할 수 있어야 한다. 특히 환경은 애플리케이션과 서비스에 필요한 세부사항까지 조정해 실무자에게 제공돼야 한다. 이러한 추상화는 인프라 계층(서비스형 인프라IaaS, Infrastructure as a Service)이나 플랫폼 계층(서비스형 플랫폼PaaS, Platform as a Service), 애플리케이션(또는 서비스)과 인프라 간 API 기반 분리를 생성하는 컨테이너를 활용해 제공될 수 있다. 3가지 방법 모두 장·단점이 있으며 5장에서 자세하게 다룬다.

추상화 수준이 어떻든 애플리케이션 전달 실무자를 위한 플랫폼을 만들어야 한다. 플랫폼은 전달 파이프라인을 구성하는 다양한 환경에 걸쳐 있어야 한다. 이러한 플랫폼은 전달 파이프라인을 활성화하는 데 필요한 다양한 서비스나 기능을 제공하는 도구로 도구 스택을 구성한다. 도구 스택에 들어가는 도구는 일반적으로 다음과 같은 기능을 제공한다.

1. 소스 코드 관리
2. 빌드
3. 지속적 통합
4. 배포 자동화
5. 미들웨어 설정
6. 환경 설정
7. 환경 프로비저닝

위의 목록에 다른 여러 가지 서비스를 추가해 완전한 기능을 갖춘 플랫폼을 구성할 수 있다. 플랫폼을 만들기 위해서는 최소한 목록 정도의 기능은 수행해야 한다. 풀스택 배포를 수행할 때는 4~7번 기능이 단일 환경 패턴에 포함된다. 단일 환경 패턴은 완전한 스택(컴퓨터 노드별 애플리케이션)을 포함하며 하나의 프로세스로 프로비저닝된다. 풀스택 배포를 수행하지 않을 때는 각 기능이 별도 서비스로 동작하며 애플리케이션이 배포될 때도 환경을 프로비저닝하지 않는다. 애플리케이션의 새 버전을 배포할 때마다 미들웨어와 환경을 구성해야 할 수도 있다.

플랫폼을 사용할 수 있게 해주는 도구 스택은 다음과 같다.

- **소스 코드 관리 도구** 깃Git, 깃허브GitHub, 서버전Subversion, 래셔널 팀 콘서트Rational Team Concert 등
- **빌드 및 지속적 통합 도구** 젠킨스Jenkins, IBM 어반코드 빌드UrbanCode Build 등
- **배포 자동화 및 미들웨어 설정 도구** IBM 어반코드 빌드, 제비아랩스XebiaLabs 디플로잇Deployit 등

- **환경 설정 도구** 셰프^{Chef}, 퍼펫^{Puppet}, 솔트^{Salt} 등
- **환경 관리 도구나 제공자** VM웨어 브이리얼라이즈^{VMware vRealize}, IBM 클라우드 오케스트레이터^{Cloud Orchestrator}, 아마존 웹 서비스 EC2^{Web Services EC2} 등

표준화된 통합 도구 스택을 활용해야 한다. 이식성을 보장하고 도구업체 록인[7]을 피하기 위해서는 도구가 개방형 표준에 기초해야 한다.

전략: 시프트 레프트 – 테스트

야구에서 "시프트"는 어떻게 이뤄질까?

수비 시프트[8]에서 이 부분은 명확하다. 내야수 3명을 필드 한쪽으로 위치시킨다. 타자가 어떻게 칠지는 덜 명확하다. 투수는 오프스피드 피치[9]나 안쪽으로 속구를 던져 타자가 배트를 끌어당기면서 치게 만든다.

타자가 배트를 끝까지 끌어당겨 치는 풀히터라면 투수가 어떤 속구를 던지더라도 타자는 든든한 수비수가 있는 쪽으로 공을 친다.

– 저지(2016)

데브옵스 전달 파이프라인에서 시프트 레프트 테스트는 최대한 빨리 즉 전달 파이프라인의 왼쪽에서 시험을 수행하는 것을 뜻한다. 단위 테스트, 기능 테스트, 회귀 테스트, 통합 테스트, 성능 테스트, 스트레스 테스트, 보안 테스트 등 모든 유형의 테스트에 적용된다. 일반적으로 개발자가 하는 단위 테스트를 제외한 다른 테스트는 전달 파이프라인 후반에서 이뤄진다. 일부 테스트(성능 테스트, 부하 테스트, 스트레스 테스트, 보안 테

---

7 Lock-In. 특정 업체의 서비스나 솔루션에 종속되는 현상 – 옮긴이

8 타자의 타격 성향에 따라 수비수의 위치를 조정하는 행위 – 옮긴이

9 타자가 공을 못 치도록 일반적인 구속보다 훨씬 낮은 속도로 투구하는 것 – 옮긴이

스트 등)는 보통 마지막 릴리즈 시점이 돼서야 수행된다. 여러 업체가 존재하는 대형 프로젝트에서는 마지막 단계까지도 통합 테스트를 수행하는 경우도 있다. 테스트를 미루면 결함과 문제를 발견하는 시점이 늦어지므로 이를 고치는 데 많은 비용과 리스크가 발생한다. 2013년 10월 미국 헬스케어 웹사이트 healthcare.gov가 릴리즈됐을 때 발생한 문제[10]는 유명하다. 대부분의 문제는 릴리즈 사이클에서 테스트를 너무 늦게 수행해 발생한다. 심각한 결함이 발견되지 않은 채 웹사이트가 릴리즈된다(폴록Pollock, 2013).

라이프사이클에서 테스트를 더 일찍 수행하는 것, 즉 시프트 레프트 테스트에는 2가지 이점이 있다.

1. 테스트를 일찍 수행하면 결함과 문제를 조기에 발견할 수 있으며 해결비용을 절감해 전체 프로젝트 리스크를 감소시킨다.
2. 테스트를 일찍 수행하면 적은 변경사항(작은 배치작업)을 자주 다룰 수 있다. 적은 변경사항을 자주 테스트하면 리스크를 현저히 낮추고 결과물의 전반적인 품질을 높인다.

시프트 레프트 테스트에서는 더 실제 같은 테스트를 수행할 수 있도록 전달 라이프사이클 초기에 유사 운영 환경을 만들어야 한다. 서비스 가상화, 운영 모의 데이터, 유사 운영 환경 구축 등의 기술을 사용해 오버헤드가 적은 환경을 만든다. 서비스 가상화는 뒤에서 자세하게 설명한다.

---

10 오바마 케어(전 국민 건강보험 의무 가입)를 시행하면서 보험정보를 제공하는 해당 웹사이트를 릴리즈했다. 촉박한 일정 때문에 웹사이트 테스트가 충분히 이뤄지지 않은 상태에서 사용자가 대거 몰려 기존 가입자 삭제, 로그인 오류 등의 운영상 차질을 빚어 오바마 대통령까지 유감을 표했다. – 옮긴이

테스트 자동화와 지속적 테스트

장애물 때문에 반드시 멈출 필요는 없어요. 벽에 부딪히더라도 돌아서거나 포기하지 마세요. 벽을 어떻게 올라갈지, 뚫고 갈 수 있을지, 돌아갈 수 없을지 생각해보세요.

– 마이클 조던(농구계의 우상)

지속적 통합의 목표는 무엇인가? 개발자가 작성한 코드를 운영 환경에 지속적으로 전달하는 것인가? 그렇다. 하지만 그 전에 코드를 지속적으로 테스트하고 검증하는 것이다. 이는 여러 개발자가 만든 코드가 애플리케이션의 컴포넌트와 통합돼 설계한 대로 수행되는지 검증하는 데 필요한 테스트다. 지속적 테스트가 없는 지속적 통합과 전달은 무의미하다. 애플리케이션의 기능이나 성능이 수준 이하인 것을 불만이 많은 사용자가 제기한 문제로만 알 수 있다면 잘 설계된 지속적 전달 프로세스가 무슨 소용이 있겠는가?

개발자는 새로운 기능을 추가하고 기존 기능을 향상시키며 결함을 해결하면서 코드를 작성한다. 또한 작성한 코드를 다른 컴포넌트와 지속적으로 통합하고 이를 통합 스트림에 전달한다. 이 과정에서 코드로 단위 테스트를 수행한다. 통합이 완료되면 통합 코드에 대해 통합 테스트를 수행한다. 화이트박스나 코드 레벨 보안 테스트, 엑스코드 성능 테스트 등 다른 테스트도 수행할 수 있다. 이 작업은 프로젝트에 참여하는 팀의 공동 통합 영역에 전달된다. 여기서 개발 중인 서비스, 애플리케이션, 시스템을 구성하는 모든 코드 컴포넌트를 통합하고 여러 가지 업무를 통합한다. 여기서 중요한 것은 지속적 통합 프로세스 이후 즉시 코드가 오류 없이 모든 레벨에서 통합되고 개발자가 실행하는 모든 테스트가 오류 없이 실행되는지 여부를 검증하는 것이다. 따라서 지속적 테스트는 지속적 통합의 일부로 개발자로부터 시작된다.

통합된 애플리케이션(또는 서비스나 시스템)이 오류 없이 빌드됐는지 검증한 후 애플리케이션은 QA 영역으로 전달된다. 개발팀이나 개발 환경에서 QA 환경으로의 코드 전달은 지속적 전달의 주요 첫 단계다. 개발자가 코드를 팀 통합 공간과 프로젝트 통합 공간에 전달하면서 지속적 전달을 수행하고 있지만 이는 어디까지나 개발 영역에서 이뤄진다. 새로운 환경은 대상이 아니다. QA에 전달할 때 한 환경에서 다른 환경으로의 완전한 이동을 살펴보자. QA에는 기능과 성능 테스트를 수행할 수 있는 유사 운영 환경이 있다. 또한 QA는 테스트마다 새로운 데이터 세트가 필요할 수 있다. 즉 지속적 전달 프로세스에서는 코드를 개발팀에서 QA로 이동시키고 테스트 실행에 필요한 환경 설정과 데이터를 포함해 QA의 유사 운영 환경의 새로운 인스턴스를 프로비저닝하는 단계가 있을 수 있다. 이는 지속적 전달을 단순하게 FTP를 이용한 코드 복사보다 더 복잡한 과정으로 만든다. 핵심은 지속적 전달의 목표가 코드를 테스트할 준비를 하고 애플리케이션을 적절한 환경에서 지속적으로 테스트할 수 있게 하는 것이다.

여기에 기술된 프로세스를 확장해 애플리케이션(또는 서비스나 시스템)을 스테이징 환경, 최종적으로는 운영 환경에 전달할 때도 적용할 수 있다. 보통 운영팀은 전달 라이프사이클 초기에 모든 테스트를 수행했더라도 무슨 일이 있더라도 잘 돌아가야 하는 운영 환경에 애플리케이션을 전달하기 전에 자체적으로 스모크 테스트, 인수 테스트, 시스템 안정성 테스트를 수행하고자 한다. 보안팀은 유사 운영 환경에서 보안 테스트와 컴플라이언스 테스트를 다시 수행하고자 한다. 여기서 테스트가 수행되는 환경은 QA 환경처럼 프로비저닝돼야 하는 유사 운영 환경이다. 이러한 환경에서는 여러 테스트를 수행할 수 있도록 테스트 데이터가 필요하며 테스트 자동화도 이뤄져야 한다. 이렇게 지속적 테스트의 마지막 단계가 완료돼야만 애플리케이션이 실제 운영 환경에 전달된다.

간단하게 말해 여러 테스트를 더 앞에서 자주 수행하는 시프트 레프트 테스트를 수행하기 위해서는 다음과 같은 4가지 핵심 역량이 필요하다.

1. 필요에 따라 운영 환경을 프로비저닝하는 역량
2. 테스트를 빨리 수행하고 반복할 수 있게 자동화하는 역량
3. 비용 문제가 있거나 사용할 수 없는 서비스와 환경을 가상화하는 역량
4. 다양한 테스트에 필요한 새로운 테스트 데이터 세트를 일찍 자주 (지속적으로) 제공하는 역량

유사 운영 환경 개념은 앞에서 다뤘다. 테스트 자동화의 필요성은 자명하다. 시프트 레프트 테스트를 수행하기 위해서는 테스트를 빨리 반복할 수 있게 해야 한다. 하지만 이를 위해 테스트 인력을 늘릴 수는 없다. 기능 테스트를 수행하는 데만 3~4일이 걸린다면 2주 스프린트의 효율적인 사이클이 무슨 소용이 있겠는가? 모든 테스트와 검증을 해야 하는 3주 동안만 보안팀이 애플리케이션을 잘 전달한다면 무슨 소용이 있겠는가? 따라서 모든 테스트를 자동화해야 한다. 자동화로 테스트는 모듈화돼 빨리 반복할 수 있으며 지속적 통합과 지속적 전달 프로세스의 일부가 된다. 자동화 도구는 단위 테스트, 통합 테스트, 기능 테스트, 성능 테스트, 부하 및 스트레스 테스트, 보안 테스트, 정책 테스트 등 모든 형태의 테스트를 지원한다. 이러한 도구는 철저한 테스트를 거친 컴포넌트, 애플리케이션, 서비스를 더 일찍 더 자주 지속적으로 전달하도록 통합 전달 파이프라인에 포함돼야 한다.

이제 시프트 레프트 테스트에 필요한 마지막 2가지 역량인 서비스 가상화와 테스트 데이터 관리를 살펴보자.

테스트 서비스와 환경 가상화

준비된 것은 배포하고 나머지는 가상화하세요.

– IBM 테스트 실습

애플리케이션을 테스트할 때 테스트 환경에 애플리케이션(컴포넌트, 서비스 등)을 배포할 준비가 되면 테스트하는 데 필요한 모든 애플리케이션, 서비스, 환경, 데이터도 사용할 준비가 돼야 한다. 변경사항을 조금씩 반복적으로 테스트할 때마다 필요한 모든 서비스를 사용한다면 비용이 많이 들 수 있다. 테스트가 가능할 때까지 모든 서비스가 대기해야 하는 것은 불합리하다. 이는 전달 파이프라인에서 주요 병목현상이 된다. 이러한 상황에서는 테스트에 필요한 애플리케이션, 서비스, 환경, 데이터를 테스트 대상 애플리케이션에서 사용하거나 기능별로 활용할 수 있게 가상화해야 한다. 예전부터 개발자는 테스트에 사용할 수 없는 애플리케이션이나 서비스를 대체하기 위해 스텁을 만들었다. 스텁은 만들어 유지하는 데 시간과 비용이 많이 들고 오류가 발생하기 쉽다. 서비스 가상화 도구를 활용하면 프로세스에 자동화와 확장성을 도입하기 때문에 이 문제를 해결할 수 있다. 이러한 도구에는 IBM 래셔널 테스트 가상화 서버 Rational Test Virtualization Server(이전의 그린 햇Green Hat)와 CA 서비스 가상화Service Virtualization(이전의 인터랙티브 티케이오 리사ITKO LISA) 등이 있다. 이를 이용해 애플리케이션, 서비스, 데이터 저장소를 테스트 가상화 서버에서 실행시킬 수 있다. 그림 4.15를 살펴보자.

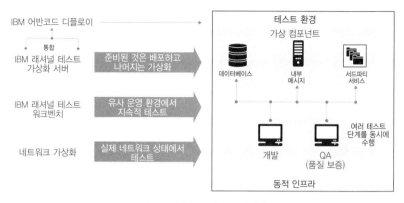

IBM 어반코드 디플로이

통합

IBM 래셔널 테스트
가상화 서버

준비된 것은 배포하고
나머지는 가상화

IBM 래셔널 테스트
워크벤치

유사 운영 환경에서
지속적 테스트

네트워크 가상화

실제 네트워크 상태에서
테스트

테스트 환경
가상 컴포넌트

데이터베이스

내부
메시지

서드파티
서비스

여러 테스트
단계를 동시에
수행

개발

QA
(품질 보증)

동적 인프라

그림 4.15 테스트 서비스 가상화

필수적인 애플리케이션, 서비스, 데이터 저장소를 가상화해 테스트를 시작해보자. 프로젝트가 성숙함에 따라 이러한 애플리케이션, 서비스, 데이터 저장소를 점점 더 잘 이용할 수 있게 된다. 가상 인스턴스는 실제 인스턴스를 사용할 수 있게 되면서 점점 실제 인스턴스로 대체된다. 결국 애플리케이션이 운영 환경에 릴리즈되기 전에는 실제 인스턴스를 사용해 테스트를 수행해야 한다.

애플리케이션, 서비스, 데이터 저장소 외에도 환경 가용성이 병목현상을 일으킬 수 있다. 예를 들어 메인프레임 환경에서는 논리 파티션LPAR, Logical Partition이 테스트 전용이고 여러 애플리케이션에서 공유되는 경우도 있다. 이와 달리 분산된 환경에서는 여러 대의 테스트 랩을 운영하는 전용 서버를 흔히 볼 수 있다. 이는 테스트 환경을 구성하고 프로비저닝해 통합하는 프로세스가 너무 번거로워 발생한다. 프로젝트가 일단 환경을 구성하면 테스트가 필요할 때 언제든지 사용할 수 있게 환경을 예약한다. 이 경우 환경은 대부분의 시간을 대기 상태로 보낸다.

메인프레임 환경에 맞는 전략을 4장 후반부에서 논의한다. 가용성과 활용도 문제를 해결하기 위해서는 테스트 랩에 클라우드 호스팅 환경을 도입해야 한다. 이러한 환경은 사설 클라우드나 공용 클라우드로 구성할 수 있다. 클라우드 호스팅 환경에서는 테스트 환경을 온디맨드 방식으로 제공하고 필요하지 않을 때는 디프로비저닝할 수 있다.

지속적 테스트 공간에서 클라우드 제공의 새로운 방법으로 서비스형 테스트 환경 Test Environment As a Service이 있다. 이는 기존 환경의 가상머신을 가져와 기존 온프레미스[11]나 개발, 테스트 목적의 클라우드 호스트 환경을 복제할 수 있는, 확장 가능한 클라우드 호스트 환경을 제공한다. 이렇게 데브옵스 실현을 목적으로 구축된 클라우드 호스트 환경 중에는 상태와 네트워크(인터넷 프로토콜이나 IP 주소)까지 완전하게 복제할 수 있는 경우도 있다. 이러한 기능은 지속적 테스트를 하는 데 이상적이다. 테스터가 결함을 발견하면 결함이 발견된 상태를 캡처해 환경의 전체 클론을 생성할 수 있다. 이후 테스터는 개발자에게 클론의 URL을 보내고 개발자가 이를 클릭하면 클라우드 데이터센터에서 적절한 환경, 도구, 상태, 네트워크 주소로 다시 프로비저닝해 클론을 만든다. 이로써 테스터가 발견한 결함을 개발자가 재현하는 데 들이는 노력을 줄일 수 있다. 그 예로 IBM 개발 및 테스트 환경 서비스IDTES, IBM Development and Test Environment Services가 있다.

테스트 데이터 관리

테스트 데이터 관리는 전체 운영 환경을 복제하는 대신 적절한 크기의 테스트 데이터베이스를 쉽게 생성하는 것이다. 지속적 테스트로 직접 테스트 데이터를 만들어 관리할 필요가 없어 개발 환경과 테스트 환경을 관리하기가 더 쉽다. 간단하게 말해 테스트 데이터 관리는 필요한 시점에서 실제와 같은 테스트 데이터를 빨리 생성하는 과정이다.

그렇다면 테스트 데이터를 데브옵스로 어떻게 관리할 수 있을까? 앞에서 이야기했지만 데브옵스에서는 개발자와 테스터가 통합, 기능, 성능

---

11 on-premises. 소프트웨어 등의 솔루션을 클라우드 같은 원격 환경이 아닌 자체적으로 보유한 전산실 서버에 직접 설치해 운영하는 방식 – 옮긴이

을 검증할 수 있도록 애플리케이션을 계속 배포해야 한다. 데브옵스에서 테스트 목표는 통합 테스트, 기능 테스트, 성능 테스트를 수행해 통합, 기능, 성능을 검증하는 것이다. 이는 애플리케이션이 통합되고 배포될 때마다 테스트 데이터 세트가 필요하다는 의미다. 좋은 테스트 데이터 세트를 구성하는 것은 본질적으로 어렵다. 이는 개발자가 새 버전의 애플리케이션을 배포할 때마다 새로운 데이터로 테스트해야 하기 때문에 더 어렵다. 이러한 과제를 해결하기 위해서는 데브옵스에서 테스트 데이터 관리가 반드시 필요하다.

다음은 데브옵스에서 지속적 통합과 지속적 전달을 할 수 있게 해주는 테스트 데이터 관리의 모범 사례다.

- **테스트 데이터 찾기** 테스트 케이스는 적절한 데이터로 수행돼야 하며 각 테스트 케이스에 맞는 데이터를 찾는 것이 매우 중요하다. 데이터는 여러 운영 데이터베이스에 존재할 수 있다. 예를 들어 애플리케이션은 고객 관계 관리 DB의 고객 기록과 별도의 재고 관리 시스템 DB에서 구매 항목 세부 정보를 사용할 수 있다. 목표는 종단 간 비즈니스 프로세스와 관련 테스트 데이터가 어디에 있든 캡처하는 것이다. 이로써 팀은 테스트 케이스에 필요한 적절한 데이터를 추출할 수 있다.
- **실제와 같은 "적절한 크기의" 테스트 데이터의 생성 자동화** 조직은 테스트 케이스에 사용할 테스트 데이터의 일부만 추출하는 대신 전체 운영 시스템을 복제하거나 수동으로 테스트 케이스에 사용할 테스트 데이터를 생성한다. 이러한 수동 프로세스는 데브옵스의 지속적 통합과 전달에 필수적인 민첩성을 떨어뜨린다. 반면 자동화된 테스트 데이터 생성은 다양한 유형의 온디맨드 테스트용 테스트 데이터베이스를 신속하게 생성할 수 있다.
- **컴플라이언스 및 정보 보호를 위한 민감한 정보 숨기기** 개인정보 데이터

보호는 이제 선택사항이 아니다. 법이다. 조직은 개인정보 보호 규정을 준수하고 데이터 침해를 방지하기 위해 운영 환경을 제외한 모든 환경 전반에서 개인정보를 제거하는 절차를 수립해야 한다. 정보 숨기기는 개인 식별 정보와 건강 정보 같은 민감한 개인정보를 노출하지 않으면서 개발팀에게 의미 있는 테스트 데이터를 제공한다. 실제 데이터의 일부를 가짜로 만들어 민감한 데이터를 보호한다.

- **지속적 전달을 위한 테스트 데이터 갱신** 지속적 전달이 실현되기 위해서는 애플리케이션이 새로 전달될 때마다 다시 테스트해야 한다. 테스트하기 위해 테스터와 개발자는 테스트 데이터에 지속적으로 접근해야 한다. 조직은 데이터베이스 관리자 없이도 테스터와 개발자가 도구와 프로세스로 테스트 데이터를 갱신할 수 있게 해 테스트 데이터 전달을 간소화할 수 있다. 이로써 효율성을 향상시키고 테스트에 더 많은 시간을 제공해 더 빠르고 지속적으로 릴리즈할 수 있다.

- **테스트 데이터 분석** 기능 테스트는 애플리케이션 동작을 확인한다. 반면 테스트 데이터 관리는 조직이 테스트 데이터의 변경사항으로 테스트의 성공 여부를 확인할 수 있게 해준다. 사전 테스트 데이터와 사후 테스트 데이터를 비교해 결과를 분석하면 테스트의 성공 여부를 평가하는 데 도움이 된다. 또한 숨은 오류를 해결하고 결함을 빨리 식별해 해결하며 조직이 지속적 통합과 전달을 실현하게 해준다.

전략: 시프트 레프트 – 운영팀 참여

개발팀과 운영팀 사이에는 항상 긴장감이 감돈다. 보통 기업에서 개발팀과 운영팀은 조직도상 분리돼 있으며 각 임원에게 다른 체계로 보고한다. 당연히 발생하는 "긴장"은 본질적으로 나쁜 것이 아니다. 개발팀은 업데이트한 애플리케이션과 서비스를 지속적으로 운영팀이 제공하는 안정적이고 빠른 환경에 배포하길 원한다. 반면 운영팀은 안정과 통제를 원한다. 운영팀은 모든 애플리케이션이 함께 잘 동작하고 서로 영향을 미치지 않고 시스템에도 영향이 없길 원한다. 또한 운영팀은 개발팀이 시스템에 맞춰 애플리케이션을 개발하길 원하며 최소한의 주의만 기울이면 되는 애플리케이션을 만들길 원한다.

개발팀은 운영팀을 귀중한 화물을 운반하는 배를 운전하는 사람으로 본다. 운영팀은 개발팀을 귀중한 배에 화물을 제공하는 사람으로 본다(미 해군과 육군이 서로 어떻게 보는지 말하는 농담과 비슷한 것은 전적으로 우연이다).

– 데브옵스 콘퍼런스에서 우연히 들음

---

12 아이스하키에서 골리(골키퍼)를 빼고 공격수를 대신 투입하는 것으로 보통 점수가 뒤진 팀이 경기 종료 1~2분 전에 수행하는 전술이다. – 옮긴이

13 아이스하키 경기 인원은 총 6명으로 골리가 빠지고 공격수가 투입되면 6명이 퍽을 골문 안에 넣기 위해 필드에서 뛰고 상대 팀은 골리가 골문을 지키며 5명이 필드에서 뛴다. – 옮긴이

"전략: 애자일 도입"에서 언급했듯이 애자일 개발의 등장은 긴장을 더 증가시켰다. 지속적 통합을 실천하는 개발자는 운영팀이 지속적 전달이 가능한 환경을 제공하길 원한다. QA 팀은 테스트 환경을 온디맨드 방식으로 프로비저닝하고 QA 환경이 이상적으로 구축돼 운영 환경이 반영돼 있길 원한다. QA가 애플리케이션을 테스트하고 승인한 후 지속적 전달 프로세스는 가능한 한 자동화된 테스트를 이용해 추가 테스트를 수행한다. 이후 최종 운영 환경에 배포될 수 있도록 애플리케이션을 다음 환경으로 전달한다. 또한 이러한 모든 환경은 자동으로 프로비저닝되고 운영 환경도 반영돼야 한다.

이상적으로는 모든 일이 자동으로 지속적으로 일어난다. 환경(개발, 테스트 등 운영 환경에 이르는 모든 환경)은 필요할 때 해당 애플리케이션에 맞게 프로비저닝되고 구성된다. 애플리케이션이 다음 환경으로 승격되면 자동으로 파괴된다.

이는 운영팀에 문화적, 기술적 변화를 요구한다. 분기별로 새로운 버전의 애플리케이션을 배포하는 것이 아니라 개발자가 매주 심하면 매일 만들어내는 수백 개의 빌드를 처리해야 한다. 개발자가 거의 관여하지 않는 빌드라면 더 복잡하다. 게다가 이제 이러한 빌드를 테스트하고 검증하기 위해서는 새로운 환경을 조성해야 한다.

따라서 운영팀은 개발 테스트에 참여하는 방법, 변경사항 처리 방법, 환경 관리 방법, 자동화 방법을 바꿔야 한다. 데브옵스를 완전하게 도입하기 위해서는 운영팀이 기꺼이 변화에 참여해야 한다. 가장 중요한 것은 운영팀과 개발팀 사이에 신뢰가 쌓여야 한다는 것이다. 이 신뢰는 다음 단계를 수행해 높아질 수 있다.

- **시프트 레프트 참여:** 데브옵스의 중요한 목표로 전달 라이프사이클 초기부터 운영팀을 계속 참여시키는 것이 있다. 기존 폭포수 프로젝트에서 운영팀은 보통 뭔가를 배포할 때만 참여했다. 운영팀은

요구사항 단계부터 시스템 설계와 사양 및 요구사항을 정의할 때 참여하기도 하지만 개발팀이 코드(빌드)를 배포하기 전까지는 참여하지 않는다. 데브옵스를 도입하면 운영팀은 반드시 모든 과정에 정기적으로 참여해야 한다. 시프트 레프트는 개발팀의 일일 스탠드업 미팅(스크럼, 익스트림 프로그래밍 개념)에 운영 팀원이 참여하는 것으로 시작할 수 있다. 운영팀과 함께 팀을 구성하는 모델은 뒤에서 이야기한다.

- **애자일 도입:** 개발팀이 도입한 애자일을 운영팀도 도입해야 한다. 또한 운영팀은 스프린트, 작업 항목 관리 전략, 번 다운 차트[14], 대시보드, 작업 백로그 현황 등도 도입해야 한다. 가능하면 개발자와 동일한 도구와 저장소를 사용하는 것이 바람직하다. 운영팀은 2주 스프린트, 스크럼 같은 방법론을 도입할 필요는 없지만 개발팀과 테스트팀의 속도에 맞춰 좀 더 민첩하게 변화해야 한다. 이는 운영팀과 개발팀, 테스트팀 사이를 더 조화롭게 만든다.

- **가상화 및 자동화:** 소프트웨어 정의 환경의 도입은 최고 수준의 민첩성을 운영팀에게 제공한다. 이러한 환경은 뒤의 전략에서 이야기한다.

- **변경 관리:** 운영팀은 변경 관리 관행을 조정해야 한다. 이는 검증된 관행을 버리라는 뜻이 아니다. 프로비저닝되는 모든 환경과 배포되는 모든 빌드에 수행돼야 할 변경 관리 작업은 매우 많다. 작업 규모가 큰 순서대로 변경 관리 작업을 처리할 수 있도록 변경 관리 관행을 확장하고 조정해야 한다. 이를 위해서는 환경 프로비저닝과 오케스트레이션, 정책 시행, 소프트웨어 정의 환경 활용, 모든 관련 지표와 운영 KPI를 파악할 수 있는 표준화된 대시보드의 활용 등 운영팀의 모든 작업이 자동화돼야 한다.

---

14 남아 있는 작업 대비 시간을 그래프로 표현한 것으로 일이 완성될 시점을 예측하는 데 유용하다. - 옮긴이

운영팀의 역할 변경

혁신이 보통 그렇듯 데브옵스 혁신에 따라 운영팀의 역할도 변화한다. 이러한 역할 변화의 가장 큰 영향을 받는 쪽은 인프라나 플랫폼을 담당하는 엔지니어다. 데브옵스를 도입하지 않은 경우에는 서버의 프로비저닝과 디프로비저닝, 서버 환경 설정과 동작 오케스트레이션, 운영체제 및 미들웨어의 설치와 패치 등의 모든 서버 관리 작업을 엔지니어가 수행해야 한다. 데브옵스 도입으로 혁신에 성공하면 엔지니어는 저수준의 작업을 더 이상 수행하지 않는다. 엔지니어 역할은 더 고수준으로 추상화돼 패턴을 설계해 생성하고 관리하는 작업과 이러한 패턴으로 프로비저닝된 실행 환경을 관리하는 작업을 수행한다.

운영팀은 실무자(개발팀, 테스트팀, 생산지원팀 등)가 패턴을 직접 선택해 이용할 수 있게 제공한다. 패턴에는 환경 토폴로지로서 사전에 구축된 이미지, 관리 관련 정책, 오케스트레이션용으로 사전 정의된 프로세스 흐름, 환경 설정 스크립트가 포함된다. 실무자는 원할 때마다 이러한 패턴을 프로비저닝해 환경에 다양한 작업을 수행할 수 있다. 필요할 때 환경을 제공받을 수 있으며 정의된 정책 내에서 환경을 설정할 수 있고 프로세스 흐름을 이용해 배포를 오케스트레이션할 수 있으며 환경 설정 자동화 스크립트를 이용할 수 있고 애플리케이션과 데이터를 배포할 수 있다. 실무자는 환경이 더 이상 필요 없을 때 패턴을 디프로비저닝한다. 이 모든 일은 운영팀의 수동 개입 없이 이뤄진다.

정의된 정책 밖의 뭔가를 실무자가 변경하는 것은 불가능하다. 변경하기 위해 실무자는 새로운 패턴을 만들거나 기존 정책을 수정할 수 있는 운영팀에게 변경 요청을 해야 한다.

이는 운영팀이 해야 할 다음 작업으로 훨씬 더 높은 생산성을 제공하는 동시에 개발 환경, 테스트 환경, 운영 환경에서 작업하는 실무자가 린처럼 작업 환경을 더 효율적으로 만들 수 있게 해준다.

물론 이러한 방법은 클라우드 기반 환경에서 가장 잘 돌아간다. 하지만 클라우드가 아닌 환경에서도 운영팀은 동작을 추상화해 작업 수준을 높일 수 있다. 운영팀이 개발 테스트 실무진에게 부여할 수 있는 제어 권한 수준은 클라우드 기반 환경을 사용하지 않을 때는 제약이 있으므로 어떤 기술을 사용했는가에 따라 달라진다. 예를 들어 클라우드 기반 환경을 사용해야만 오픈 스택 히트 오케스트레이션 템플릿 OpenStack Heat Orchestration Template 같은 기술을 활용해 풀스택 환경을 캡처하는 패턴을 설계할 수 있고 프로비저닝할 수 있다. 풀스택 환경은 컴퓨팅, 메모리, 스토리지, 네트워크, 운영체제, 미들웨어, 궁극적으로 애플리케이션과 데이터를 포함하며 이를 하나의 패턴에 포함하는 환경으로서 완전한 소프트웨어 정의 환경을 제공한다.

기존 환경(전용 논리 파티션에 있는 메인프레임 환경 등)에서 개발 테스트 환경을 운영한다면 운영팀은 환경을 제어할 어떤 권한도 개발자나 테스터에게 줄 수 없다. 예를 들어 운영팀이 아닌 외부 인원이 테스트 환경이나 운영 환경 전용 논리 파티션에 미들웨어를 프로비저닝하면 안 된다. 오직 운영팀만 각종 프로비저닝을 수행하며 운영팀은 개발 테스트 실무진이 논리 파티션이나 미들웨어 서버에 애플리케이션 배포만 할 수 있게 허용한다.

컨테이너[15]를 사용하는 경우 컨테이너 자체가 운영팀이 승인한 이미지 레지스트리에서 나온 이미지인 이상 운영팀은 개발 테스트 실무진이 컨테이너 세트 내에 무엇을 배포하고 설정하는지 신경쓰지 않는다. 물론 컨테이너를 의미있게 사용하기 위해서는 컨테이너 내부에서 운영 부분을 분리해야 한다.

서비스형 플랫폼 PaaS, Platform as a Service을 이용한 애플리케이션 전달 모

---

15 애플리케이션과 애플리케이션 실행 환경을 격리한 공간. 하드웨어 스택까지 가상화해 운영체제도 각각 존재하는 가상 머신과 달리 컨테이너는 운영체제 수준에서 가상화하기 때문에 커널을 공유하며 메모리를 훨씬 적게 차지한다. - 옮긴이

델을 도입하면 운영팀의 역할은 더 달라진다. 이 플랫폼은 업체(IBM 블루 믹스Bluemix 등)가 전적으로 관리하며 애플리케이션이 사용하는 서드파티 서비스도 여러 업체에서 공급받아 제공할 수 있다. 여기서 운영팀은 내부 또는 업체가 제공하는 서비스의 계약, 계측, 보안, 수준을 관리하는 서비스 브로커이자 서비스 조정자가 된다.

운영팀은 모든 애플리케이션 서비스와 플랫폼이 제공하는 클라우드 서비스를 이용할 수 있도록 보장하고 이들이 잘 동작해 조직이 개발 중인 애플리케이션과 서비스를 원하는 만큼 계속 실행할 수 있도록 보장해야 한다. 또한 조직은 고객과 파트너에게 서비스를 전달하고 고객과 파트너가 자체 애플리케이션을 개발하면서 서비스를 사용한다면 운영팀은 서비스 이용자가 원하는 대로 서비스를 이용할 수 있도록 보장하고 이러한 서비스의 계약, 계측, 보안, 수준을 관리해야 한다.

운영팀은 역할 변화에 따라 종합적인 크로스 플랫폼 모니터링과 지속적인 피드백을 시행해야 한다. 이는 운영팀이 각 팀과 직접 대면하지 않고 환경과 시스템이 의도하는 대로 동작하는지 확인하는 유일한 방법이다.

IT 서비스 관리와 데브옵스

데브옵스를 도입할 때 흔히 데브옵스와 IT 서비스 관리ITSM, IT Service Management 프레임워크가 어떻게 연계되는지 궁금해한다. IT 서비스 관리 프레임워크에는 ITILInformation Technology Infrastructure Library, 비즈니스 프로세스 프레임워크Business Process Framework(eTOM), COBITControl Objectives for Information and Related Technology 등이 있다. 여기서 ITIL은 대부분의 IT 조직에서 사용하는 프레임워크로 문서화되고 반복할 수 있는 여러 프로세스를 구축할 때 사용한다. 조직은 고객과 사용자에게 비즈니스 가치를 전달하는 애플리케이션을 배포하고 실행하며 관리한다. 프로세스는 이러한 조직에 필요한 IT 서비스를 관리한다. 애플리케이션이 확장할 수 있고 안정적이고 예측 가능한 방식으로 실행되기 위해서는 IT 서비스의 품질, 확장성, 안정성,

예측 가능성을 확보해야 한다. ITIL은 IT 조직이 이러한 IT 서비스를 제공할 수 있도록 프레임워크를 제공한다. 지속적 전달 등의 데브옵스 실천 방안의 도입은 엄격한 변경 관리와 서비스 관리 프로세스에 맞춰진 ITIL과 맞지 않을 것 같지만 실제로 반복할 수 있고 자동화되고 확장할 수 있는 프로세스를 제공하는 데 맞춰진 데브옵스는 ITIL의 목표에 완전하게 부합한다. 배포 빈도가 증가하면 변경 관리와 서비스 관리 프로세스 처리가 복잡해질 것 같지만 실제로는 배치 크기 감소와 사이클 타임 단축으로 배포마다 리스크를 감소시킨다. IT 서비스 관리도 마찬가지로 크고 복잡한 변경을 가끔 처리하기보다 작고 단순한 변경을 자주 처리한다.

IT 서비스 관리에서는 4가지 핵심 영역에서 데브옵스 지원 기능을 제공한다(호지스, 2015).

- **환경 설정 관리** 개발 환경, 테스트 환경, 운영 환경 전반에 걸쳐 일관된 유사 운영 환경을 보장한다.
- **사고 관리** 모든 환경에서 식별된 사고와 문제를 적시에 조치할 수 있게 한다.
- **인프라 및 애플리케이션 성능 관리** 애플리케이션 품질이 유지되도록 지속적 모니터링을 제공한다. 뒤의 "전략: 지속적 모니터링과 피드백"에서 자세하게 다룬다.
- **비즈니스 서비스 관리** 모든 이해관계자에게 분석 기능이 있는 비즈니스 대시보드를 제공해 지속적으로 비즈니스 피드백을 주고 필요하면 계획을 조정할 수 있게 한다.

IT 서비스 관리 실천 방안과 도구는 전달 파이프라인에서 모든 이해관계자에게 일관되고 신뢰할 수 있는 피드백과 운영을 제공할 수 있도록 보장한다. 또한 운영팀의 참여를 시프트 레프트해 라이프사이클 초기부터 참여시키고 지속적 피드백 기능을 제공해 애플리케이션, 환경, 전달 프로세스를 개선할 수 있게 한다.

ITIL을 데브옵스와 맞출 때 중요한 요소는 다음과 같다.

- IT 요청(변경 관리, 관련 사고 관리 등)을 처리하는 사이클 타임을 단축할 수 있도록 ITIL 관행을 더 린처럼 효율적으로 만든다.
- 정책 및 규칙 기반 자동화를 도입해 IT 승인 프로세스에서 수동 승인 단계를 줄인다.
- ITIL을 준수하는지 알 수 있게 통합 전달 파이프라인 전체에 걸쳐 데이터 로그와 측정 지표(메트릭)를 캡처한다.

자동화가 IT 서비스 관리 프로세스 가치를 크게 높일 수 있는 영역은 다음과 같다.

- 서비스 및 환경 오케스트레이션 자동화. IBM 클라우드 오케스트레이터ICO 또는 VM웨어 브이리얼라이즈 같은 비즈니스 프로세스 관리BPM, Business Process Management를 사용해 수행할 수 있다.
- 로깅 및 알림 자동화와 관련 분석 수행. 스플렁크Splunk 또는 IBM 운영 분석Operation Analytics 같은 도구를 사용해 수행할 수 있다.
- 사고 관리용 프로세스 운영. 서비스나우ServiceNow 또는 IBM 컨트롤 데스크Control Desk 같은 도구를 사용해 수행할 수 있다.

전략: 지속적 모니터링과 피드백

축구 성과 피드백

2008년 9월 맨체스터 시티 FC가 아부다비 왕실이 소유한 사모펀드인 아부다비 투자개발그룹에 인수되면서 프리미어 리그에 승격할 수 있는 많은 지원이 이뤄졌다…

매 경기 후 팀 성과 데이터를 기반으로 통계를 내 보고서를 철저하게 작성한다. 통계 항목은 광범위한데 팀 스스로 가장 관련 있다고 생각되는 부분에 초점을 맞춘다. 예를 들어 라인 브레이크를 분석하는데 이는 럭비에서 가져온 용어로 상대 미드필더 특히 수비 라인을 통과하는 포워드 패스를 의미한다. 공을 빼앗거나 빼앗긴 후 20초 안에 무슨 일이 일어나는지도 본다. 또한 공격 진영에서 맨체스터 시티의 공 점유율을 본다. 이는 경기 승리와 밀접한 관련이 있기 때문이다.

– 메디로우즈(2014)

데브옵스에서는 전달 파이프라인상 모든 이해관계자에게 분석과 측정 상황을 신속하게 피드백해야 한다. 이를 실현하는 데 지속적 모니터링과 피드백 기능은 필수다. 데브옵스의 권위자 진 킴은 블로그 포스트에 데브옵스에서 피드백 루프를 확장하는 3가지 방법을 제시했다(킴, 2013). 그는 "대부분의 프로세스 개선 계획의 목표는 피드백 루프의 사이클 타임을 단축하고 범위를 확장해 필요한 수정이 지속적으로 이뤄지게 하는 것"이라고 말했다. 피드백은 애플리케이션과 서비스를 개선하고 프로세스를 개선하는 데 필수다.

보통 지속적 모니터링을 말할 때 운영 환경 모니터링만 생각하지만 실제로는 전달 파이프라인 내 모든 환경(개발 환경, 테스트 환경, 운영 환경)을 모니터링해야 한다. 마찬가지로 지속적 피드백도 전달 파이프라인 내 모든 프로세스에서 피드백을 받아야 한다. 전달 파이프라인에서는 테스트 수행, 결함 발견, 지연 작업 항목, 요구사항 변경, 운영 환경 문제 등 다양한 프로세스를 처리한다.

피드백은 이해관계자가 이용할 수 있는 형태로 제공돼야 한다. 비즈니스 분석가에게 로그를 바로 전달하는 것은 큰 의미가 없다. 특정한 기능 사용의 급증 원인 분석이나 환경 설정, UI 변경에 따른 사용자 행동 변화 분석 등이 비즈니스 분석가에게 깊은 의미가 있다.

모니터링과 피드백 제공

모니터링과 피드백은 운영 환경에서만 수행하는 것이 아니라 전체 전달 파이프라인에 걸쳐 수행돼야 한다. 운영 환경 외의 환경에서 모니터링과 피드백을 수행하면 라이프사이클 초기에 성능 관련 잠재적 문제를 식별할 수 있다. 이로써 애플리케이션이나 서비스를 운영 환경에 배포하기 훨씬 전부터 문제를 식별해 해결할 수 있게 해준다. 전달 파이프라인 전반에서 모니터링은 5가지 영역에서 수행된다.

1. **애플리케이션 모니터링** 측정 정보와 분석 정보를 바탕으로 애플리케이션이 제대로 동작하는지 확인한다. 제대로 동작하지 않는다면 어떤 유형의 문제가 어떤 상황에서 발생했는지 확인한다.

2. **시스템 모니터링** 기반 인프라를 포함한 전체 시스템이 제대로 동작하는지 확인한다. 제대로 동작하지 않는다면 어떤 작업이나 인프라(컴퓨팅 메모리, 스토리지, 네트워크 등)가 문제를 일으켰는지 확인한다.

    여기에는 사고 관리도 포함된다.

3. **애플리케이션 동작** 애플리케이션은 어떻게 사용되는가? 더 많이 사용되는 기능은 무엇인가? 전혀 사용되지 않는 기능은 무엇인가? 사용자는 애플리케이션의 어디서 시간을 보내는가? 사용자는 일을 처리하는 데 어떤 기능을 사용하는가? 사용자는 일을 처리하면서 어느 부분에 노력을 들이는가?

    여기에는 A/B 테스팅도 포함된다. A/B 테스팅은 새로운 기능을 넣은 애플리케이션과 기존 애플리케이션 등 다양한 애플리케이션을 각각 다른 사용자군에 제공해 새로운 기능을 테스트한다. A/B 테스팅은 5장에서 더 자세하게 다룬다.

4. **사용자 감정** 참여 애플리케이션 시스템에서는 사용자 경험^{UX, User eXperience}을 명확하고 생산적으로 만드는 것이 핵심이다. 참여 애플

리케이션은 최종 사용자에게 비즈니스 가치를 직접 제공하는 애플리케이션이다. 최근 들어 디자인 싱킹, 린 UX 등의 여러 기법과 프레임워크가 개발돼 고품질의 사용자 경험을 제공한다. UX가 실제로 얼마나 사용자 친화적인지 확인하기 위해서는 사용자 경험을 측정해야 한다. 측정된 정보는 UX 디자이너에게 전달되는 피드백으로 활용된다. 사용자 감정(사용자가 어떻게 느끼는지)을 캡처하고 측정할 수 있도록 전체적인 작업 방식과 도구 세트가 개발됐다. 사용자가 애플리케이션과 실제로 어떤 상호작용을 하는지 도구로 측정할 수 있다. 예를 들어 사용자가 어떤 부분을 사용하는지, 어떤 부분에서 어려움을 겪는지, 생산적인지 아닌지 등을 측정할 수 있다. 또한 실제로 사용자 상호작용을 직접 캡처하는 도구도 있다. 좋은 예로 IBM 모바일 애플리케이션 품질 관리 솔루션[MQA, Mobile Quality Assurance]이 있다.

사용자 감정 피드백은 소셜미디어에서도 받을 수 있다. 소셜미디어에서 보고 들은 내용으로 결정하는 많은 소비자를 무시하면 안 된다. IBM 왓슨 애널리틱스[Watson Analytics for Social Media] 등의 도구와 서비스는 무수한 채널에서 소셜미디어 게시물을 캡처하고 분석해 사용자 기반 감정을 전체적인 관점에서 제공한다.

5. **전달 파이프라인 측정지표** 최종 사용자와 운영 환경 시스템에 국한해 모든 측정지표를 수집하고 분석할 필요는 없다. 전달 파이프라인에서 산출물을 작업하는 모든 이해관계자와 전달 파이프라인상 모든 환경에서 나오는 다양한 자료를 바탕으로 측정지표를 수집하고 분석할 수 있다. 이러한 측정지표는 프로젝트, 도구, 환경, 산출물, 전달 작업의 정확한 상태를 나타낼 수 있다. 이는 뒤에서 설명한다.

전달 파이프라인 측정지표

하이지에이아(Hygieia) 소개

캐피탈 원(Capital One)에서는 도구, 자동화, 협업도 정말 중요하지만 데브옵스의 성공에는 무엇보다 지속적 피드백 루프가 중요하다고 믿습니다.

그래서 캐피탈 원은 여러 대시보드 제품을 검토했지만 대시보드를 직접 만들기로 결정했습니다. 어떤 시점에서든 전달 파이프라인 전체를 시각화한 하나의 대시보드가 필요했기 때문입니다.

대시보드를 설계하고 구축할 때는 간단한 구성과 사용자 편의성에 초점을 맞췄습니다. 또한 이렇게 만든 대시보드는 여러 사람에게 유용하게 사용될 수 있어 오픈 소스로 공개하고자 합니다.

캐피탈 원에서 개발한 하이지에이아(그림 4.16)는 데브옵스 대시보드로 자사에서 광범위하게 사용되고 있습니다. 이제 여러분에게 제공할 수 있게 돼 기쁩니다.

이 대시보드의 주요 목적은 파이프라인이 막히는 부분을 바로 알아보고 그 부분을 즉시 제거할 수 있게 하는 것입니다.

– 타파브라타 "토포" 팔(캐피탈 원 차세대 인프라 담당이사) (팔, 2015)

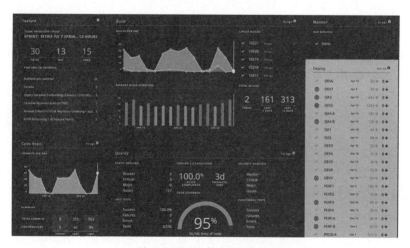

그림 4.16 캐피탈 원의 하이지에이아

전달 파이프라인 전체에 걸쳐 지표를 제시하고 시각화하는 단일 대시보드를 도입하는 데는 캐피탈 원의 타파브라타 "토포" 팔만한 전문가가 없다. 하이지에이아 소개글(앞의 글과 원본 웹페이지의 더 완전한 버전)을 읽으면 제공하고자 하는 핵심 비즈니스 가치를 확인할 수 있다. 즉 대시보드가 전달 파이프라인 측정지표와 분석으로 지속적 피드백을 전달함으로써 핵심 비즈니스 가치가 제공된다.

- 데브옵스에는 지속적 피드백 루프가 필요하다. 전달 파이프라인 관련 측정지표와 산출물 관련 후속작업으로 전달 파이프라인상 모든 실무자는 작업에 대한 피드백을 확인할 수 있다.
- 전체 전달 파이프라인이 시각화된 하나의 대시보드가 이상적인 솔루션이다. 대시보드는 전달 파이프라인에 있는 모든 도구에서 나온 데이터와 측정지표를 사용할 수 있어야 한다.
- 대시보드는 병목현상을 지속적으로 나타내야 한다. 가치 흐름 지도는 전달 파이프라인에서 이미 존재하는 병목현상을 찾아내고 대시보드는 병목현상을 실시간으로 감지한다.
- 이러한 대시보드는 환경 설정과 사용이 쉬워야 한다. 대시보드를 구성하고 환경을 설정하는 데서 병목현상이 발생하면 안 된다. 또한 측정지표와 분석 정보는 시각적으로 쉽게 표현되고 이용하기 쉬워야 한다.

하이지에이아는 캐피탈 원이 전달 파이프라인 측정지표를 한군데 모아 시각화한 대시보드를 만들기 위해 시작한 오픈 소스 프로젝트다. 그림 4.16과 그림 4.17은 하이지에이아 대시보드의 스크린샷이다. IBM, HP, 제비아랩스^{XebiaLabs}, 젠킨스 등 여러 업체가 하이지에이아 오픈 소스 프로젝트에 코드를 기여해 각자의 도구가 제공하는 측정지표가 대시보드에 나오게 했다(캐피탈 원 깃허브^{GitHub}, 2015).

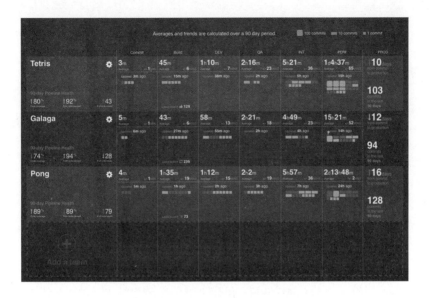

그림 4.17 하이지에이아 – 파이프라인 뷰

지속적 개선

오늘날 스포츠에서 선수의 경기 결과는 오직 선수 자신이 만든다. 타고난 운동신경도 중요하지만 시작점이 남들보다 조금 앞설 뿐이다. 경기에 출전하기 위해서는 불과 40년 전만 하더라도 상상할 수 없을 만큼 정교하고 고된 훈련이 필요했다. 이전 훈련보다 단순하게 더 열심히 한다는 의미가 아니다. 마크 맥클루스키Mark MaClusky가 자신의 저서 『Faster, Higher, Stronger』(Plume Books, 2015)에서 언급했듯이 과학기술을 이용해 훈련과 경기력을 과학적으로 향상시킨다. 식단을 잘 짜고 훈련에 시간을 쏟는 것만으로는 충분하지 않다.

– 서로위키(2014)

1972년의 마이애미 돌핀스[16]는 화려했지만 기록은 깨지기 마련이다.

---

16 마이애미 돌핀스는 미국 미식축구 구단으로 1972년 리그 역사상 최초로 퍼펙트 시즌(전 경기 승리)을 만들었고 수퍼볼(결승전)에서 우승했다. – 옮긴이

서로위키의 이야기에서 알 수 있듯이 운동선수들은 매 시즌마다 발전한다. 선수들은 더 강해지고 훈련도 더 많이 하고 더 좋은 장비를 쓰고 더 좋은 코칭을 받는다. 그리고 더 좋은 기술을 활용해 무엇을 어떻게 개선할지 지속적으로 배운다. 선수들은 경쟁자를 이기기 위해 노력하지만 무엇보다 현재에 안주하지 않고 발전하기 위해 스스로 노력한다.

프로젝트팀은 데브옵스를 도입할 때도 지속적 개선이 이뤄지도록 노력해야 한다.

- 애플리케이션(또는 서비스)을 개선하기 위해서는 어떻게 해야 하는가?
- 애플리케이션(또는 서비스)이 전달되는 인프라와 환경을 개선하기 위해서는 어떻게 해야 하는가?
- 이전 스프린트보다 나은 품질의 제품을 저렴한 비용으로 어떻게 더 빨리 효율적으로 전달할 수 있는가?

지속적 개선은 올림픽이나 세계 정상급 선수가 훈련하듯이 하면 된다. 훈련 루틴의 모든 부분을 측정하고 훈련 대비 성과와 관련된 자세하고 무수한 지표를 가시적으로 나타낸 후 조금이라도 개선할 곳을 찾는다. 결국 올림픽에서 0.001초의 차이를 만들고 이 차이는 금메달과 은메달로 갈린다.

수영장 레일에 고정 장치가 많은 이유

올림픽 남자수영 50m 종목의 세계 신기록을 보면 0.001초 동안 2.39mm를 간다. 국제수영연맹(FINA)의 수영장 규격은 각 레인에서 30mm의 오차를 허용하는데 0.001초 동안 갈 수 있는 거리인 2.39mm의 10배 이상이다. 수영선수가 들어오는 시간을 0.001초 단위로 측정할 수 있는가? 물론 측정할 수는 있겠지만 우승선수가 다른 선수보다 허용오차만큼 더 짧은 코스를 이용했을 수도 있다(허용오차 범위를 좁히기 위해 콘크리트 풀장을 건설하기는 힘들다. 풀장의 실제 길이는 주변 온도,

수온, 심지어 풀장에 사람이 있느냐 없느냐에 따라 변할 수 있다. 수영장 레일을 고정시켜 허용오차 범위를 좁히는 것이 현실적이다).

같은 코스에서 경기하는 스포츠(봅슬레이 등)는 문제가 되지 않기 때문에 0.001초 단위로 측정할 수 있다. 하지만 스피드 스케이팅은 0.001초 단위로 측정하면 안 된다. 스타트 명령이 소리로 전달되는데 소리는 속도가 느려 선수들에게 도달하는 시간이 다를 수 있기 때문이다.

– 버크(2016)

지속적 개선을 실현하기 위해서는 어디에 투자해야 할지 아는 것도 중요하다. 수영 경기에서 0.001초 차로 메달을 못 딸 수도 있다. 선수들은 0.001초의 수백 배는 줄여야 메달권을 노려볼 수 있다. 마찬가지로 병목 현상이 프로젝트 변경 승인이나 요구사항 도출 프로세스에 있는 경우 속도 개선을 목표로 개발 테스트 주기에 투자해도 크게 달라지는 것은 없을 것이다. 애플리케이션과 환경을 개선할 때도 무엇을 중점적으로 고려해야 할지 알아야 적절한 영역에 집중하고 투자할 수 있다. 효율적이고 탄탄한 측정지표 체계는 전달 파이프라인 전체(프로젝트 시작부터 유지·보수까지)에 지속적 모니터링과 피드백을 가능케 한다. 또한 전달 파이프라인 내 프로세스에 대한 KPI를 캡처한다.

전략: 릴리즈 관리

경기에 출전해야 멋진 일을 기대할 수 있다. 멋진 일은 실제로 일어난다. 어떤 일을 하기 전에 스스로 그 일을 기대해야 한다.

– 마이클 조던(농구계의 전설)

릴리즈 데이는 결전의 날이다. 팀이 열심히 노력해온 모든 결과가 소프트웨어에 담겨 운영 환경에 릴리즈된다. 이후에서야 사용자는 비즈니스 가치를 얻기 위해 애플리케이션을 사용하기 시작한다.

이는 이전 방식으로 배치 규모가 크고 전체 애플리케이션을 배포하는 개념이다. 데브옵스를 도입하면 릴리즈 데이는 프로젝트 릴리즈 사이클의 한 단계일 뿐이다. 따라서 오래 지속되거나 지나치게 중요한 이벤트가 되면 안 된다. 데브옵스에서는 운영 환경에 쉽게 릴리즈할 수 있어야 한다. 예를 들어 사전 운영 환경이나 실제 운영 환경에 이미 전달된 애플리케이션의 새로운 버전이 실행되도록 환경 설정을 변경하거나 이미 전달된 애플리케이션에서 새로운 기능 세트가 실행될 수 있게 애플리케이션의 기능 플래그를 변경하는 방식으로 쉽게 릴리즈할 수 있다. 전달 프로세스도 간단해야 한다. 전달 파이프라인으로 애플리케이션의 작은 배치를 다양한 환경에 수십 번이나 전달하기 때문이다. 사용자 릴리즈는 드물수 있지만 운영 환경(또는 사전 운영 환경)으로의 전달은 지속돼야 한다.

릴리즈 관리 프로세스

한 걸음 물러나 조직의 릴리즈 관리 프로세스가 왜 이렇게 번거롭고 복잡한지 살펴보자. 본질은 릴리즈의 품질과 성공을 관리하는 것이다.

릴리즈의 정의는 무엇인가? 릴리즈는 테스트 후 운영 환경에 함께 도입되는 신규 또는 변경된 환경 설정 항목이나 컴포넌트의 모음이다. 여기에는 애플리케이션 소프트웨어, 시스템 소프트웨어, 하드웨어와 관련 문서가 조합돼 포함될 수 있다. 이러한 컴포넌트의 다양한 버전이 여러 팀에서 나올 수 있기 때문에 의도한 대로 통합되고 성공적으로 배포될 수있게 적절한 품질 보증 단계와 관리 단계를 거쳐야 한다. 따라서 릴리즈 관리 프로세스는 애플리케이션의 필수 특성과 운영상 규제 및 규정 준수 요건에 따라 상당히 엄격해질 수 있다. 예를 들어 결제 처리 시스템의 릴리즈 관리 프로세스는 가상 몬스터 헌팅 게임의 릴리즈 관리 프로세스보다 엄격해야 한다(10대가 몬스터 헌팅 게임이 중요하다고 생각하더라도).

릴리즈 관리는 여러 애플리케이션 전달 파이프라인에서 여러 컴포넌트와 서비스를 포함할 때 더 복잡해진다. 이는 앞에서 다중 속도 IT로 소개됐다. 여기서 산출물 흐름은 여러 전달 파이프라인에 걸쳐 조정돼야 한다. 다양한 컴포넌트와 서비스 간의 종속성을 잘 알고 문서화해 컴포넌트와 서비스를 변경할 때 발생하는 영향과 릴리즈 일정 지연을 잘 알고 있어야 한다.

- 컴포넌트를 독립적으로 릴리즈할 수 있는가? 아니면 함께 릴리즈해야 하는가?
- 릴리즈 순서에 영향을 미치는 컴포넌트나 서비스 간 종속성은 무엇인가?
- 일부 컴포넌트나 서비스의 새 버전은 아직 업데이트되지 않은 이전 버전과 호환되는가?
- 각 컴포넌트에 어떤 품질 게이트[17]가 있는가?
- 일부 컴포넌트나 서비스에 특수한 QA 또는 보안/준수 요구사항이 있는가?
- 컴포넌트 릴리즈가 중단될 수 있는 매우 심각한 결함이 있는가? 반대로 릴리즈는 할 수 있는 작은 결함이 있는가?
- 릴리즈 계획 변경은 어떻게 이뤄지는가?
- 컴포넌트와 서비스의 적절한 버전이 릴리즈될 수 있도록 자산과 산출물 버전 관리를 어떻게 수행하는가?
- 릴리즈의 완료, 분류, 수행을 중단시키는 배포 실패는 어떻게 일어나는가?
- 릴리즈 인벤토리를 어떻게 관리하고 문서화하는가?
- 릴리즈 롤백은 어떻게 수행하는가?

---

17 조직의 관점에서 품질 정책을 적용하는 방법으로 애플리케이션의 필수 특성, 규제나 규정 요건 등의 여러 지표로 구성되며 일정 기준을 통과해야 릴리즈할 수 있다. - 옮긴이

- 릴리즈 감사 요건은 무엇인가? 릴리즈 기록을 어떤 수준으로 얼마나 오래 유지해야 하는가?
- 릴리즈 완료를 나타내는 기준은 무엇인가?
- 릴리즈 보증 기간은 있는가?

위의 질문은 물론 더 많은 질문이 릴리즈 관리 프로세스에 들어간다.

릴리즈 계획 요구사항의 복잡도를 고려해 프로세스는 자동화돼야 하고 릴리즈 프로세스 동안 발생하는 이슈와 병목현상을 가시적으로 보여주는 대시보드가 있어야 한다. 릴리즈 관리 도구로는 IBM 어반코드 릴리즈(그림 4.18 참조)와 제비아랩스XebiaLabs XL 릴리즈 등이 있다.

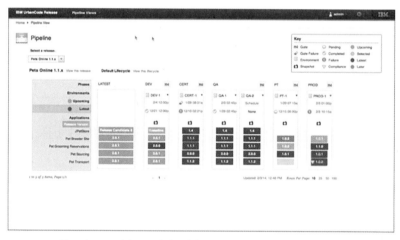

그림 4.18 IBM 어반코드 릴리즈에서 다중 전달 파이프라인의 릴리즈 관리

비지속적 릴리즈 사이클을 위한 지속적 전달

정규 릴리즈는 일정한 단위(월, 분기 등)로 수행하면서도 사전 운영 환경에 지속적 전달을 수행해 데브옵스를 실천할 수 있다. 모든 릴리즈 관리 프로세스는 컴포넌트와 서비스를 사전 운영 환경에 이동시키는 데 적용된다. 사전 운영 환경으로의 지속적 전달 과정에서 릴리즈 관리 프로세스

는 이전처럼 엄격할 수 있지만 자동화로 더 빠르게 할 수 있다. 게다가 작은 배치가 높은 빈도로 사전 운영 환경에 배포되면 모든 단계를 통과하는 시간을 줄여주고 프로세스도 단순화한다. 사용자에게 실제로 릴리즈할 때 릴리즈는 사전 운영 환경에서 운영 환경으로 배포하는 일련의 사소한 과정이 된다. 일부 조직은 운영 환경과 실제로 동일한 사전 운영 환경을 구축하고 있다. 릴리즈할 때는 사전 운영 환경과 운영 환경 간의 네트워크 설정(DNS 등)만 서로 바꿔 사전 운영 환경으로 새로운 운영 환경을 만든다. 이전 운영 환경은 다음 릴리즈에 대비해 사전 운영 환경으로 재구축돼 사용된다.

분야별 데브옵스 도입 전략

수영선수들은 수영대회에서 여러 종목에 참가하기도 한다. 마이클 펠프스는 8개 종목에서 메달을 획득했다. 수영 종목은 거리(100m, 200m 등), 스트로크(프리스타일, 평영, 배영, 접영)에 따라 다양하다. 수영의 기본은 같지만 선수들이 각 레이스에 대비하기 위해서는 다르게 연습해야 한다. 본질적으로 핵심 전략은 같고 거리와 스트로크 유형에 따라 전략을 수정하고 강화한다.

다음에 소개할 전략은 기술 플랫폼 환경별로 특화된 전략이다. 지금까지는 데브옵스 혁신 중인 조직에서 도입할 수 있는 일반적이고 기술 제한이 없는 전략을 소개했다. 이는 데브옵스 혁신 플레이북에 들어가는 핵심 전략이다. 한편 기술 플랫폼 환경에 따라 조금씩 달라지는 부분 때문에 해당 기술 플랫폼 환경을 도입한 프로젝트와 팀은 기술에 맞춰 변경되고 개선된 전략을 도입해야 한다.

전략: 모바일 환경에서의 데브옵스

실제로 모바일용 데브옵스는 따로 없다. 데브옵스는 프런트엔드 모바일 애플리케이션, 미들웨어, 백엔드 서버 컴포넌트, 데이터 저장소 등 모든 애플리케이션과 컴포넌트를 대상으로 한다. 기업 내 모든 개발팀과 운영팀이 데브옵스 실천 방식과 원칙을 적용해 모바일 애플리케이션 등의 모든 컴포넌트를 지속적으로 전달할 수 있게 하는 것이 데브옵스의 목표다.

모바일 애플리케이션에는 다뤄야 할 과제와 특별히 요구되는 항목들이 있다. 이러한 모바일 환경의 특정 요구를 충족시키기 위해 여기서는 모바일 애플리케이션에 적용할 수 있도록 데브옵스 도입의 모범 실천 방안을 소개한다. 데브옵스를 도입하는 다른 애플리케이션에 맞춰 모바일 애플리케이션에도 개발, 품질 보증, 운영 방식을 도입하는 것을 목표로 한다. 이러한 실천 방안을 따라 기업은 모바일 개발팀에 데브옵스를 도입하고 고품질 모바일 애플리케이션을 전달하며 지속적인 개선과 혁신을 할 수 있다.

모바일 환경에서의 데브옵스의 과제

데브옵스의 기본 원칙은 모든 애플리케이션에 동일하게 적용할 수 있지만 모바일 애플리케이션은 데브옵스에 구체적인 과제를 제시한다. 이러한 과제는 다음과 같다(윌리엄슨, 2014).

- **멀티 플랫폼 지원** 모바일 애플리케이션은 대부분 다양한 디바이스를 대상으로 한다. 이는 다양한 기술 사양, 운영 체제 버전, 폼팩터[18]를 다뤄야 한다는 뜻이다. 안드로이드는 각 기기업체가 기기에 맞게 운영 시스템을 조금씩 변경할 수 있다(예: 넥서스용 안드로이드, 아마존 킨들 파이어용 안드로이드, 반스 앤 노블 누크용 안드로이드 등). 블랙

---

18 물리적 치수, 특징 등 제품의 물리적 외형 형태를 의미한다. – 옮긴이

베리, 윈도우, 우분투, 파이어폭스 등의 모바일 OS시장은 더 분열되고 있다. 모든 애플 기기가 같은 iOS를 표준으로 사용했지만 요즘은 기기마다 조금씩 다른 버전을 사용한다. 따라서 iOS 애플리케이션도 여러 버전의 iOS 즉 아이폰 4S 이하 폼팩터, 일반 아이폰 및 아이폰플러스 폼팩터, 아이패드, 아이패드 프로, 아이패드 미니 폼팩터를 지원해야 한다.

■ **기업의 프런트엔드로서의 모바일 애플리케이션** 모바일 애플리케이션, 특히 기업 소비자 간[B2C, Business to Consumer] 또는 기업과 직원 간[B2E, Business to Employee] 모바일 애플리케이션은 일반적으로 모바일 기기에서 실행되는 비즈니스 로직 코드가 거의 없다. 그 대신 이러한 모바일 애플리케이션은 비즈니스 기능을 조직에 전달하는 여러 기업의 애플리케이션과 서비스의 프런트엔드 역할을 한다. 예를 들어 거래 처리 시스템, 직원 HR 시스템, 고객 획득 시스템 등이 있다. 그림 4.19는 애플리케이션 자체에서 비즈니스 로직이 제한된 애플리케이션을 강조한다. 인기 있는 링크드인[LinkedIn] 모바일 애플리케이션을 예로 들 수 있다(링크드인 엔지니어링 블로그, 2011).

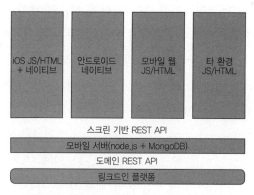

그림 4.19 링크드인 모바일 애플리케이션 아키텍처

링크드인 모바일 애플리케이션은 실제로 사용자에게 링크드인의 핵심 비즈니스 서비스를 전달하는 백엔드 링크드인 플랫폼의 프런트엔드다. 네이티브 또는 하이브리드 애플리케이션으로서 여러 플랫폼에 전달되는 모바일 애플리케이션은 백엔드 링크드인 플랫폼 서비스와 연계해 개발되고 전달돼야 한다. 백엔드 애플리케이션과 서비스는 모바일 애플리케이션에 기능을 제공하고 릴리즈 프로세스 주기를 조정한다. 앞에서 이야기했듯이 데브옵스를 도입할 때는 이러한 기업 내 모든 백엔드 애플리케이션과 서비스를 전체적으로 고려해야 한다.

- **전달 속도와 사이클 타임** 모바일 개발 프로젝트는 일반적으로 매우 빡빡하고 빠듯한 일정이다. 모바일 애플리케이션을 빨리 출시해 피드백을 받고 이 과정을 빨리 반복하려는 강력한 비즈니스 동기가 있기 때문이다. 전달까지의 시점이 수 개월 심지어 수 주가 보통이다. 모바일 애플리케이션을 빨리 전달해야 프로젝트를 성공시킬 수 있다는 압박 덕분에 애자일 개발 방법을 도입한다. 따라서 매우 짧은 사이클 타임으로 지속적 통합과 지속적 전달을 수행해야 한다.

  모바일 애플리케이션 전달과 함께 지속적 통합과 지속적 전달이 이뤄지기 위해서는 개발자가 전달하는 애플리케이션 변경사항이 모든 모바일 플랫폼을 대상으로 통합되고 빌드돼야 한다. 모바일 애플리케이션이 하이브리드 또는 네이티브 구현인 경우 개발자가 애플리케이션 변경사항을 전달할 때마다 일부 다른 빌드도 동시에 트리거돼야 한다. 지원되는 모바일 환경마다 빌드 설정과 구성은 다르다. 이를 빠르게 하려면 소규모의 빌드 서버팜[19]으로 프로비저닝하고 여러 모바일 운영 체제 대상 지속적 통합[CI] 빌드를

---

19 일련의 컴퓨터 서버와 운영 시설을 모아둔 곳. 서비스 요구가 많은 경우 부하를 분산시키고 임의의 서버가 중단되더라도 다른 서버로 대체해 서비스를 계속 제공할 수 있다. – 옮긴이

처리할 수 있어야 한다.

- **앱스토어** 일반적으로 모바일 애플리케이션은 기기에 직접 배포할 수 없고 앱스토어를 통해 배포된다. 애플은 이러한 애플리케이션 배포 모델을 도입했고 애플리케이션 개발자나 업체가 기기에 애플리케이션을 바로 설치할 수 없도록 했다. 모든 모바일 플랫폼 업체도 이를 따랐다. 개발자는 온디맨드 방식으로 업데이트를 바로바로 배포할 수 없기 때문에 앱스토어는 배포 프로세스에 비동기 단계를 추가한다. 주요 버그를 수정해 애플리케이션을 업데이트할 때도 앱스토어에 제출하고 검토하는 프로세스를 거친다. 따라서 지속적 전달 프로세스상 제출 후 대기 상태가 존재하게 된다.

- **"풀" 배포가 아닌 "푸시" 배포** 기존 배포는 웹 애플리케이션이든 다른 서버 기반 애플리케이션이든 필요에 따라 새로운 버전의 애플리케이션을 배포하는 푸시 모델로 동작한다. 하지만 모바일 애플리케이션 업데이트 프로세스는 대부분 사용자가 직접 업데이트를 수행하는 방식의 풀 모델로 동작한다. 모바일 애플리케이션 개발자는 애플리케이션 사용자가 어떤 버전을 설치할지 통제할 수 없다. 데브옵스 관점에서 애플리케이션과 상호작용하는 백엔드 서비스가 모바일 애플리케이션의 여러 릴리즈를 계속 지원해야 한다는 것을 뜻한다.

- **부정적 평가의 장기적 영향** 애플리케이션이 앱스토어 평가에서 별 하나를 받는다면 브랜드에 악영향을 미칠 것이다. 모바일 애플리케이션 사용에 불만족스러운 사용자들은 애플리케이션이 유료든 무료든 빠르게 나타난다. 웹사이트 문제에 대한 컴플레인은 기술 지원센터로 접수되지만 모바일 애플리케이션에 대한 컴플레인은 앱스토어에 남아 모든 사람이 볼 수 있다. 따라서 모바일 애플리케이션이 품질을 보장하기 위해서는 광범위한 기능성, 유용성, 성능 테스

트를 거쳐야 한다. 또한 사용자 경험이 기능보다 중시되기도 한다.

모바일 애플리케이션 전달에 적용된 데브옵스 전략

모바일 애플리케이션 특징에 맞춰 데브옵스 전략을 다음과 같이 수정하고 강화했다.

지속적 통합과 지속적 제공 지속적 통합과 지속적 전달을 구현하는 방법은 모바일 애플리케이션 개발과 전달 형태의 영향을 받는다.

- **모든 자산의 종단 간 추적성** 모든 산출물에 걸쳐 추적성을 확보해야 하는 이유를 앞에서 설명했다. 모바일 애플리케이션 개발팀은 코드, 환경 설정, 스크립트, 코드로서의 인프라, 테스트 스크립트, 설계 문서 등 모든 개발 자산에 걸쳐 종단 간 추적성을 확보해야 한다. 또한 추적성이 모바일 개발 자산에만 국한되면 안 된다. 모바일 애플리케이션에 통합하고 연결하거나 액세스하는 기업 애플리케이션과 서비스로 확장해 추적성을 확보해야 한다.

- **지속적 통합** 지속적 통합은 모바일 애플리케이션 컴포넌트뿐만 아니라 개발 중인 모바일 애플리케이션이 액세스하는 모바일 백엔드와 서버 측 컴포넌트 및 서비스에서도 주기적으로 이뤄져야 한다.

  - **빌드 서버팜** 모바일 애플리케이션에서 지속적 통합이 활성화되도록 개발팀은 중앙 빌드 서버와 통합 서버를 공유할 수도 있다. 서버에서는 대상 모바일 플랫폼을 모두 지원하는 모바일 애플리케이션 코드를 관리한다. 또한 빌드를 자동화하는 빌드 서버팜을 설정해 배포 프로세스로 빠르고 안정적인 지속적 통합CI 빌드를 보장한다. 이는 지원하는 모든 모바일 플랫폼과 폼 팩터를 동시에 대상으로 한다.

  - **SDK별 통합 스트림 분리** 개발자는 지원하는 네이티브 모바일 운

영체제 SDK 버전마다 빌드 영역과 통합 영역을 별도로 유지해야 한다. 주요 모바일 운영 체제인 iOS, 안드로이드, 블랙베리, 윈도우 등은 모바일 기기 공간을 단편화하며 운영체제 내부적으로도 단편화돼 있다. 우분투, 크롬, 파이어폭스 등 새로운 모바일 플랫폼도 등장하고 있다. 그 결과 모바일 애플리케이션 개발자들은 하나의 플랫폼만 대상으로 하더라도 대상 플랫폼의 여러 버전과 변형을 지원하기 위해서는 여러 버전의 애플리케이션을 만들어야 한다. 따라서 모든 모바일 애플리케이션은 여러 버전의 SDK가 필요하다.

개발자는 대상 플랫폼의 코드 분리 및 특정 기능을 보장하기 위해 모바일 애플리케이션의 플랫폼 버전별로 개발 및 통합 스트림을 분리해 유지해야 한다.

■ **배포 자동화** 모바일 개발자는 IDE를 사용해 빌드를 수동으로 수행하고 적절한 기기에 배포하는 데 익숙하다. 하지만 빌드 횟수와 복잡도가 증가하면 개발자는 자동화된 빌드와 배포를 설정해야 한다. 이는 더 높은 품질의 빌드와 배포를 보장하고 개발자나 테스터가 필요하면 언제든지 특정 빌드를 복사하고 배포할 수 있게 한다.

테스트와 모니터링 테스트와 모니터링은 지원해야 할 모바일 플랫폼과 기기가 많아질수록 기하급수적으로 복잡해진다.

■ **시뮬레이터와 실물 기기의 테스트 자동화** 테스트 자동화 영역은 모바일 애플리케이션이 기업 애플리케이션에 뒤처진다. 대부분의 모바일 개발자는 시뮬레이터에서는 광범위하게 테스트하지만 실물 기기에서는 거의 하지 않는다. 시뮬레이터에서 하는 테스트조차 대부분 수작업이다. 모바일을 개발할 때 애자일 특성과 속도를 고려하면 자동화된 기능 회귀 테스트만 실질적으로 품질을 보장할 수 있

다. 지원해야 할 플랫폼과 기기가 너무 많아 수작업으로는 충분한 테스트를 할 수가 없다. 해결책은 SDK에서 제공하는 시뮬레이터와 실제로 지원해야 할 모든 실물 기기에서 자동화된 테스트 도구를 사용해 모든 애플리케이션을 테스트하는 것이다. 서비스 제공자는 다중 기기 테스트를 제공할 수 있다.

- **테스트 가상화** 이 방법으로 모바일 애플리케이션 테스트 도중에는 사용할 수 없는 모바일 백엔드 서비스를 가상화하고 시뮬레이션 할 수 있다. 모바일 애플리케이션은 개발 프로세스가 빠르게 돌아가므로 백엔드 애플리케이션이나 서비스보다 더 많이 릴리즈한다. 이러한 빠른 개발은 모바일 애플리케이션이 백엔드 애플리케이션과 서비스의 흐름보다 기술적으로 앞서게 할 수 있다. 즉 백엔드 애플리케이션과 서비스는 지원하지 않는 새로운 기능이 모바일 애플리케이션에 있을 수 있다. 앞에서 이야기했듯이 백엔드 서비스를 이용할 수 있더라도 자원이나 테스트 비용이 들 수 있다. 개발팀은 백엔드 서비스를 가상화해 이 문제를 해결할 수 있다. 모바일 애플리케이션이 상호작용해야 하는 애플리케이션, 서비스, 데이터 저장소 등의 전체 생태계를 가상 인스턴스로 사용할 수 있게 구성해 실제 애플리케이션 기능의 동작을 시뮬레이션할 수 있다. 이 방식으로 모바일 애플리케이션을 상호작용하는 부분까지 포함해 빠르게 테스트할 수 있다. 또한 테스트 목적으로 서비스와 애플리케이션의 실제 인스턴스를 실행하는 데 필요한 하드웨어 자원을 절약할 수 있다.

- **애플리케이션 및 시스템 성능 모니터링** 테스트 환경에서는 잘 동작하지만 실제 환경에서 실패하는 애플리케이션만큼 개발자를 힘들게 하는 문제도 없다. 불안정한 네트워크 상태, 낮은 메모리, 낮은 전력, 데이터 손실 등이 모바일 애플리케이션 성능 저하의 원인이다. 이

러한 모든 조건을 예측하고 테스트할 수 있는 것은 아니므로 개발자가 애플리케이션을 사용할 때는 지속적으로 성능 모니터링을 해야 한다. 모니터링은 모바일 애플리케이션뿐만 아니라 모바일 백엔드 서비스를 제공하는 애플리케이션과 시스템 전체를 대상으로 해야 한다.

- **사용자 감정 피드백** 모바일 애플리케이션이 실제로 사용자 손 위에서 동작하지 않는다면 정말 실패한 것이다. 위치 데이터와 기기 특성 등의 문제는 컨텍스트 정보 캡처 기능을 애플리케이션에 추가해 해결할 수 있다. 이 기능으로 개발자에게 문제 관련 데이터를 제공할 수 있고 개발자는 데이터를 기반으로 해당 문제의 원인을 찾아내 수정할 수 있다. 내부 충돌 캡처와 분석 로직은 모바일 애플리케이션에서 필수 구성 요소다. IBM 모바일 품질 보증^{Mobile} $^{Quality\ Assurance}$ 등의 최신 서비스는 사용자 감정을 캡처할 수 있다. 애플리케이션 충돌 캡처뿐만 아니라 애플리케이션이 원하는 대로 동작하지 않을 때의 사용자 피드백을 애플리케이션 내에서 바로 캡처할 수 있다.

모바일 애플리케이션 전달 모바일 애플리케이션은 지속적 전달의 선두에 있다. 우리 스마트폰에 있는 많은 애플리케이션도 매주 업데이트를 한다. 하지만 모바일 애플리케이션 전달은 웹 애플리케이션 전달이나 서비스형 소프트웨어^{SaaS} 제공처럼 간단하지 않다.

- **모바일 권한 설정 프로파일, 인증서, API 키^{Key}를 위한 중앙집중식 관리** 앱스토어에 애플리케이션을 제출하든 내·외부 애플리케이션이 제공하는 API를 사용하든 개발자나 조직은 벤더가 발행한 권한 설정 프로파일이나 키로 애플리케이션의 진정성과 소유권을 확인한다. 이러한 키는 앱스토어나 API에 권한을 부여할 수 있다. 보통 개인 개발

자는 개발 목적으로 사용하는 자체 키를 얻는다. 다만 최종 애플리케이션이 공개되면 이러한 개인 키를 모두 제거하고 공식 조직 키로 교체하는 절차를 밟아야 한다. 개인 개발자 키를 조직 키로 교체하지 않고 공식 애플리케이션을 출시했거나 조직 키나 프로파일이 공개돼 애플리케이션을 중단해야 하는 경우도 있다.

조직 키와 프로파일은 보호돼야 하며 공식 애플리케이션 릴리즈에만 사용해야 한다. 모바일 관리 프로세스는 키와 프로파일을 잘 관리하도록 적절하게 정의되고 엄격하게 관리돼야 한다. 보안과 프라이버시 문제는 엄격한 관리가 필요한 부분인 만큼 조직 키와 프로파일 접근은 반드시 제한돼야 한다.

- **가상 앱스토어를 이용해 최종 사용자 기기에 애플리케이션 설치** 모바일 애플리케이션은 벤더의 앱스토어를 통해 모바일 기기에 설치된다. 애플리케이션은 보통 앱스토어에 올리기 전에 수동 승인 과정을 거친다. 앱스토어에 애플리케이션이 올라가면 사용자는 앱스토어에 들어가 애플리케이션을 선택한 후 기기에 설치한다. 이 모든 과정을 테스트하는 데 개인 개발용 앱스토어를 사용할 수 있다. 이러한 가상 앱스토어는 실제 앱스토어 동작을 시뮬레이션해 개발자가 애플리케이션을 제출하고 기기에 설치하는 과정을 효과적으로 테스트할 수 있게 해준다.

- **사용자 피드백 캡처** 모바일 애플리케이션은 앱스토어에서 사용자가 매긴 순위와 평가로 피드백을 받는다. 인기 있는 애플리케이션은 별 4~5개를 받고 인기 없는 애플리케이션은 별 1~2개를 받으며 부정적 평가도 받을 수 있다. 모바일 애플리케이션에 대한 사용자의 직접적인 피드백은 다른 플랫폼의 중앙집중적 피드백 메커니즘처럼 동작하지 않는다. 개발자는 사용자가 기술지원팀에 전화해 문제를 알려주거나 모니터링 중인 사이트에 글이 올라와야만 기존

애플리케이션의 문제를 확인할 수 있다. 따라서 모바일 개발팀은 앱스토어 피드백과 평가 등급을 면밀하게 모니터링해 피드백을 향후 유저 스토리와 소프트웨어를 개선할 때 반영해야 한다. 이렇게 귀중한 피드백을 최대한 활용해야만 모바일 애플리케이션을 지속적으로 개선할 수 있다.

문화와 팀 대부분의 조직에서 과거부터 모바일 팀은 소규모로 운영됐다. 또한 자체 관행을 따르고 개발 도구와 전달 도구도 자체적으로 갖추고 있었다.

- **모바일 팀과 백엔드 팀 간 협업** 모바일 애플리케이션 개발팀이 외부 업체가 아니라 같은 조직 내에 있는 경우도 적지 않다. 모바일 애플리케이션 팀이 조직 내에서 소규모이거나 별도의 소프트웨어 개발 프로세스를 따르더라도 조직 전체에 데브옵스를 도입할 때는 모바일 애플리케이션 팀을 함께 고려해야 한다. 기업 애플리케이션 및 서비스와 직접 상호작용하는 모바일 애플리케이션은 데브옵스 라이프사이클에서 일급 객체[20]가 돼야 한다. 기업 애플리케이션이나 서비스에 새로운 기능이 추가되더라도 각 팀은 이를 모바일 애플리케이션에 원활하게 통합할 수 있다.
- **모바일 애플리케이션 개발팀으로부터 민첩성 배우기** 모바일 개발팀은 보통 빠른 개발 속도와 전달 역량을 갖추고 있다. 이렇게 민첩성을 높이는 데 사용된 기술과 프로세스는 실제로 다른 팀에서도 활용할 수 있으므로 상당한 의미가 있다.

---

20 프로그래밍 언어에서 일급 객체는 다른 객체에 일반적으로 적용 가능한 연산(함수의 매개변수, 반환 값, 할당, 비교 등)을 모두 지원하는 객체를 가리킨다. 여기서는 모바일 애플리케이션이 기업 애플리케이션의 변경에 따라 대응할 수 있어야 한다는 의미다. - 옮긴이

전략: 메인프레임 환경에서의 데브옵스

아직도 세계적으로 많은 사업이 메인프레임으로 운영된다. 첫 분산 시스템이 등장한 지 50여 년이 지났고 전문가들은 메인프레임의 소멸을 예상했다. 하지만 클라우드와 모바일 컴퓨팅이 등장한 지금도 여전히 메인프레임은 성장 중이다. 이전 자료지만 지금도 유효한 메인프레임(특히 IBM 시스템 z) 자료를 살펴보자(선, 2013).

- 세계 100대 은행 중 96곳, 미국 25대 소매업체 중 23곳, 세계 대형 보험사 10곳 중 9곳이 시스템 z를 운영 중이다.
- 글로벌 〈포춘〉지 선정 500대 기업의 71%가 시스템 z의 고객이다.
- 글로벌 생명보험업체 상위 10개 사 중 9개 사가 시스템 z에서 대량 거래를 처리한다.
- 메인프레임은 주요 신용카드거래, 증권거래, 송금, 제조 공정, ERP 시스템 등 하루 약 300억 건의 업무를 처리한다.

이러한 이유로 메인프레임이 이 책에서 이렇게 일부를 차지한다. 데브옵스 전략을 메인프레임 환경에 적용하기 위해서는 조금씩 수정이 필요하다.

메인프레임에 상당한 작업 부하가 있는 조직은 문제가 되는 패턴이 공통적으로 나타난다.

- 메인프레임 팀에서 사용하는 프로세스와 도구가 분산 시스템이나 클라우드 호스팅 시스템에서 애플리케이션을 전달하는 팀에 맞춰 따라가지 못한다.
- 보통 메인프레임에서 수행되는 작업은 오랫동안 지속됐고 새로운 개발은 거의 이뤄지지 않는다. 이러한 시스템은 매우 안정적이고 이해하기 쉽지만 이전 아키텍처이기 때문에 메인프레임을 더 효율적으로 이용할 수 있는 최신 아키텍처로 변경하기 어렵다.

- 메인프레임의 시스템 가동 및 유지·보수에 드는 비용이 상당히 많다. 이는 비용 모델 때문이다. 또한 도구와 프로세스를 더 효율적으로 변경하지 않았기 때문이기도 하다.
- 이렇게 말하는 것이 옳지는 않지만 메인프레임에서 일하는 실무자들은 고령으로 은퇴하기도 한다. 젊은 엔지니어는 기존 프로세스와 도구에 익숙하지 않고 최신 사용자 인터페이스가 없는 도구를 사용하기를 꺼린다. 따라서 조직이 대체인력을 찾기가 점점 어려워진다.

결론적으로 대부분의 메인프레임 시스템은 핵심 비즈니스 서비스를 제공하는 시스템으로 전형적인 핵심 기능 영역으로 볼 수 있다. 이러한 시스템이 빠르게 변화할 수 없게 만드는 원인으로 이전 도구 및 프로세스의 사용, 옛날 아키텍처 유지, 린 전달 파이프라인의 부재 등이 있다. 따라서 메인프레임 시스템은 빠른 속도로 혁신하는 조직에게 걸림돌이 될 수 있다. 혁신 가능 영역의 애플리케이션은 전달 속도가 중요하지 않다. 메인프레임에서 실행되는 백엔드 서비스에 종속된 애플리케이션은 백엔드 서비스가 6주 동안 업데이트되지 않으면 그때까지 새 애플리케이션을 릴리즈할 수 없다.

또한 투자 관점에서 가장 비효율적인 부분이 메인프레임의 애플리케이션 전달 기능이라면 이 부분을 효율적으로 만들어 기술혁신에 투자할 수 있는 자원(인적, 물적)을 가장 많이 확보할 수 있다.

혁신에 제약이 없게 하기 위해서는 최적화가 우선시돼야 한다.

메인프레임에 적용된 데브옵스 전략

메인프레임의 애플리케이션 전달과 관련해 나타나는 과제에 한정해 데브옵스 전략을 메인프레임에 맞춰 수정하고 개선했다(래드클리프, 2014).

- **단일 소스 저장소 유지** 공동 크로스 플랫폼을 사용해 여러 플랫폼에 걸쳐 개발하면서 지속적 통합을 수행하기 위해서는 단일 소스 저장소가 필수다. 하지만 메인프레임 팀은 다른 팀과 공유되지 않는 이전의 소스 코드 저장소를 자주 사용하기도 한다. 플랫폼 간에 단일 저장소가 없으면 메인프레임(시스템 z) 팀은 고립돼 방치되고 지속적 통합에 참여할 수 없게 된다. 그렇게 되면 메인프레임 작업과 통합은 사후 방식, 폭포수 방식으로 이뤄진다.

  메인프레임 개발팀은 기존 저장소 사용에 익숙하다. 따라서 최신 소스 저장소로 전환하기 위해서는 중대한 변화가 필요하다. 하지만 모든 작업 산출물을 관리하고 고립 상태를 타파하고 주요 병목 현상을 제거하기 위해서는 단일 소스 코드 관리SCM 도구는 필수다.

- **모든 개발자가 메인라인에 매일 커밋하게 함** 지속적 통합에서는 모든 컴포넌트와 모든 개발 환경에 걸쳐 매일 통합 스트림에 코드를 커밋해 통합이 최대한 지속적으로 유지되도록 해야 한다. 최근 시스템 z/OS 개발에서는 많은 사용자가 최종 감사 때까지 독립적으로 코드 수정을 한다. 최종 감사 시점이 돼서야 자신의 작업과 다른 개발자의 작업이 서로 영향을 미친다는 것을 깨닫는다. 이 때문에 기능 출시가 늦어지거나 운영 환경에서 제대로 테스트도 못해보고 막판에 변경이 일어난다. 코드를 정기적으로 통합하면 개발팀이 시간적 여유를 두고 처리할 수 있게 의존성을 더 빨리 식별할 수 있다.

- **빌드 자동화** 지속적 통합을 하기 위해서는 빌드를 자동화해야 한다. 시스템 z 환경 가용성과 접근 비용이 문제가 될 수 있기 때문에 시스템 z에서 자동화는 쉽지 않다. 가용성은 운영 환경에서 비즈니스 기능을 수행하는 동안 확실하게 이슈가 된다.

- **테스트 자동화** 빌드를 자동화해야 하듯이 테스트도 자동화해야 한

다. 지속적 통합의 목표로는 팀 간 업무 통합도 있지만 빌드한 애플리케이션이나 시스템이 예상대로 잘 동작하는지 확인하는 것도 있다. 앞에서 설명했듯이 지속적 테스트의 자동화에는 소프트웨어를 빌드하고 테스트 서버와 환경을 프로비저닝하고 빌드한 소프트웨어를 테스트 서버에 배포하고 테스트 데이터를 설정하고 적절한 시험 스크립트를 실행할 수 있는 기능이 있어야 한다.

언급한 기능들은 시스템 z/OS 개발에서는 까다로운 문제가 되겠지만 그래도 모두 해결해야 한다. 언제든지 빌드하고 배포해 자동화된 테스트를 수행할 수 있는 환경을 갖춰야 최종 코드 품질을 향상시킬 수 있다. 이를 위해서는 시스템 자원의 가용성, 자동화된 테스트 개발, 수많은 자동화된 테스트를 정기적으로 수행하려는 의지가 필요하다.

- **빌드 시간을 짧게 유지함** 빌드는 신속하게 이뤄져야 한다. 사실 오래 걸리는 빌드만큼 지속적 통합을 지연시키는 요인도 없다. 시스템 z/OS에서 빌드는 표준 관행 덕분에 대부분 신속하게 이뤄진다. 하지만 다른 플랫폼의 빌드에 맞춰 조정해야 할 때와 시스템 z/OS 자원 가용 시간 스케줄링에서 문제가 생길 수 있다.

- **유사 운영 환경에서의 테스트 수행** 실제로 시스템이 운영되는 환경과 동일하지 않은 환경에서 테스트를 수행하면 해당 시스템은 리스크가 많아진다. 운영 환경의 클론을 생성해 테스트를 수행하면 되겠지만 운영 환경의 클론 생성이 항상 가능한 것은 아니다. 다른 워크로드가 실행되고 있는 환경의 클론은 만들기가 더 어렵다. 시스템 z에 호스팅된 시스템은 테스트 환경을 유지하는 비용이 주요 문제가 될 수 있다. 보통 제한된 수의 개발, 테스트 논리 파티션을 팀 간 공유해야 한다. 또한 많은 조직이 운영 능력을 높이기 위해 테스트팀의 밉스MIPS, Million Instructions Per Second 현황을 세심하게 관리한다.

시스템 z 테스트 환경의 활용을 한정하고 가용성을 극대화하려는 조직은 시스템 z/OS의 비운영 인스턴스를 개발 테스트용 분산 시스템에서 실행할 수 있게 하는 도구를 사용할 수 있다. 이러한 도구의 예로 시스템 z용 IBM 래셔널 개발 테스트 환경 RD&T, Rational Development and Test Environment이 있다. 인텔 기반 리눅스 시스템 개발이나 품질 보증 등 비운영 시스템 z/OS 환경을 제공한다. 여기에는 필요한 미들웨어와 시스템 z/OS 플랫폼을 실행할 수 있는 하드웨어 에뮬레이션이 포함된다. 이러한 시나리오에서 지속적 전달 프로세스는 개발 테스트 환경에 애플리케이션을 전달하고 결국 시스템 z의 운영 환경에 애플리케이션을 전달한다. 또한 여러 유사 운영 환경에 쉽게 접근할 수 있고 메인프레임에서 개발 테스트 환경 언로드로 시스템 z 메인프레임을 운영 환경 전용으로 사용할 수 있다.

■ **빌드 자동화 도입** 지속적 통합은 자연스럽게 지속적 전달(테스트 환경, 시스템 테스트 환경, 스테이징 환경, 운영 환경에 소프트웨어 배포를 자동화하는 프로세스)과 실천으로 이어진다. 시스템 z/OS 환경에서는 소스 코드 관리 시스템이 보통 빌드와 배포를 수행하기 때문에 자동 배포가 일반적이다. 하지만 대부분의 프로젝트는 각 팀이 항상 테스트 환경에 배포할 수 있을 정도로 충분한 시스템 z/OS 자원을 확보하기가 어렵다. 또한 배포는 공동 도구 부족으로 문제가 생길 수 있는 인프라의 분산 시스템 측과 조율해야 한다. 이러한 요구를 충족시키는 효과적인 방법은 지속적 릴리즈와 지속적 배포다.

일반적으로 시스템 z 애플리케이션에서는 지속적 전달을 수행하는 데 2가지 방법이 있다.

1. 성숙한 배포 도구와 실행 방식을 갖춘 조직의 경우 기존 설정 관리 도구를 활용해 대상 논리 파티션으로 배포를 수행할 수 있다. 이러한 도구 기능으로는 지속적 전달 전체를 실현하는

데는 한계가 있지만 시스템 z/OS에 배포를 자동화할 수 있다.

2. 시스템 z/OS 등 여러 플랫폼 배포를 지원하는 배포 자동화 전문 도구를 활용할 수 있다. IBM 어반코드 디플로이 같은 배포 자동화 도구는 대상 논리 파티션에 설치할 수 있는 시스템 z/OS 에이전트가 있어 지속적 전달을 가능하게 한다.

■ **협업과 소통** 앞에서 제시했듯이 문화 중심 전략이다. 모바일 환경에서 데브옵스 도입과 마찬가지로 메인프레임 팀이 다른 도구와 프로세스를 계속 활용하더라도 조직 전체에 걸쳐 데브옵스를 도입할 때 메인프레임 개발팀도 함께 해야 한다. 도구와 프로세스를 최신화하면서도 린처럼 더 효율적으로 동작할 수 있도록 데브옵스 팀에 포함돼 조직 혁신을 수행해야 한다. 메인프레임에서 실행되는 워크로드와 애플리케이션이 큰 비중을 차지한다면 데브옵스 혁신으로 얻는 투자 수익이 매우 높을 것이다.

전략: 사물인터넷 환경에서의 데브옵스

기술이 우리 일상생활(집, 교통, 직장, 공장, 건강 등)에 스며들어 일어난 큰 변화를 잘 보여주는 예로 스마트 기기의 등장 즉 사물인터넷[IoT, Internet of Things]의 출현이 있다. 사물인터넷의 출현으로 우리가 사용하는 기기는 실시간으로 다른 기기와 연결되고 인터넷으로 백엔드 서비스를 받을 수 있게 됐다. 서비스 제공업체는 스마트폰과 태블릿에만 서비스를 제공하는 것이 아니다. 자동 온도조절 장치, 냉장고, 저울, 자동차, 트럭, 상업용 공조 시스템, 보안 시스템, 시계, 운동기록장치, TV 심지어 길모퉁이에도 제공한다.

사물인터넷 이전에 이러한 모든 기기는 제조할 때 펌웨어 형태로 소프트웨어가 내장됐다. 그래서 소프트웨어를 업데이트하기 위해서는 새 버전의 소프트웨어(펌웨어)가 있는 물리적 부품(칩, 보드, 기기 전체 등)으로 교체해야만 했다. 기기는 연결이 불가능하고 사용자가 직접 업데이트할 수 있게 설계되지 않았기 때문에 무선 업데이트 기술^{OTA, Over The Air}을 적용할 수 없었다. 적용할 수 있을 때도 전용장비를 이용해 해당 부품에 업데이트해야 했다.

기기의 애플리케이션 전달 프로세스에는 뚜렷하게 분리된 사이클 2개가 있었다. 기기 개발 단계에서는 하드웨어와 소프트웨어가 일반적으로 각각 분리돼 개발됐다. 그래서 물리적 하드웨어의 설계 제조와 하드웨어에서 실행할 펌웨어 개발은 기기 출시 직전에 맞춰봐야 했다. 물론 기기에서 펌웨어가 실행되지 않는다면 펌웨어 팀에게 기기를 제공할 수 없고 하드웨어 개발이 계속 진행된다면 소프트웨어 개발을 확정할 수가 없다. 기기 하드웨어 설계가 거의 완료됨에 따라 펌웨어 팀은 소프트웨어를 최종화해 테스트를 수행한다. 실제 기기를 아직 사용할 수 없다면 프로토타입이나 시뮬레이터에서 테스트를 수행한다. 기기를 사용할 수 있게 되면 하드웨어 팀은 펌웨어를 넘겨받고 최종 기기에서 하드웨어와 펌웨어 테스트를 수행한다. 이후 출시까지 하드웨어 팀은 펌웨어 팀과 함께 변경사항의 적용과 결함 해결을 반복한다. 그림 4.20에서는 이러한 팀을 소프트웨어 개발 라이프사이클^{SDLC, Software Development LifeCycle} 팀과 제품 라이프사이클 관리^{PLM, Product LifeCycle Management} 팀으로 각각 지칭한다. SDLC, PLM은 조직에서 일반적으로 사용하는 용어다. SDLC 팀에서 PLM 팀으로 전달한 후에는 펌웨어를 최신 버전으로 업데이트한다. 앞에서 언급했듯이 사물인터넷 이전 기기에서는 펌웨어가 내장된 하드웨어 부품의 전부나 일부를 교체해야만 업데이트할 수 있었다.

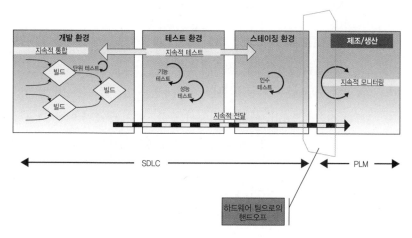

그림 4.20 하드웨어 팀으로의 애플리케이션 핸드오프

사물인터넷이 급증하면서 기기를 만드는 조직은 전체 전달 프로세스가 린과 애자일을 더 잘 실현할 수 있게 데브옵스를 도입했다. 여기에 사물인터넷과 관련해 데브옵스를 도입할 때 조정돼야 할 주요 데브옵스 실천 방안을 소개한다.

- **지속적 통합 및 테스트** 기존 소프트웨어 전달처럼 진행된다. 다만 최종 기기와 매우 유사한 시뮬레이터(유사 운영 환경)나 기기 프로토타입이 필요하다. 펌웨어와 하드웨어의 개발 사이클은 더 잘 맞춰져야 한다.
- **지속적 전달 문제** 기기가 실제 운영 환경에서 연결돼 있더라도 업데이트할 수 없을 수도 있다. 예를 들어 도킹할 때만 연결되거나 근접한 다른 기기를 통해서만 연결되는 방식으로 네트워크에 간헐적으로 연결되는 경우다. 이러한 동작 때문에 펌웨어 업데이트는 기기가 유휴 상태이고 특정 상태(일시 중단 상태)가 지속되지 않을 때 수행될 수 있다. 또한 "풀" 모드 때만 업데이트를 수신할 수 있다. "푸시" 모드 때는 사용자가 업데이트를 직접 시작해야 하기 때문

이다.

- **지속적 전달을 위한 하드웨어 설계** 기존 기기 하드웨어의 펌웨어는 모바일 애플리케이션처럼 지속적으로 업데이트할 수 있게 설계되지 않았다. 제조업체가 실제 운영 환경에 있는 기기의 펌웨어 업데이트를 지속적으로 수행하기 위해서는 하드웨어 구조가 이를 지원하도록 설계해야 한다. 기기를 해체하지 않고 업데이트를 시작하고 특수 장비나 프로세스 없이 업데이트할 수 있어야 한다. 기기 구조는 이상적으로는 이미 설치돼 있지만 지불한 고객에게만 허용되거나 특수 상황에서만 허용되는 소프트웨어 기능을 실행시키거나 소프트웨어 업데이트로 새로운 기능을 활성화시킬 수 있도록 확장할 수 있어야 한다. 이러한 기기 펌웨어는 기기를 작동시키는 핵심 운영 펌웨어 계층 OS와 사용자에게 특정 기능과 서비스를 제공하는 애플리케이션 계층으로 나누기도 한다. 핵심 운영 펌웨어 계층은 드물게 업데이트되며 애플리케이션 계층은 비교적 더 자주 업데이트된다.

전략: 빅데이터 환경에서의 데브옵스

빅데이터 및 분석 솔루션에서 모든 범주의 애플리케이션과 서비스는 새롭고 더 빠르고 더 빈번한 소프트웨어 전달 방식이 필요하다. 이전에는 간단한 코드 변경 전달 같은 기본 작업에도 4~6주가 걸렸다. 하지만 지금은 이렇게 오래 걸리는 업데이트를 고객이 허용하지 않는다. 기존 빅데이터 및 분석 솔루션 전달 라이프사이클은 기능을 모두 설계해 개발하고 테스트한 뒤 배포했기 때문에 수 개월 길면 수 년이 걸렸다. 개발조직은 지속적 전달을 실현하는 방법으로 데브옵스를 고려 중이다. 지속적 전달은 비즈니스 민첩성을 개선하고 전달 속도를 높이며 새로운 시장에 도전하고 변화하는 환경에 대응하는 수단이다. 지속적 전달의 목표는 개선사항을 설계하고 테스트해 운영 환경에 점진적, 지속적으로 배포하는 것이다. 이로써 고객에게 가치를 더 빨리 제공하고 문제가 발생했을 때 변경 사항을 롤백할 수 있다.

데브옵스 도입으로 빅데이터 및 분석 솔루션은 더 효율적, 효과적으로 전달되고 실제 고객의 피드백에 기초해 소프트웨어 변경과 개선이 이뤄지게 해 프로세스도 지속적으로 개선할 수 있다.

그림 4.21은 빅데이터 및 분석 참조 아키텍처를 보여준다. 이러한 애플리케이션과 서비스 전달이 얼마나 복잡한지 볼 수 있다. 아키텍처는 데이터 수집, 스테이징, 탐색, 분석, 기록을 쉽게 해주는 여러 컴포넌트를 설명한다. 여기서 품질, 관련성, 유연성 관련 요구사항 간 균형을 맞춰 원하는 비즈니스 성과를 달성한다.

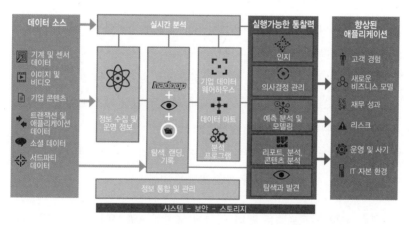

그림 4.21 빅데이터 및 분석 참조 아키텍처

분석 솔루션 통합 방안

메인프레임 개발과 달리 빅데이터와 분석 영역은 다행히 애자일을 적용하기가 비교적 쉽다. IBM 분석 솔루션 통합 방안ASUM, Analytics Solutions Unified Method은 빅데이터 및 분석 솔루션의 전체 구현 라이프사이클의 수행을 위한 단계별 가이드다. ASUM은 애자일과 기존 구현 원칙을 혼합해 솔루션 목표를 달성하고 최적의 결과를 제공한다. 이러한 원칙은 4장에서 제시한 데브옵스 전략과 동일 선상에 있기 때문에 프로젝트를 ASUM에 맞추면 데브옵스를 더 쉽게 도입할 수 있다. 세부 원칙은 다음과 같다.

- 애플리케이션에 애자일 원칙이 잘 적용됐는지 여부를 기준으로 프로젝트를 평가한다.
- 프로젝트 범위를 정하고 초기 비즈니스 요구사항을 취합한다.
- 프로젝트 구현팀에는 사업 관련 인력과 IT 관련 인력이 필수다.
- 프로토타입 스프린트를 많이 반복해 요구사항을 조정하고 명확화한다. 요구사항, 타임라인, 가용 자원 수와 우선순위에 기초해 목표 달성을 위한 단계적 구현 접근 방식을 도입한다.
- 프로토타입 제작 결과를 전체 요구사항과 비교해 성과를 평가하고 추가 반복을 결정한다.
- 반복적, 점진적 개발로 환경 설정과 빌드를 완성한다.
- 프로젝트의 라이프사이클 전체에 걸쳐 적절한 테스트 후 솔루션의 첫 번째 단계를 실행할 수 있다.
- 프로젝트의 나머지 단계도 첫 번째 단계와 동일한 프로토타입 스프린트, 반복적, 점진적 개발 방법을 따른다.

그림 4.22는 프로젝트 관리 영역에 국한해 ASUM이 정의된 5단계를 따르는 것을 보여준다.

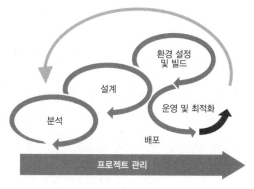

그림 4.22 분석 솔루션 통합 방안(ASUM)

1. **분석**: 기능 및 비기능(성능, 편리성 등) 특성 모두에서 솔루션이 달성해야 할 항목을 정의한다. 이러한 요구사항에 대해 모든 당사자 간 합의를 얻는다.
2. **설계**: 모든 솔루션 컴포넌트와 종속성을 정의하고 자원을 식별해 개발 환경을 설치한다. 요구사항을 명확하게 할 수 있도록 프로토타입 스프린트를 반복한다.
3. **환경 설정 및 빌드**: 반복적, 점진적 접근 방식으로 컴포넌트를 구성하고 빌드하고 통합한다. 다중 환경 테스트와 검증 계획을 활용한다.
4. **배포**: 지원 일정을 포함해 솔루션 실행과 유지·관리 계획을 수립한다. 필요에 따라 설정해 운영 환경에 배포하고 비즈니스 사용자에게 배포를 알린다.
5. **운영 및 최적화**: 솔루션을 적용해 성공적으로 구성된 상태를 보존하는 롤아웃 이후 유지·보수 작업과 체크포인트 등을 운영한다. 그리고 이러한 운영 작업을 지속적으로 최적화한다.
6. **프로젝트 관리**: 프로젝트 진행 상황 모니터링과 관리, 프로젝트 유지·보수 모니터링과 관리를 지원하는 프로세스를 구성한다.

다음으로는 빅데이터 및 분석 애플리케이션과 서비스를 제공하는 프로세스의 예로 ASUM을 사용해 각 단계에서 데브옵스를 도입할 때 적용할 수 있는 데브옵스 전략을 살펴본다.

분석 및 설계 빅데이터 및 분석 솔루션에서는 데이터의 출처, 생산자, 소비자를 이해해야 한다. 그림 4.21에 나타난 빅데이터 및 분석 참조 아키텍처에서 설명했듯이 이러한 아키텍처에서는 여러 데이터 유형이 분산돼 있으며 여러 기술을 활용한다. 또한 데이터와 분석은 다른 데이터 유형이어야 할 수도 있고 여러 기술을 사용해 여러 소비자에게 전달돼야 할 수도 있다. 기업 아키텍처는 이러한 빅데이터 및 분석의 출처, 생산자, 소비자를 정의하는 IT 시스템(데이터 저장소, 애플리케이션, 인프라, 네트워크)과 기술을 문서화한다(그림 4.21).

환경 설정 및 빌드 빅데이터 및 분석 애플리케이션의 관점에서 환경 설정과 테스트 프로세스를 살펴보자.

- **종단 간 추적성**: 소프트웨어 개발 라이프사이클과 데이터 관리 라이프사이클 전체에 걸쳐 추적성이 이어져야 한다. 이러한 라이프사이클은 보통 함께 돌아가지만 팀 간 상호작용이 제한되면 산출물도 추적성이 제한된다.
- **테스트를 더 일찍 자주 수행**: 빅데이터 및 분석 애플리케이션과 서비스를 테스트하는 데 필요한 데이터 세트는 다양하고 수량도 많다. 따라서 실제 빅데이터 테스트 데이터 세트 생성에 상당한 시간이 걸릴 수 있다. IBM 인포스피어 옵팀InfoSphere Optim 등의 테스트 데이터 관리 도구를 이용하면 데이터 세트 생성 관리, 중요 데이터 숨김, 테스트 결과 자동 비교, 테스트용 클론 유지비용 절감이 가능하다.
- **테스트용 데이터 및 서비스 가상화**: 빅데이터와 관련해 개발되는 애플리케이션과 서비스를 충분하게 테스트하기 위해서는 빅데이터 저

장소가 필요하다. 이에 따라 다음과 같은 문제가 발생할 수 있다.

- 아직 존재하지 않는 데이터 저장소가 필요하다. 예를 들어 아직 소셜 데이터가 없는 소셜미디어 애플리케이션을 테스트하는 경우가 있다.

- 사용할 수 없는 데이터 저장소가 필요하다. 예를 들어 데이터를 아직 사용할 수 없거나 시험 목적으로 접근하기에는 비용이 많이 드는 외부 저장소에 데이터가 있는 경우가 있다.

- 원본 형태로는 접근이 불가능한 데이터가 필요하다. 예를 들어 개인정보인 의료정보 데이터나 금융정보 데이터에 접근하는 경우가 있다.

이러한 경우 지속적 테스트를 수행하기 위해서는 시험 데이터를 가상화해 시뮬레이션해야 한다. IBM 래셔널 테스트 가상화 서버나 CA 서비스 가상화 등의 서비스 가상화 도구를 사용해 데이터 저장소를 시뮬레이션할 수 있다. 이러한 도구는 테스트 가상화 서버에서 실행되는 가상 표현으로 데이터 저장소를 시뮬레이션한다. 이후 실제 데이터 저장소를 사용하지 않고 데이터 저장소의 가상 인스턴스를 테스트한다.

배포, 운영, 최적화 빅데이터 및 분석 애플리케이션과 서비스 특성을 고려하면 이를 배포, 운영, 최적화하는 것은 다른 애플리케이션과 약간 차이가 있다.

- **지속적 전달**: 빅데이터 및 분석 애플리케이션은 점진적으로 개발되는 것이 좋다. 점진적 개발은 시스템 여러 부분이 각각의 속도로 개발돼 완료되는 대로 통합되며 단계별로 스케줄링 전략을 수행한다는 의미다. 모든 컴포넌트를 한 번에 배포하는 방식의 반대로 자동화된 지속적 전달을 도입하면 서로 다른 속도로 개발된 컴포넌

트를 준비되는 대로 배포하고 테스트할 수 있어 점진적으로 개발할 수 있다.

- **데이터 저장소 환경 설정 관리:** 규모에 따라 달라지는 동적 데이터 저장소와 분석이 필요한 조직은 데이터 저장소 환경 설정 관리가 필요하다. 이는 여러 유형의 데이터 저장소(관계형 데이터베이스, 오브젝트 스토리지, NoSQL 데이터베이스, 하둡 DFS, 그래프 데이터베이스, 데이터 웨어하우스, 데이터 마트 등)의 급증으로 번거로워졌다. 데이터 저장소 환경 설정은 버전별로 관리하고 통제해야 한다. 환경 설정 변경은 데이터 스키마 버전 변경과 데이터에 접근하는 애플리케이션 변경에 따라 이뤄진다.

  데이터 저장소의 여러 인스턴스에 걸쳐 환경 설정 인벤토리를 관리하고 환경 설정의 "표류"를 방지하기 위해서는 여러 데이터 저장소에 걸친 환경 설정 관리가 필요하다. 일부 데이터 저장소의 환경 설정은 별도의 XML로 저장하며 다른 데이터 저장소의 환경 설정은 프로그래밍 방식으로 API를 이용해 접근하고 관리한다. IBM 어반코드 디플로이 등의 배포 자동화 도구는 인기 있는 데이터 저장소용 플러그인을 제공하며 환경 설정의 여러 버전을 관리하고 저장할 수 있는 도구를 제공하고 특정 버전으로 환경 설정된 데이터 저장소 인스턴스의 인벤토리를 관리한다.

- **팀과 문화:** 다른 기술 환경에서 도입하는 데브옵스 전략과 마찬가지로 팀 구성과 문화적 측면도 고려해야 한다. 빅데이터 및 분석 애플리케이션과 서비스의 경우 기존 이해관계자와 실무자를 제외해도 빅데이터 관련 이해관계자와 실무자가 있다. 여기에는 데이터 저장소 관리자, 데이터 저장소 개발자(맵리듀스MapReduce, 스파크Spark, R 등), ETL 전문가 및 비즈니스 인텔리전스 전문가 등이 있다. 이러한 모든 이해관계자와 실무자가 데브옵스 도입에 포함돼야 하며

도입하는 프로세스에서 함께 움직이고 사용 도구도 전달 파이프라인 도구 체인에 통합돼야 한다.

클라우드와 클라우드에서 제공하는 서비스의 급격한 진화와 이것이 혁신을 추진하는 데 미치는 영향을 고려해 클라우드 관련 전략은 5장 혁신 가능 영역에서 데브옵스 전략으로 다룬다.

요약

4장은 매우 길었다. 4장에서 다루고 싶은 내용을 모두 담았다면 그 자체만으로도 책 한 권이 나온다. 여기서 다루는 실천 방안과 기능은 데브옵스의 핵심이기 때문이다. 조직 전반에 데브옵스를 도입하고자 하는 대규모 조직은 4장을 토대로 출발점을 세워야 한다. 이 "플레이북"의 목적은 적용할 만한 전략을 소개하는 것으로 4장의 모든 전략을 적용할 수 있는 것은 아니라는 것을 알아야 한다. 4장과 3장을 참조해 조직 플레이북을 만들고 필요한 전략을 선택한다. 대규모 조직은 단일체가 아니라 복합체로 구조나 특성이 다를 수 있다. 따라서 여러 부서별, 프로그램별 플레이북이 필요할 수 있으며 하나의 프로젝트에 여러 플레이북이 필요할 수도 있다. 끝으로 전략 소개는 아직 안 끝났다. 4장에서는 최적화에 초점을 맞춘 전략을 소개했을 뿐이다. 5장에서는 혁신에 초점을 맞춘 전략을 소개한다. 6장에서는 데브옵스 규모 조절 전략, 7장에서는 데브옵스 혁신을 이끄는 리더십 전략을 소개한다. 이를 기반으로 플레이북을 만들면 된다.

여기서 다룬 몇 가지 주제는 이어지는 장에서도 다룬다. 이러한 주제는 조직에서 도입하고자 하는 작업과 사고방식에 필요한 핵심 역량이나 변화 방안을 제공한다. 다룬 주제는 다음과 같다.

- 사이클 타임 최소화

- 배치 크기 축소

- 올바른 문화 확립

모두 관련이 있다. 조직 목표, 조직의 각 프로젝트, 프로젝트 각 단계에서의 사이클 타임(또는 리드 타임)을 줄여야 한다. 배치 크기를 줄이면 사이클 타임이 단축되기 때문에 둘은 밀접하게 연관된다. 또한 리스크를 줄이고 계획과 변경 관리를 개선한다. 그리고 마지막으로 중요한 것은 조직 문화를 바꾸지 않으면 이 모든 것이 무의미하다는 것이다. 조직 문화는 6장과 7장에서 더 깊이 다룬다.

소개된 전략은 일련의 행동양식과 변화로 언급된 주제와 얽혀 있으며 이를 도입하면 사이클 타임의 최소화, 배치 크기의 축소, 올바른 문화 확립으로 나오는 효과를 기대할 수 있다.

- 측정지표와 KPI 설정

- 애자일 도입

- 통합 전달 파이프라인

- 지속적 통합

- 지속적 전달

- 시프트 레프트 – 테스트

- 시프트 레프트 – 운영팀 참여

- 지속적 모니터링과 피드백

- 릴리즈 관리

데브옵스 도입 관련 업무를 수행한다면 전략에 들어 있는 조건과 실천 방안에 익숙해져야 한다. 여기서는 대기업에 전략을 도입하는 데 초점을 맞췄다. 대기업은 분산된 대규모 조직으로 이뤄져 있고 바꾸기 쉽지 않은 주요 문화적 관성도 있으며 엄격한 프로세스와 관리 체계가 존재한다.

마지막으로 특정 기술 분야별로 다양한 데브옵스 실천 방안과 기능을 기술적 요구와 미묘한 차이에 맞게 조정하는 방법을 제시했다.

- 모바일 환경에서의 데브옵스
- 메인프레임 환경에서의 데브옵스
- 사물인터넷 환경에서의 데브옵스
- 빅데이터 환경에서의 데브옵스

5장에서는 혁신에 초점을 맞춘 핵심 주제와 전략을 소개한다.

5장

혁신 추진을 위한 데브옵스 전략

크리켓은 현존하는 어떤 스포츠보다 진화하고 혁신해왔다. 다른 스포츠는 규칙이나 장비를 바꾸거나 로저의 세이버처럼 새롭고 혁신적인 전략을 도입해 발전했지만 게임에 새로운 포맷을 도입하지는 않았다. 원래 크리켓은 테스트 매치라는 정식 경기 규칙을 따르면 경기가 5일이나 지속된다. 양 팀 모두 두 이닝씩 배트를 치는데 경기는 영원히 계속될 것만 같다. 하지만 시간이 흐르면서 5일 내내 경기를 볼 시간도 인내심도 없는 관중을 위해 급진적인 혁신이 이뤄졌다. 1971년 일일 경기 포맷이 나왔다. 하루 만에 모든 경기가 끝나며 양 팀은 한 이닝씩만 던진다. 오버 수(볼러는 한 세트에 공을 6번 던진다)도 팀당 50~60개로 제한돼 있어 경기 진행률도 알 수 있다. TV 시청자는 더 흥미진진한 포맷을 원했다. 2003년 더 혁신적인 포맷인 T20^{Twenty20}이 나왔다. T20은 오버 수가 20개로 제한되며 3시간 정도에 경기가 끝난다. 이러한 혁신 특히 T20 포맷으로 크리켓 관중이 급증했다. 프로 크리켓 리그인 인도 프리미어 리그의 연례 T20 대회는 정말 크게 열리는데 시청률도 매우 높고 시장 규모도 어마어마하다. 2009년 독점중계권 8년 계약이 16억 3천만 달러에 팔렸다(시장은 혁신이 필요했고 시장은 그 결과에 보답했다)(칼라발라팔리, 2016).

이러한 새로운 포맷의 등장으로 팀도 포맷에 맞게 바뀌었다. 국가대표 팀은 언급한 3개 포맷 모두 경기하지만 오늘날 프로 크리켓 클럽은 거의 T20 포맷을 위주로 운영한다. 한편 영국 등의 크리켓 단체들은 포맷에 따라 팀이 다르게 구성돼야 할 필요성을 느꼈다. T20이나 일일 경기 포맷은 젊고 공격적인 선수로 구성돼야 하며 체력과 민첩성이 중요하다. 5일 경기 포맷(현재는 거의 열리지 않는 테스트 매치)은 전략적 지식이 많고 5일 내내 잘 버틸 수 있고 경험이 더 많은 선수가 필요하다. 여기서는 전략과 방어력이 중요하다. 짧은 포맷은 체력이 더 중요하고 긴 포맷은 전략이 더 중요하다. 따라서 짧은 포맷에는 몸을 쓰는 선수가 더 필요하고 긴 포맷에는 머리를 쓰는 선수가 더 필요하다.

혁신을 위한 최적화

5장에서는 혁신 전략 위주로 설명하지만 최적화의 중요성을 무시하면 안된다. 4장에서 논의했듯이 대부분의 혁신 중심 애플리케이션은 조직에 혁신적이고 새로운 기술 위주의 역량을 제공하도록 설계된다.

- **새로운 비즈니스 서비스** 지금까지 조직이 사용자에게 제공한 적이 없는 새로운 서비스와 역량을 의미한다. 은행이 고객에게 최초로 제공한 P2P 송금 서비스가 그 예다.
- **새로운 비즈니스 모델** 지금까지 수익화하지 않은 서비스를 수익화할 수 있게 해주는 새로운 비즈니스 모델이다. 예를 들어 투자은행에서 내부적으로 사용하던 계산 서비스 API를 파트너에게 제공하는 경우가 있다.
- **사용자와 협력할 수 있는 새로운 모델이나 플랫폼** 사용자와 상호작용하는 새로운 기술이다. 모바일 뱅킹이 좋은 예로 고객은 지로 납부부터 예금, 대출 신청 등 휴대폰으로 거의 모든 은행 서비스를 이용할 수 있다.
- **새로운 시장** 조직이 새로운 시장에 진출해 적응하는 것을 의미한다. 기존 은행을 잘 이용하지 않는 밀레니얼 세대처럼 새로운 고객을 모집하기 위해 은행이 오픈 뱅킹 서비스를 도입하는 것도 그 예다.

기존 시스템이 없는 새로운 회사, 스타트업에 혁신을 도입한다면 혁신 중심 애플리케이션으로 제한할 수 있다. 하지만 대기업부터 중소기업까지 대부분의 조직은 이미 핵심 비즈니스 서비스를 제공하는 기존 시스템이 있고 이를 통해 고객에게 비즈니스 가치를 제공한다. 이러한 조직에서는 혁신 애플리케이션이더라도 거의 항상 기존 시스템이 제공하는 핵심 비즈니스 서비스에 의존한다. 은행이 혁신적인 P2P 송금 애플리케이션에서 사용자 인증, 이상거래 탐지, 돈세탁 방지 서비스 등을 제공하기 위해서는 기존 시스템이 필요하다. 다른 은행의 애플리케이션은 이러한 서비스를 기존 시스템을 이용해 제공하는데 굳이 새로운 혁신 애플리케이션에 들어갈 서비스를 새로 만들겠는가? 그 종속성은 타협할 수 없다. 그래서 혁신 애플리케이션마다 구조적 종속성이 발생하는 것이다.

이러한 백엔드 시스템은 잠재적으로 혁신 애플리케이션 개발 속도에 걸림돌이 된다. 새 요구사항에 맞춰 혁신 애플리케이션을 변경하고자 할 때 백엔드 서비스가 필요하다고 생각해보자. 백엔드 서비스를 제공하는 기존 애플리케이션의 변경 사이클 타임이 느리면 결국 혁신 애플리케이션 변경도 늦어진다. 혁신 중심 애플리케이션과 기존 애플리케이션 간의 속도차 즉 임피던스 불일치를 제거하기 위해서는 백엔드 시스템을 린처럼 효율적으로 변경할 수 있게 전달 파이프라인과 역량 최적화가 필요하다. 최적화는 혁신의 전제 조건이다.

자원은 백엔드 시스템을 최적화해야 하는 또 다른 이유다. 많은 대규모 조직에서 IT 리소스의 대부분을 시스템 실행과 유지·관리에 사용한다. 모든 자원(인적, 물적)이 기존 애플리케이션을 실행하고 유지하는 데만 사용된다면 아무 것도 혁신에 투자할 수 없을 것이다. 따라서 혁신에 투자할 자원을 확보할 수 있도록 백엔드 시스템을 최적화해야 한다.

우버 신드롬

비즈니스 전반에서 혁신의 필요성을 이끄는 새로운 현상인 우버 신드롬이 나타났다. 우버는 승차 공유 애플리케이션으로 택시 업계에 진입해 판도를 바꿔버렸다. 이처럼 업계에 새로 등장한 경쟁자에게 위협을 느낀 크고 작은 대부분의 조직은 혁신의 필요성을 깨닫는다. 우버 창업자 트래비스 칼라닉 Travis Kalanick은 택시 업계 출신이 아니다. 우버 창업 전에는 P2P

파일 공유 회사 레드 스우시$^{Red Swoosh}$를 차려 2007년 아카마이^{Akamai}에 매각했다(로엣거스, 2008). 우버처럼 업계에 새로운 경쟁자가 등장해 주도권을 잡는 현상은 그럴 만한 취약한 업계에서만 일어나는 현상이 아니다.

최근 IBM 비즈니스 가치 연구소의 조사에 따르면 글로벌 CEO의 60%는 다음 경쟁자가 우버처럼 모바일 애플리케이션을 앞세워 새롭고 혁신적인 모델로 자신의 업계에 진출할 것으로 예상했다(IBM 비즈니스 가치 연구소, 2016). 이는 금융 서비스, 소매업, 공공 부문 등 여러 업계에서 대부분의 조직이 혁신해야 할 꽤 설득력 있는 이유가 된다. 혁신의 필요성은 "혼란을 겪거나 일으키거나"라는 주제에 바탕을 두고 있다.

이러한 혁신에는 실제로 빨리 혁신할 수 있도록 설계된 새로운 기술 플랫폼과 프로세스 도입이 필요하다. 데브옵스와 클라우드 기반의 서비스형 플랫폼^{PaaS}이 그 예다. 혁신 과정에서 조직은 결국 기존 애플리케이션 전달 역량을 최적화해야 한다는 것을 깨닫는다. 조직이 혁신에 투자할 수 있는 자원을 확보하기 위해서는 최적화해야 한다. 또한 기존의 느린 전달이 빠른 기술 혁신에 영향을 미치지 않게 해야 한다. 그 해답은 데브옵스에 있다.

혁신과 기술의 역할

오늘날 대부분의 혁신은 스타트업이 주도하고 있다. 하지만 혁신을 추진하면서 기술의 역할을 흔히 오해하곤 한다. 기술 자체에는 혁신이 거의 없다. 물론 새롭고 혁신적이고 기존과 다른 기술을 비즈니스의 핵심으로 가진 애플, IBM, 넷플릭스, 세일즈포스닷컴$^{Salesforce.com}$, 테슬라 등의 기술 혁신 기업이 있다. 하지만 많은 혁신 기업(리제네론^{Regeneron} 같은 제약업체, 언더아머$^{Under Armour}$ 같은 의류업체, 알리바바^{Alibaba} 같은 전자상거래 업체, 메리어트^{Marriott} 등의 호텔, 영국 국세청 같은 정부기관 등)에게 기술은 사용자에게 비즈니스 서비스를 제공하는 플랫폼이다.

IT 조직의 역할은 기존과 다른 혁신적 기술을 제공하는 것이 아니라 기존과 다른 혁신적인 비즈니스 서비스를 제공할 수 있는 린처럼 효율적이고 예측 가능하고 안정적인 플랫폼을 제공하는 것이다. 비즈니스 서비스가 기존과 다른 혁신적 기술을 필요로 할 때 IT 조직은 이를 제공해야 한다. 조직은 기술 혁신뿐만 아니라 비즈니스 혁신도 목표로 삼아야 한다.

새로운 비즈니스 모델 혁신

고객은 누구인가?

매우 훌륭한 애플리케이션을 만들었다. 매우 훌륭한 아이디어로 전 세계 고객을 대상으로 한다. 이 애플리케이션은 고객 서비스센터에 전화할 때의 통화 대기시간 문제를 해결해준다. 고객 서비스센터에 전화해 오래 기다린 끝에 겨우 연결된 경험이 있을 것이다. 고객센터와 통화하려면 숫자 키를 여러 번 눌러 원하는 항목을 선택해 계속 기다려야 한다. 패스트커스터머(FastCustomer) 애플리케이션은 대신 기다려준다. 애플리케이션에서 전화할 고객센터와 항목(부서 등)을 선택해두고 사용자는 하던 일을 하면 된다. 상대방이 준비가 되면 애플리케이션이 사용자에게 알림을 주고 고객센터와 연결해준다(마틴, 2014).

애플리케이션 출시 초기에는 어느 정도 팔렸지만 시간이 지나자 팔리지 않았다. 이 애플리케이션은 언론이나 블로거가 언급할 때마다 팔렸지만 다른 때는 사실상 판매가 전무했다. 제작사는 왜 그런 일이 일어났는지 알 수 없었다. 문제점을 파악해 사용하기 쉽고 효과적인 방법으로 해결했는데 뭐가 잘못된 거지?

정답은 엉뚱한 사람들에게 팔고 있었다는 것이다. 애플리케이션 최종 소비자인 사용자를 고객으로 잘못 식별했다. 고객은 문제를 해결하는 데 기꺼이 돈을 내는 사람들이다. 사용자들은 비용을 지불할 만큼 불편해지지는 않았다. 사용자 경험을 개선하고 사용자 통화 대기시간을 줄이는 데 기꺼이 돈을 내는 기업들이 실제 고객이었다.

패스트커스터머는 비즈니스 모델을 바꿨다. 사용자에게는 애플리케이션을 무료로 배포하고 기업에게는 서비스를 팔기 시작했다. 기업들은 패스트커스터머 백엔드를 콜센터 시스템에 바로 통합하거나 웹사이트에 전화 연결 버튼으로 서비스를 제공할 수 있게 돈을 낼 것이다. 더 이상 통화 대기시간은 없다. 패스트커스터머는 성공을 거뒀다.

비즈니스 모델 실험

혁신 실험은 애플리케이션에서 어떤 기능이 적합한지, 어떤 웹페이지가 더 많은 클릭을 유도할지 결정하고 적절한 비즈니스 모델을 만들기 위해 실험한다. 앞의 예처럼 다른 혁신적 비즈니스 모델을 가진 동일한 제품이 성패의 차이가 될 수 있다. 새로운 비즈니스 모델을 만드는 방법을 살펴보자.

3장에서 이미 소개했던 알렉산더 오스터왈더와 예스 피그누어의 혁신적 저서 『비즈니스 모델의 탄생: 상상과 혁신, 가능성이 폭발하는 비즈니스 모델 캔버스 활용』(비즈니스북스, 2021)에서는 효과적인 비즈니스 모델을 도출할 수 있도록 다양한 모델을 실험한 기업 사례를 제시한다. 위에서 이야기한 패스트커스터머 사례와 비슷하게 가정용 에스프레소 기계 업체인 네스프레소Nespresso 등 여러 기업 사례가 있다. 비즈니스 모델은 기업이 고객에게 최상의 비즈니스 가치를 전달할 수 있는 방식으로 제품을 시장에 내놓게 하고 기업을 시장에 성공적으로 안착시켜야 한다. 기업은 제품 변경 없이 다양한 모델을 실험해 시장에 적합한 비즈니스 모델을 찾아낸다.

이 책을 만든 과정도 혁신적이다. 저자는 책의 핵심 아이디어와 제안 내용을 개발하고 다듬고 검증해 각국 기업 리더와 인터뷰하는 대신 커뮤니티 사이트 Ning.com에서 커뮤니티를 만들어 여러 사람이 집필에 참여할 수 있게 했다. 집필에 참여하려면 입회비가 필요했는데 사람들은 입회비가 24달러에서 243달러로 오를 때까지 계속 올렸다. 이렇게 45개국 470명이 집필에 참여했고 내용을 검토하고 다시 쓰고 사례 연구에 기여하고 그림이 많이 들어가는 책인 만큼 디자인에도 기여했다. 그 결과 이 책은 전 세계 스타트업과 혁신가의 필독서가 됐고 새로운 책 쓰기 모델이 탄생했다(윌슨, 2010).

IT 조직의 관점에서 혁신을 말할 때 정교한 기술과 잘 설계된 UX, 새롭고 멋진 기능으로 무장해 시장에 충격을 던지는 애플리케이션을 떠올린다. 하지만 기술보다 비즈니스 모델 변경으로 더 많은 혁신이 일어난다. 우버는 사용하기 쉬운 모바일 애플리케이션을 제공했지만 실패했다. 모바일 애플리케이션은 당연히 사용하기 쉬워야 한다. 애플리케이션을 모바일 시장에 내놓기 위한 최소한의 조건이다. 우버는 비즈니스 모델을 혁신하고자 했고 다양한 비즈니스 모델을 실험했다(지금도 하고 있다). 원래 우버는 스케줄 사이에서 놀고 있는 리무진 택시를 찾아 더 저렴한 비용으로 승차 서비스를 연결해주는 애플리케이션을 제공했다. 이는 현재도 우버블랙으로 유지되고 있다. 하지만 오늘날 사업 핵심은 실험을 통해 진화했는데 알다시피 일반인이 개인 자가용을 이용해 요금을 받고 승차 서비스를 제공하는 것이다.

여기서 IT 조직은 비즈니스 모델을 실험할 수 있는 플랫폼 역할을 수행한다. 여러 비즈니스 모델을 필요에 따라 도입해 롤백할 수 있다. 피드백을 신속하게 수집, 분석해 각 실험 결과를 평가한 후 진행할지 롤백할지 결정한다. 이 피드백은 현재 어떤 모델이 사용자군에 적합한지 확인하는 데 사용할 수 있다. 혁신은 기술 자체가 아니다. 비 내리는 밤 길모퉁이에서 택시를 기다리는 사람은 무슨 기술이든 신경쓰지 않는다. 무슨 지도 API를 사용해 탑승 위치를 표시하는지, 모바일 백엔드 서비스 처리에 컨테이너가 사용되는지 상관없다. IT 조직의 목표는 실험을 위해 비즈니스 모델을 빨리 변경할 수 있는 린처럼 효율적인 플랫폼을 제공하는 것이다.

새로운 사용자 참여 모델을 위한 혁신

새로운 사용자 참여 모델 탐색은 또 다른 혁신 방법이다. 새로운 모델로 기존 고객에게 새로운 비즈니스 역량을 제공하거나 기존 비즈니스 역량을 제공할 만한 새로운 시장을 찾아낸다. 실험은 이러한 새로운 참여 모델을 찾아내는 데 다시 중요한 역할을 한다.

다른 실제 사례를 보자. 2002년 프랜차이즈 패스트푸드업체 맥도날드는 편의점 운영으로 사업을 확장해 새로운 고객 관계를 만들고자 했다(더 무비 네트워크, 2014). 맥도날드는 완전히 자동화된 무인 편의점을 개발해 고객이 퇴근하는 길에 뒀다. 무인 편의점(그림 5.1)은 키오스크(자판기)로 신선식품, 우유, 과자, DVD 등 보통 편의점에서 판매하는 모든 것을 팔고자 했다. 또한 이동식으로 개발돼 위치를 쉽게 옮길 수 있게 했다. 하지만 안타깝게도 실험은 실패했다. 모든 제품을 키오스크로 팔 수는 없었다. 경영진은 무인 편의점 컨셉 전체를 버리는 대신 무엇을 살릴 수 있을지 살펴봤다. DVD 판매와 대여는 꽤 잘 돌아갔다. 키오스크에서 DVD 대여를 주저하는 사람은 아무도 없었다. DVD를 빌려주는 사람이 굳이 필요한가? 맥도날드는 DVD 키오스크만 남겨두고 다른 키오스크를 모두 없앴다. 그렇게 DVD, 블루레이, 비디오게임 대여 키오스크 회사인 레드박스[Redbox]가 탄생했다!

그림 5.1 2002년 워싱턴 DC의 레드박스 편의점 키오스크(이미저, 2013)

이 사례에서 실제 비즈니스 모델의 핵심은 고객에게 제품을 판매하는 셀프 서비스식 키오스크를 제공하는 것으로 변경 없이 유지됐다. 변경된 것은 비즈니스 서비스가 제공되는 기술 플랫폼이었다. 플랫폼은 실험으로 기능이 개선됐고 고객의 참여 방식을 바꾸고 식료품까지 판매하던 대규모 키오스크에서 DVD만 판매하는 소규모 키오스크로 축소됐다. 또한 플랫폼은 이후 블루레이와 비디오게임 디스크도 대여할 수 있게 개선됐다. 플랫폼을 제공하는 팀은 비즈니스가 지향하는 것과 고객을 어떻게 참여시킬 것인가에 따라 플랫폼을 민첩하게 변경할 수 있어야만 했다(키오스크 예에서 대폭 축소함).

IT 팀은 플랫폼이 민첩하고 탄력적으로 변경될 수 있도록 기술을 확보할 책임이 있었다. 그 일환으로 플랫폼에 측정 모듈을 설치해 비즈니스에 대한 지속적 피드백을 제공하게 했다. 이러한 피드백으로 다른 키오스크의 수익은 저조한 반면 DVD 대여 키오스크에서는 수익이 나는 것을 알수 있었다. 그래서 키오스크의 DVD 대여 부분을 제외하고 전부 없애기로 해 범위는 좁혀졌지만 더 성공적인 실험에 초점을 맞췄다.

실제로 어떤 실험이 성공적인지 확인하는 데는 간단한 측정 모듈이 필요할 수도 있고 복잡한 측정 모듈이 필요할 수도 있다. 위 예의 키오스크처럼 어떤 제품이 수익이 나는지 측정하는 정도일때는 간단한 측정 모듈이 필요하다. 그러나 애플리케이션에 여러 실험을 수행하는 복잡한 시나리오에서는 측정 모듈이 많이 필요할 수 있다. 다양한 실험 데이터를 수집해 모든 실험 결과를 개별적으로 평가할 수 있도록 데이터를 분석해 피드백을 제공해야 하기 때문이다. 이에 대해서는 6장에서 실험의 필요성과 함께 더 자세하게 다룬다.

혁신과 스포츠 고객 경험

고객 경험(CX, Customer eXperience)은 최고 마케팅 책임자(CMO)와 모든 마케팅 담당자가 마주치는 뜨거운 화두다. 성공하기 위해서는 항상 최적의 고객 경험을 제공해야 한다.

프로 스포츠도 다르지 않다. 팬들의 경험이 전적으로 경기현장에서의 경험을 바탕으로 전달되던 시대는 끝났다. 오늘날 스포츠팀은 기업과 마찬가지로 고객을 최우선시하고 고객에게 가능하면 최고의 경험을 제공해야 한다.

지난 1년여 동안… 내셔널 풋볼리그의 두 팀은 고객 경험을 크게 향상시켰다. 인디애나폴리스 콜츠(Indianapolis Colts)는 팬들이 게임 중 경험을 유지할 수 있게 모바일 애플리케이션을 활용한다. 필라델피아 이글스(Philadelphia Eagles)는 파나소닉과 제휴해 엔드존 전광판을 고해상도 디스플레이로 팬들에게 제공한다. 이 디스플레이는 내셔널 풋볼리그에서 해상도가 가장 높고 경기장 곳곳에 여러 대화형 HD판으로 구성된다.

– 올렌스키(2015)

핵심 주제

4장에서 다양한 전략으로 핵심 주제를 살펴봤듯이 여러 혁신 중심 전략의 기초인 핵심 주제를 다음과 같이 소개한다.

- 다중 속도 IT 달성
- 지속적인 타당성 확인
- 실험 활성화
- 안티프래질 시스템 제공

다중 속도 IT 달성

멀티스포츠 선수

2016년 내셔널 풋볼리그 신인 드래프트 1라운드에서 뽑힌 대부분의 선수들은 미식축구와 다른 종목을 동시에 준비하던 중이었다. 선발된 31명 중 28명이 농구, 야구, 육상 등을 병행하는 멀티스포츠 선수였다. 드래프트 종합 1위 제러드 고프(Jared Goff)는 캘리포니아 마린 가톨릭고교에서 미식축구, 야구, 농구선수였다.

고프처럼 3개 종목을 준비하던 선수는 선발된 31명 중 12명이었다. 고프와 함께 뛰는 선수로는 쿼터백 카슨 웬츠(Carson Wentz)(야구, 농구), 리시버 코리 콜먼(Corey Coleman)(농구, 육상), 라인맨 잭 콘클린(Jack Conklin)(농구, 육상) 등이 있다.

– 스피왁(2016)

어린 선수들이 다방면으로 기술을 개발할 수 있도록 여러 종목 선수로 뛰어야 하는지에 대한 논의는 차치하더라도 IT 세계에서는 다중 속도 IT를 지원해야 한다. 다중 속도 IT는 다양한 사이클 타임과 전달 속도로 발생한 여러 개의 전달 파이프라인 환경에 대응하는 전략이다. 다중 속도 IT 지원은 옵션이 아닌 현실이다.

현실세계에서는 팀별로 다른 기술 플랫폼과 속도를 지원할 수 있도록 데브옵스를 여러 전달 파이프라인에 도입해야 한다. 대부분 비즈니스 시스템은 여러 애플리케이션에서 서비스를 요구하기 때문에 여러 전달 파이프라인을 조정해야 한다. 애플리케이션 전달과 릴리즈가 일어날 때마다 종속관계의 다른 서비스 및 애플리케이션과 조정돼야 한다. 이를 보장하기 위해서는 다른 전달 파이프라인이 제공하는 서비스 간 구조적 종속성을 식별해 알아야 한다. 또한 문제를 파악하기 위해서는 전달 파이프라인 추적성을 확보해야 한다. 추적성으로 각 전달 파이프라인 상태를 선택적으로 캡처해 분석할 수 있고 모든 애플리케이션(또는 서비스) 전달과 릴리즈 계획에서 이슈, 지연, 변경을 사전에 파악해 문제를 예방할 수 있다.

　　4장에서 소개했듯이 5개 영역에서 다중 속도 전달 파이프라인의 통합이 필요하다. 여기서 전체 전달 파이프라인에 걸쳐 도구 표준화도 이뤄져야 한다. 다중 속도 IT 환경에서 여러 전달 파이프라인 전체에 걸쳐 표준화된 통합 도구 세트가 있으면 적절한 계획 수립, 아키텍처 설계, 추적성 확보, 상태 확인이 보장된다. 5개 접점을 살펴보자.

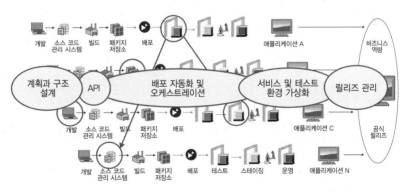

그림 5.2 다중 속도 IT 접점

1. **계획과 아키텍처** 애플리케이션 전달 및 릴리즈 계획은 독립적으로 세워지면 안 된다. 다양한 애플리케이션 간 구조적 종속성을 문서화해 알아야 한다. 종속성이 확인돼야 어떤 애플리케이션(서비스)이 어느 애플리케이션(서비스)에 종속되는지 제대로 평가할 수 있다. 종속성을 파악하면 각 애플리케이션(서비스)을 개발, 전달, 릴리즈할 때 이와 종속관계인 다른 애플리케이션(서비스) 계획과 적절하게 조율해 계획을 세울 수 있다.

   모든 자원을 특정 애플리케이션 릴리즈에 맞춰 특정 애플리케이션만 이용할 수 있게 하는 방법은 불합리하다. 종속관계의 서비스도 일종의 자원이므로 특정 애플리케이션만 이용할 수 있다. 자원은 다른 데서도 사용할 수 있어야 한다. 그러면 애플리케이션 릴리즈에 더 많은 시간을 할애할 수 있다. 계획을 세운 후에는 프로젝트 과제와 작업 항목을 관리하는 데 표준화된 도구 세트를 사용해야 한다. 모든 전달 파이프라인에 걸쳐 모든 실무자는 전달 계획, 팀에 할당된 작업 항목, 프로젝트 백로그에 접근할 수 있어야 하고 가시성을 확보해야 한다. 프로젝트 전반에 걸쳐 실무자가 확보해야 할 가시성 수준은 프로젝트 간 종속성에 따라 결정해야 한다.

2. **API** 애플리케이션의 개발 사이클과 릴리즈 사이클은 애플리케이션 간 구조적 종속성 때문에 다른 애플리케이션의 영향을 받는다. 상황이 더 복잡할 때는 버전에 따라 구조적 종속성이 달라질 수도 있다. 예를 들어 1.0 버전의 A 애플리케이션이 2.0 버전의 B 애플리케이션과만 통신할 수 있는 경우가 있다. 애플리케이션 간 통합은 A, B 애플리케이션 각각의 새 버전이 나올 때마다 변경된다. 구조적 종속성은 애플리케이션 결합도를 낮춰 줄일 수 있다.

   이는 애플리케이션이나 서비스 간 통신에 사용되는 잘 정의된 API로 결합도를 낮출 수 있다. 잘 정의된 API로 다른 애플리케이션의 세부 구현사항을 알 필요 없이 새로운 버전을 통합할 때도 변경할 필요 없이 애플리케이션을 개발할 수 있다. 일반적으로 API가 변경되지 않아야 애플리케이션 간 인터페이스 변경도 거의 일어나지 않는다. 이를 위해서는 좋은 API를 설계해 구현해야 하며 5장 후반부에서 관련 전략을 다룬다.

3. **배포 자동화 및 오케스트레이션** 배포 자동화는 4장에서 이야기했듯이 모든 전달 파이프라인에 걸쳐 표준화돼야 하는 영역으로 필요에 따라 애플리케이션을 적절한 환경에 배포할 수 있어야 한다. 전달 파이프라인마다 배포 도구가 다르면 전달 파이프라인 간 배포를 조정하는 것이 복잡해진다. 배포 프로세스와 도구를 표준화하면 필요할 때 여러 전달 파이프라인과 환경에 모든 컴포넌트, 애플리케이션, 서비스를 배포할 수 있는 단일 배포 프로세스를 만들 수 있다. 환경 프로비저닝과 오케스트레이션도 마찬가지다. 프로비저닝과 오케스트레이션용 플랫폼을 하나로 통일하면 프로세스를 단순화할 수 있고 필요하면 여러 환경을 프로비저닝할 수 있다.

   빌드 자동화, 환경 프로비저닝, 오케스트레이션에 사용되는 도구, 기술 표준화가 항상 실용적인 것이 아닐 때도 있다. 하지만 도구 수는 최소화해야 한다. 각 기술 스택에 표준화된 도구를 최대 2개 이내에서 사용하는 것을 목표로 해야 한다.

4. **테스트용 서비스와 환경의 가상화** 애플리케이션(서비스) 테스트 준비가 되더라도 종속관계의 다른 애플리케이션(서비스)은 준비가 안돼 있을 수 있다. 애플리케이션은 각각 다른 사이클 타임과 릴리즈 계획이 있을 수 있기 때문이다. 이용 계획도 항상 조정될 수는 없다. 또한 애플리케이션(서비스)에서 필요한 테스트 환경과 데이터도 이용할 수 없을 수 있다. 이 문제는 서비스, 애플리케이션, 환경, 데이터 소스를 가상화해 해결할 수 있다. 다른 애플리케이션(서비스)과

상관없이 애플리케이션(서비스)을 테스트할 수 있다. 4장에서 이를 자세하게 다뤘다.

5. **릴리즈 관리** 비즈니스 시스템은 여러 애플리케이션과 서비스로 구성되고 여러 전달 파이프라인을 통해 전달된다. 이러한 비즈니스 시스템을 릴리즈하기 위해서는 관련된 모든 전달 파이프라인에 걸쳐 전달하고 계획에 따라 릴리즈하는 공동 노력이 필요하다. 이전부터 여러 조직은 대규모 스프레드시트에 개발 중인 각 컴포넌트 데이터, 컴포넌트 간 종속성, 각 전달 파이프라인 상태 등을 기록해 관리해왔다. 품질 게이트를 둬 애플리케이션(서비스)을 운영 환경에 릴리즈하기 전에 다양한 항목을 검증한다. 이 과정에서 애플리케이션(서비스)의 추적성도 관리한다. 종속관계의 모든 애플리케이션(서비스)에 걸쳐 모든 통합 지점과 통합 지점 테스트를 추적하고 관리해야 한다. 이를 위해서는 스프레드시트가 아닌 표준화된 도구를 활용해 모든 전달 파이프라인과 기술 스택에서 각 애플리케이션(서비스) 릴리즈를 추적하고 관리해야 한다. 프로젝트와 작업 항목을 도구로 관리하면 각 전달 파이프라인의 상태 정보를 자동 추출하거나 각 전달 파이프라인에서 사용 중인 배포 자동화 도구의 상태 정보를 추출할 수 있다.

혁신을 진행하는 데 다중 속도 IT 지원은 필수다. 혁신을 이루기 위해서는 속도가 필요하다. 여러 실험을 진행할 수 있도록 필요할 때 애플리케이션 등을 전달할 수 있어야 한다. 종속관계의 다른 전달 파이프라인에 구애받지 않아야 하고 가장 느린 전달 파이프라인 속도의 영향도 받으면 안 된다.

지속적인 타당성 확인

과훈련 증후군

모든 선수는 열심히 노력해야 경기력이 향상된다고 믿는다. 하지만 혹독한 훈련은 선수를 지치게 하고 약하게 만든다. 휴식이 더 강하게 만든다. 스포츠에서 생리학적 향상은 고된 훈련 뒤 휴식할 때 일어난다. 이 과정은 심혈관과 근육 시스템이 최대 부하를 받을 때 시작된다. 심혈관은 심장 효율을 향상시키고 근육은 모세혈관을 확장해 세포 내에 글리코겐을 더 많이 저장하고 미토콘드리아 효소를 증가시킨다. 이러한 시스템은 받은 스트레스(부하)를 견딜 수 있도록 더 높은 수준으로 발전한다. 그 결과 더 높은 성과를 낼 수 있다.

훈련 프로그램에 충분한 휴식을 넣지 않으면 회복도 어렵고 경기력 향상도 기대할 수 없다. 과도한 훈련과 부족한 휴식이 지속되면 경기력은 오히려 감소할 것이다. 선수가 휴식을 취할 수 없을 정도로 반복적으로 훈련해 스트레스 받은 상태를 과도한 훈련으로 정의하면 된다. "과훈련 증후군"은 수 주부터 수 개월 간 지속된 과도한 훈련으로 인한 정서적, 행동적, 신체적 증상 모음을 뜻한다. 또한 선수진과 코치진은 이를 "탈진", "기진맥진" 상태라고도 부른다. 이는 흔히 그날그날 달라지는 경기력이나 운동 후의 피곤과 다르다. 과도한 훈련은 회복 기간이 지난 후에도 계속 탈진한 채 있게 한다.

가장 흔한 증상은 피로감이다. 이 때문에 운동 수준이 제한되거나 계속 쉬는 상태로 있을 수도 있다. 또한 감정기복이 심해지고 쉽게 짜증이 나고 수면 패턴이 바뀌고 우울감을 느끼고 스포츠에 대한 열정이 사라지고 경쟁심이 줄어들 수도 있다. 일부는 식욕감퇴와 체중감소를 겪는다. 신체적 증상으로는 지속적인 근육통, 잦은 감기, 잦은 부상 등이 있다.

– 젠킨스(1998)

과도한 훈련은 선수들이 "감정기복이 심해지고 쉽게 짜증나고 수면 패턴이 바뀌고 우울감을 느끼게" 만든다. IT 전문가 특히 개발자에게도 이런 현상을 똑같이 겪게 할 수 있다. 작업자가 프로젝트에 대한 주인의식을 갖고 시간과 열정을 쏟아 프로젝트를 완성하게 한 후 프로젝트가 잘못 만들어졌다는 것을 알려주면 된다. 일부 코드 모듈이든 전체 프로젝트든 문제를 잘못 식별해 사용되지 않는 것을 만들면 문제를 푸는 데 들인 개인의 시간과 에너지를 낭비한 셈이 된다. 개인의 시간과 에너지도 일종의 자원으로 조직 전체 관점에서도 자원을 낭비한 셈이다. 회사의 미래와 존립을 걸고 투자해 제품을 출시했는데 시장에서 팔리지 않으면 회사는 파산한다. 닷컴 스타트업의 실패 사례를 생각해보자[1]. 펫츠닷컴^{Pets.com}, 이토이즈닷컴^{eToys.com}, 웹반닷컴^{Webvan.com} 등이 있었다. 대기업 IT 부서에는 출시 후 고객의 외면을 받아 빛도 못 보고 보류된 프로젝트로 가득하다. 그러한 프로젝트의 대부분은 개발 완료 후 시장에 출시되고 나서야 비로소 제공하는 기능이 고객이 원하는 바와 다르다는 것을 알게 된다.

린 스타트업

린 스타트업은 에릭 리스^{Eric Ries}의 저서 『린 스타트업: 지속적 혁신을 실현하는 창업의 과학』(인사이트, 2012)에서 처음 시작됐으며 제품(IT 등) 전달에 대한 또 다른 접근법을 제시한다. 제시한 접근법의 목표는 완전한 제품을 만드는 것이 아니라 고객과 제품의 비전을 지속적으로 검증하면서 제품을 맞게 만들고 있는지 계속 확인하는 것이다. 이러한 검증은 새로운 기능을 여러 단계로 쪼개 전달하면서(배치 크기 축소) 타당성을 지속적으로 확인할 수 있도록 보장하고 실제 사용자로부터 제품에 대한 피드백을 빨리 받을 수 있는 사이클을 개발하면서(사이클 타임의 최소화) 수행된다. 보다시피 이러한 원칙들은 4장에서 소개한 데브옵스 원칙과 완전하게 일치한다.

린 스타트업의 4대 핵심 특징은 다음과 같다.

1. **불확실성을 제거하라** 제품 전달에 대한 확실한 방법론을 가져야 한

---

1 닷컴 버블, IT 버블이라고도 한다. 1995~2000년 사이 인터넷 관련 벤처(스타트업)가 우후죽순 창업돼 많은 투자를 받았지만 결과적으로 실패했다. 이는 주가폭락으로 이어져 시장경제에 큰 영향을 미쳤다. – 옮긴이

다. 무슨 일이 있더라도 제품을 전달해야 한다는 일념으로 죽을 만큼 노력할 것이 아니라 제품 전달 방법을 체계화해 익숙해져야 한다. 이는 데브옵스 전략과도 일맥상통한다.

2. 더 **"열심히"**가 아니라 더 **"똑똑하게"** 일하라 가장 중요한 질문은 "이 제품을 만들 수 있는가?"가 아니라 "이 제품을 만들어야 하는가?"다. 코드를 작성하기 전에 개발 라이프사이클상에서 실제 사용자와 잠재고객을 일찍 참여시켜 제품 타당성을 검증해야만 적합한 제품이 전달될 수 있다.

3. **최소 기능 제품**^{MVP, Minimum Viable Product}**을 개발하라** 최소 기능 제품은 사용자의 요구사항을 충족시키는지, 비즈니스 가치를 전달할 수 있는지, 사용자가 확인할 수 있게 하는 최소한의 기능이다. 최소 기능 제품은 최소한의 투자로 사용자가 원하는 바를 학습할 수 있다.

4. **학습한 것을 검증하라** 린 스타트업에서 작업 진행 단위는 학습한 것으로 검증한다. 사용자가 원하는 방향으로 팀이 맞게 빌드하는지 계속 확인하면 사용자가 원하는 부분과 다른 부분이 있다는 것을 아는 순간 바로 방향을 바꿀 수 있다.

최소 기능 제품(MVP)

애플리케이션에서 MVP는 고객의 요구를 충족시키고 시장에서 아이디어를 시험하기 위해 개발해야 하는 최소한의 기능 모음이다. 기술적인 부분을 빼면 MVP를 만드는 것은 스포츠팀을 구성하는 것과 비슷하다. MVP는 스타 선수들이다. 스타 선수는 플레이 메이커 즉 경기를 진두지휘하는 팀의 주축 선수다. 미식축구에는 뛰어난 쿼터백, 축구에는 유능한 공격형 미드필더가 있다. 팀이 성공하기 위해서는 스타 선수와 먼저 계약하고 다른 선수는 차차 찾아봐야 한다. 이처럼 애플리케이션도 주요 기능부터 먼저 개발하고 다른 기능은 차차 개발하면 된다.

– 블루 라벨 랩스(2016)

린 스타트업에서 제시한 접근법은 스타트업에서 새로운 애플리케이션을 전달할 때뿐만 아니라 기업 내의 IT 조직에서 고품질 IT 시스템을 전달하는 데도 활용되고 있다. 최종 사용자가 "네트워크 세계를 바꿀" 차세대 애플리케이션을 찾는 밀레니얼 세대이든, 회사 복지 혜택을 더 잘 알고자 하는 직원이든, 단골에게 줄 적합한 제품을 찾는 영업사원이든, 린 스타트업에서 제시한 접근법으로 불필요한 기능과 역량을 개발하는 데 드는 수고를 줄일 수 있다.

디자인 싱킹

전문 학문으로서의 디자인은 지난 세대에 엄청난 진화를 했다. 주로 심미적 스타일에 초점을 맞추던 방식에서 명확하고 명시적으로 "사용자"의 희망, 욕망, 도전, 필요에 초점을 맞추는 방식으로 바뀌었다.

사용자와의 공감대 형성으로 디자이너는 요구사항을 더 잘 충족시킬 수 있다. "디자인 싱킹"으로 알려진 사용자 중심 접근법은 디자이너 등 여러 명이 광범위하고 복잡한 비즈니스와 사회적 문제를 해결할 수 있게 도와준다.

– IBM 디자인(2016)

디자인 싱킹의 핵심인 3가지 원칙이 여기 제시돼 있다. 이러한 원칙은 타당성을 지속적으로 확인해 적합한 제품을 만들기 위해 존재한다.

---

1. 사용자 성과에 집중하라: 사용자는 일할 때 우리가 만든 솔루션을 매일 사용한다. 성공은 우리가 전달하는 기능으로 결정되는 것이 아니다. 사용자 요구를 얼마나 잘 충족시키는가에 따라 결정된다.

2. 다양한 팀에 권한을 부여하라: 다양한 팀이 비슷한 팀보다 더 많은 아이디어를 내고 돌파구를 더 잘 찾는다. 아이디어를 결과로 바꿀 수 있는 권한을 팀에 부여하고 전문가도 배치해야 한다.

3. 지속적으로 재창조하라: 모든 것이 프로토타입이다. 시장에 출시된 솔루션까지도. 이를 단순하게 하나의 반복으로 보면 오래된 문제도 새로운 시각에서

볼 수 있게 된다.

– IBM 디자인(2016)

IBM은 제품 제공 관리 프로세스에 린 스타트업과 디자인 싱킹 원칙을 모두 통합했다. 데브옵스를 도입함으로써 적합한 제품 개발과 전달을 관습화했다. 그 결과 지속적으로 제품 타당성을 확인해 적합한 제품을 만든다.

실험 활성화

코칭 실험

많은 코치가 경험을 쌓고 다른 코치를 관찰하면서 자신의 기술과 지식을 발전시킨다. 하지만 단순하게 경험을 쌓는다고 코칭 능력이 향상된다고 볼 수는 없다. 전문성을 발전시킬 의미 있는 학습 방법으로 경험과 지식을 통합해야 한다. 코치는 자신의 경험을 통해 가장 잘 학습할 방법을 터득해야 한다. 이러한 점에서 성찰적 습관은 주요 학습 도구다.

코치가 여러 가지 해결책을 찾으면 각 해결책이 불러오는 결과를 분석해 가장 적절한 해결책을 선택해야 한다. 이러한 실험은 가상으로 이뤄질 때도 있다. 코치는 동료에게 자신의 아이디어를 제시하고 피드백을 받을 수 있다. 시즌이 끝나고 다음 시즌을 준비할 때 가상 실험은 실용적이다. 실제 실험은 해결책을 실행하고 결과를 검토할 수 있는 시즌 중에 이뤄진다.

성찰적 습관을 갖고 실험하는 것과 시행착오적 습관을 갖고 실험하는 것은 다르다는 것을 알아야 한다. 시행착오는 실패하면 성공할 때까지 뭐든지 수행하는 것을 의미한다. 이는 성찰적 실험과 비교하면 무작위적이고 예측할 수 없다. 성찰적 실험은 학습과 경험을 바탕으로 아이디어를 도출해 수행한다. 이러한 접근법은 예측하기 더 쉽고 주의 깊이 생각할 수 있게 하고 선수들에게 더 효과적인 학습 환경을 제공한다.

– 파레스(2004)

특정 팀과 경기하거나 지난 경기에서 발견된 전략의 결함을 해결하기 위해 코치는 새로운 전략을 실험해 다음 경기에 준비해야 한다. 마찬가지로 혁신을 추구하는 조직은 새로운 아이디어, 새로운 기능, 새로운 사용자 경험, 새로운 사용자 인터페이스, 새로운 비즈니스 모델, 새로운 기술을 실험할 수 있어야 한다. 혁신을 추진하는 데는 린 스타트업 운동이 대중화한 2가지 개념이 있다.

- 최소 기능 제품^{MVP}
- 빠른 실패

실험의 목표는 완전한 기능을 갖춘 제품 개발을 막는 것이다. 그 대신 MVP로 실험해 적합한 제품인지 확인하고 빠른 실패를 겪는다. 이러한 과정에서 결국 적합한 제품을 성공적으로 만들 수 있다. 빠른 실험을 위해서는 MVP로 실험해 빠른 실패를 겪어야 한다. 혁신 속도는 여러 실험을 수행하는 속도로 결정된다. 하나의 성공적인 실험을 발견하기 위해서는 많은 실험이 필요하므로 실패도 빨리 일어나야 실험 속도도 빨라진다.

A/B 테스트

A/B 테스트는 하나의 형상에 대해 여러 변형을 동시에 테스트해 빨리 실험할 수 있게 해주는 일반적인 기술이다. A/B 테스트의 목적은 무작위로 사용자에게 두 버전의 웹페이지(기능, 애플리케이션 등)를 제시해 어느 버전이 더 잘 동작하고 생산적인지 확인하는 것이다. 이 프로세스에는 사용자가 두 버전과 어떻게 상호작용하는지 세부적으로 측정해 비교할 수 있게 해주는 측정 모듈이 필요하다. 측정 모듈은 애플리케이션 등에 내장돼 있어야 한다. 이러한 테스트로 개발자와 사업 관련 부서는 어느 버전의 기능을 유지해 계속 개발하고 어느 버전을 삭제할지 결정할 수 있다.

다음은 A/B 테스트를 구현해 최대 결과를 얻고 테스트 중인 기능의 문제점을 실험으로 빨리 발견하기 위한 핵심 실천 방안이다.

- **성공 척도를 정의하라** 어느 버전이 더 좋은 결과를 얻었는지 어느 항목을 어떻게 측정해 알 수 있는가? 판매된 항목, 등록 수, 클릭 횟수, 소요시간, 탐색 항목, 페이지 이탈률, 장바구니 비우기 여부 등의 측정 방법과 기준을 세워 성패 여부를 결정하고 측정 모듈을 설치해 측정해야 한다.
- **동시에 테스트하라** A/B 테스트는 같은 기간 동안 같은 인원 수의 사용자에게 시행해야 한다.
- **애플리케이션 전체에 걸쳐 일관된 버전을 유지하라** 형상이 같은 버전은 작업과 결과가 일관성 있게 도출되게 해야 한다. 따라서 형상이 같은 버전은 일부 영역만 같게 할 것이 아니라 애플리케이션 전체에 걸쳐 같게 구성돼야 한다.
- **시간을 두고 모니터링하라** 두 버전에서 각각 통계적으로 의미 있는 데이터 세트를 수집해 시험 결과를 분석할 수 있어야 한다. 이를 위해서는 충분한 사용자를 확보할 수 있도록 충분한 시간을 두고 테스트를 수행해야 한다. 충분한 데이터가 수집되면 추가적으로 트렌드도 볼 수 있고 이상 수치의 영향도 줄일 수 있다.
- **A/B 테스트를 많이 시행하라** 지속적으로 작은 변경사항(작은 배치)을 만들고 A/B 테스트를 신속하게 수행해 어떤 변경사항을 적용할지 결정할 수 있다. 이를 통해 자원 낭비를 최소화하면서 빠른 실패를 경험할 수 있다.

A/B 테스트를 수행하기 위해서는 전달 플랫폼과 운영 환경에서 특정 핵심 기능이 필요하다.

- 접속하는 사용자를 절반으로 나눠 각 버전으로 보낼 수 있도록 애플리케이션 두 버전을 두 세트의 서버에 배포하는 기능. 서버 세트를 타깃으로 배포해야 한다. 애플리케이션을 모든 서버에 배포하

는 이것 아니면 저것 식의 배포 모델은 안 된다.
- 같은 수의 사용자를 각 서버 세트로 무작위로 보내는 라우팅 기능
- 실패 버전을 성공 버전으로 되돌릴 수 있도록 배포를 앞으로 롤백하는 기능

실험을 빨리 수행하기 위해서는 이에 맞게 설계된 기술 플랫폼 즉 애플리케이션 전달 파이프라인이 필요하다. 타깃 서버 세트에 새로운 기능을 빨리 전달할 수 있어야 하고 애플리케이션과 사용자 행동을 모니터링할 수 있어야 하고 올바른 테스트 데이터를 수집하고 분석해 신속하게 실패할 수 있어야 한다.

안티프래질 시스템 전달

안티프래질 선수 육성

나는 시애틀 사운더스(Seattle Sounders) FC 2014 스포츠 과학 주간에서 안티프래질 선수 육성 방안을 들었다. 사운더스의 성과 관리자 데이브 테니(Dave Tenney)는 첫 세션에서 안티프래질 선수 육성이 어디서 나왔는지(선수들이 많은 경기에서 부상으로 빠지는 데서 나옴), 항공 및 원자력 업계의 안티프래질 개념에서 우리가 배울 교훈은 무엇인지, 실제로 부상이 잦은 선수를 부상당하지 않도록 어떻게 변화시킬 수 있는지 개괄적으로 제시했다.

사운더스는 실제로 경기에서 스포츠 성과 데이터를 수집하고 분석하는 데 앞장서고 있다. 분석 척도로는 회복, 신경계 준비 상태, 부상과 계획 준수 관계, 수면, 선수 이동거리, 선수가 받는 부하의 유형 등이 있다. 여기서 2개 척도를 눈여겨볼 만하다. 하나는 "속도 부하" 대 "신체 부하"를 측정할 수 있다는 점이다. 이를 측정하는 데 사용하는 기술도 놀랍다. 각 선수가 경기 때 움직이는 거리와 범위를 측정하는 데 GPS를 이용하고 이동 양상도 측정한다. "속도 부하"는 선형 이동을 나타낸다. 평근 영역에서 일어나며 일반적인 게임 상황에서 더 흔하다. "신체 부하"는 방향 변화를 나타낸다. 후방 사슬근육에 부하를 싣는 경향이 있고 소규모 게임 상황(5:5, 3:3 축

구 등)에서 잘 나타난다. 이렇게 측정한 데이터를 분석해 개별 선수가 받는 근골격
계 부하를 알 수 있다.

또 하나는 수면 데이터를 측정할 수 있다는 점이다. 선수가 매일 언제 자고 일어나
는지, 얼마나 뒤척이는지 추적하기 위해 모니터를 사용한다. 데이브는 사운더스에
서 성적이 일관성 있게 우수한 선수는 규칙적인 수면을 취하고 수면의 질도 높다고
말했다. 성적이 우수한 선수는 평균 오후 9시 44분~10시 15분 사이에 잠들었다.

― 카빈(2014)

운동선수의 가장 큰 걱정은 부상이다. 하지만 부상 위험에 노출될 수
밖에 없다. 선수가 하는 일이 그렇게 만들기 때문이다. 미식축구처럼 접
촉이 잦거나 체조의 도마 종목처럼 위험하고 원래 빠르게 움직이는 스포
츠뿐만 아니라 겉보기에 "안전한" 골프, 테니스도 근육의 과도한 긴장이
나 움직임으로 부상을 입을 수 있다. 선수는 부상으로 경기에서 몇 분 빠
지는 정도에서 끝날 수 있지만 선수생활이 끝나거나 영구적 장애를 입거
나 사망할 수도 있다. 이렇게 스트레스를 많이 받는 환경에서도 선수가
잘 지낼 수 있도록 많은 연구가 이뤄졌다. 선수가 훈련을 잘 받고 좋은
컨디션을 유지하고 회복력이 좋아져 더 빨리 회복하고 더 강해지고 신체
를 안티프래질로 만들려면 어떻게 해야 하는지 연구했다. 이는 가혹한 상
황에서도 유지돼야 하는 IT 시스템에도 적용된다. 특히 지속적 실험이 가
능하도록 잦은 변화에 맞춰 설계된 IT 시스템에 적용된다. 이러한 IT 시
스템은 서버가 다운되더라도 새 서버가 항상 온라인 상태여야 하는 등
가혹하고 혼란스러운 상황에서 살아남아야 한다. 즉 안티프래질이 돼야
한다.

안티프래질이라는 용어는 나심 니콜라스 탈레브Nassim Nicholas Taleb가 만
들었다. 나심은 파생상품 투자자로 무작위성, 확률이 시장에 미치는 영
향, 인생에 대한 책들을 쓴 작가이기도 하다. 나심은 저서『블랙 스완: 위

험 가득한 세상에서 안전하게 살아남기』(동녘사이언스, 2018)[2]에서 안티프 래질을 처음 소개했다. 블랙 스완에서는 희귀한 사건들이 실제로 사람들 이 생각하는 것(주식시장 붕괴 등)처럼 드문 사건도 무작위적이지 않다고 주장한다. 이후『안티프래질: 불확실성과 충격을 성장으로 이끄는 힘』(와 이즈베리, 2013)을 출간하면서 안티프래질 개념을 확장했다. 여기서 안티 프래질은 프래질(취약함)의 정도가 아니라 혼란한 상황 속에서 진화하는 것을 말한다.

이 책을 인쇄본으로 읽는다면 떨어뜨려도 깨지지 않는다. 인쇄된 책은 튼튼한 물체이기 때문이다. 하지만 이 책을 전자책 형태로 태블릿으로 읽 는다면 어떨까? 태블릿은 원래 깨지기 쉽다. 따라서 단단한 표면에 떨어 뜨리면 손상될 가능성이 높다. 2가지 예는 우리에게 친숙한 시스템이다. 한편 탈레브는 우리가 안티프래질 시스템을 생각하게 한다. 안티프래질 시스템은 약하지도 강하지도 않지만 스트레스를 받는 상황이 되면 더 강 해진다. 살아있고 유기적인 모든 것은 더할 나위 없는 안티프래질 시스템 이다. 탈레브는 뼈를 예로 든다. 뼈가 부러졌을 때 적절한 치료를 받으면 부러진 뼈 부위의 밀도가 더 높아져 손상되지 않은 부위보다 강하다고 한다. 또한 백신은 본질적으로 동물 면역체계의 안티프래질을 활용해 동 작한다. 병원체를 약하게 만들어 인간(동물)에게 주입하고 항체를 형성시 켜 질병에 저항하는 후천 면역이 생기게 한다.

인간의 뇌는 안티프래질 시스템의 궁극적인 예다. 이 책을 읽으면서 기억할 만한 흥미로운 내용을 발견했다고 가정해보자. 이를 일부러 잊으 려고 노력하면 할수록 뇌는 뉴런에 각인된 기억을 더 강하게 만든다. 우 리는 의식적으로 뭔가를 잊을 수 없다. 오히려 더 기억나게 만든다(이별을 겪은 이에게 물어보자). 실험을 하나 해보자. 이 책의 나머지 부분을 읽으면 서 "바나나를 먹으면서 춤추는 원숭이"를 생각하지 말라고 한다면 이는

---

2 원서는 2007년 출간됐다. – 옮긴이

불가능한 것으로 스트레스 상황이 된다. 이 책을 계속 읽으면서 안티프래질 시스템인 뇌의 뉴런은 바나나를 먹으면서 춤추는 원숭이를 무작위로 보여줄 것이다. 이를 막을 방법은 없다.

요약하면 다음과 같다.

- 취약한 것은 스트레스를 받으면 부서지거나 손상된다.
- 튼튼한 것은 스트레스의 영향을 받지 않고 강해지지도 약해지지도 않는다.
- 안티프래질 시스템은 스트레스 조건하에서 더 강력해진다.

IT 시스템과 안티프래질

운영팀은 이전부터 시스템을 튼튼하게 만들기 위해 항상 노력해왔다. 운영팀은 고장나지 않는 시스템, 어떤 스트레스 상황이 발생해도 영향을 받지 않는 시스템을 원한다. 또한 시스템이 스트레스 상황을 완화시키는 과정에서 다운되거나 성능이 저하되더라도 모든 스트레스 상황을 완화시킬 수 있도록 예측 가능한 시스템을 원한다. 정말 튼튼한 시스템을 만들려면 그러한 시스템을 예측하고 구축할 수 있어야 하며 시스템 실패의 모든 원인을 완화시켜야 한다. 이는 오늘날 불확실한 세계에서 만들 수 없다. 최근 시스템들은 정적이 아니라 동적이다. 서버 프로비저닝과 디프로비저닝을 실시간으로 수행한다. 또한 조직 내부뿐만 아니라 외부 조직의 서드파티 등 여러 제공자의 여러 서비스를 활용한다.

잠재적 실패 지점만 조사해 실패를 예측하고 완화 계획을 세우기는 불가능하다. 여기에 스트레스 상황과 실패 지점은 기하급수적으로 증가한다. 개발팀이 새로운 혁신을 계속 시도하며 지속적으로 새로운 버전의 애플리케이션(서비스)을 전달해 변화가 계속 일어나기 때문이다. 데브옵스를 정말 도입하고자 할 때 특히 혁신과 실험에 초점을 맞춘 애플리케이션을 개발하는 데 데브옵스를 이용한다면 실패할 수밖에 없는 이러한 접근 방식은 피해야 한다.

대안으로 안티프래질 시스템을 사용할 수 있다. 이 시스템은 실패가 일어날 거라고 가정한다. 실패는 매우 다양하게 일어난다. 서버가 다운되고 디스크가 고장나고 네트워크는 지연된다. 네트워크 스위치가 고장나고 인터넷이 끊긴다. 할당된 메모리는 부족하고 데이터 처리량을 초과해 데이터 흐름이 다운되거나 매우 느리게 전달된다. 서드파티 서비스가 계약SLA을 준수하지 않는다. 전달된 애플리케이션에 결함이 있다. 너무 많은 사용자가 새로운 애플리케이션에 접근하려고 한다. 미들웨어 구성이 해당 애플리케이션에 맞지 않게 설정된다. 미들웨어 구성을 세세하게 변경할 수 없다. 해커들이 서비스를 손상시키려고 한다. 봇은 애플리케이션에 트래픽 과부하를 일으킨다. 개발 애플리케이션과 다른 애플리케이션을 완전하게 분리하면 서비스가 중단될 수 있다. 다른 시스템의 애플리케이션과 충돌하면 도미노 효과로 개발 애플리케이션에 영향을 미친다. 사람은 일부러 혼란을 일으킨다. 사람은 서비스에 악의적인 백도어를 삽입한다. 사람은 코드에 이스터 에그를 넣는다. 사람은 실수를 저지른다.

이 혼란 속에서도 살아남는 시스템을 만들어야 한다. 시스템은 중단되기 전에 선제적으로 이러한 상황을 처리할 수 있게 구축돼야 한다. 시스템은 주요 서비스를 제공할 수 있는 방법을 찾아 서비스를 계속 제공해야 한다. 다음은 이러한 안티프래질 시스템의 주요 특성이다.

- **빠르게 실패하라** 빠른 실패의 원칙에 따라 안티프래질 시스템은 어떤 실패도 빠르게 처리할 수 있게 만들어야 한다. 서버 인스턴스에 결함이 발생하거나 제대로 동작하지 않는 문제가 발생한다. 이때 문제가 있는 서버 인스턴스를 수정하지 않고 교체하는 방식이 일반적이다. 문제의 서버 인스턴스를 제거하고 새 인스턴스로 교체하면 시스템의 다른 부분은 영향을 받지 않는다.

목표는 유지·보수, 업그레이드 중에도 중단되지 않는 시스템이다. 페이스북은 "이번주 일요일 밤 2~4시 유지·보수로 서비스가 중단됩니다" 같은 메시지를 절대로 보여주지 않는다. 그 대신 다음에 로그인할 때 업그레이드된 사이트를 이용할 수 있다. 5장 후반부에서 블루 그린 배포 등 업데이트에도 중단을 최소화하는 기술을 살펴본다.

■ **자주 실패하라** 실패를 어떻게 해결하고 빠르게 대처할 수 있는가? 자주 실패해보면 된다.

카오스 멍키(Chaos Monkey)와 넷플릭스 시미안 아미(Netflix Simian Army)

타이어에 펑크가 났다고 가정해보자. 트렁크에 스페어 타이어가 있더라도 그것이 정상적인 타이어인지 어떻게 아는가? 타이어 교체 도구는 있는가? 도구를 어떻게 사용하는지 아는가? 고속도로, 빗길, 한밤 중 발생할 수 있는 타이어 펑크에 대처하기 위해서는 집 주변 주차장에서 일주일에 한 번 타이어를 펑크내 교체하는 훈련을 하면 된다. 실제 환경은 비용과 시간이 들지만 클라우드에서는 거의 무료로 자동화할 수 있다.

이것이 카오스 멍키(그림 5.3)를 만들 때 우리의 철학이었다. 카오스 멍키는 일반적인 유형의 실패에 살아남을 수 있도록 운영 환경 인스턴스를 무작위로 비활성화시켜 실패를 일으키는 도구다. 카오스 멍키라는 이름은 데이터센터(또는 클라우드 영역)에 야생 원숭이를 풀어 인스턴스를 무작위로 중단시키고 케이블을 씹어 먹는 상상에서 나왔다. 이러한 와중에도 고객 서비스는 중단없이 지속돼야 한다. 이를 위해 어떤 문제에도 대처할 수 있도록 환경을 세심하게 모니터링하면서 카오스 멍키를 평일에 한 번씩 돌린다. 그러면 시스템 약점을 발견하고 자동 복구 메커니즘을 구축할 수 있다. 그러면 다음 일요일 새벽 3시에 인스턴스 장애가 발생해도 알아차리지도 못할 것이다.

그림 5.3 넷플릭스 시미안 아미(이미지 출처: github.com/Netflix)

카오스 멍키의 성공에 힘입어 다양한 실패를 유도하고 비정상적인 상태를 감지하고 그러한 상황에서도 살아남을 수 있는 능력을 시험해볼 수 있도록 원숭이 부대 즉 시미안 아미(Simian Army)를 만들었다. 가상의 시미안 아미는 클라우드의 안정성, 보안성, 가용성을 높여준다.

– 체이틀린(2011)

안티프래질 시스템은 무작위로 발생하는 문제 상황에 지속적으로 대처할 수 있어야 한다. 모든 IT 운영 조직은 문제를 처리할 수 있는 계획과 규칙이 있지만 안타깝게도 테스트는 거의 안 한다. 스포츠팀이 전략에 완벽을 기하기 위해서는 시즌 전부터 시즌 내내 계속 연습해야 한다. 경기 전략은 일반적인 경기 운영 전략일 수도 있고 중요 경기에 이기기 위한 획기적인 기습 전략일 수도 있다.

뉴올리언스 세인츠는 인디애나폴리스 콜츠를 상대로 기습적인 "온사이드 킥"으로 2010년 제44회 수퍼볼에서 우승을 차지했다. 우승은 상대방을 방심하게 만들어 얻은 것이 아니다. 여러 번 전략 연습을 하고 온전히 자기 것으로 만들어 플레이북에 추가했기 때문에 우승한 것이다(트리플렛, 2014).

■ **평균 고장 간격**MTBF, Mean Time Between Failure**에서 평균 수리시간**MTTR, Mean Time To Repair**으로** 안티프래질 시스템의 성공 여부는 견고한 시스템과 다르게 측정돼야 한다. 견고한 시스템은 이전부터 안정성을 측정할 수 있도록 평균 고장 간격을 측정 기준으로 사용해왔다. 평균 고장 간격은 고장이나 문제 발생 사이의 기간을 측정한다. 안티프래질 IT 시스템은 평균 고장 간격에 집중하면 안 된다. 평균 고장 간격의 측정은 빠르게 자주 실패하려는 목표와 맞지 않다. 안티프래질 시스템은 실패가 일어날 것이며 이를 피할 수 없다고 가정한다. 결과적으로 안티프래질 시스템은 아키텍처 모델과 운영 모델을 평균 수리시간에 집중시킨다. 문제를 얼마나 빨리 고칠 수 있고 서비스 오류를 얼마나 빨리 복구할 수 있는가? 평균 수리시간을 어떻게 최소화하고 오류가 난 서비스가 다른 서비스나 전체 시스템에 미치는 영향을 최소화할 수 있는가? 서버가 "적색"이 되더라도 서비스를 항상 "녹색"으로 운영하기 위해서는 어떻게 해야 할까?

■ **소는 애완동물이 아니다** 시스템 취약성은 실제로 시스템을 너무 견고하게 만들려는 욕망에서 비롯된다. 시스템 관리자는 서버가 항상 잘 관리되고 유지될 수 있도록 서버 관리에 필요한 모든 조치를 취한다. 또한 서버에 문제나 스트레스 상황이 발생했을 때 대처해야 하며 이는 수동으로 처리할 수도 있다. 서버는 원래 하나뿐이어서 시스템 관리자는 서버를 애완동물로 취급했다. 이는 정적 인스턴

스가 실행되는 물리적 서버 세계에서는 괜찮았다. 하지만 오늘날의 동적 인스턴스 환경에서는 괜찮지 않다. 확장성이 없기 때문이다. 서버를 대규모로 관리하고 실시간 모니터링하고 문제를 줄이기 위해서는 자동화가 필요하다. 서버는 소처럼 일해야 한다. 소들은 이름이 없다. 소들은 모든 면에서 서로 동일하다. 소들의 태그는 확장 가능한 규칙으로 명명된다(CattleTags.com, 2016). 소는 병에 걸리면 도태된다. 소들은 사료를 한 번에 함께 먹인다. 소는 대량으로 유지·관리된다. 소는 수명이 정해져 있는데 스테이크나 햄버거, 소시지가 되어 끝난다[3]. 비슷한 방식으로 서버 인스턴스는 개별 이름이 아닌 확장 가능한 규칙으로 명명돼야 한다. 서버들은 서로 동일해야 한다. 서버는 한눈에 모니터링되고 한꺼번에 관리돼야 한다. 서버에 문제가 생기면 수명이 끝났다고 보고 새 인스턴스로 교체해야 한다. 또한 프로비저닝 및 디프로비저닝 방법을 관리하는 라이프사이클을 사전에 정의하고 그에 따라 운영해야 한다(맥컨스, 바이어스, 2012). 이제 "데이지"라는 소는 목장에 없다(있다면 데이지는 목장 주인의 애완동물이다). 마찬가지로 midnight.rational.com이라는 서버가 데이터센터에 있으면 안 된다. 클라우드 기술을 활용해 안티프래질 시스템을 설계하고 전달하는 방법은 5장 후반부에서 다룬다. 다음으로는 혁신 추진에 비즈니스 목적을 두고 데브옵스를 도입하는 전략을 이야기한다. 즉 혁신 가능 영역에 있는 애플리케이션과 서비스를 위한 데브옵스를 말한다.

---

3 채식주의자 분께는 죄송합니다. 다른 비유를 찾기 어려웠습니다.

전략: 데브옵스 플랫폼 구축

이 글의 요점은 다음과 같다.

- 1,018명의 선수는 전·현직 NCAA 소속이다.
- 선수들은 107개 지역을 대표한다(2016 리우데자네이루 올림픽에는 총 206개 지역에서 출전함).
- 선수들은 223개 미국 대학 출신이다.

미국 대학들은 세계적 수준의 스포츠 플랫폼을 개발해왔다. 올림픽 종목의 대부분을 지원할 수 있을 만큼 큰 플랫폼이다(올림픽 종목 이상으로 지원한다. 미식축구, 동계 올림픽도 있다). 또한 장학금과 세계적인 훈련 시설을 갖춰 세계 최고 수준의 신예 선수들을 끌어들인 플랫폼이기도 하다(파렐, 2008). 이 플랫폼은 정말 민첩하고 탄력적이고 확장 가능하고 신뢰할 수 있다.

데브옵스 플랫폼을 민첩하고 탄력적이고 확장 가능하고 신뢰할 수 있게 만들기 위해서는 무엇이 필요할까? 4장에서 애플리케이션 전달 파이프라인을 구축하는 접근법을 제시했다. 여기에는 기술독립적 관점에서의 접근법과 기술종속적 관점에서의 접근법이 있었다. 통합 전달 파이프라인 구축을 위한 아이디어와 앞에서 이야기한 안티프래질 시스템의 필요성을 합쳐보자. 5장의 초점은 혁신을 위한 데브옵스 전략에 맞춰져 있으므로 앞에서 제시한 핵심 주제(편의상 아래에 다시 적음)를 지원하는 데브옵스 플랫폼 구축이 우선이다.

- 다중 속도 IT 달성
- 지속적인 타당성 확인
- 실험 활성화
- 안티프래질 시스템 제공

데브옵스 플랫폼은 어떤 인프라로든 제공할 수 있지만 가능하면 클라우드 기술을 활용해 제공해야 한다. 클라우드 플랫폼만 핵심 주제를 지원하는 데 필요한 민첩성, 유연성, 탄력성, 확장성, 속도를 제공할 수 있다. 다음은 4장에서 다뤘던 전달 파이프라인 도구 스택에 들어가야 할 기능 목록이다.

- 소스 코드 관리
- 빌드
- 지속적 통합
- 배포 자동화

- 미들웨어 설정
- 환경 설정
- 환경 프로비저닝

위의 기능이 전달 파이프라인을 어떻게 설정하는지 더 잘 알 수 있도록 애플리케이션 전달 파이프라인을 다시 살펴보자(그림 5.4).

개발　소스 코드　빌드　패키지　배포　테스트　스테이징　운영
환경　관리 시스템　　　저장소　　　환경　　환경　　환경

그림 5.4 통합 전달 파이프라인

그림에서 볼 수 있듯이 애플리케이션 개발, 테스트, 전달 도구가 있으며 애플리케이션이 지속적으로 전달되는 환경(개발 환경, 테스트 환경, 스테이징 환경, 운영 환경)이 있다. 데브옵스 플랫폼을 만들 때 애플리케이션 개발, 테스트, 전달 도구가 어디에 설치되는지는 별로 중요하지 않다. 도구가 이전처럼 하드웨어에 온프레미스 방식으로 설치되거나 클라우드 플랫폼에 설치될 수도 있다. 플랫폼이 제공할 기능에는 별 차이가 없다. 도구 성능은 확실하게 차이가 나겠지만 기능은 차이가 없다. 다른 대안도 있다. 도구 업체가 도구를 호스트하고 관리하는 서비스형 소프트웨어SaaS, Software as a Service로 제공하는 것이다. 조직은 도구를 설치하거나 관리할 필요가 전혀 없다. 인기 있는 데브옵스 애플리케이션 전달 도구(Git, 젠킨스, IBM 래셔널 팀 콘서트, IBM 어반코드 디플로이 등)는 모두 서비스형 소프트웨어이며 사용한 만큼 비용을 내는 방식으로 제공된다.

데브옵스 플랫폼에서는 구축 대상 환경이 중요하다. 개발 환경, 다양한 테스트 환경, 다양한 스테이징 환경, 운영 환경 등이 있다. 이러한 환경들 특히 운영 환경은 안티프래질 환경이 돼야 한다. 안티프래질 환경을 어떻게 제공할 수 있는지 살펴본다.

애플리케이션 전달 및 안티프래질 시스템

안티프래질 환경에서는 계획된 운영작업으로 인한 중단 즉 다운타임이 없어야 한다. 환경이 제공하는 서비스와 환경에서 실행되는 애플리케이션도 갑자기 발생하는 사고 외에 다른 이유로 다운타임이 발생하면 안 된다.

이렇게 가용성 높은 환경을 구축하기 위해서는 다음과 같은 기능이 필요하다.

- 환경 서비스 이중화
- 애플리케이션 구조 이중화
- 지속적 전달 프로세스의 일환으로 블루 그린 배포 수행
- 환경 및 애플리케이션의 지속적 모니터링으로 실시간 문제의 식별 및 가능한 경우 문제 완화

데브옵스 관점에서 핵심은 운영 환경에 애플리케이션을 배포하면서 다운타임이 발생하지 않도록 블루 그린 배포를 구현하는 데 있다.

블루 그린 배포로 높은 가용성 확보

블루믹스 가라지 메서드(Bluemix Garage Method) 웹사이트는 매일 지속적으로 전달된다. 업그레이드된 웹사이트 버전으로 전환할 때 다운타임이 발생하지 않도록 팀은 블루 그린 배포를 구현했다. 운영 환경에 새로운 기능을 넣을 때는 실제로 실행 중인 인스턴스가 아닌 인스턴스에 배포한다. 새 애플리케이션 인스턴스의 유효성이 검증되면 새 인스턴스를 공개 URL에 연결한다.

블루 그린 배포의 주요 단계는 다음과 같다.

- 블루 애플리케이션이 존재할 때 재시작 전에 수동으로 삭제
- 블루 애플리케이션 새 버전 푸시
- 블루 애플리케이션 환경 변수 설정
- 블루 애플리케이션 서비스 생성 및 바인딩

- 블루 애플리케이션 시작
- 블루 애플리케이션 테스트
- 신규 버전 블루 애플리케이션을 공개 호스트에 바인딩해 트래픽 연결
- 테스트에 사용된 블루 애플리케이션의 임시 경로 삭제. 활성 세션이 종료되지 않도록 백업 애플리케이션을 계속 실행해야 함
- 블루 애플리케이션 이름을 그린 애플리케이션으로 변경

클라우드 파운드리(Cloud Foundry) 명령줄 인터페이스를 사용해 블루 그린 배포 단계를 완료한다. 명령줄 인터페이스는 데브옵스 서비스에 기본적으로 내장돼 있다.

– 조 로앤그루버(2016)

환경 추상화

데브옵스 플랫폼을 안티프래질 플랫폼으로 구축하는 가장 중요한 목표는 애플리케이션(서비스)을 개발, 테스트하는 실무자가 환경과 인프라 걱정에서 벗어나게 하는 것이다. 실무자에게 환경은 추상화된 인프라나 플랫폼 서비스 세트가 돼야 한다. 이러한 환경은 개발과 전달에 사용할 수 있다. 이로써 실무자는 다중 전달 파이프라인을 통해 여러 속도로 다양한 애플리케이션을 전달할 수 있다. 또한 A/B 테스트 등의 여러 가지 기술, 비즈니스 아이디어나 신규 기능을 빠르게 실험할 수 있으며 실험에서 실패를 빠르게 자주 경험할 수 있다. 환경은 안정적이어야 한다. 실패한 실험이나 의도대로 동작하지 않는 애플리케이션이나 서비스 때문에 문제가 발생하지 않아야 한다.

소프트웨어 정의 환경

인프라 위에 추상화 계층을 도입하는 데 소프트웨어 정의 환경SDE, Software Defined Environment을 활용할 수 있다.

소프트웨어 정의 환경은 운영팀(내부 운영팀이든 외부 클라우드 업체든)이
서비스형 인프라^{IaaS, Infrastructure as a Service}를 제공해 애플리케이션 전달 라
이프사이클상 모든 실무자가 인프라에 접근해 이용할 수 있게 한다. 여기
서 인프라는 잘 정의된 API 세트로 접근해 활용할 수 있는 서비스 집합이
다. 소프트웨어 정의 환경은 하이퍼바이저 또는 완전한 기능을 갖춘 클라
우드에서 실행되는 계층 가상화로 제공될 수 있다.

소프트웨어 정의 환경은 환경의 다양한 구성 요소를 소프트웨어로 정
의하고 관리할 수 있게 함으로써 다양한 수준의 추상화를 제공한다(리,
2014). 그 예는 다음과 같다.

- 소프트웨어 정의 스토리지 ^{SDS, Software Defined Storage}
- 소프트웨어 정의 네트워크 ^{SDNs, Software Defined Networks}
- 소프트웨어 정의 컴퓨팅 ^{SDC, Software Defined Computing}
- 소프트웨어 정의 관리 ^{SDM, Software Defined Management}
- 오케스트레이션 및 워크로드 자동화

VM웨어와 IBM 등의 기업에서는 데이터센터 전체를 관리하는 데 단순
한 환경이 아닌 소프트웨어 정의 데이터센터 ^{SDDC, Software Defined Datacenter} 형
태로 소프트웨어 솔루션을 제공한다.

소프트웨어 정의 환경은 사용자에게는 추상화 계층과 API를 이용해
환경을 사용할 수 있게 하고 환경 제공자에게는 소프트웨어 환경 관리
자동화 기능을 제공한다. 환경 제공자는 다음과 같은 작업을 할 수 있다.

- 환경을 정의하는 소프트웨어를 버전화해 환경에 버전을 매겨 관리
- 결함 평가 등이 필요할 때 이전 버전의 환경에 쉽게 접근할 수 있
  도록 저장소에 환경 버전을 저장
- 환경 변경사항 관리. 환경이 소프트웨어 기반으로 운영되면 환경
  에 패치를 업데이트하든, 설정을 변경하든 운영팀은 환경의 새 버

전을 만들 수 있어 환경 변경에 대응하기가 더 쉬워진다. 변경사항은 스크립트로 적용된다(관리하기 어렵고 확장성이 없는 관리 콘솔에 로그인할 필요가 없다). 스크립트는 전달되는 애플리케이션 스택 코드 및 기타 산출물과 함께 버전으로 관리된다.

- 이전부터 사용하던 방식으로 소프트웨어 엔지니어링 수행 가능. 기존 소프트웨어 설정 관리 등 환경을 코드화할 때 적용할 수 있다.
- 소프트웨어 정의 환경의 작업 관리 수행. 소프트웨어 정의 환경을 나타내는 코드의 최신 버전이 작업 목록을 제공해 관리하기가 더 쉽다.
- 환경 설정 관리 수행. 여기서도 모든 구성 관리가 버전화된 코드로 이뤄져 관리하기가 더 쉽다.

클라우드 호스팅 환경은 소프트웨어 정의 환경으로 정의된다. 하지만 소프트웨어 정의 및 관리 수준은 클라우드 업체와 사용하는 클라우드 관리 소프트웨어 스택에 따라 달라질 수 있다. 예를 들어 클라우드 베어 메탈 서버는 서버 인스턴스를 물리적 하드웨어(베어 메탈)에 프로비저닝하기 때문에 완전한 의미의 소프트웨어 정의 네트워크를 갖추기는 힘들다. 비슷하게 소프트웨어 정의 스토리지도 업체가 객체 스토리지 제공 여부를 결정할 수 있으므로 소프트웨어 정의 스토리지는 그에 따라 결정된다.

클라우드 호스팅 데브옵스 플랫폼

클라우드 호스팅 환경은 안티프래질 데브옵스 플랫폼을 제공할 수 있는 수준으로 추상화를 제공한다. 클라우드 호스팅 환경은 서비스형 인프라나 서비스형 플랫폼 또는 컨테이너로 제공될 수 있다. 뒤에서 서비스형 인프라와 서비스형 플랫폼을 비교하고 두 모델에서 데브옵스 플랫폼을 제공하는 방법을 살펴본다.

클라우드 사용 모델

클라우드 플랫폼을 기반으로 데브옵스 플랫폼을 어떻게 만들 수 있는지 살펴보기 전에 클라우드 기술에 대해 우리가 같은 생각을 하는지 확인해 보자. 클라우드는 너무 많이 사용되고 잘못 사용되는 단어가 됐다. 많은 사람이 클라우드를 여전히 서비스형 인프라를 제공하는 공용 다중 테넌트[4] 클라우드로 생각한다. 여기서 서비스형 인프라는 조직이 공급자의 데이터센터를 활용해 하드웨어 없이도 인프라 서비스를 받을 수 있게 한다. 하지만 클라우드는 단순한 가상화 인프라 이상의 의미가 있다. 실제로 클라우드의 진정한 가치는 인프라 너머 클라우드 서비스를 활용할 수 있는 조직의 능력에 있다. 클라우드 서비스로 혁신적인 비즈니스 서비스를 빠르게 규모에 맞게 전달할 수 있다. 또한 비용을 낮추고 클라우드 사용 전에 제공할 수 없었던 서비스도 제공할 수 있다. 클라우드 사용 모델도 기존 오프프레미스 인프라 모델 이상으로 진화했다. 사용 모델부터 살펴보자.

ESPN과 스포츠 소비

요즘 사람들은 뜬눈으로 경기를 계속 지켜보는 기분을 잘 모른다. 존 튜더(John Tudor)가 애스트로스(Astros)를 끝내버리거나 리 스미스(Lee Smith)가 세이브를 기록하고 크리스 카펜터(Chris Carpenter)를 이기는 기대를 하면서 보는 그 심정 말이다. 카디널스(Cardinals)와 레즈(Reds)의 연장전 박스 스코어를 예상하기 위해 아칸소 데머크랫 가제트(Arkansas Democrat-Gazette) 신문을 보면서 비난조의 내용을 읽을까 봐 두려워할 필요도 없을 것이다. 이는 모두 ESPN(Entertainment and Sports Programming Network) 채널 덕분이다.

4 　테넌트(tenant)란 소프트웨어 인스턴스에 대해 공통적인 특정 접근 권한을 공유하는 사용자 그룹이다.
　　– 옮긴이

나는 ESPN의 탄생과 역사보다 스포츠를 어떻게 24시간 내내 보고 소비하는지 그 영향에 초점을 맞추고자 한다. 오늘날 상상할 수 있는 모든 매체에 수백, 수천 개의 ESPN 플랫폼이 존재한다. 우선 ESPN, ESPN2, ESPNews, ESPN Classic 등 여러 TV 채널이 있다. 웹사이트인 espn.com, espn360.com, espnradio.com도 있다. 물론 라디오 채널도 인기가 많다. 각 플랫폼에서는 점수, 트레이드, 소문, 의견, 통찰, 분석을 끝없이 보도한다. 이것이 마음에 들지 않으면 다른 애플리케이션(스코어 센터(Score Center), 스포츠 센터(Sports Center), ESPN 라디오 애플리케이션 등에서 정보를 또 얻으면 된다. 트위터의 등장으로 좋아하는 ESPN 채널을 팔로우할 수 있다. 그러면 원하는 한 계속 스포츠와 함께 할 수 있다. 현실이 그렇다. 대부분 스포츠를 보고 싶어한다. 이는 단순한 수요와 공급의 문제다. ESPN과 다른 스포츠 네트워크들은 사람들이 요구하기 때문에 다양한 스포츠 채널을 제공하고 끝없는 선택의 기회를 제공한다. 이것이 나쁘다는 말이 아니다. 나는 스포츠 팬으로서 스포츠와 기술의 결합으로 옛날에 가끔 컬러 TV 안테나를 조정하던 시절, 케이블이 없고 부자들만 위성TV를 시청할 수 있던 시절에서 이렇게 발전한 데 경외심을 가질 뿐이다.

– 안토니오 로페즈(2014)

클라우드가 얼마나 새로운 것인지를 말할 때 "이것은 이전 클라우드가 아니다"라거나 이전 클라우드에서 서버 인스턴스를 프로비저닝하는 방식의 "요즘 사람들이 경험해보지 못한 클라우드다"라는 식으로 (위의 사례처럼) 말할 수 없다. 클라우드 기술 변화 속도는 따라잡기 힘들 정도다. 끊임없이 진화하는 클라우드 기술 특성상 클라우드 사용 모델도 계속 진화해왔다. 이제 클라우드 사용 모델은 "사설", "공용"을 선택하는 정도만으로 단순하지 않다. 나온 지 오래되지 않았는데 말이다. 선택할 수 있는 옵션은 무수하며 비용이나 위치뿐만 아니라 많은 다른 요소도 고려해 결정한다. 적합한 모델(또는 모든 모델)을 선택해 하이브리드 클라우드를 만들고 데브옵스 플랫폼을 어떤 환경에 두고 어떻게 지원해야 할지 결정해야 한다.

"사설 클라우드" 대 "공용 클라우드" 이는 조직의 클라우드 사용 방법에서 가장 큰 변화다. 클라우드가 처음 나왔을 당시는 공용 클라우드(업체의 데이터센터에서 업체가 관리하며 다중 테넌트를 지원)만 존재했다. 이는 세일즈포스닷컴(1999년 출시)과 아마존 웹서비스(2002년 출시) 등 초기 클라우드 업체가 제공하는 유일한 모델이었다. 요즘도 클라우드를 말할 때는 보통 공용 클라우드를 가리킨다. 클라우드 기술이 발전하면서 조직 자체의 데이터센터에 클라우드 관리 소프트웨어를 이용해 사설 클라우드를 구축할 수 있게 됐다. 사설 클라우드는 조직 방화벽 내에서 조직의 데이터센터를 사용하는 자체 관리 클라우드다. 자체 하드웨어를 사용하는 온프레미스 방식으로 운영되며 물론 단일 테넌트만 지원한다. 결과적으로 사설 클라우드는 항상 온프레미스로 여겨진다.

조직은 사설 클라우드를 선택하거나 공용 클라우드를 선택할 수 있다. 이는 비용, 데이터 위치, 다중 테넌트 여부, 사내 클라우드 지원 및 자체 관리 가능 여부 등 여러 요인에 기반해 결정한다. 엄격한 규제 아래 데이터가 사내에 보관돼야 하고 개인정보 보호가 필요한 주요 애플리케이션을 위해 대부분의 조직은 사설 클라우드를 선택한다. 다른 애플리케이션은 새로운 하드웨어를 구축할 필요가 없고 비용도 절약되는 공용 클라우드를 활용해 배포한다. 대부분의 대기업은 공용 및 사설 클라우드 호스팅과 기존 온프레미스 하드웨어 호스팅 애플리케이션을 모두 혼합한 하이브리드 클라우드 모델을 도입했다.

최근 클라우드 사용 모델은 공용은 외부 하드웨어, 사설은 내부 하드웨어로 연결짓는 기존 개념을 완전히 뒤흔들며 발전했다. 이러한 사용 모델에는 전용 사용 모델과 로컬 사용 모델이 있다. 그림 5.5에 현재 사용 가능한 3가지 옵션(공용, 전용, 로컬)이 있다.

전용 클라우드 클라우드 기술은 업체가 자신의 데이터센터에서 단일 테넌트 관리형 클라우드를 제공할 수 있을 정도로 발전했다. 일찍이 이 모델을 소개한 IBM이 전용 클라우드로 명명했다. 조직 전용으로 클라우드를 사용하지만 여전히 업체가 관리하고 업체의 데이터센터를 사용하며 업체의 하드웨어에서 단일 테넌트로 실행된다. 이렇게 되면 사설 클라우드가 되지만 외부에서 업체가 관리한다. 따라서 전용 클라우드는 사설 클라우드이면서 관리를 받을 수 있고 외부 하드웨어를 사용하는 서비스형 클라우드라고 할 수 있다.

로컬 클라우드 조직이 클라우드를 사용하는 방법은 더욱더 획기적으로 진화했다. 특히 규제가 심한 애플리케이션을 개발하거나 개인정보를 엄격하게 보호해야 하는 조직은 클라우드를 온프레미스 방식으로 사내 하드웨어에 구축해 편하게 사용하고자 한다. 온프레미스 클라우드는 고객 데이터를 외부에 유출하지 않으므로 고객 데이터 문제가 없으며 외부 데이터센터를 이용하지 않아 주요 애플리케이션을 실행할 때 외부 데이터센터 이용 관련 문제가 없다. 또한 애플리케이션과 인프라에 접근하기 위해 다른 네트워크와 "터널링"할 필요도 없다. 하지만 온프레미스 클라우드는 자체적으로 관리하는 데서 발생하는 리스크가 문제가 되며 항상 운영될 기술도 있어야 한다. 어떤 IT 조직이 하드웨어 인프라와 클라우드를 잘 관리하고 유지·관리에 필요한 기술 스택을 지속적으로 발전시키는지 살펴보자. 또한 공용 클라우드 기능을 제공하면서도 온프레미스 클라우드로 구축하기 위해서는 서비스 수준 계약SLA을 정의해야 한다. 이러한 서비스 수준 계약과 관련된 모든 클라우드 서비스로 클라우드를 효율적으로 관리하고 실행하는 방법을 살펴본다.

공용 클라우드와 온프레미스 클라우드 각각의 장점을 취한 이러한 사용 모델은 로컬 클라우드로 이용할 수 있다. 로컬 클라우드는 고객 자체 데이터센터(온프레미스)에 있지만 관리는 클라우드를 제공하는 업체가 하며 단일 테넌트 형태다. 이러한 모델에서 클라우드 사용 조직은 클라우드가 실행되는 하드웨어 인프라만 계속 관리한다. 하지만 클라우드는 업체

가 관리한다. 이는 업체가 초기에 클라우드 자체를 원격으로 구축해 필요
할 때 주기적으로 클라우드 소프트웨어 스택을 모니터링하고 업데이트
할 수 있게 함으로써 가능하다(로컬 클라우드 모델을 처음 제안한 IBM은 이러
한 기술을 릴레이relay로 명명했다). 고객 조직이 업데이트 시기를 조정해 중
단 기간을 제어할 수 있게 한다. 이는 사설 클라우드이면서 온프레미스
클라우드이지만 업체가 관리한다. 그러므로 로컬 클라우드는 서비스로
제공되는 사설, 온프레미스, 관리형 클라우드라고 볼 수 있다.

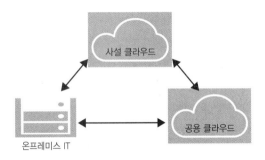

그림 5.5 클라우드 사용 모델

올바른 사용 모델을 선택하는 것은 사소한 일이 아니다. 공용 클라우
드는 정의에 따라 결합도가 낮아 (상대적으로) 쉽게 사용할 수 있다. 전용
클라우드도 마찬가지인데 조직 전용으로 사용하는 클라우드는 본질적으
로 공용 클라우드를 활용하기 때문이다. 이는 여럿이 사는 아파트가 아
니라 단독주택을 임대하는 것과 비슷하다. 하지만 로컬 클라우드는 다르
다. 조직과 업체 간 업무 분장이 명확해야 하며 변경 관리 프로세스를 알
아야 한다. 공용 클라우드를 사용하는 것보다 복잡하지만 업체와 더 가치
있는 관계를 맺는다.

자체 관리 대 업체 관리 데브옵스 플랫폼에 가장 적합한 모델을 선택할
때 가장 중요한 부분은 다음과 같다. 업체가 관리해주는 클라우드 환경을
찾는가? 아니면 자체적으로 관리할 수 있는 클라우드 환경을 찾는가? 후

자를 선호한다면 적합한 모델은 기존 온프레미스 사설 클라우드다. 조직은 업체에서 클라우드 플랫폼 기술을 구매하고 직원을 교육한다. 그리고 데이터센터에 인프라를 준비하며 제공된 클라우드를 활용해 플랫폼을 구축한다. 업체가 관리해주는 방식인 전자를 선호한다면 조직은 사내 하드웨어를 이용하는 온프레미스 클라우드 플랫폼과 사외 하드웨어를 이용하는 오프프레미스 클라우드 플랫폼 중 하나를 선택해야 한다. 또한 관리 주체를 자체로 할지 업체로 할지부터 결정해야 한다. 그에 따라 클라우드가 결정되고 필요한 IT 인력도 결정된다. 관리 클라우드를 고려해야 할 때는 기술이나 인력 부족으로 자체 IT 인력으로 클라우드를 관리하기 어려울 때, 고객이 클라우드에 기대하는 서비스나 계약 조항을 지키기 어려울 때 등이 있다. 얼마 전만 해도 모든 클라우드 옵션은 오프프레미스 클라우드에서만 사용할 수 있었기 때문에 클라우드 플랫폼이나 관리 주체를 결정할 필요가 없었다. 로컬 클라우드의 등장으로 이제는 결정해야 한다. 조직은 온프레미스 클라우드를 서비스로 이용할 수 있고 그 위에 데브옵스 플랫폼을 구축할 수 있다.

클라우드 사용 모델을 선택하면 다음으로 적절한 클라우드 도입 모델이 서비스형 인프라인지, 서비스형 플랫폼인지, 컨테이너인지 결정해야 한다. 이 결정으로 데브옵스 플랫폼을 구성하는 서비스를 선택하게 된다. 조직은 이러한 서비스를 어떻게 제공하고자 하는가? 서비스형 인프라 클라우드 위에서 실행되는 데브옵스 도구로 구축되는 서비스가 좋을까? 아니면 실제로 제공되는 플랫폼의 일부가 되는 것이 좋을까? 다음에서 이러한 옵션을 검토해보자.

서비스형 인프라

서비스형 인프라

사용자가 운영 체제나 애플리케이션 등 임의의 소프트웨어를 배포하고 실행할 수 있도록 프로세싱, 스토리지, 네트워크, 기타 기본적인 컴퓨터 리소스를 프로비저닝 할 수 있는 기능을 제공한다. 사용자는 기본적으로 클라우드 인프라를 관리하거나 제어하지 않는다. 하지만 운영 체제, 스토리지, 배포된 애플리케이션을 제어하고 네트워크 구성 요소(호스트 방화벽 등)를 제한적으로 선택할 수 있다.

– 미국 국립표준기술연구소(NIST), 미국 상무부(2011)

그림 5.6은 미국 국립표준기술연구소가 설명한 정의를 잘 보여준다. 서비스형 인프라에서 클라우드 제공자가 관리하는 컴포넌트를 보여준다. 여기서 클라우드 제공자는 클라우드가 업체 관리인지 자체 관리인지에 따라 클라우드 업체가 되거나 조직의 운영팀이 될 수 있다.

그림 5.6 서비스형 인프라 대 서비스형 플랫폼

또한 그림 5.6은 2가지 클라우드 도입 모델(서비스형 인프라와 서비스형 플랫폼)을 어떻게 구분하는지 보여준다. 즉 사용자(또는 고객)가 관리하는 스택의 양과 클라우드 플랫폼 공급자가 관리하는 스택의 양을 비교한다. 클라우드 플랫폼 공급자는 다시 설명하면 업체나 조직 내 운영팀이 될 수 있다. 5장 후반부에서 서비스형 플랫폼을 설명하고 이를 활용해 데브옵스를 어떻게 제공하는지 살펴본다.

이러한 환경에 서비스형 인프라 클라우드 플랫폼을 활용하는 목적은 소프트웨어를 전달하는 실무자와 인프라 사이에 추상화 계층을 만드는 것이다. 실무자는 하나의 단순화된 관점에서 인프라를 이용할 수 있다. 하지만 그 아래에서는 인프라와 관련된 보통의 여러 가지 문제가 있고 하드웨어 인프라 수준에서의 유지·보수가 필요하다.

많은 조직이 하이브리드 방식으로 클라우드 플랫폼을 도입하기도 한다. 비용절감을 위해 개발 테스트 환경에 공용 클라우드나 전용 오프프레미스 클라우드를 활용할 수도 있다. 한편 데이터 레지던시(데이터 위치 지정)가 필요없으면 개발 테스트를 할 때 실제 운영 데이터가 필요하지 않으므로 조직은 운영 환경을 온프레미스에 유지하도록 선택할 수 있다(자세한 내용은 4장 "테스트 데이터 관리" 참조).

이러한 하이브리드 방식은 운영 환경에서 실행되는 애플리케이션이 데이터 소스에 더 가까워지게 하면서도 데이터 레지던스 관련 규제를 더 잘 충족시킬 수 있다. 전용 클라우드 등 모델의 발전으로 오프프레미스 클라우드 도입 나아가 운영 환경에까지 더 원활하게 진행되게 한다.

서비스형 인프라 기능 스택

서비스형 인프라 기능을 생성하고 관리하기 위해서는 먼저 서비스형 인프라 클라우드에 필요한 아키텍처를 생성해야 한다. 이를 위해서는 다음과 같은 기능이 필요하다. 그림 5.7에서 확인할 수 있다.

- 브로커와 카탈로그
- 서비스 오케스트레이션과 통합
- 클라우드 오케스트레이션
- 배포 오케스트레이션

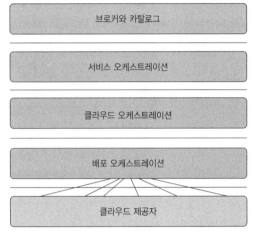

그림 5.7 서비스형 인프라 기능 스택

브로커와 카탈로그 클라우드 업체의 급증과 여러 업체와 클라우드 도입 모델을 섞은 하이브리드 클라우드 모델의 도입으로 클라우드 스택에 새로운 기능 영역인 클라우드 브로커가 생겼다. 미식축구 코치는 여러 명의 쿼터백[5], 러닝백, 리시버를 벤치에 앉혀 두고 전략적 필요에 따라 선수를 교체한다. 마찬가지로 클라우드 브로커 도구는 조직이 이용 가능한 옵션 카탈로그에서 배포 중인 애플리케이션에 적합한 클라우드를 선택하게 한다. 이러한 도구로는 IBM 클라우드매트릭스^{cloudMatrix}와 라이트스케일 클라우드 컴패리즌^{RightScale Cloud Comparison} 등이 있다. 옵션 선택은 애플리케이션이 필요로 하는 컴퓨팅, 스토리지, 네트워크, 메모리를 기반으로

---

5 뛰어난 쿼터백 선수들은 NFL보다 대학 미식축구에 더 많다.

사내 IT 조직 또는 외부 업체가 제공하는 기능과 가격에 따라 이뤄진다. 그에 따라 실시간으로 클라우드가 만들어진다.

서비스 오케스트레이션과 통합 서비스 오케스트레이션 또는 서비스 통합은 여러 클라우드에 걸쳐 실행되는 애플리케이션과 다양한 클라우드가 제공하는 서비스를 통합하는 데 필요한 기능의 집합이다. 즉 클라우드 서비스 통합 계층으로 볼 수 있다. 이 계층의 핵심 구성 요소는 비즈니스 프로세스 관리 도구로 비즈니스 요구사항에 따라 통합돼 전달되는 서비스의 오케스트레이션과 비즈니스 작업 흐름을 관리한다.

서비스 오케스트레이션 및 통합 도구는 넓게 보면 비즈니스 프로세스 관리 도구에 속한다. 비즈니스 프로세스 관리 도구는 작업 흐름을 활용해 다양한 서비스와 상호작용을 관리하는 비즈니스 규칙과 오케스트레이션을 캡처한다. 비즈니스 프로세스 실행 언어 BPEL, Business Process Execution Language 와 비즈니스 프로세스 모델링 표기법 BPMN, Business Process Modeling Notation 은 이러한 오케스트레이션 작업 흐름과 비즈니스 규칙을 캡처하는 데 사용되는 표준이다.

API와 서비스 관리 도구(API 및 서비스 모니터링, 보안, 미터링, 과금 등)도 비즈니스 프로세스 관리 도구에 속한다.

클라우드 오케스트레이션

빅 게임을 오케스트레이션(최대 효과를 내도록 기획·조정)하는 코치들

팬들에게 코치는 빅 게임을 준비하는 사람이다. 빅 게임을 위해 선수들의 감정과 에너지도 조정한다. 하지만 감정과 에너지는 벌집 안의 2마리 벌처럼 한낱 요인에 불과하다. 훨씬 더 많은 것이 연관돼 있다. 코치진은 세기의 라이벌전에 나가는 팀을 어떻게 준비시켜야 할까? 이를 결정하는 것은 너무나 중요하다. 지휘자가 어렵기로 유명한 환상 교향곡(베를리오즈(Berlioz) 작곡)을 어떻게 연주할지 결정하듯이 코치는 미시간과 노트르담 라이벌전 같은 경기에 출전하기 위해서는 팀을 준비시키면서 전체적인 기조를 결정해야 한다. 다른 사람이 알기 전에 월요일 훨씬 전부터 준비해야 한다는 점을 주목해야 한다.

경기 준비 기간에는 어떠한 흐트러짐도 용서받지 못한다. 가끔 나오는 "애가 그렇지 뭐"라는 의견 차이만 빼면 말이다. 이 에피소드조차 스태프가 조작해 추가적인 동기부여에 이용할 수 있다. 모두 임무에 공감한다면 집중력 부족을 걱정할 필요가 없다. 오케스트레이터(코치)는 선수가 집중력을 잃고 쓸데없는 말을 하면서 우왕좌왕할 때마다 정말 힘들어한다. 코치는 상대 팀에게 더 이상 동기부여를 하고 싶지 않다. 이미 충분한 동기를 부여하고 있으니까.

– 울버린(2014)

클라우드 오케스트레이션은 클라우드 환경에서 제공하는 자동화된 다양한 구성 요소와 서비스를 관리한다. 오케스트레이션의 목표는 클라우드 기술 스택과 클라우드가 제공하는 모든 인프라 서비스에서 모든 구성 요소의 리소스 할당, 환경 설정, 작업 흐름, 프로비저닝, 디프로비저닝을 관리하는 것이다. 오케스트레이션을 정의하는 방법으로는 서비스형 인프라 클라우드 관리 모범 사례와 작업 흐름을 코드화하는 방법이 있다.

클라우드 오케스트레이션의 기능은 다음과 같다(페라난담, 2012).

- 서비스 배포의 간소화, 자동화, 최적화를 위해 이기종 환경 및 인프라 전반에서 클라우드 기능 통합
- 물리적 서버와 가상 서버 관리자 비율을 줄이는 자동화
- 자동으로 리소스를 재확보해 가상 머신 스프롤[6]을 관리하는 정책 기반 도구를 사용해 대규모 자동화 프로비저닝 및 디프로비저닝 수행
- 협업을 개선하며 지연을 줄이기 위해 기술 사일로 간의 작업 흐름

---

6 Virtual Machine Sprawl. 사용자가 설치하기 쉬운 가상 머신 생성에 익숙해져 가상 머신을 계속 만들어낸다는 뜻이다. – 옮긴이

과 승인 절차를 통합하는 기능

- 물리적 리소스와 가상 클라우드 리소스를 실시간으로 모니터링할 뿐만 아니라 시스템 사용을 추적하고 최적화해 사용량과 지불해야 할 비용을 측정할 수 있는 기능
- 전환시간을 최소화하고 모범 사례를 쉽게 도입할 수 있도록 일반적인 일부 리소스 타입에 맞춰 템플릿과 작업 흐름을 자동화한 코드를 사전에 패키징

IBM 클라우드 오케스트레이터와 VM웨어 브이리얼라이즈는 클라우드 오케스트레이션 분야를 주도한다.

클라우드 컴퓨팅 패턴

가상 이미지, 미들웨어, 애플리케이션, 실행 환경 설정을 세트로 모은 반복 가능한 솔루션. 패턴을 배포하면 애플리케이션 환경을 패턴에 따라 설정하고 최적화한다.

– 치아라 브랜들(2014)

오케스트레이션은 정의에 따라 클라우드 패턴으로 캡처될 수 있다. 패턴의 일반적인 표준은 오픈 스택 히트 패턴(히트 오케스트레이션 템플릿HOT, Heat Orchestration Templates)이다.

지난 수 년 동안 패턴은 많이 발전했지만 클라우드를 정의하고 코드화하는 패턴은 새로운 것이 아니다. 2009년 IBM은 클라우드버스트 어플라이언스CloudBurst Appliance를 출시하면서 클라우드 패턴을 등장시켰고 이 분야의 선구자가 됐다. IBM은 클라우드버스트 어플라이언스를 발전시켜 2011년 워크로드 디플로이어Workload Deployer로 출시했다. 이러한 패턴 즉 가상 시스템 패턴도 발전했고 요즘은 IBM 퓨어애플리케이션 시스템 PureApplication Systems에서 주로 지원한다. IBM에서도 가상 시스템 패턴Virtual System Patterns은 오픈스택 히트로 점점 대체되고 있다. IBM 밖에서는 다른

패턴도 진화했다. 그중 2011년 출시된 아마존 웹서비스AWS 클라우드 포메이션의 인기가 가장 많다.

표준 관점에서 아마존 웹서비스 클라우드포메이션은 오픈스택 템플릿HOT에서 커뮤니티 표준을 개발해 오픈스택 히트 프로비저닝 엔진을 지원했다. 오늘날 대부분의 클라우드 업체는 오픈스택 히트를 직접 지원하거나 오픈스택 API를 지원해 오픈스택 클라우드가 아닌 클라우드에도 환경을 프로비저닝할 수 있게 한다.

다음은 패턴에 정의되고 포함되는 클라우드 구성 요소의 예다.

- 운영 체제에 사전 설치
- 구성 요소 간 사전 통합
- 사전 정의되고 조정된 미들웨어
- 사전 정의된 모니터링
- 사전 정의된 보안
- 라이프사이클 관리

결과적으로 패턴은 최소한 다음과 같이 구성된다.

- 운영 체제 기본 이미지
- 애플리케이션 전달용 바이너리 파일
- 자동화 스크립트(예: 셰프, 퍼펫, 솔트스택, 앤서블)
- 오케스트레이션 템플릿(예: 오픈스택 히트 또는 아마존 클라우드포메이션)

우리가 아는 패턴은 이제 컨테이너의 진화에 도전한다. 컨테이너는 전형적인 서비스형 인프라가 아니지만 컨테이너의 가벼움과 이식성 덕분에 기존 서비스형 인프라의 대안으로 떠오르고 있다. 더 나아가 서비스형 플랫폼의 대안이 되기도 한다. 여러 컨테이너 기술이 등장하고 있지만 컨테이너계의 선두주자는 당연히 도커^{Docker}다. 5장 후반부에서 자세하게 살펴본다.

배포 오케스트레이션 4장에서 배포 오케스트레이션을 상세하게 다뤘다. 중요한 점은 클라우드 환경을 애플리케이션과 독립적으로 프로비저닝해 그 환경 위에 애플리케이션을 배포할지, 애플리케이션과 환경을 하나의 풀스택 배포 프로세스로 배포할지 여부다. 그에 따라 패턴은 환경 패턴과 애플리케이션 패턴으로 분리해 정의하거나 하나의 전체 스택 패턴으로 정의한다. IBM 어반코드 디플로이 도구는 블루프린트로 정의된 오픈스택 히트 패턴을 사용해 풀스택 환경을 설계하고 프로비저닝하는 기능이 있다.

추상화 계층으로서의 오픈스택 히트

오픈스택 히트를 활용하면 클라우드에 구애받지 않고 환경을 추상화 계층으로 사용할 수 있는 이점이 있다. 즉 오픈스택 히트 템플릿에서 캡처한 단일 환경을 여러 클라우드에 프로비저닝할 수 있게 한다. 실제로 그림 5.8처럼 다중 템플릿으로 구성된 복잡한 환경을 여러 업체의 클라우드에 프로비저닝할 수 있게 한다. 또한 이러한 기능으로 클라우드 이식성(클라우드의 이상적 목표)을 확보한다. 오늘 클라우드에 프로비저닝된 환경이 괜찮다면 내일 다른 클라우드에 프로비저닝할 수 있다("브로커와 카탈로그" 참조).

IBM 어반코드 디플로이는 이러한 패러다임을 지원하는 도구다. 어반코드 디플로이의 디자이너를 이용해 히트 엔진이 지원하는 여러 클라우드를 대상으로 하나의 히트 템플릿^{HOT}을 만들 수 있다(프레데릭, 2016).

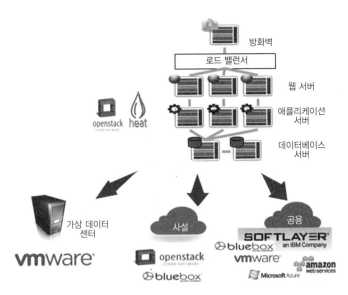

그림 5.8 여러 클라우드를 지원하는 오픈스택 히트

　수다카르 "프레디" 프레데릭Sudhakar Freddie Frederick은 여기서 인용한 블로그 포스트에서 말했다. 클라우드 이식성은 오픈 스택을 사용하더라도 완전하지 않다. 클라우드의 일부 기능은 다른 클라우드와 차이가 있을 수 있다. 따라서 특수한 서비스나 특정 클라우드에 종속된 서비스를 사용할수록 히트 템플릿의 이식성은 떨어진다.

서비스형 플랫폼

서비스형 플랫폼

서비스형 플랫폼은 사용자가 애플리케이션을 클라우드 인프라에 배포할 수 있는 기능을 제공한다. 여기서 배포되는 애플리케이션은 클라우드 제공자가 지원하는 프로그래밍 언어와 도구를 사용해 만들어야 하며 소비자가 만들 수 있거나 다른 데서 가져올 수도 있다. 사용자는 기본 클라우드 인프라(네트워크, 서버, 운영 체제, 스토리지)를 관리하거나 제어할 필요 없이 배포된 애플리케이션과 애플리케이션 호스팅 환경 설정을 제어한다.

– 미국 국립표준기술연구소(NIST), 미국 상무부(2011)

IT 업계(또는 정말 일반화하면 언어로 알려진 인간 소통매체에서) 대부분의 용어와 마찬가지로 서비스형 플랫폼이라는 용어는 너무 많이 사용되고 과한 의미를 담으며 오해받는 것이 많다. 빠른 웹 검색 심지어 서비스형 플랫폼의 위키백과 페이지에서도 발견할 수 있다.

서비스형 플랫폼의 정의

미국 국립표준기술연구소의 서비스형 플랫폼 정의에서 "서비스형 인프라"사용 모델과 가장 큰 차이점이자 가장 중요한 부분은 다음과 같다.

··· 사용자는 기본 클라우드 인프라(네트워크, 서버, 운영 체제, 스토리지)를 관리하거나 제어할 필요 없이 배포된 애플리케이션과 애플리케이션 호스팅 환경 설정을 제어한다.

그림 5.6은 서비스형 인프라와 서비스형 플랫폼의 차이를 잘 보여준다. 그림에서 볼 수 있듯이 2가지 클라우드 도입 모델을 구분하는 것은 스택 중 어느 정도를 사용자(또는 고객)가 관리하는가와 클라우드 플랫폼 제공자가 관리하는가(내부 운영팀 또는 외부 클라우드 업체)다.

- 스택의 모든 기능은 관리형 서비스로 기본 구현을 추상화해 사용자가 사용할 수 있는 공유 멀티 테넌트$^{Multi-tenant}$ 서비스로 제공된다.
- 고객/사용자는 플랫폼에서 이용할 수 있는 서비스를 활용해 애플리케이션, 데이터, 사용자 액세스 관리만 신경쓰면 된다. 나머지는 플랫폼이 관리한다.

서비스형 플랫폼은 공용(IBM 블루믹스, 피보탈, 세일즈포스닷컴 헤로쿠, 구글 앱 엔진 등)이거나 사설(호스팅된 클라우드 파운드리 즉 자체 구축 플랫폼)일 수도 있다. 또한 조직은 사설 클라우드에 자체적으로 호스팅할 수 있는 여러 기술을 활용해 자체적으로 호스팅하고 관리하는 환경을 구축할 수 있다. 물론 사설 인스턴스인 경우 자체 데이터센터에서 이를 호스팅하는 조직은 플랫폼에서 호스팅되는 모든 서비스를 관리할 책임이 있다. 피보탈의 자체 관리 클라우드 파운드리를 활용한 서비스형 플랫폼을 구축하는 것이 그 예다.

서비스형 플랫폼의 데브옵스 서비스

서비스형 플랫폼에 데브옵스를 도입하기 위해서는 플랫폼에 데브옵스 애플리케이션 전달 파이프라인을 구현할 수 있도록 플랫폼에서 호스팅해야 하는 서비스를 생각해봐야 한다. 서비스형 플랫폼에서 완전한 데브옵스를 제공하기 위해서는 데브옵스 애플리케이션 전달 파이프라인과 파이프라인을 구성하는 핵심 구성 요소를 서비스로 사용할 수 있어야 한다.

전달 파이프라인을 구성하는 기능 목록을 다시 살펴보자. 모든 기능은 서비스형 플랫폼에서 서비스로 사용할 수 있게 해야 한다.

- 소스 코드 관리
- 빌드
- 지속적 통합

- 배포 자동화
- 미들웨어 환경 설정
- 자동화된 테스트

그림 5.9에 데브옵스 서비스가 나타나 있다. 주의 깊게 보면 서비스형 인프라 파트에서 제시한 목록의 하위집합이라는 것을 알 수 있다. 이는 서비스형 플랫폼이 핵심 서비스로서 환경 프로비저닝과 설정 관리 기능을 포함하기 때문이다. 서비스형 플랫폼의 궁극적인 목표는 플랫폼 사용자에게 제공할 수 있는 추상화된 환경을 만드는 것이다.

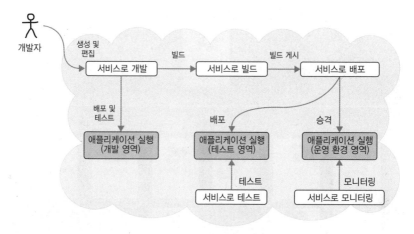

그림 5.9 데브옵스 서비스

IBM 블루믹스 같이 완전 관리형 서비스형 플랫폼 제품에는 데브옵스 서비스가 플랫폼의 일부로 포함돼 제공된다. 다음은 블루믹스에서 제공하는 데브옵스 서비스다.

- 서비스형 깃^{Git}, 서비스형 깃허브 엔터프라이즈^{GitHub Enterprise}
- 웹 기반 IDE
- 애자일 계획 및 추적, 서비스형 팀 협업

- 서비스형 전달 파이프라인
- 서비스형 세계화
- 서비스형 배포 자동화
- 서비스형 자동 규모 조정
- 서비스형 성과 모니터링
- 서비스형 경고 알림

그림 5.10에서 볼 수 있듯이 이러한 기능은 함께 동작해 IBM 블루믹스 서비스형 플랫폼에서 지속적 전달 파이프라인을 제공한다.

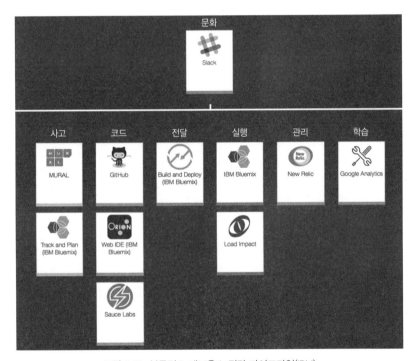

그림 5.10 블루믹스 데브옵스 전달 파이프라인(IBM)

서비스형 데브옵스

서비스형 플랫폼 도입으로 얻는 가치는 분명하다. 데브옵스를 도입하려는 조직에 데브옵스 서비스가 포함된 서비스형 플랫폼은 매우 저렴한 초기비용으로 데브옵스를 도입할 수 있게 해준다. 전달 파이프라인을 공들여 만들거나 전체 지속적 전달 도구 체인을 구현할 필요가 없다. 통합, 호스팅, 서비스가 조직의 문제가 아니게 된다. 필요한 서비스 규모만큼 지불하면 된다.

클라우드 파운드리에서의 서비스형 플랫폼

서비스형 플랫폼의 표준인 클라우드 파운드리를 말하지 않고 서비스형 플랫폼을 논할 수는 없다. 현재 클라우드 파운드리는 클라우드 파운드리 재단에서 관리하는 오픈 소스 서비스형 플랫폼이다. 재단 이사회는 클라우드 파운드리 기반 서비스형 플랫폼을 지원하는 IBM, 피보탈, HP, EMC, SAP, VM웨어 등 주요 클라우드 파운드리 도입업체와 공급업체 대표자들로 구성된다. 이 책에서 이야기한 IBM 블루믹스 공용 서비스형 플랫폼은 클라우드 파운드리 기반 서비스형 플랫폼의 주요 사례다.

클라우드 파운드리의 진정한 가치는 오픈 소스보다 개발자와 서비스형 플랫폼 업체가 다양한 옵션을 선택할 수 있다는 것이다.

- **개발 프레임워크와 언어** 클라우드 파운드리는 처음부터 제공하거나 빌드팩을 추가하는 방식으로 모든 주요 언어를 지원한다.
- **애플리케이션 서비스** 클라우드 파운드리에 있는 핵심 애플리케이션 서비스(MySQL, 몽고DB, 포스트그레스큐엘^{PostgreSQL}, 레디스^{Redis}, 래빗MQ^{RabbitMQ}) 외에도 IBM 등의 업체는 다른 서비스도 추가로 제공한다. 추가된 서비스로는 웹스피어 애플리케이션 서버, DB2, 블록체인, MQ 라이트 등이 있다.
- 다중 클라우드. 클라우드 파운드리에 어느 클라우드를 구축할 것인지 선택할 수 있다. 피보탈은 여러 클라우드(아마존 웹 서비스, 마이크로소프트 애저^{Azure} 등)에 구축할 수 있다. 관리 서비스형 플랫폼

만 제공하는 IBM은 블루믹스를 소프트레이어(IBM 공용 클라우드),
VM웨어, 오픈스택에 구축한다.

컨테이너

디온 샌더스(Deion Sanders): 홈런과 터치다운

디온 샌더스는 "프라임 타임(황금시간대)"과 "네온 디온(빠른 발)"이라는 별명이
있다. 샌더스는 9년 동안이나 야구선수로 뛰었는데도 곧 미식축구 명예의 전당에
헌액될 예정이다[7]. 샌더스는 뛰어난 미식축구 선수(프로보울(올스타전) 8회 참가,
수퍼볼(결승전) 2회 우승)이자 평균 이상의 야구선수였다. 풀타임으로 야구를 했다
면 더 잘했을 것이다.
샌더스는 NFL 수퍼볼과 MLB 월드시리즈 둘 다 뛰고 같은 주에 홈런을 날리고 터치
다운을 기록한 유일한 선수다.

— 티몬스(2008)

디온 샌더스 같은 선수는 특별하다. 어느 종목이든 잘한다. 운동신경
은 특정 스포츠에 국한되지 않는다. 경기의 기본과 규칙을 선수에게 알려
주고 어떻게 경기해야 할지 코치해주면 곧 잘한다.[7]

스포츠 전반에 걸쳐 "이동 가능한" 특별한 선수들처럼 컨테이너도 실
행 환경에 구애받지 않고 환경 전반에 걸쳐 이동할 수 있다. 컨테이너 아
이디어 자체는 새로운 것이 아니다. 리눅스는 2008년부터 컨테이너를 보
유하고 있었다. 리눅스 컨테이너는 운영 체제 커널을 공유하면서 CPU,
메모리, 블록 I/O, 네트워크 리소스 수준에서 분리를 허용한다. 이로써 프
로세스를 독립적으로 실행할 수 있으며 각 인스턴스에 전체 로컬 운영
체제가 설치되는 가상 머신에 비해 오버헤드가 적다. 또한 컨테이너는 가

7 　디온 샌더스는 이 기사가 나온 지 3년 만인 2011년 미식축구 명예의 전당에 헌액됐다.

상 머신보다 훨씬 가벼워 가상 머신보다 훨씬 큰 규모의 서버에서 실행될 수 있다. 도커는 리눅스 컨테이너를 더 쉽게 이동하도록 오픈 소스 프로젝트로 시작됐다. 이제는 리눅스 인스턴스, 물리적 서버, 클라우드 어디서나 모든 리눅스 인스턴스에 걸쳐 이동할 수 있게 됐다. 도커는 2013년 출시 이후 지금까지 1억 건 이상의 도커 엔진 다운로드를 기록하며 매우 성공적인 오픈 소스 프로젝트가 됐다(마틴 N, 2015).

간단하게 말해 컨테이너의 주요 이점은 애플리케이션, 관련 환경 설정, 모든 의존성을 패키징할 수 있는 표준적인 방법을 제공해 환경 전반에 걸쳐 이동할 수 있게 해준다는 것이다. 컨테이너 내부의 애플리케이션 코드는 컨테이너 외부 환경과 격리된다. 이는 데브옵스 관점에서 열반의 경지다. 개발자는 컨테이너 외부 환경을 신경 쓸 필요가 없다. 개발자는 개발 애플리케이션에 가장 적합한 표준화된 컨테이너 이미지로 애플리케이션을 패키징하는 데만 집중하면 된다. 마찬가지로 운영팀은 컨테이너 내부의 애플리케이션 코드, 환경 설정, 의존성을 신경 쓸 필요가 없다. 운영팀은 주어진 환경에서 표준화되고 승인된 컨테이너를 운영하는 데만 집중하면 된다.

컨테이너로 제공되는 데브옵스 플랫폼

조직이 애플리케이션 전달 파이프라인을 실현하는 데 사용하는 도구는 앞에서 설명한 애플리케이션 전달 파이프라인 제공 기능을 서비스로 활용하는 방식으로 컨테이너 안에 배포해 사용할 수 있다. 다른 방안으로는 기존 방식으로 컨테이너 외부 어디든 도구를 배포해 애플리케이션과 서비스를 개발할 수 있으며 테스트, 사전 운영 환경, 운영 환경에 배포해야 할 때 컨테이너에 패키징할 수 있다. 어느 쪽이든 컨테이너의 주요 이점은 표준화된 개발 환경, 테스트 환경, 운영 환경 등의 기타 환경 세트를 제공하는 것이다. 이러한 환경에서 애플리케이션은 호환성 문제나 환경 설정을 신경 쓸 필요 없이 이동식 컨테이너에 배포될 수 있고 다른 환경으로 승격될 수 있다.

애플리케이션 전달 파이프라인에서는 컨테이너에 애플리케이션을 패키징하는 단계만 빌드 프로세스에 추가하면 된다. 젠킨스와 IBM 어반코드 디플로이 등의 최신 빌드 도구는 모두 다음과 같은 기능을 제공한다.

- 도커 파일에서 도커 이미지를 빌드
- 도커 이미지를 레지스트리에 게시

도커 컨테이너가 만들어지면 도커 도구를 활용하거나 더 고수준의 기능이 필요한 경우 IBM 어반코드 디플로이 같은 배포 자동화 도구를 사용해 원하는 환경에 배포할 수 있다.

코어OS 로켓과 VM웨어 포톤Photon 컨테이너 등의 업계에는 여러 컨테이너 기술이 있다. 그중 도커가 많이 도입되는 추세이며 업계 선두주자다. 2016년 4월 수십 개 업체가 컨테이너 포맷과 런타임을 표준화하기 위해 오픈 컨테이너 이니셔티브Open Container Initiative를 시작했다.

컨테이너 오케스트레이션

컨테이너 확장성이란 배포된 여러 컨테이너 인스턴스가 다수가 되게 하는 것을 의미한다. 컨테이너 라이프사이클 전체에 걸쳐 여러 컨테이너를 관리하기 위해서는 다양한 유형의 작업을 수행할 수 있도록 다음과 같은 역량이 갖춰져야 한다.

- 배포
- 컨테이너 업데이트
- 프로비저닝
- 컨테이너 디스커버리
- 모니터링
- 스케줄링

- 클러스터링 및 규모 조정
- 장애 조치
- 정책 관리
- 제약 관리Constraint management

이러한 역량을 갖출 수 있도록 여러 컨테이너 오케스트레이션 관리 기술이 나왔다.

- **도커 스웜** 도커는 도커 스웜으로 도커 컨테이너의 대규모 클러스터를 지원하기 시작했다. 도커 스웜은 핵심 도커 API를 활용해 도커 엔진 풀을 한 번에 관리한다.
- **쿠버네티스**Kubernetes 구글 쿠버네티스는 컨테이너 공간에서 오케스트레이션 기술로 주목을 끈다. 구글은 쿠버네티스로 하루에 20억 개 이상의 컨테이너를 관리한다는데 꽤 믿을 만하다.

  쿠버네티스 구조는 여러 하인을 관리하는 주인의 모습이다. 주인Master은 모든 하인Minion을 관리하는 관리 및 오케스트레이션 프로세스를 수행한다. 이 하인들은 파드Pod라는 여러 개의 컨테이너 그룹을 갖는다.
- **메소스**Mesos 서버 공유 풀에서 실행되는 복잡한 작업 관리를 위해 도커와 독립적으로 존재했던 오픈 소스 프로젝트다. 이후 도커를 지원해 컨테이너를 관리할 수 있게 됐다. 메소스는 쿠버네티스와 비슷하게 마스터 슬레이브 모델Master Slave Model로 동작한다. 마스터는 고수준의 작업을 실행하고 기타 작업은 컨테이너를 관리하는 슬레이브에게 위임한다. 주키퍼ZooKeeper라는 소프트웨어로 마스터 노드 컬렉션을 조정할 수 있으며 더 고수준의 제어, 확장성, 고가용성이 제공된다. 주키퍼는 모든 마스터와 슬레이브에게 현재의 리더 마스터를 알린다.

서비스형 컨테이너

서비스형 플랫폼의 대안으로 서비스형 컨테이너^{CaaS, Container as a Service}가 인기를 끌고 있다. 서비스형 컨테이너는 서비스형 플랫폼과 마찬가지로 환경을 서비스로 제공하며 내부 운영팀이나 업체가 관리한다. 개발자는 환경 설치, 관리, 설정을 신경 쓸 필요 없이 서비스를 기반으로 구축한 컨테이너를 실행하기만 하면 된다. 서비스형 플랫폼과 달리 서비스형 컨테이너는 본질적으로 애플리케이션이나 미들웨어 서비스를 전혀 제공하지 않는다. 애플리케이션에서 이러한 서비스가 필요할 때는 서비스형 컨테이너에 필요한 서비스를 실행하는 컨테이너를 배포하거나 애플리케이션에서 직접 외부에서 실행 중인 서비스를 활용해야 한다.

인기 있는 서비스형 컨테이너로는 도커 클라우드(이전의 투텀[Tutum]), IBM 블루믹스 컨테이너, 아마존 ECS, 코어OS 텍토닉[Tectonic], 랜처 랩스[Rancher Labs] 랜처, 구글 컨테이너 엔진 등이 있다.

전략: 마이크로서비스 아키텍처 제공

정규 팀과 특별 팀

전 미국 미식축구리그(NFL) 세이프티이자 라인배커인 코이 와이어(Coy Wire)는 리그에서 9시즌을 뛴 핵심 선수였다. 코이 와이어는 NFL에 들어올 때 킥을 막는 것이 우선순위가 아니라 프로선수로서 새로운 역할에 적응하는 것이 중요하다고 말했다. "NFL에서 특별 팀에 들어오는 대부분의 선수들은 대학시절부터 실수 없이 잘해온 선수들이다. 당신도 카멜레온처럼 새로운 상황에 적응해야 한다. 모든 특별 팀 선수들은 NFL의 풀타임 선발이 되고 싶어한다. 하지만 특별 팀에 들어가 정말 잘하기 위해서는 자존심을 버리고 팀을 위한 새로운 역할을 받아들일 수 있어야 한다."

– 보웬(2015)

데브옵스 관점에서 작은 배치 배포는 핵심 주제다(4장에서 설명). 작은 배치작업의 가치 제안은 자명하다. 작은 변화를 자주 전달해 피드백 사이클 타임을 줄이고 변화의 영향을 최소화한다. 적은 변경사항을 더 자주 검증할수록 테스트와 보안 검증이 쉽다. 배포도 변화가 적을수록 쉬워진다. 이와 유사하게 변경 관리는 비교적 덜 복잡해진다. 데브옵스가 열반(괴로움이 없는 상태)에 든다.

하지만 구조적 관점에서 보면 작은 배치 전달이 항상 가능한 것은 아니다. 대부분의 기업 애플리케이션은 본질적으로 하나의 큰 단일체다. 기업 애플리케이션은 대형 컴포넌트 몇 개로 구성되며 각 컴포넌트는 배포 가능한 하나의 자산으로 전달된다.

- **사용자 인터페이스**[UI] 일반적으로 웹페이지, 모바일 애플리케이션, 서드파티 애플리케이션용 API 등 유형별로 하나의 컴포넌트가 된다.
- **데이터베이스** 일반적으로 서버에서 실행되는 여러 데이터베이스에 분산돼 있다.
- **서버 측 컴포넌트** 실행 가능한 여러 개의 컴포넌트일 수 있다. 하나 이상의 컴포넌트가 있는 경우 컴포넌트 규모가 크고 그 수는 적다.

그래서 배포할 때 최소 3개의 큰 단일체를 배포해야 한다고 볼 수 있다. 이러한 모든 컴포넌트는 여러 팀이 개발할 수 있고 각 스프린트에서 코드 변경사항을 조금씩 전달하는 짧은 스프린트를 사용할 수 있다. 하지만 이러한 모든 변경사항은 하나로 통합돼 전달 가능한 대형 컴포넌트로 빌드돼야 한다. 이는 작은 배치작업을 배포하는 목적을 좌절시킨다. 각 전달 사이클에서는 약간의 점진적인 변경을 배포 가능한 컴포넌트에 전달하지만 해당 컴포넌트 자체로는 하나의 큰 덩어리로 배포돼야 한다.

배포 오케스트레이션 관점에서 다음 문제는 컴포넌트를 여러 인스턴스에 배포하는 것이다. 특정 컴포넌트의 규모를 조정하기 위해서는 여러 개의 서버에 여러 개의 인스턴스를 배포해야 수평적으로 확장할 수 있다. 여기서 기능의 일부(예를 들어 쇼핑몰 웹사이트의 장바구니)만 추가하더라도 하나의 아키텍처는 전체 컴포넌트를 여러 개의 인스턴스에 배포해야 한다. 하나의 컴포넌트는 배포 가능한 자산의 최소 단위다.

마이크로서비스 아키텍처

마이크로서비스 아키텍처 방식

마이크로서비스 아키텍처는 작은 서비스를 모아 하나의 애플리케이션을 개발하는 방식이다. 각각의 작은 서비스는 HTTP 리소스 API 같이 가벼운 메커니즘으로 통신하며 개별적인 프로세스로 동작한다. 서비스들은 필요한 비즈니스 기능을 기반으로 빌드되며 완전하게 자동화된 배포 시스템이 독립적으로 배포할 수 있다. 또한 서비스는 여러 프로그래밍 언어로 개발돼 여러 가지 데이터 저장 기술을 사용할 수 있다. 따라서 기본적으로 서비스를 관리하는 중앙집중관리 체계가 있다.

– 파울러(2014)

작은 배치의 배포와 확장성을 모두 제공하는 솔루션(그림 5.11)은 마이크로서비스 방식을 이용해 효과적으로 해결할 수 있다. 마이크로서비스의 주요 특성은 마틴 파울러가 정의했다.

- **서비스를 컴포넌트화** 마이크로서비스는 복잡한 서비스도 제공할 수 있도록 서비스를 컴포넌트화해 제공한다. 이는 잘 정의된 API로 개발하고 전달할 수 있다.

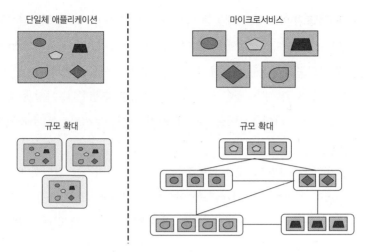

그림 5.11 마이크로서비스로 규모 확대

■ **비즈니스 기능을 중심으로 구성됨** 마이크로서비스의 목표는 단일체 구
조를 비즈니스 기능 단위의 더 작은 서비스로 분해하는 것이다. 4
장에 등장한 콘웨이의 법칙에 따르면 팀들은 구조적으로 컴포넌트
에 비즈니스 로직을 넣기에 부적절하더라도 담당하는 컴포넌트에
비즈니스 로직을 넣으려는 경향이 있다. 전달돼야 할 각 비즈니스
기능은 독립적인 서비스로 설계되며 독립적으로 개발해 전달할 수
있다.

또한 비즈니스 기능을 중심으로 마이크로서비스를 개발하면 확
장성 문제를 해결할 수 있다. 규모 확대는 보통 특정 비즈니스 기
능이 추가될 때 필요하다. 특정 비즈니스 기능의 예로는 앞에 나온
장바구니 기능이나 은행의 월말 계좌 조회 기능 등이 있다.

기능적으로 구분된 마이크로서비스들 또는 각 비즈니스 기능용
마이크로서비스 세트를 구축하면 다른 마이크로서비스 배포에 영
향을 미치지 않으면서 필요할 때 마이크로서비스 규모를 수평적으
로 확대할 수 있다.

- **프로젝트가 아닌 제품** 제품은 일시적이지 않지만 프로젝트는 일시적이다. 프로젝트 관점에서 컴포넌트 라이프사이클상 프로젝트 팀은 마이크로서비스를 별도로 소유하지 않으며 서로 다른 팀(하나의 컴포넌트 세트를 맡는)들이 일련의 프로젝트를 수행한다. 이렇게 하기 보다 팀은 라이프사이클 전체에 걸쳐 마이크로서비스를 소유해야 한다.

- **똑똑한 엔드포인트와 단순 망제공자** 마이크로서비스는 간단한 REST API나 가벼운 메시지 버스를 아키텍처 인터페이스로 사용해 구축된다. 구축된 마이크로서비스는 외부 서비스 및 애플리케이션뿐만 아니라 다른 마이크로서비스와도 간결한 방식으로 통신할 수 있다. 이러한 통신은 다루기 쉽고 오케스트레이션을 쉽게 수행할 수 있다.

- **분산 관리** 분산 관리는 마이크로서비스를 개발하고 전달하는 팀이 제공해야 하는 기술에 최고의 플랫폼과 도구를 활용할 수 있게 해준다. 마이크로서비스는 서로 독립적이며 잘 정의된 API를 통해 통신하므로 구현을 위해 표준화된 개발 언어나 기술 스택을 쓸 필요가 없다.

- **분산된 데이터 관리** 애플리케이션 계층이 작은 컴포넌트로 설계되면 당연히 영속 계층(데이터 저장 계층)의 데이터 스키마는 컴포넌트별로 설계한 요구사항과 일치해야 한다. 하나의 단일체로 데이터에 접근하는 데이터 저장소를 구성할 필요가 없다.

- **인프라 자동화** 다수의 마이크로서비스를 지속적으로 전달하도록 오케스트레이션을 수행하기 위해서는 해당 서비스의 규모와 전달 및 라이프사이클 관리 요구사항을 지원하는 도구가 필요하다. 서비스형 플랫폼이나 컨테이너를 활용해 배포를 관리해야 한다.

- **실패에 대한 설계** 소규모의 독립 실행 서비스로 처음부터 안티프래

질로 설계된 마이크로서비스들은 안티프래질 시스템의 설계를 쉽게 해준다.

- **진화하는 설계** 마이크로서비스를 활용해 애플리케이션을 설계하면 단일체 애플리케이션과 달리 개발자는 처음부터 애플리케이션 설계에 구애받지 않아도 된다. 작은 배치 전달로 빠른 피드백 사이클 타임을 확보하면서 아키텍처를 계속 개선할 수 있어 이 과정에서 마이크로서비스를 변경, 교체, 삭제할 수 있기 때문에 아키텍처와 설계가 진화한다.

12 팩터 앱

최신 애플리케이션 설계와 개발 방법에 초점을 맞추는 마이크로서비스 방식은 애플리케이션을 개발하고 전달하는 방법론을 낳았다. 그 중 인기 있는 12 팩터 앱은 서비스용 플랫폼 서비스 업체인 헤로쿠Heroku(세일즈포스닷컴 소유)에서 개발했다. 헤로쿠는 12 팩터 앱 방법론을 클라우드 네이티브 애플리케이션 즉 클라우드 전용으로 설계된 애플리케이션을 개발하고 전달하는 조직에 도움을 주기 위해 개발했다(뒤에서 더 자세하게 살펴본다). 하지만 마이크로서비스 아키텍처와 12 팩터 앱 방법론은 잘 맞아 12 팩터 앱 방법론이 마이크로서비스 개발 및 제공의 일반적인 접근 방식이 된다.

12 팩터 앱의 12개 요소, 그 개념과 모범 사례를 간략하게 살펴보자 (코펠, 2014).

1. **코드베이스** 모든 코드를 단일 소스 코드 관리 시스템SCM에 저장해야 한다. 물론 깃Git 같은 분산 버전 관리 시스템도 단일 소스 코드 관리 시스템이 될 수 있다.
2. **종속성** 애플리케이션 소스 코드에서 인프라 코드까지 모든 종속성

이 선언되고 분리돼 있는지 확인해야 한다.

3. **설정** 환경 설정 변수는 애플리케이션과는 독립적으로 환경이나 시간에 따라 변경할 수 있다. 이러한 변수를 애플리케이션이 아닌 환경에 저장해야 한다.

4. **백엔드 서비스** 애플리케이션 실행에는 데이터베이스, 캐시, 큐잉 시스템 등 다양한 외부 백엔드 서비스를 이용한다. 서비스에서 애플리케이션을 추상화해 엔드포인트에서 쉽게 이용할 수 있게 해준다.

5. **빌드, 릴리즈, 실행** 애플리케이션 전달 파이프라인에서 애플리케이션을 다른 단계로 승격하는 자동화로 빌드, 릴리즈, 실행 단계를 독립적으로 만들어야 한다.

6. **프로세스** 무상태 프로세스로 애플리케이션이 실행될 수 있게 서비스를 구축한다. 상태가 있는 모든 애플리케이션 콘텐츠는 실제 서비스 외부의 데이터 저장소에 저장돼야 한다. 이는 애플리케이션이 안티프래질이 될 수 있게 해준다. 한 서비스 인스턴스가 소멸하면 다른 인스턴스가 이를 상태 관련 정보 손실 없이 대체할 수 있게 해준다.

7. **포트 바인딩** 모든 애플리케이션과 서비스를 URL 주소로 접근해 이용할 수 있게 해야 한다. 어떻게 보면 위의 4를 확장한 내용이다.

8. **동시성** 마이크로서비스를 도입할 때 나타나는 확장성 문제와 완전하게 일치한다. 애플리케이션에서 서비스는 여러 인스턴스를 동시에 실행할 수 있어야 한다. 이를 통해 전체 애플리케이션을 확장하지 않고도 개별적으로 세분화된 서비스를 확장할 수 있다.

9. **처리성** "빠른 시작과 우아한 종료"를 수행하는 서비스를 설계해 애플리케이션이 최대한 안티프래질 시스템이 되게 해야 한다. 즉 다른 서비스와 독립적으로 서비스를 신속하게 시작하고 종료할 수 있게 해야 한다. 이를 위해서는 애플리케이션에서 사용되고 빠른

시작에 필요한 모든 서비스가 사용 가능하고 속도에 최적화돼 있어야 한다.

10. **개발, 운영 환경 일치** 간단하게 말해 애플리케이션 전달 파이프라인의 모든 단계에서 유사 운영 환경을 제공해야 한다.

11. **로그** 로그를 실시간 모니터링하고 분석할 수 있는 이벤트 스트림으로 처리해야 한다. 이는 데이터와 정보가 필요한 모든 이해관계자에게 피드백을 신속하게 제공해준다.

12. **관리 프로세스** 관리 프로세스는 애플리케이션 정보(A/B 테스트 결과 관리, 데이터 정리, 분석 수행 등)를 모니터링하고 수집하기 위해 실행되는 프로세스다. 관리 프로세스가 모두 운영 환경에서 프로세스로 실행돼 수집된 데이터의 정확성을 보장하는지 확인해야 한다.

위의 12가지 요소는 책 전반부에서 제시한 데브옵스 전략의 또 다른 버전일 뿐이다. 이는 데브옵스의 목표와 같으며 클라우드 네이티브 애플리케이션에 특화돼 있다. 12 팩터 앱을 도입하면 마이크로서비스 아키텍처를 사용하는 애플리케이션을 개발하는 데 이상적이다.

클라우드 네이티브

다음으로 넘어가기 전에 여기서 사용할 클라우드 네이티브 애플리케이션이라는 용어를 확실하게 정의해야 한다. 클라우드 네이티브 애플리케이션은 다음과 같은 개념을 합친 것이다.

- 데브옵스
- 마이크로서비스
- 컨테이너

이 개념들은 클라우드 규모에 따라 애플리케이션을 실행하는 데 필요한 새로운 개발, 전달, 운영 패러다임을 제공하고 애플리케이션을 클라우드용으로 만들 목적으로 합쳐졌다. 이러한 개념으로 규모에 따라 오케스트레이션을 관리하고 처리할 수 있는 안티프래질 환경을 제공할 수 있다.

클라우드 네이티브 시스템 속성

A. 패키징된 컨테이너. 애플리케이션 개발 단위로 고수준의 자원 분리를 수행하는 메커니즘으로서 소프트웨어 컨테이너에서 애플리케이션과 프로세스를 실행함. 전반적인 개발자 경험 향상. 코드 및 컴포넌트 재사용 촉진. 클라우드 네이티브 애플리케이션의 운영 간소화

B. 동적 관리. 중앙 오케스트레이션 프로세스로 능동적으로 스케줄링되고 관리됨. 운영 및 유지·보수 비용을 절감하면서 기계 효율성과 리소스 활용률을 획기적으로 개선

C. 마이크로서비스 지향. 명시적으로 설명된 종속성(예를 들어 서비스 엔드포인트를 통한)의 느슨한 결합. 애플리케이션의 전반적인 민첩성과 유지·보수성을 크게 향상시킴. 애플리케이션 관리 방식을 최신화하고 신뢰할 수 있는 인터페이스로 어디서나 쉽게 사용할 수 있는 기술을 개발할 수 있게 기술 진화의 토대를 갖춤

– 클라우드 네이티브 컴퓨팅 재단(2015)

클라우드 네이티브 애플리케이션은 정의에 따라 서비스형 플랫폼이나 서비스형 컨테이너로 실행해야 한다. 컨테이너를 활용해 실행하면 어느 클라우드 모델에나 배포하고 실행할 수 있다. 클라우드 네이티브 애플리케이션은 마이크로서비스 아키텍처를 사용해 설계되며 12팩터 앱 방법론으로 개발되고 전달된다. 핵심 주제로는 작은 배치 작업, 신속한 전달, 확장성, 안티프래질이 있다.

클라우드 네이티브 애플리케이션을 개발하고 전달하기 위해 개발팀과 운영팀은 이 앱이 기존 애플리케이션과 어느 부분이 다른지 잘 알고 있어야 한다(브라운, 2016).

- 인프라에서 비기능적 요구사항을 제공하는 기존 애플리케이션과 달리 클라우드 네이티브 애플리케이션에서는 애플리케이션과 서비스 그 자체로 비기능적 요구사항을 제공한다. 로드 밸런싱, 고가용성, 애플리케이션 모니터링 등이 그 예다.
- 고정된 토폴로지로 동작하는 인프라에서 실행되는 기존 애플리케이션과 달리 인프라가 계속 변화한다(본질적으로 탄력적임).
- 애플리케이션 컴포넌트는 일반적으로 동일한 환경에 배치된 기존 애플리케이션과 달리 여러 클라우드 환경에 걸쳐 전 세계적으로 분산된 서비스로 실행될 수 있다.
- 운영팀이 운영 서버를 제어하는 기존 애플리케이션과 달리 데브옵스팀 구성원이 운영 서버를 제어한다. 클라우드 네이티브 애플리케이션에서 운영팀은 플랫폼 또는 컨테이너 서비스를 실행한다. 그리고 애플리케이션을 소유하는 데브옵스팀이 플랫폼(개별 서버 인스턴스든 컨테이너든)에서 자체 운영 인스턴스를 실행한다.
- 대형 문제가 발생하면 해당 시점부터 운영팀이 개발팀 참여를 최소화하고 개발 환경에서 운영 환경으로 형식적인 핸드오프를 하는 기존 애플리케이션과 달리 데브옵스팀이 애플리케이션을 책임진다. 즉 클라우드 네이티브 애플리케이션에서 운영팀은 핵심 플랫폼 서비스가 정상적으로 동작하는 한 플랫폼이나 컨테이너를 실행한다. 플랫폼에서 실행 중인 애플리케이션이 충돌하면 애플리케이션을 소유하는 데브옵스팀으로 책임을 돌릴 수 있다.

클라우드 네이티브 애플리케이션을 개발하고 전달하는 것은 단순하게 아키텍처나 방법론을 바꾸는 것이 아니다. 이러한 애플리케이션을 효과적, 효율적으로 개발하고 전달하는 데 필요한 팀 구성, 팀원의 역할, 필요한 기술 등 모든 것이 바뀌어야 한다.

마이크로서비스와 컨테이너

마이크로서비스와 컨테이너는 여러 가지 이유로 인기를 끌고 있다. 서로 종속되지 않으면서도(컨테이너는 마이크로서비스를 구성하는 데 내부 패키징이 필요없고 마이크로서비스는 컨테이너에 배포할 필요가 없다) 컨테이너를 활용해 마이크로서비스를 구축, 배포, 운영할 수 있다. 이러한 가치 제안은 실제로 엄청나며 3가지 주요 이점이 있다.

1. **환경 추상화** 컨테이너는 정의에 따라 컨테이너가 실행되는 환경에서 컨테이너 내부에서 실행되는 것을 추상화한다. 이식성은 컨테이너가 나온 취지다. 마이크로서비스에 대해서는 컨테이너가 어느 환경에 배포되든 항상 같은 방식으로 해당 환경의 서비스를 활용할 수 있다.

2. **세분화된 실행** 컨테이너는 가상 머신 전체보다 훨씬 가벼워 훨씬 저렴한 비용으로 규모를 조정할 수 있다. 그러므로 컨테이너가 운영하는 마이크로서비스는 기반 인프라가 비효율적인 부하를 받지 않게 하고 수평적으로 쉽게 확장할 수 있다.

3. **격리** 컨테이너의 마이크로서비스는 격리된 독립적인 프로세스로 실행될 수 있으며 사용 중인 다른 서비스들이 실행되는 환경이나 방법의 영향을 받지 않는다. 마이크로서비스는 다른 마이크로서비스의 간섭없이 여러 서버 인스턴스에 분산시키거나 같은 서버 인스턴스에서 실행할 수 있다. 따라서 서버 활용률을 극대화하도록 계획하고 관리해 로드 밸런싱이 가능하며 여러 서버 인스턴스에 걸쳐 동일한 마이크로서비스의 여러 인스턴스를 실행해 이중화할 수 있다.

마이크로서비스로 마이그레이션

마이크로서비스를 제공할 수 있도록 전략의 핵심 주제(마이크로서비스 아키텍처 개발 및 제공)로 다시 돌아가보자.

여기에는 2가지 시나리오가 있다.

- 새로운 클라우드 네이티브 애플리케이션의 개발 및 제공
- 기존 단일체 애플리케이션

첫 번째 시나리오는 앞에서 제공한 마이크로서비스, 12 팩터 앱, 클라우드 네이티브 애플리케이션 원칙과 지침으로 만들 수 있다. 이렇게 만들어진 새로운 애플리케이션에서는 기존 애플리케이션과 서비스를 사용할

수 있고 기존 코드나 데이터의 제약을 받지 않으며 기존 아키텍처를 바꾸지 않아도 된다.

두 번째 시나리오는 새로운 플레이 콜링을 만드는 것과 같다. 목표는 기존 아키텍처(코드 및 데이터)를 각 마이크로서비스에 맵핑할 수 있는 컴포넌트 즉 마이그레이션할 수 있는 컴포넌트로 단순화하는 것이다. 하지만 이미 구조가 고정된 단일체 애플리케이션과 데이터베이스에 저장된 기존 데이터는 단순화를 어렵게 한다. 애플리케이션과 데이터는 그림 5.12와 같이 재조정돼야 한다. 또한 콘웨이의 법칙은 기존 팀 구조와 함께 작용하는데 애플리케이션을 제대로 다시 설계할 수 있도록 팀 구조를 세분화해야 할 수도 있다.

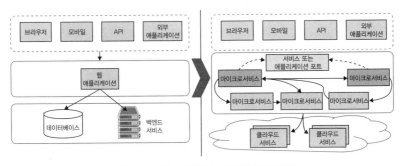

그림 5.12 마이크로서비스 아키텍처로 재설계

기존 단일체 애플리케이션을 마이크로서비스에 리팩토링하기 위한 핵심 단계(브라운, 2016)는 다음과 같다.

- **애플리케이션 리패키징** 자바 애플리케이션을 예로 들어보자. 대부분 자바 애플리케이션은 IBM 웹스피어, 오라클 웹로직, 아파치 톰캣 등 애플리케이션 서버에 배포된 대형 EAR 파일로 배포된다. EAR 파일은 일반적으로 여러 개발팀이 개발하고 EAR 파일에 "통합"된 여러 WAR 파일로 구성된다. 그림 5.13처럼 EAR 파일을 개별적으로 배포할 수 있는 WAR 파일로 분해해 각각 마이크로서비스가 되

면 좋은 시작이다. 구조적 복잡성을 다루지는 않지만(즉 콘웨이의 법칙으로 인해 추가된 구조적 의존성을 다루지 않는다) 기초적인 컴포넌트를 분리함으로써 각 컴포넌트가 마이크로서비스의 핵심 요건인 다른 요소들과 독립적으로 구축, 배치, 관리되게 할 필요성을 다룬다.

그림 5.13 자바 애플리케이션을 마이크로서비스로 다시 패키징

- **코드 리팩토링** 불합리한 구조적 종속성을 본질적으로 세분화된 마이크로서비스로 분리해야 한다. 이를 위해서는 기존 컴포넌트에서 마이크로서비스로 추출할 만한 코드가 어디 있는지 확인하고 자체 컴포넌트로 코드를 리팩토링해야 한다. 컴포넌트는 REST 인터페이스를 제공해 완전한 마이크로서비스가 되게 해야 한다. 사용된 설계 패턴에 따라 코드 리팩토링은 매우 복잡해질 수 있으므로 잘 다뤄야 한다.

- **데이터 리팩토링** 기존 애플리케이션을 마이크로서비스로 마이그레이션하는 데 가장 어려운 과제는 코드가 아닌 데이터와 관련 있다. 일단 기존 애플리케이션은 여러 대규모 데이터 소스가 있다. 또한 데이터베이스와 애플리케이션 컴포넌트 간 복잡한 데이터 흐름도 존재한다. 이러한 이유로 작업이 복잡해진다. 애플리케이션을 마이

크로서비스로 리팩토링하는 데는 데이터 구조 모델 리팩토링이 중요하다. 마이크로서비스가 다른 마이크로서비스와 독립적으로 동작하기 위해서는 적절한 데이터 저장소에 저장된 적절한 데이터 구조와 상호작용할 수 있어야 한다. 그렇게 되려면 모든 데이터 모델과 데이터 저장소를 재검토해야 한다.

- 적절한 데이터 구조를 사용하고 있는가?
- 적절한 데이터 저장소를 사용하고 있는가?
- 데이터를 가져오는 방식이 적절한가?

이전에는 관계형 데이터베이스밖에 없었다. 그래서 이진 데이터, 구조화된 자바 객체, 그래프 데이터 모델 등 모든 데이터 형식이 관계형 데이터베이스에 저장됐다. 게다가 이러한 관계형 데이터베이스는 공간 절약을 위해 과하게 표준화됐다. 이는 지나치게 복잡한 관계형 데이터 구조, 효과적으로 쿼리하기 힘든 이진 객체 blob, 매우 복잡한 그래프 쿼리를 초래했다. 최근에는 필요한 포맷과 쿼리에 적합한 저장소에 데이터를 저장할 수 있는 다언어 데이터 저장소(객체 저장소, JSON 문서 저장소, 그래프 데이터베이스 등)가 있다. 다시 말하지만 이 리팩토링은 쉽지 않다. 사실 데이터 구조 유형, 데이터 모델 및 관련 데이터 저장소의 복잡성을 생각하면 코드 리팩토링보다 훨씬 복잡한 작업이다. 하지만 진정한 마이크로서비스 아키텍처를 위해 모험할 필요는 없다.

전략: API 경제적 개발

이건 경제야. 스튜핏!

세계 축구클럽들은 기존 방식으로 수익을 내는 데 한계를 느꼈다. 그래서 최신 스포츠 미디어 회사로 탈바꿈하는 전략을 도입했다. 이러한 전략을 잘 도입한 클럽으로는 플로렌티노 페레스(Florentino Pérez) 회장이 운영하는 스페인 축구클럽 레알 마드리드(Real Madrid)가 있다. 전략 모델에서는 클럽 브랜드 가치 향상이 핵심 목표이며 이를 위해 새로운 마케팅 전략을 설계하고 실현한다. 새로운 마케팅 전략은 수익을 증가시킨다. 이러한 관점에서 레알 마드리드는 선두에 있다.

– 포다셀(2006)

축구클럽이 브랜드 가치를 높일 혁신적 방법으로 새로운 수익 모델을 개발하듯이 조직은 API로 핵심 기능을 초월한 혁신적 방법으로 비즈니스 모델을 개발할 수 있다.

애플리케이션(서비스) 기능은 API를 통해 조직 안팎의 애플리케이션(서비스)에 제공될 수 있다. API는 내부 API, 외부 API로 구분하며 내부 API는 조직 내에서 내부적으로 활용하고 외부 API는 조직 외부에서 활용한다. 물론 API가 제공되는 대상에 따라 보안, 관리, 측정 요구사항이 달라진다.

애플리케이션(서비스) 간 통신하는 기본 메커니즘은 API가 돼야 한다. 마이크로서비스 기반 아키텍처를 개발한다면 이는 기본이다. 기존 애플리케이션에서는 애플리케이션 간에 별도로 정의한 방식으로 통합이 이뤄지는 경우가 있다. 이는 잘 정의된 API로 대체돼야 한다.

API는 새로운 개념이 아니다. 오래 전부터 있던 개념으로 특히 서비스 지향 아키텍처SOA로 주목받았다. 사실 SOA와 API의 차이점에는 이견이 있다. 순수하게는 둘 다 다른 서비스와 통신하고 연결할 수 있는 잘 정의된 아키텍처 인터페이스 서비스로 애플리케이션을 분리할 수 있는 메커니즘을 제공한다. 정의상 이 아키텍처 인터페이스는 API다. 오늘날 API와 기존 SOA 인터페이스의 주요 차이점은 API가 REST/JSON 인터페이스와 연관되고 SOA는 XML과 SOAP와 연관된다는 것이다. API는 SOA보다 매우 가볍고 유연하며 관리, 사용하기가 쉽다.

개발자는 내·외부 API를 활용해 새로운 애플리케이션을 만들 때 더 많은 서비스를 추가할 수 있다. 이러한 메커니즘으로 혁신을 추진할 수 있다. 2가지 방법이 있다.

- **파트너 환경 활용** 조직은 외부의 서드파티 서비스 API를 활용해 새롭고 혁신적인 애플리케이션을 개발할 수 있다. 서비스를 제공하는 서드파티 API가 있는데 굳이 직접 서비스를 만들겠는가? 조직 내 다른 팀이 이미 사용자 인증 관리 서비스를 개발해 API를 제공하는데 굳이 직접 해당 서비스를 만들 필요가 있겠는가? 그림 5.14는 스포츠 네트워크 ESPN의 공개 API로 개발자는 이를 이용해 애플리케이션에 스포츠 데이터를 사용할 수 있다.
- **파트너 환경을 통한 규모 확대** 이제 조직은 API를 통해 비즈니스 모델을 더 넓은 환경에 노출시킴으로써 자체 비즈니스 모델을 수익화할 수 있다. 은행이 옵션거래의 "민감도"값이나 위험 부담을 효율적으로 정확하게 계산하는 서비스를 개발했다면 외부 파트너에게 비용을 받고 API로 해당 서비스를 제공해 수익화하면 어떨까?

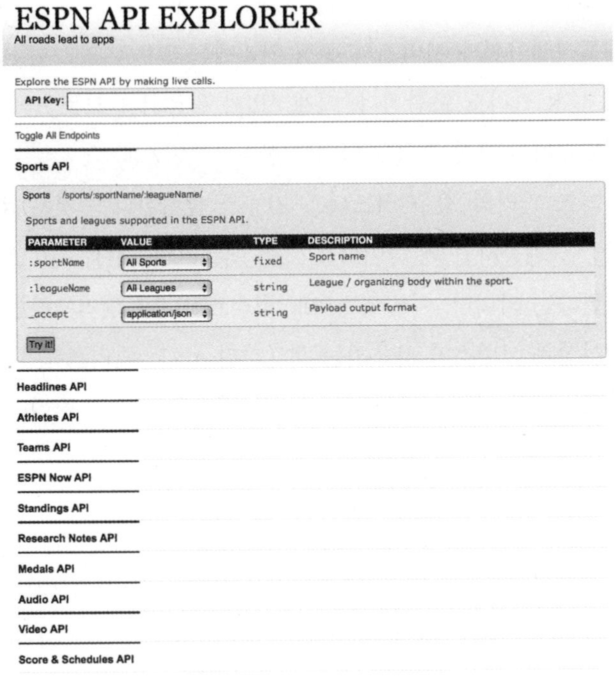

그림 5.14 ESPN 공개 API(ESPN 개발자 센터, 2015)

배포 자동화와 API

데브옵스 관점에서 API는 서비스와 동일하다. 조직은 API를 제품으로 봐야 한다. 특히 이는 수익화 여부와 상관없이 "외부" API를 제품으로 취급해야 한다. 하지만 내부적으로도 API는 제공자와 사용자 간 계약이므로 제품으로 취급해야 한다. 애플리케이션 전달을 목적으로 API를 제공하는 것은 API를 노출시키는 서비스를 제공하는 것이다. 서비스 라이프사이클에는 API를 다루는 단계도 포함돼 있다. 그 예는 다음과 같다.

- 애플리케이션이나 서비스의 기능, 성능, 보안 등을 테스트하는 것만으로는 충분하지 않다. API 사용 방법을 활용해 API에 대해서도

동일한 작업을 수행해야 한다.

- 애플리케이션과 서비스의 설정 관리에는 일반적으로 관련 미들웨어 설정 관리도 포함된다. 이제 API와 활용되는 모든 API 관리 소프트웨어의 구성 관리도 다뤄야 한다.
- 릴리즈 관리의 경우 비즈니스 기능을 출시한다는 것은 비즈니스 기능을 제공하는 데 들어가는 모든 애플리케이션과 서비스를 릴리즈한다는 의미다. 여기에 API도 릴리즈한다면 릴리즈하는 애플리케이션과 서비스가 사용하는 서드파티 API도 릴리즈해야 한다. 이러한 API의 서비스 수준 계약^{SLA}을 관리하는 것은 릴리즈 관리팀의 일이다.

앞의 마이크로서비스 아키텍처 절에서 지속적 전달을 위한 API의 핵심 가치 제안을 다뤘다. API는 애플리케이션과 서비스를 분리해준다. 이로써 애플리케이션은 사용하는 다른 서비스의 배포 위치를 신경 쓸 필요 없이 독립적으로 빌드하고 배포해 실행할 수 있다. 중요한 것은 API의 가용성이다.

또한 애플리케이션(서비스)은 확장이 필요하면 서비스 인스턴스를 더 배포해 확장할 수 있다. 확장과 관련 없는 다른 서비스는 확장할 필요가 없다. 따라서 API는 빠른 피드백 사이클 타임으로 변경사항들을 작은 배치 형태로 전달해 진정한 지속적 전달을 가능하게 한다.

데브옵스 플랫폼과 API

API를 무엇으로 구현하든(서비스형 인프라, 서비스형 플랫폼, 서비스형 클라우드) 데브옵스 플랫폼 자체는 API를 통해 접근할 수 있기 때문에 API 역할도 중요하다. 이러한 API 역할을 살펴보자.

- 서비스형 인프라 클라우드를 활용해 플랫폼을 구현하면 서비스형

인프라 서비스는 모두 API로 제공된다. 이러한 서비스로 전달되는 자원은 모두 API로 플랫폼에서 전달되고 실행됨으로써 애플리케이션에서 사용된다. 앞의 "클라우드 오케스트레이션"에서는 오픈스택 API로 여러 클라우드에 히트 패턴을 프로비저닝해 히트 패턴으로 여러 클라우드에 걸쳐 풀스택 프로비저닝하는 방식을 설명했다. 그림 5.15는 오픈스택에서 사용할 수 있는 네트워크 API의 예를 보여준다.

POST /v2.0/networks
Create network

Creates a network.

A request body is optional. An administrative user can specify another tenant UUID, which is the tenant who owns the network, in the request body.

Error response codes: 201,401,400

Request

Request Example

```
{
    "network": {
        "name": "sample_network",
        "admin_state_up": true
    }
}
```

Response Parameters

Name	In	Type	Description
status	body	string	The network status.
router:external (Optional)	body	boolean	Indicates whether this network is externally accessible.
availability_zone_hints	body	array	The availability zone candidate for the network.
availability_zones	body	array	The availability zone for the network.
name	body	string	Human-readable name of the resource.
admin_state_up	body	boolean	The administrative state of the resource, which is up (true) or down (false).
tenant_id	body	string	The ID of the tenant who owns the resource.
mtu	body	integer	The MTU of a network resource.
qos_policy_id (Optional)	body	string	The UUID of the QoS policy.
subnets	body	array	The associated subnets.
shared (Optional)	body	boolean	Admin-only. Indicates whether this network is shared across all tenants.
id	body	string	The UUID of the network.
network	body	object	A network object.

그림 5.15 오픈스택 네트워크 API(OpenStack.org, 2016)

- 서비스형 플랫폼과 서비스형 클라우드를 사용해 플랫폼을 구현하면 API를 활용해 도구도 이용할 수 있다. 여기서 데브옵스 도구는 플랫폼형 서비스나 컨테이너에서 실행되는 서비스다. 이러한 서비

스들은 API를 사용해 애플리케이션 전달 파이프라인을 구현할 수 있게 연결되고 오케스트레이션이 수행된다.

전략: 혁신을 위한 조직 구성

프로선수 양성

도미니카공화국과 니카라과는 인구도 비슷하고 야구 관심도도 비슷하게 높다. 하지만 도미니카공화국은 100명이 훨씬 넘는 선수를 메이저리그(MLB)에 보냈고 니카라과는 3명을 보냈다.

니카라과는 더 많은 선수를 메이저리그에 진출시키려고 한다. 그 첫 단계로 올해 초 니카라과 야구 아카데미를 개교했다. 데니스 마르티네스(Dennis Martinez(1976년 니카라과 최초로 메이저리그 진출))는 메이저리그 지망생에게 스카우트의 주목을 받는 기술을 가르쳐주며 도움을 주고 있다.

여기에 성공하면 니카라과 선수들을 북돋워주고 국가경제에도 도움이 될 수 있다. 도미니카공화국에서는 투수, 타자, 내야수, 외야수를 진출시켜 선수가 가족에게 보내는 막대한 송금으로 상당한 외화를 벌어들인다.

도미니카 슈퍼스타(데이비드 오티스(David Ortiz), 로빈슨 카노(Robinson Canó), 새미 소사(Sammy Sosa)(스테로이드 스캔들 이전의)) 등의 명성은 메이저리그 경기장을 관중으로 가득 메우고 주요 성장 산업인 관광업을 끌어올렸다.

야구는 수천 명의 도미니카 젊은이가 가난에서 벗어나는 길이다. 폭력 및 범죄 관련 직업에 비하면 건전하고 수익성 있는 대안이다.

1991년 남미 출신 투수 중 유일하게 퍼펙트 게임을 달성한 마르티네스는 메이저리그에 진출하려는 재능 있는 니카라과 유소년들을 양성하고 있다. 이러한 도전에 걸맞게 적절한 비즈니스 모델을 개발해왔다.

– 파인버그(2011)

프로가 될 만한 선수를 어떻게 발굴해 양성할 수 있을까? 머니볼 모델은 이미 선수가 통계적으로 의미 있는 기록을 갖고 있어야 한다. 스타덤에 오르기 위해 노력하는 수천 명의 젊은 선수 중에서 전도유망한 선수를 어떻게 발굴해 투자할 수 있을까?

혁신도 마찬가지다. 수많은 스타트업이 있었다. 우버, 에어비앤비, 그 전에 페이스북과 페이팔, 그 전에 마이크로소프트웨어와 애플 등 이들과 함께 나왔던 수천 개 스타트업이 실패했다. 주식 상장이나 타 기업 인수로 살아남는 경우도 있지만 창업 멤버 그대로 근근이 유지하다가 실패하는 경우가 많다. 물론 실패한 스타트업 이야기는 듣기 어렵다.

대기업 내부 상황은 더 심각하다. 구글처럼 혁신문화를 유지하면서 직원의 새로운 아이디어를 장려하는 메커니즘이 있는 대기업은 거의 없다 (히, 2013). 대부분의 대규모 조직은 조직될 때 혁신을 고려하지 않았고 혁신문화도 없다. 대부분 혁신의 반대편에 있다. 직원들은 숨막힐 정도로 엄격하게 관리된다. 직원이 주어진 업무를 최선을 다해 수행하도록 성과를 측정하며 새로운 아이디어는 장려하지 않는다. 이러한 비즈니스 모델은 오늘날 경쟁적이고 빠르게 변화하는 세상에 맞지 않다. 데브옵스 플랫폼과 기술 플랫폼을 혁신할 수 있도록 효율적으로 잘 설계했더라도 개발하고 실험할 혁신적인 아이디어가 없다면 아무 가치가 없다.

혁신 스토리는 매번 같은 식이다. 항상 새로운 아이디어를 가진 사람들이 작은 팀을 이뤘고 보통 주변사람들과 회사 임원은 이를 이해하지 못했다.

– 에릭 슈미트(구글 회장)

데브옵스 도입 관점에서 볼 때 혁신에 열린 문화가 매우 중요하다. IT 팀이 도입하는 모든 기술과 프로세스 개선보다 중요하다. 5장에서 논의한 모든 주제와 전략은 에릭 슈미트가 말한 작은 팀을 위해 나왔다. 이러한 팀들은 혁신적인 아이디어를 내고 비즈니스 기회가 있는지, 아이디어가 실현 가능한지 알아보기 위해 열심히 실험한다. 하지만 조직문화가 경직돼 아이디어에 필요한 자원이나 자유를 확보할 수 없어 시험하기 어렵

고 에릭이 말한 주변사람들과 회사 임원이 아이디어를 시험할 수 있는 문화를 지지하지 않는다면 모든 것이 물거품이다.

큰 조직에서는 문화적 관성이 커 혁신문화를 만들기 쉽지 않지만 만들어야 한다. 큰 조직 내부의 작은 팀에서 이를 먼저 시작할 수 있다. 작은 팀들은 눈에 잘 안 띄고 독립적인 작은 프로젝트를 수행한다. 조직 전체에서 혁신문화를 달성하기 위해서는 전사적 규모에서 조직 전체에 걸친 혁신 능력이 필요하다.

대기업 혁신문화 조성

미식축구뿐만 아니라 많은 스포츠가 혁신을 받아들이지 못하는 일종의 마초적 사고방식을 갖고 있다.

– 로렌스 잭슨(전 미식축구 선수)

맥킨지는 이러한 혁신문화를 확립해 확장시키는 4가지 입증된 방법을 제시했다. 디지털 혁신이 일으키는 변화의 맥락에서 말한다(에델만, 2015).

1. **조직의 구심점** 조직은 혁신을 추진하는 데 그치지 않고 혁신 리더를 두고 조직 전체를 맡긴다. 이를 통해 조직은 혁신 우선 문화를 개발하고 기존 시스템의 최적화를 가속화할 수 있다.

2. **역으로 인수** 혁신 리더가 기존 애플리케이션과 시스템을 인수해 프로세스, 기술, 팀 형태를 혁신팀처럼 바꿔 조직 전반의 프로세스, 기술, 문화를 혁신하는 더 적극적인 방법이다.

3. **스핀오프** 혁신에 초점을 맞춘 팀을 별도의 독립된 부서로 묶는 방식이다. 이러한 팀은 조직 내 나머지 팀의 문화적 관성에 구애받지 않고 스스로 적절한 프로세스, IT 플랫폼, 문화를 성장시켜 번영,

발전시킬 수 있게 한다. 일부 극단적인 경우 독립적인 별도 부서가 독립된 회사나 자회사로 분리되기도 한다.

4. **편승** 혁신 중심의 기술, 노하우, 문화를 가진 다른 회사와 협력하는 파트너십 방식이다. 조직은 자체적으로 혁신할 필요 없이 파트너가 제공하는 혁신 시스템으로 기존 시스템을 보완한다.

6장에서는 최적화와 혁신을 위한 데브옵스 문화 도입을 위해 구체적인 팀 모델을 살펴본다.

요약

5장에서는 혁신을 목표로 프로젝트에 데브옵스를 도입할 때 성공적으로 적용할 수 있는 데브옵스 전략에 초점을 맞췄다. 스타트업 이외의 대부분의 조직은 독립적으로 운영하는 혁신 비즈니스가 거의 없다는 점에 유의해야 한다. 따라서 각 혁신 제품은 기존 애플리케이션과 서비스에 종속적이므로 본질적으로 혁신적이지 않지만 핵심 비즈니스 서비스를 전달할 수 있다. 따라서 큰 조직에서 실제 데브옵스를 도입할 때는 최적화와 혁신을 위한 전략이 항상 포함된다.

여기서 소개한 4가지 전략은 다음과 같다.

- 데브옵스 플랫폼 구축
- 마이크로서비스 아키텍처 제공
- API 경제적 개발
- 혁신을 위한 조직 구성

이러한 전략은 5장 전반부에서 강조한 4가지 핵심 주제 달성에 도움이 된다.

- 다중 속도 IT 달성
- 지속적인 타당성 확인
- 실험 활성화
- 안티프래질 시스템 전달

결국 이러한 핵심 주제를 달성해야만 성공할 수 있다. 이를 목표로 삼아야 한다.

다중 속도는 현실이다. 대부분의 대규모 조직에는 광범위한 기술 스택, 관행, 팀 성숙도, 규제, 규정 준수 요구사항이 있으며 전달되는 애플리케이션과 서비스 전반에 걸쳐 여러 속도를 발생시키는 비즈니스 영향 요소가 있다.

정말 많은 프로젝트가 실패한다. 프로젝트는 완성했지만 잘못 만들었기 때문이다. 안타깝게도 대부분의 조직은 설계 관행보다 개발, 전달 프로세스를 개선하고 린 스타트업 운동 등의 기법을 활용하는 데 더 많이 투자한다. 실험을 활용해 프로젝트를 제대로 만들어 잘 전달할 수 있어야 한다.

마지막으로 신속한 실험을 수행할 수 있고 변화하는 사용량과 부하를 처리할 수 있으며 실시간으로 확장할 수 있는 시스템을 구축함에 따라 혼돈 속에서도 살아남는 시스템인 안티프래질 시스템을 제공해야 한다.

6장
기업에 데브옵스 확대 적용

이기는 문화 만들기

최하위권에서 상위권으로 올라가기는 만만치 않다. 계속된 패배에서는 승리를 생각하기 어렵다. 그래서 나는 선수들의 약점을 다루고 이기는 문화를 만들기 위해 노력한다. 이는 하룻밤새 할 수 있는 일이 아니다. 한 걸음씩 나아가야 한다.

내 철학은 다음과 같다. 경기에 이기기 위해서는 경기에서 이길 능력이 있다고 믿어야 한다. 즉 자신감은 입증된 능력에서 나온다. 이는 모순처럼 들릴 수 있겠지만 성공 경험은 큰 것이 아니더라도 자신감을 키우는 데 큰 도움이 된다.

그러므로 훈련 캠프에서는 최종 목표인 수퍼볼에 집착하지 않는다. 즉시 달성할 수 있는 명확한 목표들을 확립한다. 목표는 다음과 같다. 우리는 똑똑한 팀이다. 우리는 좋은 조건을 갖고 있다. 우리 팀은 열심히 뛴다. 우리 팀은 자부심이 있다. 우리는 다 함께 경기에서 이긴다. 우리는 서로 비난하지 않는다.

이러한 목표를 달성하는 방법으로 모든 사람이 이를 알게 한다. 기회가 있을 때마다 긍정적인 면을 강조하는 동시에 우리가 달성해야 할 다음 목표를 강조한다. 특별하게 좋은 경기를 펼쳤을 때는 팀을 불러 말한다. "오늘 우리는 해냈다. 정말 잘했어. 그런데 내일 해주길 바라는 것이 있다. 특별팀이 실수 없이 경기할 수 있도록 더 연습하길 바란다. 그러면 일요일 경기에 대비가 될 것이다."

작고 가시적인 목표를 세워 성취해가면서 성공할 수 있다는 믿음이 생기기 시작한다. 지는 습관을 버리고 이기는 습관을 들이기 시작한다. 팀이 스스로 생각하는 방식으로 변화가 일어나는 것을 보면 매우 만족스럽다.

– 파셀(2000)

6장에서는 대규모 조직으로 데브옵스를 어떻게 확장할 수 있는지 여러 전략을 다룬다. 대규모 조직은 본질적으로 단일체가 아니다. 여러 부서와 사업부로 구성되며 각각 고유한 플랫폼, 성숙도, 정치, 문화가 있다. 이 조직들은 인수합병으로 성장하기도 한다. 독립적으로 운영되는 하위조직과 마찬가지로 상위조직 내에서 조직들이 인수합병되는 것은 흔하다. 상위조직이 인수한 회사를 통합하지 않고 완전히 자회사로 운영하는 경우도 있다. 이는 의도한 것일 때도 있지만 대부분 통합에 어려움을 겪고 발생한 결과다. 이는 계획이나 실행 과정에서 잘못되거나 통합을 수행하는(문화를 진정으로 바꿔야 하는) 합병 조직 리더십의 부재 때문일 수도 있다. 기술의 통합이나 표준화는 비교적 쉽다. 문화 표준화는 그렇지 않다.

더욱이 3장과 4장에서 이야기했듯이 대규모 조직에는 일반적으로 속도와 혁신을 어렵게 만드는 복잡한 관리 관행이 있다. 이러한 관행은 민첩성과 창의성을 격려하기보다 무질서한 조직을 관리하고 통제하기 위해 나왔다. 결과적으로 조직 내 소규모 팀이 데브옵스를 작은 프로젝트에 도입해 성공을 거둔다. 이 프로젝트들은 "아무도 모를 수도" 있고 경영진이 이를 후원해 기존 관리 관행과 프로세스 밖에서 진행할 수도 있다. 이렇게 진행된 프로젝트는 민첩하고 혁신적일 수 있다. 하지만 조직 차원에서 이러한 관리 모델을 바꾸거나 문화를 바꾸지 않는다면 이러한 성공을 확장하기 어렵다. 6장의 전략은 데브옵스를 확장해 기업 전체에 적용할 수 있게 설계됐다.

핵심 주제

4장, 5장과 마찬가지로 핵심 주제부터 살펴보자. 핵심 주제는 전략으로 풀린다. 전략은 잠재적으로 분산된 대규모 조직에서 데브옵스 도입을 확대하는 데 사용한다.

조직 문화

문화는 좋은 결과보다 먼저다. 시상대로 가기 위해서는 문화는 나중이라고 생각하면 안 된다. 챔피언은 챔피언이 되기 전에 챔피언처럼 행동한다. 이기기도 전에 승리 기준이 세워져 있다.

– 빌 월시(미식축구 감독)

이 책에서는 데브옵스 핵심인 문화운동을 계속 이야기했다. 데브옵스의 첫 번째 목표는 애플리케이션 전달 파이프라인에서 서로 다른 이해관계자 간에 신뢰, 소통, 협업을 구축하는 것이다. 다른 모든 목표는 부차적이거나 첫 번째 목표를 달성하기 위한 것이다. 환경이 원터치로 동작하는 완전히 자동화되고 통합된 전달 파이프라인과 최적화된 프로세스가 있더라도 개발자와 테스터는 운영진 실무자와 절대로 협력하지 않는다. 개발, 테스트, 운영 환경에 영향을 미칠 수 있는 배포 변경사항을 운영팀에 알리지 않는다. 운영팀으로부터 피드백을 받지 못하면 전달되는 애플리케이션이 비즈니스 목표를 최상으로 달성하기 어렵다.

이는 대규모 조직의 주요 과제다. 대규모 조직에는 문화적 관성이 존재하며 복잡하고 관료적인 조직 구조와 관리 프로세스로 운영된다. 이러한 구조는 대규모 조직을 관리하고 유지하는 과정에서 점진적으로 만들어졌다. 조직은 사업 부문에 따라 나뉘거나 인수 합병된 사업에 따라 임의로 분리된다. 이러한 부서는 기능적으로 고립되기 쉽다. 한편 공유 서비스를 운영하는 부서(여러 사업 관련 부서에 서비스를 제공하는 서비스 공급자)도 존재할 수 있다.

이 모든 경계를 넘나드는 문화를 만들기는 쉽지 않다. 조직 최고위층의 리더십과 지지가 필요하다. 모든 조직 부서에 걸쳐 변화를 촉진하고 영향을 미치기 위해서는 다른 방법이 없다. 조직 최고위층은 데브옵스 프로세스와 실천 방안을 도입한 팀이 기존 조직 지배구조와 문화 밖에서 활동할 수 있도록 "공중 엄호"를 수행해 문화적 관성을 극복할 수 있다.

여기서 기억해야 할 가장 중요한 주의사항은 문화적 변화가 한 번에 이뤄질 수 없다는 것이다. 시작과 끝이 있는 프로젝트가 아니다. 새로운 문화에서도 문화적 관성은 나타날 수 있다. 경직된 프로세스와 사람들은 자신에게 문화를 맞추는 문제가 발생한다. 최고의 데브옵스 문화에도 비효율성은 있다. 진정한 문화적 변화는 어제보다 나은 오늘을 목표로 지속적인 개선 문화와 함께 해야 한다.

도구와 관행의 표준화

표준화하기 전에는 어떤 프로세스도 개선할 수 없다. 프로세스가 계속 변하면 무엇을 개선하더라도 가끔 사용되고 거의 무시되는 변형일 뿐이다. 지속적 개선이 이뤄지기 전에 프로세스를 표준화해 안정시켜야 한다.

– 마사아키 이마이(일본의 조직 이론가이자 카이젠 연구소 설립자)

프로세스에 따라 지속적 개선을 수행하기 위해서는 그 전에 프로세스 표준화가 이뤄져야 한다. 여기서 마사아키 이마이가 말했듯이 매번 프로세스가 달라지면 개선할 수 없다. 프로세스 효율성을 극대화하면서 동시에 개선해야 할 점을 찾기는 어렵다. 또한 프로세스를 개선했지만 개선되기 이전과 다르게 수행된다면 개선으로 어떤 영향을 미치고 어떤 수준에서 이뤄졌는지 측정할 수 없다. 각 팀이 자체적으로 변형해 수행한 프로세스 수와 이 팀들의 수를 곱해보자. 무엇을 개선할지 결정하는 것은 거의 불가능하다. 여기서 우리는 프로세스를 엄격하게 따라야 한다는 뜻이 아니라는 것을 알아야 한다. 그 자체가 민첩성의 원칙을 무시하기 때문이다. 프로세스 변형은 합리적인 이유가 있어야 한다. 이러한 이유로 팀이나 프로젝트가 필요로 하는 요구에 맞춰 프로세스를 정의한다.

팀이 표준화된 프로세스를 필요에 따라 선택할 수 있도록 프로세스 세트가 필요하다. 이때 프로세스 세트도 표준화돼야 하며 최소한으로 구성해야 한다. 조직은 다양한 프로젝트 위험 가치 정보에 기초해 표준화된 프로세스 "세트"를 얼마나 많이 갖춰야 할지 결정해야 한다. 여기서 설명한 프로세스 표준화 개념은 이러한 프로세스를 구현하고 자동화하는 도구에도 동일하게 적용되며 도구도 표준화해야 한다.

게다가 사람은 대체될 수 있어야 한다[1]. 사람을 대체할 수 있는 인력으로 다루는 것은 냉정해 보이고 분명히 정치적으로 옳지 않게 보이지만 여러 프로젝트와 제품을 다루는 애자일 조직에서는 필수적이다. 인력 배치는 수시로 일어나고 시간이 흐르면서 계속 변화하기 때문이다. 특정한 기술이 있는 실무자를 생각해보자. 팀에서는 해당 기술이 더 이상 필요없는데 다른 팀에서 필요로 한다면 실무자는 팀을 이동해 어떤 노력이 필요한가? 프로세스 교육이 필요한가? 도구 교육이 필요한가? 실무자가 새 팀에 적응하는 데 얼마나 많은 시간이 필요한가? 프로세스와 도구 표준화는 팀 이동을 원활하게 해준다. 이는 실무자가 팀과 프로젝트에 걸쳐 대체될 수 있게 해준다.

체계적 도입

챔피언은 경기에서 우승할 때 되는 것이 아니라 챔피언이 되기 위해 몇 시간, 몇 주, 몇 달, 몇 년을 준비하면서 되는 것이다. 승리한 경기 자체가 챔피언임을 증명할 뿐이다.

– T. 앨런 암스트롱(미국 작가)

앞에서 말했듯이 데브옵스 도입은 일회성 프로젝트가 아닌 지속적인

---

[1] 대체성(Fungible): 특정 부분이나 분량을 이행하면서 다른 동일한 부분이나 양으로 대체될 수 있는 성질의 존재(메리엄 웹스터(Merriam Webster) 사전)

노력이다. 대규모 조직 전체에 걸쳐 도입할 때는 프로세스와 도구의 적절한 표준화를 보장하고 생산성 손실을 최소화할 수 있도록 체계적인 방식으로 도입해야 한다. 긍정적인 효과를 바라며 변화를 도입하겠지만 실무자가 변화에 적응하고 새로운 작업 방식에 익숙해지는 동안 생산성은 저하된다. 적절한 지원과 코칭, 체계적인 방식으로 생산성 저하를 최소화한다.

체계적인 방식을 도입하면 변화 추진에 들어가는 리소스도 최소화할 수 있다. 코칭해줄 리더는 많지 않으며 프로세스 및 도구 도입 전문가도 한정돼 있다. 조직이 변화 관련 생산성 손실을 완화하는 데 사용할 수 있는 여러 역량에도 한계가 있다. 따라서 변화는 한 번에 한 세트의 프로젝트와 팀을 적응시키면서 기업에 순차적으로 도입돼야 한다. 각 세트의 규모는 이용 가능한 코칭 및 지원 리소스에 따라 달라진다.

조직은 팀, 부서, 지역에 걸쳐 실무자와 프로세스 성숙도에 편차가 있을 수 있으므로 편차 처리 계획도 세워야 한다. 새로운 프로세스와 도구 도입이 여러 지역에 잘 적용되는 것을 증명하기 위해 여러 부서와 지역에서 일련의 파일럿 프로젝트를 수행할 수도 있다. 이 과정에서 잘 적용되지 않는 지역이 있다면 어떤 변화와 개선이 필요한지 확인할 수 있다. 예를 들어 하위 실무자가 많고 팀 규모가 큰 해외팀은 경험이 많은 실무자가 있는 소규모 팀보다 더 많은 코칭과 지원이 필요할 수 있다. 프로젝트 때문에 기존 도구 세트로 작업하는 팀은 최고 수준의 자동화 대신 중간 수준의 도구로 업그레이드해야 할 수도 있다. 예를 들어 코볼 프로그래머를 웹 기반 IDE에서 작업시키는 대신 이클립스 기반 데스크톱 IDE의 "녹색 화면"에서 작업시킬 수 있다.

조직 사일로 타파

대규모 조직에서 조직이 고립되는 사일로 현상을 타파하기는 매우 어렵다. 변화에 저항하는 정치 세력이 있다. 조직에 변화가 일어나면 자연스럽게 일부 임원과 고위직은 권력 구조와 영향력, "지배력"을 위협받는다. 보고 체계 전체를 재편하려는 정치적 의지를 갖고 리더십을 발휘하는 조직은 거의 없다. 애플리케이션 전달 파이프라인에 있는 모든 기능팀이 보고할 수 있도록 새로운 고위 임원 자리를 만드는 것은 극히 이례적이며 이러한 시도가 성공적으로 정착하는 경우는 훨씬 드물다.

조직 사일로 해체는 필수지만 대규모 조직에서는 기존 보고 체계를 건드리지 않고 수행해야 한다. 매트릭스 조직 구조는 효과적인 대안이다. 실무자는 기존 보고 체계를 따르면서도 기능적으로 매트릭스 조직 구조를 활용해 기능 리더에게 보고하는 구조다. 운영 실무자가 어디에 보고해야 할지 알고 있고 자유롭게 프로젝트팀과 일할 수 있으며 팀 리더의 지시를 받을 수 있는 한 운영 실무자가 보고해야 할 부사장이 누구인지는 중요하지 않다. "적절한 관리 체인"을 통해 소통해야 한다면 매트릭스 모델은 동작하지 않는다. 실무자는 자유롭게 소통하고 팀과 협업할 수 있어야 한다. 팀의 모든 실무자 업무에 대한 자유로운 소통과 가시성이 신뢰를 구축한다.

전략: 데브옵스 역량 센터

인도의 배드민턴 역량 센터

인도에서 세계 정상급 배드민턴 선수가 나올 수 있게 도와준 인물과 학원을 꼽으라면 풀렐라 고피찬드(Pullela Gopichand)와 그가 하이데라바드에 세운 배드민턴 학원이다. 시드니 올림픽에서 가슴 아픈 패배를 당한 지 16년 만에 고피찬드는 꿈의 실현을 눈앞에 두고 있다(역할은 달라졌지만).

리우 올림픽에서 놀라운 달리기를 보여준 신두(P. V. Sindhu)도 고피찬드의 코칭을 집중적으로 받았다. 신두는 고피찬드 배드민턴 학원 출신으로 배드민턴 여자 단식에서 은메달을 획득하며 역사를 창조했다. 신두는 사이나 네흐왈(Saina Nehwal)에 버금가는 선수로 배드민턴계를 강타했고 전영 오픈 챔피언 즉 고피찬드가 설립한 아카데미에 영광을 안겨줬다.

인도를 배드민턴 강국으로 만든 공로는 세계적 인재를 길러낸 고피찬드(42세)에 있다고 분석가들은 말했다. 고피찬드는 올림픽 메달리스트를 배출하려는 꿈이 항상 있었다. 꿈을 이루려는 노력은 2012년 런던 올림픽에서 사이나가 동메달을 따면서 성과를 내기 시작했다.

사이나는 최초로 올림픽 배드민턴 종목에서 메달리스트가 됐다. 4년 후 고피찬드의 꿈은 신두가 결승에 진출해 세계 랭킹 1위 캐롤리나 마린(Carolina Marin)에게 패하면서 다시 한 번 실현됐다.

– 스포츠캠퍼스(2016)

아마도 대규모 조직에서 데브옵스 문화 도입을 추진하는 데 가장 중요한 투자는 데브옵스 역량 센터 설립일 것이다. 인도가 기존에 별 성과가 없던 종목인 배드민턴에서 올림픽 여자 메달리스트 2명을 배출할 수 있었던 것은 모두 고피찬드 감독과 배드민턴 역량 센터인 고피찬드 배드민턴 학원 덕분이다. 세계 정상급 배드민턴 선수였던 고피찬드 감독 자신은 올림픽 메달을 놓쳤지만 신예 배드민턴 선수들이 올림픽 메달을 기대할 만큼 세계적인 선수로 발전할 수 있도록 전문지식과 지원, 코칭 기준을 만들어 검증된 방법론을 따르게 했다. 마찬가지로 데브옵스 역량 센터는 데브옵스를 도입하려는 조직의 팀에게 전문지식, 지원, 코칭 기준을 제공한다.

먼저 역량 센터가 무엇인지 살펴보자.

이 역량 센터는 행정 조직이나 "도구/활성화 그룹"이 아니라 데브옵스를 도입하는 사람들이 전문가와 서로 배우고 익힌 전문지식과 교훈을 공유하는 공간이다. 조직이 데브옵스 실천 방안을 도입해 확장함에 따라 역량 센터는 데브옵스 전문지식, 지원, 도구 지침, 호스팅뿐만 아니라 팀과 프로그램이 데브옵스를 도입하도록 도와줄 데브옵스 코치의 공급원이 된다. 또한 조직의 데브옵스 프레임워크나 방법론 즉 데브옵스의 고유 특성이 될 수 있다.

데브옵스 역량 센터의 기능과 목표

데브옵스 역량 센터는 조직을 위해 명확한 정책과 목표를 가져야 한다. 또한 여러 기능과 그 기능으로 달성할 수 있는 목표를 가진 다면적 조직이 돼야 한다. 이 책을 활용한다면 역량 센터는 여기에 제시된 "전략"에서 조직적인 "플레이북"을 개발하고 전략 실행을 알고 담당하는 역할도 할 것이다. 여기에는 다음과 같은 것이 포함된다.

- 데브옵스 도입을 위한 사상적 리더십을 제공해야 한다.
- 데브옵스로 변화하는 동안 멘토링을 제공해야 한다.

- 가치 흐름 지도로 개발된 데브옵스 도입 로드맵을 따르는 프로젝트팀을 지원해야 한다.
- 조직 내에서 팀간 소통이 원활하고 경영진과의 소통도 원활해야 한다.
- 데브옵스를 전사적으로 도입하기 위한 커뮤니티를 만들어야 한다. 커뮤니티에는 모범 사례, 지원 및 기타 자산을 공유하고 실무자가 포럼에 참여할 수 있는 가상 포털이 있어야 한다. 또한 커뮤니티 그룹장을 두고 정기적인 만남을 지속해야 한다.
- 변화를 주도하고 지속적인 개선을 수행해야 한다.
- 조직 전체에서 데브옵스 도입 규모를 확장하면서 조직이 만들고 있는 진행 상황과 결과에 대한 가시성을 제공해야 한다.
- 성공을 추적할 수 있도록 측정지표를 정하고 이를 캡처해 측정할 수 있어야 한다.
- 모범 사례를 공유하고 문서화해야 한다.
- 데브옵스 플랫폼에 대한 공동 도구를 제공해야 한다.
- 기능 사일로 전체에 걸쳐 이해관계자를 참여시켜 데브옵스 도입을 유도해야 한다.
- 조직 내 성공 사례를 전파하고 격려해 의심이 많은 사람과 느린 사람을 설득해야 한다.
- 데브옵스 도입이 일회성 프로젝트가 아니라 지속적인 개선작업이 될 수 있게 조직이 유지되도록 해야 한다.
- 데브옵스 코치가 프로젝트팀에게 데브옵스를 코칭할 수 있게 해야 한다.
- 장기적인 혁신을 주도하는 경영진에게 코칭을 제공하고 올바른 수준의 계획이 수행되고 올바른 수준의 투자가 이뤄져 성공할 수 있게 해야 한다.

핵심 역량 센터의 역할

성공을 위해 데브옵스 역량 센터가 담당해야 할 역할은 다음과 같다.

- **프로젝트 매니저** 점점 더 많은 프로젝트가 데브옵스를 도입할 때 역량 센터를 활용하기 시작하면서 프로젝트 전반에 배치된 자원을 관리하고 다양한 프로젝트의 요구를 관리할 수 있는 프로젝트 매니저가 필요하다.
- **구현 관리자** 데브옵스를 도입하는 프로젝트 전반에 걸쳐 평가, 도구 솔루션, 측정 등의 구현을 추진한다.
- **인프라 관리자** 프로젝트팀에게 데브옵스 플랫폼을 제공하기 위한 도구를 설정하고 관리한다. 데브옵스 플랫폼은 핵심 역량 센터, 별도의 도구, 환경 팀 등에서 운영될 수 있다.
- **데브옵스 코치** 자세한 내용은 바로 뒤에서 설명하겠다.
- **에반젤리스트** 전도사라는 이름에서 알 수 있듯이 데브옵스 학습과 성공 사례를 공유하고 소통하며 계획을 추진한다.

데브옵스 코치

올림픽 선수를 만들거나 선수를 망치는 코칭

올림픽에 출전해 빈손으로 귀국하는 선수와 초특급 선수의 차이점은 무엇일까? 새로운 연구 결과에 따르면 이는 선수와 코치의 관계에 달려 있다고 한다. 지난 11월 런던에서 열린 월드클래스 퍼포먼스 콘퍼런스에서 제시된 결과에 따르면 초특급 선수들은 코치들이 기술적 코칭뿐만 아니라 친구, 멘토, 변함없는 서포터 역할을 함으로써 그들의 정서적 욕구를 충분하게 충족시켰다고 느꼈다. 메달을 획득하지 못한 고성과 선수들은 그런 느낌을 받지 못했다. 이번 연구를 수행한 웨일스 뱅거대 스포츠심리학 박사 후 연구원인 매튜 발로우(Matthew Barlow)는 "최고의 기술과 전술을 운용할 수 있는 코치들을 단순하게 최고의 선수들과 짝지어야 궁극적인 성과를 거둘 수 있다는 오래된 관점을 다시 생각하게 한다"라고 말했다.

영국 체육협회(UK Sport)는 금메달을 많이 획득하는 데 필요한 것을 알아내기 위해 발로우 연구팀에게 의뢰했다. 영국 체육협회는 정부기관으로 영국의 엘리트 스포츠와 육상경기의 발전을 도모한다. 연구팀은 먼저 선수가 초특급 선수가 될 확률을 확인할 수 있는 43개 변수를 식별했다. 그중 하나가 코치와 선수의 관계였고 영국 체육협회는 여기에 초점을 맞춰 두 번째 연구를 의뢰했다.

연구팀은 주요 대회(올림픽 등)에서 금메달을 획득한 남녀 초특급 선수 16명을 선발했다. 또한 주요 대회에 출전했지만 메달을 획득하지 못한 16명도 선발했다. 두 그룹은 종목, 나이, 성별을 일치시켰다. 그러고 나서 연구팀은 선수뿐만 아니라 선수의 부모, 코치들과 심층 인터뷰를 시행했다. 분석 결과 모든 선수가 코치로부터 기술적 지원을 받는다고 말하는 것을 알 수 있었다. 하지만 정서적으로도 완전하게 지지받았다고 말한 것은 초특급 선수들이었다. 발로우는 초특급 선수들은 정서적으로 지지와 존중을 받고 있다고 생각하고 있었지만 일반 선수들은 그렇지 않았다고 말했다.

초특급 선수들의 코치들은 선수들의 노력을 칭찬하고 선수들에 대한 변함없는 믿음을 강조하고 긍정적인 피드백을 제공하며 사생활에도 관심을 갖는 등 거의 부모 역할을 했다. "사이클 선수가 들어오면 코치가 이렇게 이야기할 수도 있다. '안색이 안 좋은데 우리 커피 한 잔 할까? 집에 무슨 일 있어?' 선수와 코치는 스프레드시트, 성과, 그래프를 뛰어넘는 유대감이 있다"라고 바로우는 말했다. 반면 일부 일반 선수들은 코치의 도움이 가장 필요한 중요한 순간에 코치가 보이지 않거나 멘토가 실패를 예상한다고 느꼈다.

– 누워(2016)

데브옵스 코치의 역할은 업계에서 꽤 새롭지만 그 개념은 새로운 것이 아니다. 오랜 기간 애자일 도입 역할을 해온 애자일 코치를 본떠 만들었다. 데브옵스 코치는 민첩성, 데브옵스 실천 방안, 결과 중심 행동에 대한 지식을 프로젝트팀에 전달한다. 데브옵스 코치는 프로젝트팀의 규모에 따라 하나 이상의 프로젝트를 담당하며 프로젝트팀 내 리더에게 지식과 경험을 전수하는 것을 목표로 한다. 즉 프로젝트팀이 데브옵스 실천 방안을 따라 효율적이고 지속적인 개선을 수행하도록 해 데브옵스 코치가 팀을 떠나는 것이 목표다. 물론 팀은 담당 데브옵스 코치가 떠난 후에도 데브옵스 역량 센터를 통해 추가적인 도움을 계속 받을 수 있다. 또한 프로젝트팀이 경험, 성공 사례, 교훈 등을 역량 센터와 공유하는 것도 기대할 수 있다.

데브옵스 코치의 역할은 다음과 같다.

- 데브옵스 코치는 팀들, 팀원들과 긴밀하게 협력해 린과 데브옵스 역량을 개발할 수 있도록 하며 지속적인 기술 향상을 목표로 한다.
- 데브옵스 코치는 자신의 경험과 전문지식을 팀과 공유하고 역량 센터에서 도입한 모범 사례가 조직의 데브옵스 방법론으로 사용되고 있는지 확인한다.
- 데브옵스 코치의 목표는 팀이 데브옵스 능력을 개발해 장기적으로 코칭이 필요 없이 팀 스스로 빨리 해결할 수 있도록 돕는 것이다.
- 데브옵스 코치는 팀이 스쿼드^{Squad}와 트라이브^{Tribe}(6장 후반부에서 소개) 모델을 적절하게 도입해 모든 기술 요건을 충족시키는 교차 기능팀을 개발하기 위해 올바른 스쿼드팀 모델을 채택할 수 있도록 도와준다.
- 데브옵스 코치는 소통, 협업, 집단역학을 주도하고 팀원 간 신뢰 증진을 위해 노력한다.
- 데브옵스 코치는 문제를 발견하고 변화를 추진해 도입할 때 발생하는 여러 가지 문제를 줄여야 한다.
- 데브옵스 코치가 조직 내 여러 프로젝트와 역량 센터의 연결고리가 돼 조직 전체에 데브옵스를 도입할 때 일관성과 표준화를 보장해야 한다.
- 데브옵스 코치는 담당한 팀을 실험해 어떤 데브옵스 방법과 접근

법이 가장 적합한지, 어떤 개선 방법이 있는지 알아내야 한다.

- 데브옵스 코치는 성공 사례, 교훈, 역량 센터에 대한 개선 제안 등을 수집해 조직 내 다른 팀과 공유할 책임이 있다.
- 데브옵스 코치 스스로 자신의 능력과 기량을 지속적으로 향상시키려는 태도가 필요하다.

역량 센터 설립

역량 센터를 세우기 위해서는 고위 경영진 수준의 후원이 필요하다. 상당한 투자다. 이것이 승인되기 위해서는 역량 센터가 스타트업으로 시작돼야 한다. 다양한 프로젝트에서 자원한 사람들로 인력을 구성해 역량 센터 내의 모든 역할을 수행할 수 있게 해야 한다. 그리고 최소 기능 제품MVP으로 스스로 개발하는 방식으로 운영돼야 한다. 최소 기능 제품으로 증명해야 할 가설은 역량 센터에서 프로젝트가 데브옵스 실천 방안을 도입하도록 지원해 프로젝트의 비즈니스 결과에 영향을 미칠 수 있다는 것을 확인하는 것이다. 여러 파일럿 프로젝트에 데브옵스 실천 방안을 도입해 프로젝트가 개선되는 것을 보여주며 이를 반복하면서 역량 센터 전체의 발전으로 가설을 증명해야 한다. 이렇게 가설을 입증해 비슷한 결과가 계속 나올 수 있다는 것을 증명하면 역량 센터에 대한 후원과 자금 지원을 받을 수 있는 비즈니스 사례가 나올 수 있다.

나는 한 다국적 대형 금융서비스 업체에서 열린 첫 역량 센터 회의에 외부 연사로 초청받은 적이 있다. 이 회의는 금요일 점심시간 이후 작게 열렸지만 3년이 지난 지금 전 세계 역량 센터 가상 커뮤니티 회원 수는 3천 명이 넘는다.

전략: 규모에 맞는 혁신문화 개발

데브옵스의 최대 이점은 규모에 맞는 혁신을 추진할 수 있다는 것이다. 비즈니스 속도는 더 빠른 소프트웨어 전달을 필요로 한다. 수 개월 동안 새로운 기능을 개발하고 출시하기보다 수 주 안에 혁신을 도입하는 것을 목표로 삼아야 한다. 일부는 매일 혁신을 요구하더라도 마찬가지다.

기업은 이제 이전처럼 "조금씩 수정"하는 것만으로는 지속적 혁신을 이루기 어렵다. 시장 차별화와 혁신(특히 소프트웨어 전달 방식에서)을 이루기 위해서는 스스로 계속 재창조해야 한다.

– 제프 스미스(IBM CIO, 2015)

IBM CIO 제프 스미스가 언급했듯이 궁극적 목표는 조직 전체로 혁신문화를 확장하는 것이다. 데브옵스가 이를 가능하게 하지만 문화를 변화시키기 위해서는 조직 차원의 통합적 변화가 필요하다. 모든 사업 관련 부서, 프로그램, 프로젝트, 팀, 개인까지 각 일상업무를 수행하는 방식뿐만 아니라 비즈니스 가치 전달 방식에도 변화가 필요하다.

이러한 변화에는 팀 구성 방식의 변화가 필요하다(팀 모델 관련 전략은 6장 후반부에서 논의한다). 또한 혁신은 팀 규모가 크고 복잡한 애플리케이션 개발과 전달작업을 작은 배치 작업으로 나눠 전달해 짧은 사이클 타임으로 사용자와 사업 관련 부서에서 피드백 받을 수 있는 방식으로 변화시켜야 한다. 개발 및 전달 단계 전에 혁신은 팀(사업팀, 개발팀, 운영팀 등)이 적절한 것을 전달하도록 보장해야 한다. 혁신의 핵심은 기업이 고객에게 비즈니스 가치를 제공할 수 있도록 지속적인 실험으로 가설을 검증해야 한다는 것이다. 이러한 문화가 어떻게 만들어질 수 있는지, 더 중요하게는 분산된 대규모 조직에 이러한 문화를 어떻게 받아들이게 할 수 있는지 살펴보자. 그러기 위해서는 모든 이해관계자가 다음과 같은 질문을 계속해야 한다.

- 최종 사용자가 누구인지, 조직의 요구사항은 무엇인지 어떻게 알 수 있는가?
- 사용자의 요구사항을 충족시키면서 조직이 원하는 결과에 어떻게 도달할 수 있는가?
- 전달된 애플리케이션이나 서비스로 사용자가 비즈니스와 상호작용할 때 어떤 사용자 경험을 원하는가?
- 조직이 다음 사항을 올바로 이해했는지 확인하기 위해서는 어떤 실험을 해야 하는가?
    - 사용자는 누구인가?
    - 우리가 충족시켜야 할 요구사항은 무엇인가?
    - 어떤 결과를 원하는가?
    - 어떤 사용자 경험을 원하는가?
- 최소한의 투자로 피드백을 빨리 받을 수 있는 최소 기능 제품으로 어떻게 실험할 수 있는가?
- 실험 성패를 검증하기 위해서는 어떤 지표를 측정해야 하는가?
- 실험을 진행하면서 계속 전달해야 할 다음 목표들은 무엇인가?
- 팀이 더 광범위한 전달 로드맵을 준수하는 것을 보장하면서 작업을 컴포넌트로 어떻게 세분화하고 소규모 팀에 할당할 수 있는가?
- 팀들은 진행 상황을 어떻게 계속 검증할 수 있는가?
- 각 팀이 실험을 세분화해 수행하는 동안 무엇을 전달해야 할 것인지에 대한 전체적 비전을 누가 갖고 있는가?
- 진행 상황을 어떻게 측정하고 일련의 실패 실험 환경을 어떻게 만들 수 있는가?
- 팀이 커지고 분산되는 상황에서 사용자를 위한 개발에 어떻게 집중할 수 있는가?
- 팀과 이해관계자 간의 업무와 책임이 어떻게 분배되고 있는가?

- 실험 중심 개발 모델에서 작업 우선순위를 어떻게 정하는가?
- 전달되는 모든 컴포넌트에 제공돼야 할 최종 목표인 특정 사용자 경험을 시각적으로 어떻게 소통할 수 있는가?
- 무엇이 어떻게 개발되고 있는지 팀원 누구나 의문을 제기할 수 있는 문화를 만들기 위해서는 어떻게 해야 하는가?
- 올바로 질문하고 있는지 어떻게 확인할 수 있는가?
- 작은 배치 전달과 짧은 사이클 타임 내에 피드백 받는 목표와 관련해 이 피드백을 캡처해 모든 이해관계자에게 어떻게 효과적으로 전달할 수 있는가?
- 받은 피드백을 어떻게 반영하고 거기에 맞춰 개발, 전달 내용을 어떻게 조정하고 있는가?

혁신을 위해 실험 관점에서 모든 프로젝트, 과제, 프로세스를 살펴볼 수 있는 이러한 수준의 사고와 능력을 도입하는 데는 2가지 접근법이 있다.

- 린 스타트업
- 디자인 싱킹

5장에서 두 접근법을 소개했다. 린 스타트업의 핵심 주제를 다시 살펴보자. 물론 5장 "린 스타트업" 절에서 더 자세하게 살펴볼 수 있다.

- 불확실성 제거
- 더 열심히가 아니라 더 똑똑하게 일하기
- 최소 기능 제품^{MVP} 개발
- 학습 검증

디자인 싱킹의 핵심 주제도 다시 살펴보자. 마찬가지로 5장 "디자인 싱킹"에서 더 자세하게 살펴볼 수 있다.

- 사용자 성과에 집중
- 다양한 팀에 권한 부여
- 지속적인 재창조

이러한 접근법 간 목표의 시너지와 협력은 매우 가시적이다. 린 스타트업은 스타트업처럼 운영에 필요한 핵심 접근법을 제공한다. 스타트업은 아직 완전하게 정의되지 않은 비즈니스 요구를 충족시켜야 하며 이를 해결할 수 있는 "아직 입증되지 않은" 가설이 있다. 그러므로 스타트업은 미지의 유효성을 확인하기 위해 여러 가지 실험을 수행해야 한다. 여기에는 비즈니스 문제, 제안된 해결책, 수익화를 위한 시장의 존재, 해결책을 제공하는 팀의 능력 등이 있다.

스타트업은 해결 방법이 명확하지 않은 문제를 해결하기 위해 노력하는 기업이다. 성공은 보장되지 않는다.

– 닐 블루멘탈, 와비 파커(공동 창업자 겸 공동 CEO)

한편 디자인 싱킹은 실험을 구성하고 전달하며 활용하는 방법론을 제공한다. 이러한 실험은 조직을 발전시키기 위해 실행되며 사용자 요구와 기대에 부합하는 실행 가능한 솔루션을 지향한다.

디자이너는 진짜 문제를 결정하기 전에는 해결책을 찾으려고 하지 않고 문제를 해결하는 대신 광범위한 잠재적 해결책을 고려하는 것을 멈춘다. 그래야만 비로소 디자이너의 제안들이 취합될 것이다. 이 과정을 "디자인 싱킹"이라고 한다.

– 돈 노먼(작가), 『돈 노먼의 디자인과 인간심리』(학지사, 2016)

디자인 싱킹의 목표는 사용자의 요구를 이해하고 지속적으로 결과를 전달하는 것이다. 디자인 싱킹은 다음과 같이 구성된 연속적인 과정으로

이를 달성한다.

- **관찰** – 사용자를 파악하고 요구사항을 이해
- **반영** – 사용자 요구를 해결하기 위한 계획을 개발할 관점 형성
- **제작** – 아이디어를 구체화하고 실제 결과를 제공할 수 있는 가능성을 탐색하는 프로토타입 제작

디자인 싱킹은 많은 팀을 활용해 복잡한 문제를 해결할 수 있도록 관찰, 반영, 제작 과정이 포함된 메커니즘을 추가로 제공한다. 이 메커니즘은 다음과 같은 3가지 요소로 구성된다.

- **힐즈**^{Hills} 이 목록은 달성해야 할 중요한 사용자 결과 중 최대 3가지에 대한 목록이다. 힐즈는 사용자 요구를 프로젝트 목표와 타깃에 활용한다.
- **플레이백**^{Playback} 여기서는 각 팀이 한자리에 모여 힐즈가 나올 때까지 전달된 내용을 검토하고 성찰하며 "안전한" 비판과 피드백을 받는다.
- **스폰서 유저**^{Sponsor user} 조직과 현실의 접점인 실제 사용자다. 관찰, 반영, 제작으로 사용자 관점을 제공한다.

제안 관리팀

IBM은 조직 전체에 혁신문화를 발전시키고자 린 스타트업과 디자인 싱킹을 함께 도입했다. IBM은 제안 관리라는 새로운 역할을 사내에 만들었다.

IBM 제안 관리는 시장, 사용자, 제품, 서비스에 대한 IBM의 관점이다. 제안 관리자는 IBM이 어떤 시장에 들어갈 것인지, 시장에서 여러 요소로 어떻게 차별화할 것인지 결정한다. 차별화할 수 있는 요소로 고유한 기능, 탁월한 사용자 경험, 디지털 관계, 환경 제휴 등이 있다.

제안 관리자는 새로운 사용자 경험으로 새로운 시장을 개척하기 위해 사업가로 활동할 수 있는 권한을 부여받는다. 이들은 6가지 보편적 경험에 걸쳐 가치를 전달하는 "완전한" 제안을 함께 만들어 이끌어 나가야 한다.

－IBM 디자인 싱킹 분야 지침(2016)

보편적 경험은 제안 관리팀이 모든 결정을 사용자 경험 관점에서 볼 수 있게 해준다. 6가지 보편적 경험은 다음과 같다.

1. 발견, 시도, 구매 – 어떻게 구할 수 있는가?
2. 시작 – 어떻게 가치를 얻는가?
3. 일상적 사용 – 어떻게 작업을 마칠 수 있는가?
4. 관리 및 업그레이드 – 어떻게 계속 실행될 수 있는가?
5. 활용 및 확장 – 어떻게 설치하는가?
6. 지원 – 어떻게 문제 상황에서 벗어날 수 있는가?

보편적 경험을 실현하기 위해서는 어떤 질문을 해야 할지에 주목해야 한다. 사용자처럼 생각하고 행동하지 않으면 읽을 수 없다. 사용자 입장이 되보지 않으면 말할 수 없다. 이렇게 질문하는 것은 매우 좋은 연습이 된다.

IBM처럼 제안 관리팀을 만들면 조직은 제품 수명 주기 전반에 걸쳐 제품과 서비스에 대한 전반적인 소유권을 제공할 수 있다(물론 기존처럼 일시적으로 제공할 수도 있다). 시간이 지나고 시장이 변하면 제공되는 제품과 서비스도 바뀐다. 기업(조직)이 이러한 변화에서 살아남기 위해서는 고객에게 제공하는 제품과 서비스를 발전시켜야 한다. 시장의 요구를 충족시키기 위해 새로운 제품과 서비스를 제공한다. 애플은 주력 제품을 데스크톱으로 시작해 음악 플레이어, 노트북, 지금은 모바일 기기로 변경시키며 발전했다. 이 회사를 이끄는 제안 관리팀은 시장이 바뀌고 사용자가 원하는 경험이 바뀌면서 제품을 진화시켰다. 애플은 사용자가 원할지도 모르는 새로운 시장 전체를 개척했다(아이패드^{iPad}를 생각해보자).

특정 지역을 연고지로 하는 스포츠팀이 팬과 만나는 방법과 관련해 이러한 비즈니스 요구를 어떻게 풀어냈는지 살펴보자. 가장 중요한 것은 스포츠팀의 고객은 팬이라는 것이다. 운동선수도 TV 방송사도 후원자도 아니다. 옛날에는 경기장에서만 팬을 만날 수 있었다(입장권 판매와 할인으로). 그러다가 육포, 모자, 기념품 등을 판매하기 시작했다. 그 후 라디오와 TV의 등장으로 물리적으로 떨어진 팬도 만날 수 있게 됐다. 이는 웹과 모바일 애플리케이션으로 확장됐다. 오늘날 팬과의 교류는 모두 소셜 미디어를 통해 이뤄진다. 팀의 제안 관리 그룹은 이러한 발전 양상과 향후 일어날 수 있는 모든 발전을 주도적으로 관리한다. 또한 팬들이 팀과 만날 수 있는 새로운 사용자 경험을 할 수 있도록 새로운 제안을 제공하는 책임을 맡는다. 제안 관리 그룹은 시장을 유지·성장시키고 팀의 비즈니스 가치를 성장시킬 책임이 있다. 팬들에게 전달되는 서비스는 본질적으로 일시적이지만 팬들이 팀과 만날 수 있게 해주는 제안은 스포츠팀이 존재하는 한 영원하다.

요약하면 디자인 싱킹은 기술에 구애받지 않는다. 정말 전후 사정에도 구애받지 않는다. 디자인 싱킹 원리와 방법을 이용해 휴가를 계획하거나 집을 설계할 수 있다. 스포츠팀은 다음 경기를 위한 새로운 전략 개발에 사용할 수 있다. 책을 쓸 때도 사용할 수 있다(나처럼). 예를 들어 지속적인 혁신과 개선을 생각할 수 있는 일련의 도구를 제공한다. 데브옵스를 도입하는 데 필요한 핵심적 사고를 제공한다.

전략: 지속적 개선문화 개발

대학 미식축구 경기 발전

수비 코치인 매니 디아즈(Manny Diaz)는 미식축구의 발전 방향으로 2013년 아이언 볼(Iron Bowl)에서 오번(Auburn)이 강력한 앨라배마(Alabama)를 이긴 경기[2]를 말했다.

디아즈가 경기에서 주목한 부분은 오번을 승리로 이끈 "킥 식스(Kick Six)" 터치다운도 아니고 앨라배마의 신예 감독 사반(Saban)과 스프레드 전략의 오번 간 대결 구도도 아니었다. 크리스 데이비스(Chris Davis)가 109야드를 달려 터치다운을 기록하고 경기 종료 31초 전 오번 쿼터백 닉 마샬(Nick Marshall)이 수행한 전략에 주목했다.

"대학 미식축구에서 발생한 가장 중요한 사건이다." 17년차 베테랑 코치 디아즈가 말했다. "지난 시즌 가장 중요한 플레이는 28점 동점을 이룬 터치다운이었다."

문제의 전략은 일반적인 존 읽기(Zone-Read)로 시작되는데 오번은 시즌 내내 그렇게 했다. 거스 말잔(Gus Malzahn) 감독의 공격이 미식축구의 미래를 큰 무대로 이끄는 순간이었다.

전략의 동작은 정해져 있었다. 심지어 NFL 팬들도 익숙해질 정도였다.

존 내부 플레이를 위해 공격 라인이 블로킹하기 시작한다. 라인맨들은 오번의 트레이 메이슨(Tre Mason)이 달리려고 할 때마다 그 앞을 막았다. 오번의 풀백 제이 프로쉬(Jay Prosch)는 상대 쿼터백에게 "계속" 읽힐 경우에 대비해 닉 마샬의 가장자리에서 상대 수비수를 막으며 길을 뚫어주려고 했다.

이렇게 쿼터백을 위해 가장자리에 리드 블로커를 두는 전략으로 그동안 대학 미식축구에서 상대 수비진을 잘 뚫어왔지만 상대인 앨라배마는 이 묘책을 이미 알고 있었다. 닉 마샬은 수비진 안에 머물면서 가장자리에서 제이 프로쉬의 블로킹을 따라 공을 계속 갖고 있겠다는 사인을 줬다.

---

2 오번은 경기 종료 31초 전 동점을 만들었다. 이때 오번의 쿼터백은 기존 전략을 발전시켰다. 디아즈는 이로써 오번이 경기에 승리했다고 봤다. – 옮긴이

미식축구의 3개 옵션은 쿼터백이 경기를 진행할 때 선택할 수 있는 전
략이다. "주된" 전략이 있지만 마지막 선택은 쿼터백이 한다. 즉 공을 직
접 쥐고 뛸지, 풀백에게 패스할지, 이동한 슬롯백에게 전달할지 선택한
다(데비, 2015). 그리고 물론 위에서 설명한 2014년 아이언볼 경기에서는
즉흥적으로 패스 기회를 만들어 리시버에게 전달했다. 지속적 개선 문화
는 이해관계자가 애플리케이션 전달 파이프라인에서 확인할 수 있는 개
선 기회에 따라 행동할 권한을 부여하는 데서 비롯된다. 그것은 이해당
사자들이 소위 전략을 맹목적으로 따르지 않고 전략을 개선하기 위해 변
화를 만들거나 최소한 제안할 수 있는 선택권을 갖도록 권한을 부여하는
것이다. 이는 일본 도요타 생산 시스템을 카이젠이라고 부르는 것이다.

도입 로드맵 개발

앞에서 도입 로드맵 개념을 다뤘다. 부록 A에 예시도 있다. 이렇게 로드맵은 대기업에서 데브옵스 도입 규모를 확대하는 데 필수다. 고립된 소규모 팀이 데브옵스를 도입할 때 팀은 도입할 실천 방안과 순서를 자율적으로 결정하고 관련된 모든 이해당사자를 참여시킬 수 있다. 데브옵스를 여러 팀에 동시에 도입할 때는 모두 함께 맞춰 진행할 필요는 없다. 하지만 팀마다 도입 로드맵은 필수다. 다른 실천 방안을 도입하는 다른 팀들에게 부정적인 영향을 미칠 수도 있어 체계적이고 조직적인 도입이 필요하기 때문이다.

일반적으로 도입 로드맵은 기업이나 사업 관련 부서 수준에서 개발되며 프로젝트 수준에서 개발되는 경우는 드물다. 이러한 수준은 해당 조직과 조직 내에서 책임 경계에 따라 이름과 규모가 달라질 수 있다. 조직 전체에 하나의 IT 팀이 있는가? 아니면 각 부서에 자체 IT 팀이 있는가? 따라서 로드맵은 청사진을 제공할 수 있게 설계된다. 청사진은 부서 내 모든 프로젝트가 활용할 수 있어 도입 규모를 확장할 수 있다. 목표는 여러 팀이 데브옵스를 다양한 형태로 도입하는 것이 아니라 각 팀이 기본 로드맵에 따라 데브옵스를 도입하는 것이다. 이때 저수준으로 도입하고 있는 팀에도 맞출 수 있어야 하며 특정 요구사항에 대한 개선 기능을 제공할 수 있게 해야 한다.

또한 도입 로드맵은 살아 숨쉬는 문서가 돼야 한다. 진정한 카이젠 정신으로 이를 도입하는 팀들의 피드백과 시장, 사업, 기술, 팀 변화에 기반해 도입 로드맵이 지속적으로 개선돼야 한다. 시장 원리에 따라 조직의 사업 목표와 초점의 변경이 필요할 수 있다. 예시는 다음과 같다.

- 정전은 비즈니스 초점을 속도에서 품질로 바꿀 수도 있다.
- 혁신적인 제품으로 새로운 위협을 가하는 경쟁자의 등장으로 개발 중인 제품의 변경이 필요할 수도 있다.

기술 변화는 로드맵이 도입되는 방식 특히 자동화가 어떻게 구현되는가에 따라 업데이트가 필요할 수도 있다. 예시는 다음과 같다.

- 이전에는 불가능했거나 미진했던 신기술이 출시된다. 최근 몇 년 동안 발전된 컨테이너를 예로 들 수 있다.
- 오래된 기술은 구식이 될 수 있다. 예를 들어 사용 중인 소프트웨어의 공급업체가 버전 지원이나 개발을 중단할 수도 있다.
- 조직은 플랫폼이나 기술 공급업체의 교체를 결정할 수 있다. 이 때문에 데브옵스 플랫폼 변경이 필요할 수도 있다.

마지막으로 팀 변경 때문에 도입 로드맵 변경이 필요할 수도 있다. 예는 다음과 같다.

- 새로운 스쿼드 기반 팀으로 팀 모델 변경
- 퇴직, 자연 감원, "부서 재배치" 등으로 인한 팀원 이탈
- 신입 채용으로 인한 팀원 추가
- 아웃소싱 서비스업체 변경

이에 따라 도입 로드맵의 주체가 필요하다. 주체가 되는 팀(들)은 로드맵을 업데이트하기 위해 변경 관리 프로세스를 잘 정의해야 한다. 로드맵 업데이트는 2가지 형태로 이뤄진다.

- 로드맵을 도입한 팀들의 피드백
- 가치 흐름 지도 연습을 재실행해 변경사항 포착

지속적 개선과 가치 흐름 지도

가치 흐름 지도로 지속적 개선문화를 만드는 데는 가치 흐름 지도 연습 (공식/비공식 워크숍 등으로)을 정기적으로 재실행하는 방법이 가장 좋다.

연습으로 전달 파이프라인에서 현재의 병목현상과 낭비 발생 원인을 계속 확인한다. 하지만 공식 연습은 시간, 자원 등의 비용이 많이 든다. 비공식 연습도 이를 수행할 사람과 어느 정도의 전문지식이 필요하다. 전문지식을 함양하는 데 투자하면 가치를 높일 수 있다. 데브옵스 역량 센터는 공식적인 워크숍과 비공식적인 워크숍 모두를 위한 가치 흐름 지도 기술자에게 좋은 곳이다.

모든 실무자에게 가치 흐름 맵핑의 기본 개념을 교육하는 것이 장기적으로 이익이다. 실무자가 마주치는 어떤 프로세스에서도 낭비의 원인을 식별할 수 있게 한다. 이는 매우 중요하다. 궁극적 목표는 지속적 개선이다. 앞에서 언급했듯이 진정한 지속적 개선을 달성하기 위해서는 실무자 각자가 담당하는 프로세스에서 발생하는 병목현상과 낭비 원인을 확인하고 조치할 수 있게 해야 한다. 여기서 핵심은 낭비의 근본 원인을 규명하는 것이다. 여기서 가치 흐름 지도에 대한 지식이 쓰인다.

2장 전달 파이프라인의 가치 흐름 지도에서 낭비의 발생 원인을 찾는 방법을 다시 살펴보자. 낭비의 발생 원인을 파악하기 위해서는 다음 사항을 살펴봐야 한다.

- 산출물
- 이해관계자
- 환경
- 프로세스

4가지 영역 어디서든 비효율성과 낭비가 있을 수 있다. 2장에서 살펴본 낭비의 발생 원인을 다시 살펴보자.

- 프로세스가 비효율적이다.
- 프로세스가 수동이다.
- 산출물이 제대로 된 형태가 아니다.

- 이해관계자 간의 핸드오프가 비효율적이다.
- 이해관계자가 프로세스에서 작업을 수행할 수 없다.
- 이해관계자가 산출물이 필요한 시점에서 필요한 산출물에 접근할 수 없다.
- 이해관계자가 불필요한 업무에 시간을 소비한다.
- 이해관계자가 불필요한 산출물을 작업한다.
- 관리 방식이 프로세스에 과중한 부담을 준다.

그렇다면 지속적 개선문화를 어떻게 발전시킬 수 있을까? 실무자가 작업하는 산출물, 이해관계자, 작업 환경, 실행 프로세스를 항상 검사하는 사고방식을 실무자에게 심어주면 된다. 실무자는 검사 과정에서 낭비가 있는지 확인한다. 다음은 실무자가 해야 할 질문들이다.

- 이 산출물이 필요한가? 개발 전달 프로세스나 최종 사용자에게 어떤 가치를 주는가?
- 전달되는 산출물은 불필요한 변형이나 작업 없이 사용할 수 있는가? 내가 다른 이해관계자에게 전달하는 산출물도 그런가?
- 산출물을 실행할 때 가치를 창출할 수 있는가? 내가 산출물을 변경하면 누가 사용하는가? 산출물을 사용할 이해관계자에게 가치가 있는가?
- 산출물 상태를 가장 효율적으로 변경하고 있는가?
- 작업 중인 산출물의 전체 전달 파이프라인을 볼 수 있는가?
- 다른 이해관계자와의 상호작용이 필요한가? 이는 내가 하는 작업에 가치를 창출하는가? 내가 이해관계자의 작업에 가치를 창출하는가?
- 상호작용할 때 어떤 산출물을 교환하며 그 이유는 무엇인가?
- 어떤 프로세스를 실행하는가? 양측 모두 해당 프로세스를 실행해

야 하는가?

- 나와 이해관계자 간의 상호작용이 효율적인가? 아니면 한쪽이 상대방이나 제3의 이해관계자를 기다려야 하는가?
- 적절한 환경에서 일하고 있는가?
- 필요에 따라 환경이 설정되는가? 아니면 환경을 재설정하는 데 많은 시간과 노력을 들여야 하는가?
- 필요한 환경에서 필요한 프로세스를 필요한 시점에 효율적으로 실행할 수 있는가?
- 필요한 환경을 원하는 대로 구성하는 데 불합리할 정도로 많은 시간을 대기해야 하는가?
- 필요한 산출물과 도구를 환경 안팎으로 가져오는 과정이 효율적인가?
- 프로세스에 가치를 더하거나 최종 사용자에게 가치를 전달할 수 있도록 적절한 개발 및 전달 프로세스를 수행하고 있는가?
- 가장 효율적인 방식으로 프로세스를 실행하고 있는가?
- 프로세스를 완전하게 실행하기 위해서는 다른 이해관계자의 협력이 필요한 경우도 있다. 이때 다른 이해관계자가 어떤 작업을 수행하고 있는지 파악할 수 있는가?

애플리케이션 전달 파이프라인에 있는 모든 이해관계자가 일상업무를 수행하면서 이러한 질문을 지속적으로 할 수 있고 파악한 낭비를 줄이는 조치를 할 수 있다면 지속적 개선을 달성하는 방향으로 나아가고 있다고 볼 수 있다. 물론 진정한 조직 차원의 지속적 개선을 위해서는 실무자부터 고위 임원진에 이르기까지 모든 수준의 조직 전체에 이러한 문화가 스며들어야 한다.

전략: 데브옵스 팀 모델

데브옵스를 위해 확장 가능한 팀 모델은 어떻게 개발할 수 있을까? 팀의 도움이 필요하다. 다음과 같은 특성이 있는 교차기능 이해관계자 팀(그림 6.1)이 필요하다.

- 업무에 필요한 모든 교차기능 기술을 전담 팀원이나 공유 리소스를 통해 팀원에게 제공한다.
- 조직적 사일로가 없어 소통과 협업에 문제가 없다.
- 상대방 일의 진행 상황을 볼 수 있다.
- 통합된 도구 체인으로 산출물을 앞뒤로 전달할 수 있다.
- 운영에 필요한 민첩성과 독립성을 키울 수 있을 정도로 규모가 작다.
- 소규모 팀을 대량 복제해 대규모 분산 팀으로 확장할 수 있다.
- 이러한 팀들이 서로 소통하고 협업할 수 있도록 표준화된 프로세스와 통합 도구가 있다.
- 팀 규모에 맞게 관리하는 한편 개별 팀이 자율적으로 민첩하게 운영할 수 있는 관리 모델이 있다.
- 팀 내 이해관계자는 기존 보고 체계로 보고하면서도 소속 팀은 유지될 수 있다.
- 전문기술이 있는 이해관계자는 여러 팀에 가서 자신의 시간을 공유할 수 있다. 예를 들어 기업 설계자, 보안 전문가, 네트워킹 전문가가 있다.
- 유사 기술군에 속한 이해관계자들은 커뮤니티를 통해 경험과 모범 사례를 팀 간에 효율적으로 공유하고 협업할 수 있다. 실례로 히트 패턴 디자이너 커뮤니티를 생각해볼 수 있다.
- 애플리케이션 및 시스템 아키텍처는 개별 팀의 컴포넌트 개발과 전달을 지원한다. 팀은 지속적으로 통합하고 테스트를 수행한다.

- 팀 모델로 큰 규모의 팀을 만들 수 있으며 지리적으로 분산된 팀이 이를 사용할 수 있다.

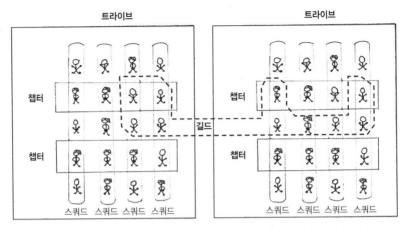

그림 6.1 스쿼드(Squad), 트라이브(tribe), 챕터(chapter), 길드(guild)(샤리아 샤르마 그림)

음악 스트리밍 회사인 스포티파이[Spotify]는 그림 6.1의 팀 구성 모델을 만들었다. 헨릭 크니버그[Henrik Kniberg]와 안데르스 이바손[Anders Ivarsson]이 발표한 논문(이바손, 2012)에서 소개한 이 모델은 IBM처럼 대규모 분산 조직이 자체 개발팀에 맞게 변형할 수 있도록 도입됐다. 원래 이 모델은 애자일 프로세스를 도입할 때 팀 규모에 맞게 개발하기 위한 접근법으로 소개됐다. 이제는 스포티파이 등 여러 곳에서 데브옵스 도입을 위해 사용된다. 모델의 핵심 구성 요소는 다음과 같다.

- **스쿼드** 팀 중 가장 작은 단위다. 이해관계자와 직접 소통하는 작은 스타트업으로 운영하며 애플리케이션 전체에서 하나의 기능 단위를 개발하고 전달하는 데 주력한다. 스쿼드 구성원들은 해당 기능을 계속 담당한다. 전형적으로 스쿼드는 유저 스토리를 담당한다. 유저 스토리는 사용자가 기능을 사용하는 관점에서 기능 요구사항을 설명하는 데 사용되는 애자일 방법론 용어다.

미식축구와 유사하게 유저 스토리는 팀이 공을 앞으로 보낼 수 있도록 운영하는 특정 플레이다. 스쿼드는 특정 전략이 필요할 때 경기장에 데려오는 선수들이다. 예를 들어 특수 전략 전담 스쿼드는 마지막 공격 때 기존 스쿼드 대신 투입될 수 있다.

■ **트라이브** 애플리케이션 기능 영역을 담당하는 스쿼드 세트다. 애플리케이션 전체를 함께 소유하거나 에픽^{Epic}이나 힐^{Hill}을 소유할 수도 있다. 에픽은 유저 스토리 집합으로 대규모 기능을 설명하는 애자일 방법론 용어다. 일반적으로 가장 고수준의 에픽은 디자인 싱킹의 힐에 대응된다.

스쿼드는 트라이브 내의 다른 스쿼드에 의존할 수 있다. 또한 트라이브 경계 너머에 의존할 수도 있다. 트라이브는 여러 트라이브에 걸친 스쿼드 간에 개방적이고 자유로운 소통과 협업이 이뤄지도록 고립되거나 장애물을 만들면 안 된다.

미식축구에 계속 비유하자면 에픽은 팀이 공을 엔드존으로 가져가기 위해 수행하는 일련의 플레이다. 공을 전진시키며 개개인이 어떤 플레이를 할지 알 수 없지만 현재의 점수와 움직일 수 있는 선수, 플레이북, 남은 시간 등을 고려해 광범위한 계획을 세운다. 공격 팀, 수비 팀, 특별 팀 모두 팀의 트라이브다.

■ **챕터** 여러 스쿼드에 걸쳐 같은 작업을 수행하는 실무자로 이뤄진 팀이다. 이들은 모두 같은 트라이브 내에 있다. 챕터 구성원은 각자의 팀에서 배운 사례와 교훈을 공유함으로써 서로 배우고 소통하며 협력한다. 따라서 한 트라이브 내의 모든 인프라 담당자가 정기적으로 만나 해당 트라이브가 전달하는 여러 애플리케이션에 대한 서비스형 인프라 요구, 문제, 과제 등을 논의할 수 있다. 미식축구에 계속 비유하자면 각 팀에는 러닝백, 리시버, 라인배커의 챕터가 있다. 공격 라인과 수비 라인은 각각 챕터다. 이들은 전속 코치가

있으며 서로 관련 기술을 더 발전시킬 수 있도록 도와준다.

- **길드** 기본적으로 하나의 챕터지만 트라이브 간 경계를 넘나든다. 또한 길드에는 특정 작업 실무자뿐만 아니라 이에 관심을 가진 이해관계자도 포함된다. 테스터 길드, 보안 길드, 도커 길드 등이 있다.

미식축구에 길드가 있다면 NFL의 모든 팀을 위해 팀 경계 너머 러닝백, 리시버, 라인배커로 이뤄진 특별한 집단일 것이다. 펀트 리턴 전문가는 리시버 길드에서 환영받을 것이고 공격라인 선수들과 수비라인 선수들은 서로의 길드에서 환영받을 것이다. 쿼터백 길드 모임의 주차장은 모터쇼를 방불케 할 것이다.

전략: 도구 및 프로세스 표준화

체조 점수 표준화

80년 이상 체조는 1~10점 기준이었다. 만점인 10점은 모든 체조선수들의 꿈이자 목표였다. 나디아 코마네치(Nadia Comaneci)도 그랬고 1976년 올림픽 최초로 10점 만점을 받았다. 하지만 그 후 심판들은 후한 점수를 줬고 "10점"의 의미는 많이 퇴색됐다.

1984년 LA 올림픽에서 10점 만점 경기는 무려 44경기였다. 점수 부풀리기의 결과로 잘한 경기(잘 수행되고 고난이도 극복)와 훌륭한 경기(완벽하게 수행되고 훨씬 높은 고난이도 극복)를 구별하기가 점점 더 어려워졌다.

1990년대 국제체조연맹은 10점 판정이 너무 많다고 보고 전체 시스템을 정비하기로 했다. 경기 난이도와 경기 프로그램의 연속성에 기반해 경기를 시작할 때 점수를 부여했다. 어떤 실수든 시작 점수에서 차감돼 사실상 10점 경기는 나오기 어려웠다.

이러한 점수 체계는 1990년대 내내 지속됐다. 하지만 2004년 아테네 올림픽에서 논란이 발생했다. 미국의 폴 햄(Paul Hamm)은 남자 개인종합 경기에서 단 0.012점차로 우승하며 금메달을 획득했다. 이후 동메달리스트 대한민국 양태영 선수는 평행봉에서 시작 점수가 잘못돼 최종 점수에 문제가 있다며 이의를 제기했다. 경기 시작 점수가 정확했다면 양태영 선수가 금메달을 목에 걸었을 것이다.

큰 논란이 뒤따랐다. 심판 3명이 해임됐고 폴 햄은 메달 반납을 촉구받았으며 공동 메달 방안이 검토됐고 오랜 법정 싸움 끝에 결국 우승자로 유지됐다.

이러한 논란에 자극받은 국제체조연맹은 2005년 체조선수들의 경기 프로그램을 구분하는 새로운 방법을 제시하기 위해 점수제를 변경했다. 10점 만점제는 폐지됐고 시작 난이도와 수행 정도에 기반한 경기 분석제로 변경됐다. 현재 시스템에서 좋은 점수는 보통 16점대 중반이다. 10점 만점제에 비해 많이 달라졌지만 선수들에게는 더 공정하고 정확하다.

– 아이스포츠닷컴(iSport.com)

스쿼드와 트라이브에 걸쳐 팀과 프로젝트에 대체할 수 있는 사람과 프로세스의 필요성을 이야기했다. 또한 팀과 프로젝트 전반의 가시성과 종단 간 추적성의 필요성도 논의했다. 적절한 측정지표로 정확한 측정이 이뤄지기 위해서는 프로젝트와 팀이 이를 표준화해야 한다. 폴 햄과 양태영 선수의 경우처럼 경기 수준을 다르게 측정한다면 정확하게 비교하기 어렵다.

이러한 모든 것(확실성, 가시성, 추적성)을 달성하기 위해서는 표준화된 통합 도구 세트가 필요하다. 하지만 모든 애플리케이션 전달 파이프라인 전체에서 하나의 도구 세트를 사용하라는 말은 아니다. 앞에서 이야기했듯이 조직은 단일체가 아니다. 사업 관련 부서, 개발 부서, 프로젝트별로 다른 기술 스택을 사용해야 한다. 각각에 맞게 표준화돼 있기 때문이며 애플리케이션에 필요한 기술 스택이기 때문이기도 하다. 모든 애플리케이션을 Node.js로 전환하거나 메인프레임 서버에 모두 배포할 수 없다[3]. 하지

---

3 메인프레임 관계자들은 특히 리눅스 온 z 시스템과 오픈스택의 가용성 측면에서 이에 반대할 것이다.

만 도구가 무질서하게 확장되면 여기서 설명한 목표를 달성할 때 혼란이 초래된다. 표준화, 가시성, 추적성 목표를 허용하면서 팀이 기술 스택을 유지할 수 있는 중간지대가 필요하다. 중간지대는 최소 통합 도구 세트로 제한함으로써 기술 스택당 1~2개 도구 체인을 제공한다. 여기서는 통합이 핵심 목표다. 즉 업체나 도구 공급자가 즉시 통합할 수 있는 도구가 필요하다. 조직에서 정말 피하고 싶은 것은 도구 간 자체 통합 지점을 관리하는 데 드는 오버헤드다.

데브옵스 통합 플랫폼 표준화

실무자가 사용하는 방식으로 상용화된 도구들이 있다. 이는 다른 실무자에게 미치는 영향을 최소화하므로 표준화되거나 통합될 필요가 없다. 예를 들어 통합 개발 환경IDE을 보자. 스쿼드 내의 모든 개발자가 같은 IDE를 사용하면 다른 스쿼드의 개발자가 무슨 IDE를 사용하든 문제가 안 된다. 한편 코드 저장소는 개발자가 스쿼드나 트라이브 간에 코드를 공유하는 협업 도구가 되므로 표준화가 필수적이다. 개발자 길드도 코드 저장소를 표준화해야 하며 사용 중인 모든 IDE가 해당 저장소를 활용할 수 있으면 된다.

따라서 조직은 표준화해야 할 도구 및 플랫폼과 표준화하지 않아도 될 도구를 결정해야 한다. 표준화해야 할 때는 일반적으로 각 기술 스택에 대해 1~2개 표준을 결정해야 한다(예외는 항상 있으며 복잡한 구조의 대규모 조직은 2개보다 많을 수도 있다). 표준화할 필요가 없는 도구는 나머지 전달 파이프라인에 통합돼야 한다.

전달 파이프라인을 관통하는 산출물의 흐름과 작업에 대한 가시성, 종단 간 추적성은 모든 도구가 제공해야 할 필수 조건이다. IBM은 블루믹스 서비스형 플랫폼에서 오픈 도구 체인을 개발함으로써 표준화 및 통합 요구를 충족했다(브릴리, 2016). IBM의 오픈 도구 체인은 그림 6.2에 나타냈다. 서드파티 업체가 도구 체인에 도구를 추가할 수 있도록 IBM은 도구 체인 SDK를 개발했다. SDK는 브로커가 도구 카탈로그 서비스로 도구를 만들어 블루믹스 서비스형 플랫폼에서 이용할 수 있게 한 것으로 애플리케이션 개발팀이 구축 중인 도구 체인에 추가할 수 있다. IBM 블루믹스 도구 체인 구축 구조를 그림 6.3에서 살펴볼 수 있다.

플랫폼은 항상 표준화돼야 한다. 각 팀이 각자에게 맞는 플랫폼을 선택하지만 해당 플랫폼을 운영팀이 수용할 수 있어야 하며 IT 조직의 관리 모델에 들어갈 수 있어야 한다. 이를 충족시키지 못하면 섀도 IT가 존재하게 된다.

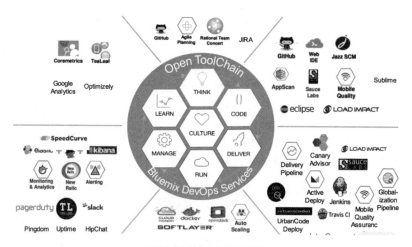

그림 6.2 IBM 오픈 도구 체인

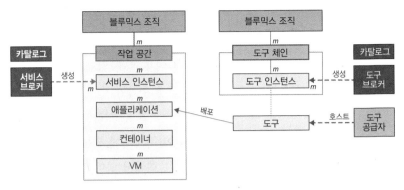

그림 6.3 IBM 블루믹스 서비스를 이용한 데브옵스 도구 체인 구축

4장에서 논의했듯이 클라우드 플랫폼은 오픈스택, 클라우드 파운드리, 도커 컨테이너 같은 기술로 팀이 필요로 하는 민첩성을 확보하면서 플랫폼에서 표준화할 수 있으므로 선택의 일관성을 제공할 수 있다. 예를 들어 어떤 프로젝트는 VM웨어 브이센터^{vCenter}를 활용해 가상화된 인프라에 구축하고 다른 프로젝트는 아마존 퍼블릭 클라우드를 활용하고 또 다른 프로젝트는 IBM 블루박스의 관리형 베어메탈 오픈스택 서비스형 인프라를 선택할 수 있다. 오픈스택 히트를 사용해 인프라를 표준화된 템플릿이나 패턴으로 정의해 모든 솔루션을 개발자에게서 추상화할 수 있다.

전략: 데브옵스 보안 고려사항

골 수비의 중요성

탄탄한 수비라인을 무너뜨릴 20골을 넣은 공격수나 천재적인 공격수가 팀과 계약한다는 소문이 돌면 우리는 항상 들뜨게 된다. 하지만 새로운 중앙 수비수나 노련한 골키퍼가 팀과 계약한다는 소문에는 앞의 예만큼 들뜨지 않는다.

> 팬들은 화려한 공격 축구를 갈망한다. 시대를 되돌아보면 보통 팬들에게 어필하는
> 것은 브라질의 자유로운 움직임과 바르셀로나의 패스 앤 무브(Pass and Move) 전
> 략이었다.
>
> 이탈리아의 탄탄한 백 투 더 월(Back to the wall) 스타일은 전체적인 조화를 맞추
> 지 않는다. 하지만 이탈리아 클럽 수준과 국제대회에서 수상한 이력만 보면 성공과
> 관련 있다고 볼 수 있다. 이탈리아는 월드컵에서 4회 우승해 브라질, 독일에 이어
> 역대 3위이며 인터 밀란, AC 밀란, 유벤투스 등 유럽 주요 클럽들이 있다. 시몬 쿠
> 퍼의 파이낸셜 타임스 칼럼에서 첼시 퍼포먼스 디렉터, 마이크 포드(Mike Forde)
> 는 득점은 피니싱 포지션보다 클린시트 및 전체적인 마무리 포지션과 더 높은 상관
> 관계가 있다고 말했다[4].
>
> – DW 스포츠(2012)

대규모 조직에 데브옵스를 도입할 때 특히 지속적 전달과 빠른 전달 같은 개념은 보안 분야에서 반발이 있다. 임원부터 보안팀 실무자까지 모두 보안 수준을 유지할 수 있을지 우려를 표한다.

보안팀은 축구팀 수비라인처럼 중요하지만 애플리케이션 전달팀만큼 중요하게 여겨지지는 않는다. 애플리케이션 전달팀은 새롭고 혁신적인 기능을 신속하게 전달해야 할 동기를 부여받는다. 보안팀은 새로운 시스템과 기능이 안전하게 유지되고 보안 기능이 견고하게 유지되게 한다. 두 팀의 목표는 서로 달라 보일 수도 있다.

하지만 사업 성과 목표는 전혀 다르지 않다. 사업 성과(가치 창출시간 단축, 혁신적인 비즈니스 솔루션 제공, 고품질 제품 제작, 시장점유율 확대 등)를 내기 위해 애플리케이션 전달팀은 지속적으로 기능을 전달해야 하고 보안팀은 계속 보안을 유지할 수 있어야 한다. 두 팀은 비슷한 목표를 갖고 있지만 다른 각도에서 접근한다.

---

4   클린시트(Clean Sheet)는 한 경기를 무실점으로 방어하는 것을 의미한다.

데브옵스는 애플리케이션 전달 조직이 작은 배치를 지속적으로 전달하고 지속적으로 테스트할 수 있는 접근법을 도입한다. 보안팀은 보안 위험을 줄이는 데 이를 활용할 수 있다. 이렇게 작은 배치를 릴리즈하고 지속적으로 보안도 검증하면서 라이프사이클 초기에 보안 취약점을 파악하고 이를 일찍 완화할 수 있다.

보안팀은 데브옵스를 도입한 애플리케이션 전달 프로세스를 확보해 자세하게 살펴봐야 한다. 개발팀 및 운영팀과 협력해 데브옵스 전달 파이프라인 및 프로세스를 확보할 수 있다. 데브옵스는 보안을 희생시켜 속도를 극대화하는 식으로 설계되지 않았다. 데브옵스는 짧은 사이클 타임으로 더 작은 배치를 전달하고 이를 신속하게 피드백받을 수 있게 설계됐다. 이러한 빠른 전달과 지속적인 피드백 사이클은 보안을 강화하는 데 도움이 될 수 있다. 데브옵스 라이프사이클에 보안을 포함하면 전달 중인 애플리케이션과 시스템 보안이 전달 사이클의 끝에 추가되는 단계가 아니라 전체 전달 라이프사이클에 포함되는 지속적 프로세스임을 보장할 수 있다.

린 제조가 공장 자동화와 제품 전달에 혁명을 일으켰듯이 데브옵스는 애플리케이션 전달을 혁신한다. 공장 자동화의 등장으로 제품 전달 조립 라인을 확보하는 방안이 필요했다. 들어오는 부품, 라인 작업자, 자동화 전문가, 조립 프로세스 및 기타 요소들을 확보하고 검증해야 했다. 마찬가지로 보안 실무자는 애플리케이션 전달 팀과 협력해 실무자 자신, 프로세스, 자동화 도구를 확보하고 검증해야 한다. 보안은 데브옵스 도입에서 필수적인 부분이 돼야 한다(엘더, 2014).

보안 관련 위험 관리

기업은 사용하는 모든 소프트웨어에서 보안 취약성이 나올까 봐 두려워한다. 보안 관련 위험은 다음과 같다.

- 공급망 관련 취약성
- 악의적 사용자의 내부자 공격
- 소스 코드 분실 또는 손상
- 개발 프로세스 파괴
- 개발 프로젝트의 오류 및 실수
- 디자인, 코드, 통합의 약점

이러한 위험은 폭포수 프로젝트, 애자일 프로젝트, 더 넓게는 데브옵스 접근 방식을 도입한 프로젝트 등 모든 유형의 소프트웨어 개발 라이프사이클과 방법론에 적용된다. 데브옵스 프로젝트는 파이프라인 형태로 고수준의 자동화를 수행하므로 이러한 위험과 관련된 이벤트와 조건을 전체 전달 라이프사이클에 걸쳐 지속적으로 감지하고 대응해야 한다.

특히 조직 전체로 데브옵스 도입을 확장할 때는 각 위험 영역을 신경 써서 살펴봐야 한다.

공급망 관련 취약성

4장에 언급했듯이 프로젝트 외부에서 만들어진 소프트웨어 컴포넌트를 통합하는 모든 소프트웨어 프로젝트는 소프트웨어 개발 공급망이 존재한다고 볼 수 있다. 컴포넌트는 소프트웨어 프로젝트를 소유하거나 제공하는 회사 조직 내·외부 공급자가 만든다. 소프트웨어 공급망에서 나온 소프트웨어 보안 특성은 프로젝트에서 만든 소프트웨어 보안에 중요하며 지속적으로 영향을 미친다.

전통적인 개발 프로젝트(폭포수, 반복 프로젝트 등)에서는 개발팀이 공급망에서 소프트웨어의 보안 특성을 평가하는 것이 일반적이었다. 평가 항목에는 컴포넌트 문서 검토, 라이선스 및 지원 가능성에 기반한 승인 요청, 보안 검색 수행 등이 있다.

데브옵스 개발팀은 프로젝트 수명 내내 실시간 설계, 코딩, 통합 의사

결정으로 유연성을 최대한 확보해야 한다. 이러한 이유로 개발팀은 더 기능집약적이고 통합하기 쉽지만 보안과 보증 속성 수준이 낮은 공급망 컴포넌트를 선택해야 할 수도 있다.

이러한 한계를 극복하기 위해서는 지속적으로 테스트를 수행해 소프트웨어 전달 프로세스에 엄격한 품질 검사를 구축해야 한다. 이는 전달 사이클의 모든 단계에서 시험 수행이 돼야 한다는 의미다. 테스트에는 컴포넌트의 보안 테스트와 전달된 모든 컴포넌트의 수동 및 자동 코드 검토가 있어야 한다. 데브옵스는 각 컴포넌트에 더 작은 배치를 짧은 사이클 내에 전달하는 것을 권장한다. 결과적으로 컴포넌트가 전달될 때 더 작은 변경사항을 지속적으로 테스트할 수 있다. 이 접근 방식은 관련 위험을 완화하고 보안 취약점이 더 빨리 발견될 수 있게 해준다.

사용자에 의한 내부자 공격

정확한 수치로 드러나지는 않지만 지난 수 년 동안 내부자에 의해 발생한 사이버 범죄가 적지 않다. 이로 인해 소스 코드 손실 및 손상, 개발 프로세스 오류 등이 발생할 수 있다. 이러한 공격은 내부자가 악의적으로 직접 수행하거나 개발 환경 내에서 사용되는 네트워크, 워크스테이션, 서버가 악성 코드에 감염돼 발생할 수도 있다.

기존 개발 환경에서는 이러한 유형의 공격 가능성을 줄이기 위해 일반적으로 이상 징후를 탐지하고 경보해 개발 인프라를 보호한다. 데브옵스 플랫폼은 전문화되고 간소화된 자동화가 수행되므로 소스 코드 손실 및 손상, 악성코드 배포, 개발 프로세스 오류의 원인이 되는 이상 징후의 탐지가 더더욱 어렵다. 이러한 어려움은 전달 사이클 동안 수행되는 테스트에 보안 테스트(화이트박스 테스트, 블랙박스 테스트 모두)를 추가해 극복할 수 있다. 보안 테스트는 모든 반복 또는 스프린트에서 실행되면서 여러 악성 공격을 탐지할 수 있다.

가상화된 소프트웨어 정의 인프라로 구성을 변경할 수 있으며 이를 이용해 공격을 줄일 수 있다. 데브옵스 플랫폼 일부를 반복적으로 분해하고 다시 구축하는 기능을 이용해 해당 부분의 악성코드 발생을 최소화할 수 있다.

개발 프로젝트상 오류와 실수

기존 개발 프로젝트(폭포수, 반복 프로젝트 등)에는 일반적으로 오케스트레이션이 수행된 작업 흐름과 업무 완료 체크포인트를 제공하는 프로젝트 관리 및 추적 도구가 지원된다. 특히 소프트웨어 출시에 앞서 주요 업무 완료를 확인하고 마일스톤 등을 검토하는 등 엄격하고 광범위한 프로젝트 검토가 선행된다.

애자일이나 데브옵스 접근법을 적용하는 프로젝트는 전달 사이클이 단축돼 작은 컴포넌트 또는 소프트웨어 제품의 변경사항이 더 자주 전달되는 경향이 있다. 각각의 변경사항이 고객이나 사용자에게 전달되지 않을 수도 있지만 빠르고 짧은 주기는 주요 업무 및 마일스톤 완료를 비교적 덜 엄격하게 검토하고 덜 세심하게 검사하게 한다. 이 과정에서 개발 프로젝트 오류와 실수가 개발 사이클상에서 확인되지 않을 수도 있다. 하지만 데브옵스 프로젝트 목표는 소프트웨어 프로젝트의 더 작은 컴포넌트를 품질 보증팀과 프로젝트 검토 프로세스에 전달해 더 큰 프로젝트 오류와 실수가 발생할 위험을 줄이는 것이다. 더 작은 소프트웨어 컴포넌트 변경사항을 전달해 오류를 빨리 발견(이러한 오류는 대부분 고치기도 더 쉽다)함으로써 전반적인 위험을 줄일 수 있다.

설계, 코드, 통합 문제

공급망 보안, 내부자 공격, 프로젝트 오류가 잘 관리되고 있다면 개발 프로젝트에서 가장 중요한 남은 리스크는 소프트웨어를 배포한 후 나타날 수 있는 문제들이다. 이러한 문제는 설계, 코딩, 통합 등 개발 프로젝트 전반에서 나타날 수 있다.

다음 전략으로 소프트웨어 문제가 발생할 가능성을 최소화할 수 있다.

- 반복 테스트 및 교정 수행
- 계획된 보안 전략 구현

반복 테스트와 교정 전략은 비용과 일정에 제한이 없고 포괄적인 테스트 도구를 사용할 수 있는 소규모 프로젝트에서 동작할 수 있다. 계획된 보안 개발 전략은 데브옵스 프로젝트가 나오면서 동시에 발전하고 있다. IBM 보안 엔지니어링 프레임워크[IBM Secure Engineering Framework](휘트모어, 2012)에서 계획된 보안 전략을 데브옵스 프로젝트에 적용할 수 있다.

데브옵스 프로세스 및 플랫폼 보안 문제 해결

데브옵스 자동화 도입은 제조 시스템이 인적집약적인 환경에서 훨씬 효율적이고 자동화된 환경으로 변화한 것과 유사하다. 소프트웨어 공급망과 제조공급망의 상세한 비교는 3장에 제시돼 있다. 제조 프로세스는 제조 현장에서 적시에 재고를 전달하는 것뿐만 아니라 사람이 직접 장치를 설치, 연결, 이동, 조립하는 것에서 로봇이 이를 수행하도록 해 정확하게 제어될 수 있게 발전해왔다.

공급망 취약성의 예

제조업계에서는 공급망에 부품을 전달하는 여러 공급자가 존재해 취약성이 생긴다. 이 공급자들은 고의 또는 의도치 않게 저품질의 불량 부품을 공급할 수 있다. 기존 공급망에서는 공급된 부품에 이상이 생기면 사람이 알아차리고 신호를 보낸다. 이러한 과정으로 리스크를 완화시킨다.

자동화가 광범위하게 사용되는 린 또는 데브옵스 프로젝트에서는 공급 문제를 감지하거나 감지하지 못할 수도 있다. 이는 자동화된 요소들이 품질 보증 검사를 포함하는가에 따라 달라진다.

2가지 경우 모두 공급망을 관리하고 검증해 완화시킨다. 린 또는 데브옵스 프로젝트의 경우 과거에 인간이 수행한 모니터링 기능을 대체할 테스트 게이트를 추가해야 한다. 예를 들어 일련의 자동화된 시험을 수행해 수신한 새로운 수준의 오픈소스 툴킷이 허용오차 내에서 작동하고 있는지 검증할 수 있다.

사용자에 의한 내부자 공격 방지 예

제조업계에서 라인 작업자는 고의로 잘못 연결된 상태로 두거나 뭔가를 연결하지 못하거나 이물질을 라인상의 조립품에 삽입하거나 심지어 다른 사람의 작업을 방해하고 기기를 닦아 흔적을 없앨 수도 있다.

데브옵스 애플리케이션 전달 환경에서 자동화는 개별 실무자를 대신한다. 하지만 자동화 도구의 프로그래머(예: 셰프 자동화 "레시피" 또는 히트 패턴 등)도 악성코드를 배포하거나 환경 설정을 잘못 바꾸거나 다른 방법으로 시스템 자동화에 잘못된 동작을 삽입할 수 있다.

실무자 간 견제와 균형을 유지하거나 자동화 코드 생성에 여러 견제와 균형을 수반해 자동화가 있든 없든 내부자 공격을 줄일 수 있다. 내부자 공격은 통제, 감사, 출시 전 여러 명의 승인을 받고 여러 승인 요건으로 방지된다.

유사한 게이트를 테스트 케이스로 만들어 자동화에 내장할 수 있다. 공격은 자동화가 이뤄지는 지점에서 이뤄질 수도 있다. 모든 소프트웨어 정의 요소가 버전 관리 제어하에 버전화된 소프트웨어 정의 인프라를 사용하면 공격받는 지점을 완화하는 데 도움이 된다.

소스 코드 손실 또는 손상 예

소프트웨어 개발을 제조업계에 비유하면 소스 코드는 조립라인에서 조립품을 만드는 데 사용되는 원재료로 보거나 작업자가 조립품을 만드는 데 따르는 청사진 즉 계획으로 볼 수 있다. 어느 쪽이든 소스 코드나 계획을 제거하거나 변경시키면 조립라인의 조립에 영향을 미칠 것이다.

데브옵스 애플리케이션 전달 환경에서 소스 코드(컴파일러가 바이너리 컴포넌트를 빌드하기 위해 사용하는 원시 재료 또는 소스 코드)를 잘못 처리하면 변조, 손상될 수 있다. 자동화(로봇 이동 또는 배포 자동화)를 개발하기 위해 사용되는 설계 자료나 지침을 함부로 바꾸면 원하지 않는 결과가 초래될 수 있다.

조립라인에서 리스크 완화는 엄격한 통제와 감사로 이뤄진다. 감사는 원재료와 계획 및 설계를 수행하며 조립품이 설계와 일치하고 원재료가 훼손되지 않았는지 정기적인 품질 보증 시험도 함께 수행한다.

데브옵스 소프트웨어 전달 모델에서는 자동화된 조립 테스트가 기준을 준수하는지 검증한다. 또한 설계 자료, 소스 코드, 자동화 코드(로봇의 조립 동작 및 배포 코드) 접근을 모니터링하고 감사해 제한함으로써 보안 결함이나 취약점이 없다는 것을 보장한다.

개발 프로세스 붕괴 예

제조 조립라인에서 라인 작업자는 설계된 조립라인 프로세스와 절차를 따르지 않을 수도 있다. 모든 조립라인 작업자는 표준 운영 절차SOP, Standard Operating Procedure를 따라야 한다. 이러한 절차를 따르지 않으면 불량 제품이 생산될 수 있다.

애플리케이션 전달 환경에서도 실무자가 소프트웨어 코딩, 통합, 테스트, 배포 등 비슷한 작업을 잘 수행할 수 있도록 표준 운영 절차가 존재한다. 이러한 절차를 따르지 않으면 결함이 있는 소프트웨어가 전달될 수 있다. 자동화 프레임워크에서 오류는 자동화 프로그래밍 오류 때문에 발생할 수 있다.

국제 금융서비스 회사인 나이트 캐피탈 그룹Knight Capital Group은 2012년 거래 오류로 4억 4천만 달러의 손실을 입었다. 배포 엔지니어가 배포 표준 운영 절차를 제대로 따르지 않아 발생한 것으로 밝혀졌다(포퍼, 2012). 회사가 적절한 프로세스에 따라 배포가 수행됐는지 검증할 수 있는 자동화된 품질 검사나 인적 검사를 충분히 수행하지 않아 이러한 오류가 발견되지 않은 것이다.

조립라인에서의 리스크를 줄이기 위해서는 프로세스와 절차 교육을 라인 작업자에게 충분하게 실시하고 작업자가 프로세스를 따르고 있는지 지속적으로 감독하고 품질을 검사해야 한다. 애플리케이션 전달 환경에서는 프로세스 자동화 및 모니터링 도구를 사용해 프로세스, 감독, 품질 검사를 자동화할 수 있다.

개발 프로세스 오류 및 실수 예

제조업계에서 사람들은 일하면서 잘못하거나 실수하기도 한다. 사람이 하는 일은 오류가 발생하기 쉽다. 오류는 라인 작업자나 프로세스 설계자가 일으킬 수 있다.

애플리케이션 전달 환경에서 오류는 코드 또는 스크립트 오류, 문서 오기, 데이터 입력 오류 등 다양한 형태로 나타난다.

조립라인에서의 리스크를 줄이기 위해서는 감독 및 품질 관리를 실시해 오류를 방지하고 조기에 포착할 수 있는 튼튼한 시스템을 만들어야 한다. 애플리케이션 전달 시스템에서는 시간이 지나면서 오류를 줄이는 방법이 개발됐다. 코드에 테스트를 포함시키는 것으로 코드 유효성을 검사하고 애플리케이션에서 코드 컴포넌트가 적절하게 사용되는지 검사할 수 있다. 이는 안티프래질 시스템으로 이에 대한 내용은 5장에서 살펴볼 수 있다. 오류가 계속 발생한다고 가정해 오류를 완화시키고 복구하는 자동화 시스템을 구축한다. 일부 조직은 서버 인스턴스에 오류가 발생하면 새 인스턴스로 교체하고 오류가 발생한 인스턴스는 디프로비저닝하는 안티프래질 시스템을 도입했다. 오류를 수정하려는 어떤 시도도 하지 않는다.

설계, 코딩, 통합할 때의 취약 부분 예

제조업계에서는 설계자(아키텍트 및 기계 엔지니어), 프로세스 엔지니어(산업 엔지니어 및 팀 리더), 조립작업자(기계 운용자 및 설비기술자) 간 핸드오프와 커뮤니케이션에서 조립 불량, 제조 도중 변경, 부품 구부림, 없는 부품으로 교환 등 여러 가지 문제가 발생한다. 이러한 문제는 보통 외부회사인 협력사에 대한 의존으로 악화된다. 핸드오프 오류의 유명한 예로 아폴로 13호 사건이 있다. 달 로켓의 서브시스템의 전압 요구량 변경 요청이 협력사에 전달되지 않아 재앙에 가까운 결과를 초래했다(크리스토프, 2014).

애플리케이션 전달에서 핸드오프 오류는 다른 팀에게 코드를 넘길 때 발생한다. 다른 팀에는 코드를 개발하는 팀, 통합, 품질 보증, 빌드, 배포 등을 담당하는 팀 등이 있다. 회사 경계 너머 핸드오프를 수행해야 하는 협력사(벤더, 공급업체 등)가 필요해 문제는 더 악화된다.

제조업계에서는 리스크를 줄이기 위해 모든 협력사가 따라야 할 표준을 개발한다. 이러한 표준에는 부품 사양과 핸드오프 품질 점검용 문서 및 체크리스트가 있어 리스크를 줄이는 데 도움이 된다.

애플리케이션 개발에서는 컴포넌트 인터페이스에 대한 산업 표준이 개발됐지만 팀들이 이러한 핸드오프 오류를 줄이기 위해서는 여전히 계약서와 서비스 수준 계약SLA에 의존해야 한다. 수동 핸드오프 및 배포가 아닌 자동화를 제공하는 표준 도구는 핸드오프에서 발생하는 리스크를 줄이는 데 도움이 된다. 협력사에서 조직 애플리케이션 전달 팀으로 컴포넌트가 전달될 때 리스크를 줄이기 위해서는 조직과 협력사에 걸쳐 통합 도구 체인을 활용해야 한다. 뒤에 나오는 "전략: 데브옵스 및 아웃소싱"을 더 자세하게 다룬다.

API의 경제성과 보안성

기존에 드러난 보안 취약점 외에도 API의 경제성은 또 다른 보안 취약점을 발생시킨다. 더 많은 API를 이용할 수 있게 되면서 API 그 자체 또는 악의적 사용자가 발생시킨 보안 취약점은 API를 사용하는 시스템을 손상시킬 수 있다. 리스크를 줄이기 위해서는 API와 이를 이용하는 애플리케이션 간에 엄격한 테스트 프로토콜을 적용해야 한다.

API 제공업체는 개발된 API가 시스템을 손상시킬 수 있는 악의적 사용자에게 노출되지 않게 해야 한다. 여러 보안 취약성은 개발자가 의도적으로 또는 의도치 않게 발생시킬 수 있다. API 사용자는 API를 통해 접근하고 제공받는 데이터가 안전한지, 애플리케이션이 보안 위험에 노출되지 않고 API를 적절하게 사용하고 있는지 확인해야 한다. API를 사용하는 측과 제공하는 측 모두 유효한 사용만 허용돼야 하며 제3자의 잘못된 API 접근을 막을 수 있도록 적절한 인증과 프로비저닝 프로토콜을 사용해야 한다. API 보안은 그림 6.4처럼 대부분의 API 관리 도구의 핵심 구성 요소다.

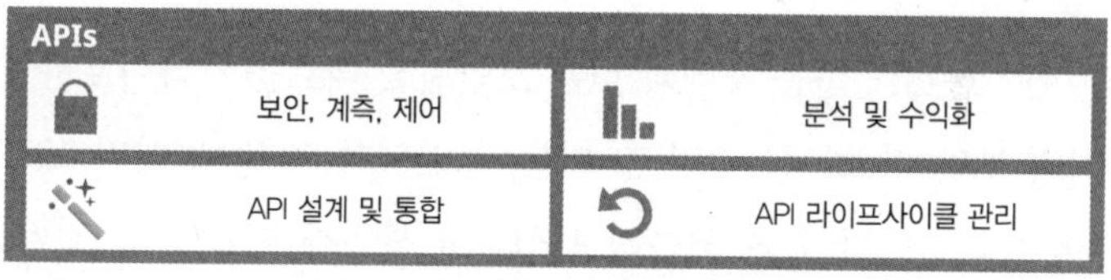

APIs	
🔒 보안, 계측, 제어	Ⅰⅰ. 분석 및 수익화
✨ API 설계 및 통합	↻ API 라이프사이클 관리

그림 6.4 API 관리 도구에서의 API 보안

데브옵스 원칙을 이용해 보안 리스크를 줄이기 위해서는 지속적으로 엄격한 보안 테스트를 수행해 API 보안을 견고하게 유지해야 한다. API 제공업체와 사용자 모두 API의 새로운 릴리즈마다 엄격한 자동 테스트를 실행해야 한다. 자동 테스트에서는 API의 잘못된 사용이나 위반사항이 바로 감지되고 해결되는지 확인할 수 있도록 지속적으로 테스트해야 한다. API 자체 배포 프로세스에 이러한 테스트를 포함시켜야 한다. 이로써 해당 API와 이를 사용하는 모든 애플리케이션 배포 프로세스의 보안을 지속적으로 보장해준다. 보안 테스트 및 보안 모니터링은 개발, 테스트, 운영 환경 전반에 걸친 연속적인 처리 과정이다.

즉 제조작업 현장과 소프트웨어 개발에서 린 원칙을 도입하면 낭비와 재작업을 줄일 수 있다. 한편 공장 자동화가 새로운 잠재적 보안 리스크를 가져왔고 이를 줄일 방법이 필요했듯이 데브옵스 도입도 새로운 보안 리스크를 가져올 수 있다. 6장에서는 데브옵스 도입과 관련된 리스크의 일부를 설명하고 이를 줄이기 위한 접근법을 제안한다.

데브옵스(소프트웨어 개발, 테스트, 전달하기 쉬운 신속한 전달 및 애자일 방법론과 함께)를 도입해 발생하는 보안 리스크는 잘 식별되고 쉽게 해결된다. 이를 무시하면 안 된다. 공장 자동화와 관련된 보안 리스크를 무시하면 심각한 품질 관리 문제가 발생할 수 있듯이 데브옵스 때문에 발생한 보안 리스크를 무시하면 심각한 품질 문제가 발생할 수 있다. 데브옵스는 여러 처리 지침을 아우르는 철학에서 관련 도입 방안을 잘 정의한 여러 실천 방안으로 발전했다. 이러한 보안 리스크의 해결법은 실천 방안에 포함돼 있어야 한다.

데브옵스를 도입하는 조직과 팀은 보안팀을 데브옵스 라이프사이클에 포함시켜 보안 리스크를 줄일 수 있다. 보안팀은 조직 내 여러 프로젝트 간에 어떤 리스크가 관련 있는지 분석하고 판단해 이를 줄일 전략을 개발할 책임이 있는 이해당사자가 돼야 한다. 보안팀은 협업의 예로 데브옵스 환경에 보안 중심의 품질 게이트를 제공해야 한다.

전략: 데브옵스 및 아웃소싱

NBA와 아웃소싱

몇 년 전 일이다. 2016년 미국프로농구(NBA) 드래프트 1차 결과는 매우 놀라웠다. 1차 드래프트 30명 중 14명이 외국 태생이었다. 도만타스 사보니스(Domantas Sabonis)까지 포함하면 외국 태생 선수가 절반을 차지한다. 도만타스 사보니스의 아버지인 아비다스 사보니스(Arvydas Sabonis)는 리투아니아 출신으로 포틀랜드 트레일 블레이저스(Portland Trail Blazers)에서 빅 맨으로 활약하며 명예의 전당에 헌액된 바 있다. 아버지의 선수생활 중에 태어난 도만타스 사보니스는 이중국적으로 외국인 선수로 보기에는 애매한 측면이 있다.

NBA 역사상 이렇게 많은 외국 태생 선수가 1차 드래프트 명단에 포함된 적은 없었다. 앞으로 명예의 전당에는 해외 유수 팀에서 경기하는 법을 배운 해외 출신 선수가 헌액될 것이다.

지난해 코비 브라이언트(Kobe Bryant)는 "유럽 선수들이 더 잘한다고 생각한다. 어릴 때부터 경기를 잘 가르쳐 그렇다"라고 말해 논란이 됐다.

아웃소싱은 NBA 순익에도 효과적이었다. 해외 출신 선수인 하킴 올라주원(Hakeem Olajuwon), 파우 가솔(Pau Gasol), 덕 노비츠키(Dirk Nowitzki) 등은 우승에 큰 도움이 됐을 뿐만 아니라 리그에 새로운 팬들을 유입시키고 수익도 늘렸다.

NBA가 해외 팬을 신경쓰기 때문에 해외 팬도 NBA에 관심을 갖는다. UFC나 MLS도 미국 내 TV 계약으로 벌어들이는 돈보다 중국 스트리밍 계약으로 매년 벌어들이는 돈이 더 많다.

미국인들은 미국 선수인 마이클, 매직, 래리가 뛰던 시절이 좋았다고 한탄하지만 국제 팬들은 지금을 황금기로 보고 있다.

– 플린(2016)

데브옵스를 도입하는 조직을 살펴보면 아웃소싱과 관련해 항상 제기되는 또 다른 질문이 있다. 많은(이라고 쓰고 대부분이라고 읽는다) 조직이 애플리케이션 전달 또는 IT 운영의 일부를 외부업체에 아웃소싱한다. 이는 작업을 외부, 협력업체, 더 저렴한 제공업체로 넘기는 전통적인 오프쇼어이거나 내·외부의 제공업체가 애플리케이션 전달 공급망의 컴포넌트를 담당하는 진정한 공급망 모델일 수도 있다. 2가지 시나리오 모두 데브옵스 도입에 상당히 다른 영향을 미친다.

전략적 아웃소싱

이는 기업이 사업적 관점에서 애플리케이션 전달의 일부 또는 전부를 해당 분야에서 뛰어난 다른 제공업체에 아웃소싱하는 것이 낫고 더 저렴하다고 판단하는 시나리오다. 이러한 아웃소싱 결정은 단순한 비용 문제 또는 조직 내부에 해당 분야의 능력이 없고 키울 필요도 없어 내려질 수도 있다. 보통 아웃소싱을 전달할 누군가를 고용하는 것이 좋다. 가장 일반적인 예는 데이터 센터를 운영하기 위해 IBM을 고용하는 회사다. IBM은 데이터 센터를 운영할 직원을 두지 않는데 그렇게 하는 것이 타당하도록 설계했기 때문이다. 또 다른 예는 자영업자가 모바일 애플리케이션을 만들어 제공하기 위해 외부업체를 고용하는 것이다. 다시 말하지만 사내에 해당 능력이 없다고 판단해 전략적으로 이를 결정했을 것이다. 처음부터 모바일 팀을 새로 만들기보다 모바일 애플리케이션 개발을 서비스로 제공하는 회사를 이용하는 것이 낫다고 판단한 것이다.

애플리케이션 빌드와 실행 전체를 아웃소싱하는 시나리오에서는 데브옵스를 도입하는 것이 그렇게 어렵지 않다. 전체 애플리케이션 라이프사이클을 아웃소싱하면서 전달 파이프라인도 아웃소싱할 수 있다. 전체 모바일 애플리케이션 개발과 운영을 아웃소싱하면 애플리케이션 개발과 전달을 할 때 발생하는 문제가 훨씬 줄어든다. 모바일 애플리케이션이 백엔드 시스템에 접근할 수 있도록 API를 어떻게 잘 정의할 것인지 정도로 문제가 제한된다. 여기서 기술한 첫 번째 시나리오에서 조직이 사내에서 애플리케이션을 만들어 외부업체가 관리하는 운영 환경에 전달한다면 조직은 외부업체로부터 적절한 피드백을 받아 지속적으로 개선해야한다. 이러한 멀티 벤더 전달 파이프라인에 지속적 전달 모델을 도입하기위해서는 외부업체가 애플리케이션 전달 및 피드백 관행의 표준화와 도구에 대해 조직과 긴밀하게 협력해야만 달성할 수 있다.

이는 조직이 수행해야 할 계획과 협업에 소홀해도 된다는 뜻이 아니다. 외부업체와 진정한 파트너십을 맺으면 이를 달성할 수 있다는 뜻이다. 조직이 애플리케이션의 포트폴리오를 계속 관리하며 애플리케이션전달과 릴리즈 일정을 계획하고 관리한다고 가정해보자. 이렇게 조직이데브옵스 협업 모델을 제공하지 않는 계약을 제시하면 업체는 파트너십을 원하지 않을 수 있으며 이때 조직은 변호사를 통해 계약을 재협상하지 않으면 계약을 진행할 수 없을 것이다.

IT 공급망

애플리케이션 전달 파이프라인 전체를 외부업체에 맡기는 공급망 모델보다 애플리케이션 전달 파이프라인의 일부 컴포넌트를 별도 공급자가담당하는 공급망 모델에서 데브옵스 도입 문제가 더 두드러진다. 별도 공급자는 기업이 아웃소싱한 외부업체가 아닐 수도 있다. 그림 6.5처럼 내부 공급자와 외부 공급자의 조합인 경우가 많다. 내부 공급자는 다루기더 쉽다. 고위 경영진의 승인이 나지 않거나 정치적 문제를 배제하면 데브옵스 원칙을 적용해 내부 공급자를 참여시킬 수 있다. 전사 산출물 저장소를 단일 소스 저장소로 만들거나 종단 간 추적 기능을 지원하는 표준 통합 도구 세트를 도입하는 등의 모범 사례는 필요한 승인을 받는 데큰 도움이 된다.

그림 6.5 소프트웨어 공급망

조직에 외부 공급자가 있으면 상황이 까다로워질 수 있다. 개별 컴포넌트를 개발하고 시험하는 여러 공급자는 다대다로 조정하고 협업해야 한다. 계약은 방해가 된다. 두 공급자가 직접 소통할 수 없고 항상 조직을 거쳐야 한다면 문제다. (데브옵스 도입에 필요하면) 사업주가 피드백을 토대로 변경하려고 할 때마다 업체가 계약을 철회하거나 변경 수수료를 부과한다면 문제가 될 것이다. 개발 테스트 환경을 제공하는 외부 인프라 업체가 기본 가상 환경 이미지 변경에 1만 달러를 청구한다는 무서운 이야기도 종종 들린다. 조직이 환경을 조정할 여유가 없다면 유사 운영 환경을 반드시 구축해야 한다.

유일한 해결책은 외부 공급자가 데브옵스를 도입하게 해 조직과 공급망 내의 다른 업체와 협력하게 하는 것이다. 외부 공급자가 데브옵스를 도입했을 때 낭비는 줄이고 효율성은 높여 더 적은 리소스로 더 짧은 시간 내에 더 높은 품질의 소프트웨어를 전달할 수 있게 된다면 외부 공급자를 설득할 수 있을 것이다. 하지만 외부 공급자와의 계약이 전달 속도, 전달 효율성, 이해관계자의 이익을 줄이는 쪽으로 이뤄지면 많은 것이 어려울 것이다.

아웃소싱으로 데브옵스 활성화

그렇다면 아웃소싱은 데브옵스를 힘들게 하는 것인가? 아니면 데브옵스가 아웃소싱을 힘들게 하는 것인가? 둘 다 아니다. 필요한 모든 IT 기술력을 조직이 보유하기는 어렵다. 외부에서 기술을 공급받아야 한다. 여기서 아웃소싱이 필요하다. 데브옵스 출현으로 계약은 데브옵스를 도입하는 데 필요한 협업, 민첩성, 피드백 대응성을 염두에 두고 이뤄져야 한다. 이는 불합리한 요구가 아니다. 많은 시스템 통합업체가 이미 데브옵스 파트너십을 요구하는 제안서RFP를 받고 있다. 이는 정말 선택사항이 아니다. 모든 외부 압력(비용절감, 빠른 혁신 필요성, 시장에 민첩하게 대응해야 할 필요성)이 데브옵스를 도입할 것을 종용하고 있다. 아웃소싱 업체는 고객의 데브옵스 도입으로 단순 공급업체에서 파트너로 진화한다. 데브옵스는 차세대 아웃소싱 방식을 도입하고 있다.

요약

기능적으로 고립되고 같은 공간에 있고 독립돼 있는 팀 너머 대기업 규모의 프로젝트와 프로그램으로 데브옵스 도입을 확장하는 열쇠는 모두 문화와 팀 구성이다. 6장에서 소개된 7개 전략은 다음과 같다.

- 데브옵스 역량 센터
- 규모에 맞는 혁신 문화 개발
- 지속적 개선 문화 개발
- 데브옵스 팀 모델
- 도구 및 프로세스의 표준화
- 데브옵스 보안 고려사항
- 데브옵스 및 아웃소싱

위의 전략은 모두 데브옵스 문화를 어떻게 도입하고 아웃소싱이나 소프트웨어 공급망 모델이 존재할 때를 포함해 팀을 적재적소에 어떻게 배치할 것인가에 대한 것이다. 또한 보안은 넓은 의미에서 데브옵스 도입을 저해하는 요소이므로 보안이 데브옵스의 일부로 어떻게 다뤄지는지 확인해야 한다.

6장의 주제는 여러 기능 사일로, 여러 팀, 여러 이해당사자, 여러 프로젝트 전반의 문화적 변화와 적절한 소통 및 협업을 강조한다. 요약하면 다음과 같다.

- 조직 문화
- 도구 및 실천 방안 표준화
- 조직적 도입
- 조직 고립(사일로) 해체

결국 모든 것은 조직이 문화적 관성을 극복하는 능력에 달려 있다. 기존 문화의 불필요한 관리 체제, 불합리한 정책, 일관성 없는 도구, 경직된 팀 구조에서 이해관계자가 자유롭게 소통하고 협업할 수 있는 믿음이 있는 문화로 변화해야 한다는 뜻이다. 실무자가 함께 일하는 사람을 믿고 그가 한 일을 믿을 수 있는 문화로 변화해야 한다는 뜻이다.

7장

기업 내 데브옵스 도입 이끌기

단장 대 감독

NFL에서 단장의 역할은 팀에 주어진 모든 역할 중에서도 가장 중요한 자리일 것이다. 경기 때 단장은 현장 인원들 뒤로 거의 잊혀져 있다. 우리는 선수와 감독에게 초점을 맞추지만 이들은 단장이 죽이고 살린다. 무능한 단장은 팀을 초토화시킨다. 유능한 단장이 수퍼볼에서 우승을 거둔다.

2008~2010년부터 스콧 매클러한(Scot McCloughan)은 이름에서 두 번째 "t"를 찾는 것을 접고 2011년 NFC 챔피언십과 2012년 수퍼볼에 투입할 49명 선수 명단을 샌프란시스코에 모았다. 그는 2010~2014년 시애틀 시호크스에서 같은 일을 했다. 시호크스는 이전보다 더 잘했고 2013년 수퍼볼 우승을 차지했다.

– 포스(2015)

프로 미식축구팀의 흥망성쇠는 단장에게 달려 있다. 단장이 역할을 잘했다면 팀은 발전할 것이고 그렇지 못했다면 팀은 무너질 것이다. 단장은 팀을 하나로 묶는 역할을 하기 때문이다. 감독과 선수는 경기를 뛰면서 승패를 가르지만 단장은 배후에서 이를 진두지휘한다. 또한 연봉 관리로 사기를 높이고 팀 문화를 관리한다. 물론 구단 임원은 어떤 역할을 맡든 책임이 막중하다. 구단주(제리 존스^{Jerry Jones}와 댈러스 카우보이스^{Dallas Cowboys} 등)든 단장이든 감독(빌 벨리칙^{Bill Belichick}과 뉴잉글랜드 패트리어츠^{New England Patriots} 등)이든 말이다.

6장에서는 선수와 감독에 초점을 맞췄다. 7장에서는 먹이사슬의 상위인 임원진에 초점을 맞춘다. 임원진은 데브옵스 혁신을 주도하고 비즈니스 사례를 만들며 자금을 조달하고 의사결정을 내린다. 이들은 데브옵스 혁신이 주는 비즈니스 결과를 가져가는 사람들이다. 또한 데브옵스 혁신에 사람들이 노력을 쏟도록 비전을 제시해야 할 의사결정권자다. 미식축구처럼 조직마다 이름은 다를 수 있다. CIO, CTO, 수석 부사장, 부사장, CDO^{Chief Digital Officer}, 데브옵스 부사장 등 임원의 직책은 다양하지만 목표는 같다.

무엇보다 임원은 전방에서 모두를 이끌어야 한다. 이들은 문화적 혁신을 이끌어야 하는 사람들이다. 뒤로 한 발 물러나 조직에 자리잡은 문화적 관성을 파악해 해결할 수 있어야 한다. 목표로 정한 문화의 모습에 대한 비전이 있어야 한다. 이후 팀장급에게 프로세스, 관리 방법, 측정 기준, 비즈니스 목표를 비전에 맞게 변경할 권한을 부여해 팀원들이 행동방식을 바꿀 수 있게 한다. 또한 실무자가 프로세스, 관리 방법, 측정치에 의문을 제기하고 변화를 제안할 수 있는 역량 강화 문화도 조성해야 한다. 임원진부터 평사원까지 지속적으로 문화를 개선할 수 있게 해야 한다.

이기는 팀 만들기

캘리포니아 콩코드의 드라살 스파르탄스(De La Salle Spartans) 미식축구팀과 감독 밥 라두쇠(Bob Ladouceur)의 이야기는 매우 위대한 지도자 이야기로 지금까지 회자된다. 스포츠와 사업에서 승리로 가는 핵심을 말하기 때문이다. 여기에는 스포츠 역사상 최다 연승 기록에 바탕한 매우 가치 있는 팀 구성 교훈이 있다.

승리는 정말 힘든 과제를 해결한 결과다. 훌륭한 감독은 게임에서 이기는 전략을 알고 있지만 동기부여는 맞고 틀린 것을 넘어 무형의 것이다. "드라살은 밥 라두쇠 감독이 한 일 덕분에 승리한 것이 아니다. 드라살은 감독이 밥 라두쇠이기 때문에 승리했다."라고 헤이스(Hayes)는 말했다.

밥 라두쇠 감독은 경기에서 이기는 것보다 더 큰 의미를 두는 것이 있다. 헌신, 책임감, 인간의 한계를 뛰어넘는 것이다. "감독으로서 누구를 막아야 하고 어떤 플레이를 해야 할지 알 수 있지만 아이들이 자신이 누구인지 모르면 의미가 없습니다. 우리 애들은 승리를 위해 싸우는 것이 아닙니다. 우리가 지지하는 것에 대한 믿음을 위해 싸우는 것입니다."라고 라두쇠는 말했다.

헤이스는 밥 라두쇠 감독의 이야기를 꼭 알리기로 결심하고 카민 갈로(Carmine Gallo)에게 말했다. 드라살이 형편없이 경기하던 날 하프타임 때 감독은 라커룸으로 들어갔고 선수들은 "감독을 바라보며 지혜를 구했고 지도를 받았다." 감독은 상투적인 격려를 하지 않았다. 그 대신 "왜 내가 문제를 해결해야 하나? 집단문제 해결은 평생 써야 할 기술이다. 알아내라."라고 말이 끝나는 동시에 역사상 가장 성공적인 고교 미식축구 감독이 퇴장했고 선수들은 자신들만의 해결책을 생각해냈다. 이 예는 인생의 교훈을 가르쳐주는 도구로 미식축구를 이용한 밥 라두쇠 감독이 던진 힘든 과제로 볼 수 있다.

– 갈로(2014)

7장에서는 다른 장처럼 특정 전략을 제시하지만 주제는 제시하지 않는다. 모든 전략에 걸쳐 하나의 주제만 존재하기 때문이다. 조직 전반에서 데브옵스 혁신을 이끄는 것이 그 주제다.

전략: 혁신 활동으로서의 데브옵스

거대 전자기업의 혁신

IBM CIO 제프 스미스(Jeff Smith)는 규모에 맞는 애자일 소프트웨어 개발과 프로젝트 관리를 실천하고자 한다. 규모 수준은 마이애미 인구에 필적할 인원 수의 회사를 의미한다.

2014년 중반 스미스는 호주 금융회사 선코프 비즈니스 서비스(Suncorp Business Services)에서 CEO로 근무하다가 IBM으로 이직했다. 스미스는 선코프에서 기술혁신을 이끌었고 기술 공급업체인 IBM과 함께 혁신 관련 프로젝트에 참여했다. IBM은 이러한 노력이 선코프의 품질, 사이클 타임, 비용 구조에 이익을 줬다고 말했다. 그래서 IBM은 스미스를 새 CIO로 고용했다.

현재 IBM에서 스미스는 약 38만 명의 IBM 인력을 위한 도구와 서비스를 만드는 2만 명의 글로벌 IT 팀을 이끌고 있다. 인구 41만 8천 명의 마이애미 정도 규모로 운영하는 기업은 거의 없다. 스미스는 즉시 IBM을 위한 IT 혁신에 착수했다. ·

그는 "이번 임무는 중소기업의 혁신과 속도를 갖추는 것이며 이를 규모에 맞게 할 수 있는지 확인하는 것"이라고 말했다.

혼란한 과도기의 IBM으로서는 매우 시급한 문제라고 4월 21일 WSJ이 보도했다. WSJ의 로버트 맥밀런(Robert McMillan)은 IBM이 상용 서버사업에서 손을 떼는 대신 수익성 높은 유닉스와 메인프레임 컴퓨터에 집중하면서 지난 4분기에도 하드웨어 판매는 계속 감소세를 보였다고 보도했다. IBM은 소프트웨어와 서비스에 미래를 걸고 있다.

금융위기 기간 동안 선코프는 도매자금 조달에 큰 문제가 생겼고 수일 내에 파산할 상황이었다. 스미스는 이 기간에 협력과 작업 흐름에 대한 자신의 아이디어를 구축했다고 말했다. 그는 선코프가 혼란한 과도기를 넘기도록 도와줄 기술과 기타 비즈니스 서비스 개발을 선도하는 책임을 맡았다.

이제 자체적인 비즈니스 과제에 직면한 IBM에서 기존 소프트웨어 개발 모델을 탈피하도록 했다. 기존에는 회사 IT 그룹이 2개 주요 브랜치 즉 혁신(개발) 그룹과 실행 그룹으로 나뉘었다. 그는 "IT 업체가 구조화되는 고전적 방식"이라고 말했다.

빠른 속도로 움직일 수 있도록 프로젝트를 작은 단위로 쪼개 애자일 개발, 데브옵스를 활용할 수 있는 IT 조직으로 만들었다.

지난 2월에는 기존 체제를 25개 영역으로 바꿔 각각 리더를 뒀다. 각 영역은 클라우드 환경을 개발하는 그룹부터 IBM 직원이 필요한 도구를 다운로드할 수 있는 시장을 담당하는 그룹까지 다양하다.

－ 로젠부시(2015)

조직은 시장과 경쟁자 때문에 변화 압박을 받는다. 변화무쌍한 혁신은 항상 변화무쌍한 리더를 필요로 한다. 데브옵스의 맥락에서 혁신적 리더는 IBM의 CIO, 제프 스미스처럼 IT 조직에서 나와야 한다. IBM은 IT 프로세스와 시스템을 더 민첩하게 바꿀 의도로 제프 스미스를 고용했다. IBM의 IT 부서 내, IBM 부서 및 브랜드 내 개발 및 제공 팀 내에는 이미 혁신적 변화가 일어났지만 제프는 조직 전반의 변화를 주도하고 회사 전체로 혁신을 확장하기 위한 프로세스와 시스템을 설정했다.

어떤 조직이든 혁신적 변화를 도입하기 위해서는 트리거와 촉매가 필요하다. 혁신에 어떤 행동이 필요한지 설득력 있는 이유도 필요하다. 이유를 식별했다면 지도부는 이를 실천해야 한다. 비즈니스 역사상 혁신 필요성을 느낀 기업은 많지만 리더십 부족으로 혁신에 필요한 행동을 제대로 파악하지 못해 혁신하지 못한 채 사라졌다. 위협이 다가오는 것을 알면서도 혁신하지 못했다. 위협은 시장 변화(이스트맨 코닥^{Eastman Kodak}은 필름에서 디지털로의 변화를 놓쳤다), 경쟁자(블록버스터는 넷플릭스와 레드박스의 위협을 놓쳤다), 법적 문제(냅스터^{Napster}는 저작권을 무시했다)에서 비롯됐다.

행동해야 할 설득력 있는 이유

행동해야 할 설득력 있는 이유를 살펴보자. 라시크 파마르^{Rashik Parmar} IBM 부사장은 클라우드 도입을 추진하는 맥락에서 이와 비슷한 목록을 언급했다. 하지만 대부분의 이유는 모든 혁신 특히 데브옵스 혁신에 적용된다. 행동해야 할 가장 일반적인 이유는 다음과 같다.

- **인수 합병 및 분할** 인수 합병 및 분할은 데브옵스 혁신을 실천하는 일반적인 이유다. 인수 합병은 새로운 인력, 애플리케이션, 시스템, 도구, 플랫폼을 도입한다. 또한 각자의 프로세스와 무엇보다 각자의 문화가 있는 팀을 데려온다. 팀들은 통합돼 새로운 통합 조직에 적합한 새로운 표준화된 상태로 변해야 한다. 반대로 분할은 사람, 애플리케이션, 시스템, 도구, 플랫폼의 손실을 초래해 결과적으로 다른 부분들을 최적화할 수 있게 해준다. 2가지 시나리오 모두 조

직 전반에 데브옵스 혁신을 추진할 절호의 기회를 제공한다.

- **예상하지 못한 서비스 중단** 서비스 중단 기사가 나길 원하는 사람은 아무도 없다. 기사가 나든 안 나든 사업과 평판의 손실은 조직에 치명적일 수 있다. 제때 송금되지 않아 고객을 불편하게 만든 은행이든, 결제가 안 되는 카페든, 비행기를 이륙시키지 못한 항공사든 상관없다. 서비스 중단 특히 광범위한 영향을 미치는 서비스 중단이 발생하면 조직은 맨 먼저 중단을 복구한 후 그러한 사태가 재발하지 않도록 전쟁에 돌입한다. 후자에서 데브옵스 혁신을 시작할 수 있다.

- **혁신 계획의 시작** 경쟁자에게 대응하기 위해 혁신 계획에 착수하든, 시장의 변화든, 외부에서 영입한 새로운 임원이든 모두 데브옵스 혁신을 개시해야 할 설득력 있는 이유다. 이는 임원진이 조직에서 혁신 가능 영역 개발을 시작할 기회가 될 수 있다.

- **IT 생산성 향상** 일부 조직에서는 혁신 자체로 설득력 있는 이유일 수도 있지만 다른 조직에서는 IT 조직의 생산성을 실질적으로 향상시켜야 한다. 이러한 생산성 향상은 최적화에 초점을 맞춰야 하며 최적화를 위한 데브옵스 전략을 도입해야 한다.

- **IT 민첩성 향상** 오늘날 IT 환경에서 민첩성 향상의 모든 논의는 클라우드 도입 내용이 포함돼야 한다. 앞에서 살펴봤듯이 클라우드는 데브옵스(민첩성)를 지원하는 도구이자 데브옵스는 클라우드 도입을 지원하는 도구로 조직이 클라우드 도입을 시작한 경우 새로운 클라우드 호스팅 플랫폼에 구현하는 방법과 클라우드 호스팅 플랫폼을 활용해 클라우드 서비스의 이점과 기능을 최대한 활용하는 방법에 대한 데브옵스 논의가 필요하다. 따라서 클라우드 도입은 일반적으로 데브옵스 혁신의 상위 집합으로 볼 수 있다.

실천해야 할 설득력 있는 이유가 무엇이든 이는 데브옵스 혁신을 위한 비즈니스 및 기술적 사례를 만들 이유와 기회를 제공한다. 이런 기회는 조직생활에서 드물다. 적어도 이러한 이유(예: 서비스 중단이나 인수 합병) 중 일부는 드물기를 바란다. 이러한 기회가 나타난다면 애플리케이션, 프로세스, 도구, 플랫폼, 문화 등 조직 전체를 혁신할 기회로 활용해야 한다.

데브옵스 혁신 안티 패턴

혁신은 혁신으로 취급돼야 효과가 있다. 당연하게 들리겠지만 이는 매우 중요하다. 데브옵스를 도입하지 못하는 조직이 너무 많은 것은 리더들이 필요한 혁신에 초점을 맞추고 노력을 기울이지 않기 때문이다. 그들은 일반적인 도입 안티 패턴에 빠진다. 주요 안티 패턴은 다음과 같다.

- **데브옵스 "프로젝트"** 데브옵스 프로젝트 같은 것은 없다. 데브옵스를 도입하는 것은 한 번 하고 끝내는 것이 아니다. 데브옵스를 도입하는 것은 프로세스, 도구, 플랫폼, 문화를 포함한 자동화 등 모든 것에 영향을 미치는 혁신이며 최종 결과가 개선 문화로 정착되도록 이러한 영향은 지속돼야 한다.

- **주인의식 부족** 임원진이 데브옵스 혁신 자체를 주도할 수는 있지만 프로세스, 도구, 플랫폼, 문화에 걸쳐 개개인이 혁신에 대한 주인의식을 가져야 한다. 주인의식은 사원급까지 가져야 한다. 명확한 주인의식과 책임감이 없으면 변화할 수 없다. 어떤 리소스로 언제 무엇을 변화시켜야 할 것인가에 대한 책임이 있다. 지시에 따라 바뀌지 않는다.

- **측정 기준에만 초점을 맞춤** 6장에서 설명했듯이 데브옵스 혁신에 앞서 개선에 초점을 맞출 수 있는 올바른 측정지표의 식별이 필요하다. 하지만 측정 기준을 충족시키는 데만 전력을 쏟는 것은 오히려 손해일 수 있다. 특정 측정지표 세트를 개선하는 데만 집중하고 사람들이 배우지 않으면 팀은 측정지표로 "게임"을 시작한다. 이것은

잘못된 문화를 낳는다.

- **고립된 조직에 데브옵스 도입** 데브옵스 도입은 (7장 후반부에서 논의하겠지만) 파일럿 프로젝트부터 시작한다. 파일럿 프로젝트의 목표는 다른 프로젝트의 성공 사례와 교훈을 배우고 따라하는 것이다. 일반적인 안티 패턴은 임원진이 파일럿 프로젝트를 자신의 영역(자체 팀, 부서, 프로그램 등)에만 적용할 때 발생한다. 해당 영역이 조직의 다른 영역과의 교류가 없다면 데브옵스 도입은 원하는 결과를 못 낼 것이다. 조직 전체의 변화는 꿈도 꿀 수 없다. "전략: 파일럿 프로젝트"에서는 올바른 파일럿 프로젝트를 선택하고 각 파일럿 프로젝트에서 얻은 교훈을 가치 있게 어떻게 활용할 수 있을지 논의한다.

- **조직 보고 구조 변경** 6장에서 설명한 스쿼드와 트라이브 모델은 그 자체로는 작지만 더 큰 구조로 확장할 수 있는 팀과 교차기능팀을 만들 수 있다. 하지만 데브옵스에 대한 잘못된 조직 개편을 초래하는 수많은 일반적인 안티 패턴이 있다.

  □ **새로운 리더 역할** 데브옵스 부사장을 임명하고 개발팀과 운영팀에 보고하라는 식이라면 거의 문제를 해결할 수 없다. 의사결정, 갈등 해결, 예산 할당, 일부 의사소통은 쉬워질 수 있지만 상호소통, 협력, 신뢰를 필요로 하는 개발팀과 운영팀은 여전히 그대로 있다.

  □ **새로운 사일로** 조직 개편으로 새로운 사일로를 만들기도 한다. 많은 조직이 기능이 필요하면 이해관계자를 모아 새 팀을 꾸린다. 이는 여전히 여러 기능 간 협업을 어렵게 한다. 오래된 사일로를 새로운 사일로로 대체할 뿐이다.

  □ **데브옵스 팀** 데브옵스 팀을 만드는 장·단점은 수많은 논쟁이 있었다(미니크, 2015). 이러한 데브옵스 팀에는 일반적으로 개

발팀과 운영팀 실무자만 있다. 여기에는 다른 실무자들이 배제되므로 충분하지 않다. 진정한 교차 기능 스쿼드가 아니다. 게다가 일부 조직은 데브옵스 팀을 모든 프로젝트에 필요한 이해당사자로 만든다. 그렇게 되면 프로젝트별로 행동을 승인하는 관료적인 팀이 되고 만다.

- **아웃소싱 데브옵스 도입** 컨설턴트, 전문가, 공급업체, 계약자 모두 프로세스, 도구, 플랫폼, 문화혁신 전문지식을 조직에 가져오는 데 아웃소싱은 필수적이지만 데브옵스 혁신의 주도권은 아웃소싱할 수 없다. 임원진이 혁신을 주도하는 모습을 보이지 않는다면 변화에 대한 의지와 절박함이 조직 전체로 퍼지지 않을 것이다. 문화적 관성은 외부 컨설턴트나 이 책을 읽는 것으로 극복될 수 없다.

- **소통과 협업** 이해관계자 간에는 진실하고 직접적인 소통과 협업이 필요하다. 과연 그럴 수 있을까? 아니면 항상 각자의 보고 라인으로 소통해야 하는가? 협업은 이슈(티켓) 발행으로만 이뤄지는가? 이해당사자들이 조직의 경계를 넘나들며 일하는 데 비용이 드는가? 업체에게 요청할 때는 항상 공식적인 변경 요청 프로세스를 타야 하는가?

- **계약** 외부 벤더나 공급업체와의 문제다. 벤더와 공급업체가 일정한 방식으로만 의사소통할 것을 요구하거나 프로세스의 모든 변경이 계약의 공식적인 변경 과정을 거치도록 하는 경직된 계약이라면 데브옵스는 있을 수 없다.

이러한 안티 패턴을 없애 변화를 주도하는 것이 임원진의 책임이다. 이것은 어려운 결정을 내려야 하고 급격한 변화를 가져올 수 있다. 또한 새로운 협업 도구를 구축해야 할 수도 있다. 임원진은 자유로운 소통과 협업이 가능하도록 통제를 포기해야 하며 고립된 기능조직 간 이슈(티켓) 발행만으로 소통하는 협업 방식은 없애야 한다. 중요한 IT 서비스의 셀프

서비스 카탈로그를 실무자들이 이용할 수 있게 해야 한다. 계약은 재협상해야 할 것이다. 벤더는 바뀌어야 한다. 그리고 (희망하는데) 변호사와 회계사는 해고돼야 할 것이다.

전략: 협업과 신뢰의 문화 개발

> 선수들은 맡은 소임만 열심히 하면 성공할 수 있다는 사실을 믿고 그렇게 해야 한다. 모든 전략을 짤 필요는 없다. 자신이 맡은 부분에서 전략을 짜면 된다. 그리고 옆 선수도 똑같이 그렇게 할 거라고 믿으면 된다.
>
> – 닉 사반(앨라배마대 미식축구팀 감독)

대규모 조직의 운영팀은 수많은 스타트업처럼 지속적으로 배포할 수 있도록 운영 환경에 개발자가 바로 접근할 수 있는 셀프 액세스 서비스를 왜 제공하지 않을까? 이유는 간단하다. 운영팀은 개발팀이 안정적으로 안전하고 신뢰할 수 있는 애플리케이션을 전달할 수 없다고 생각한다. 물론 현실은 신뢰 부족보다 더 복잡하다. 컴플라이언스 요구사항에 운영 환경에 대한 개방형 접근을 제한하는 등 여러 가지 이유가 있다. 게다가 운영팀은 개발팀이 전달하는 것을 검증하고 의심하는 역할을 맡다 보니 더더욱 못 믿는다. 하지만 이렇게 신뢰도가 낮으면 좋지 않다. 이런 대규모 조직에서의 신뢰 부족은 단순하게 개발팀과 운영팀을 초월한다. 개발팀은 비즈니스 분석가를 믿지 않는다. 기업 아키텍처는 운영팀을 믿지 않는다. QA는 개발자를 믿지 않는다. 감사 및 컴플라이언스 팀은 아무도 믿지 않는다. 아무도 임원진을 믿지 않는다. 이러한 신뢰 부족은 팀들이 고립된 기능 조직 간에 효과적으로 소통하고 협력할 수 없게 만든다. 불신은 문화의 문제다.

리 레이드^{Lee Reid}(최근까지 IBM에서 데브옵스 아키텍처로 일했다)가 기고한

『데브옵스의 간단한 수학』(레이드, 2015)에서 총 전달시간을 계산하는 공식을 제시했다. 공식에서는 신뢰를 분모로 삼았다. 신뢰는 이해관계자 간 접촉점의 효율성을 결정하고 이해관계자가 전달되는 산출물을 믿지 못할 때 핸드오프에서 낭비를 유발하기 때문이다. 공식은 다음과 같다.

가치 창출 속도를 좌우할 핵심 요인은 신뢰다. 주어진 고객 측에서 작업이 어떻게 이뤄지는지 가치 흐름 지도를 도출해보면 매우 명백하다. 소프트웨어 전달 팀원들이 라이프사이클을 거치면서 작업에 대한 신뢰도가 떨어지면서 많은 양의 재작업과 낭비가 발생한다. 수학적 공식은 다음과 같다.

$$T_{DELIVERY} = \frac{T_{PLAN} + T_{DESIGN} + T_{DEVELOP} + T_{BUILD} + T_{DEPLOY} + T_{TEST} + T_{FIX} + T_{RELEASE} + T_{EVALUATE}}{\%TRUST(0-1)}$$

즉 전달 사이클에서 수행하는 태스크는 상호 핸드오프에 대한 신뢰도의 영향을 받는다. 신뢰도가 0이면 $T_{DELIVERY}$는 무한대가 된다. 신뢰도 100%와 $T_{DELIVERY}$는 각 작업을 얼마나 빨리 수행할 수 있는가에 따라 제한된다.

서로 믿을 수 있는 환경과 문화를 어떻게 만들 수 있을까? 이는 "뒷사람을 믿고 넘어지기" 같은 연습으로 이뤄지는 것이 아니다. 사명감을 쌓고 같은 목적의식을 갖고 동료와 함께 일하는 상황에서 성공하기 위해서는 서로 믿어야 한다는 것을 아는 데서 비롯된다. 함께 일하는 사람들이 서로 역할을 알고 각자의 일에 능숙하고 최선을 다할 거라는 믿음이 필요하다. 이러한 신뢰는 근본이 탄탄해야 한다. 6장에서 소개한 스포티파이의 스쿼드 모델 등을 활용해 작은 팀을 만들어야 한다. 이러한 팀들은 고립된 기능 조직에서 잘 정의된 임무를 담당하는 하나의 단위로 운영될 권한을 받아야 한다. 이는 모두 힘을 합쳐 완수돼야 하는 임무다. 그리고 나서 이러한 모델을 조직 전체로 확장해야 한다. 궁극적으로 사람들은 아는 사람을 믿는다. 그리고 함께 어울리고 즐거운 시간을 보낸 사람들을

믿는다. 주변 사람들이 믿는 사람을 믿는다.

가시성을 통한 신뢰성 확보

신뢰도 높은 환경과 문화를 이끌 수 있는 뭔가가 있다면 이것은 기능 개발 중심 팀들 간에 걸친 가시성이다. 그리고 이는 데브옵스 혁신을 주도하는 임원진이 조직에 적절한 투자를 할 수 있게 해준다. 애플리케이션 전달 파이프라인의 이해관계자들이 서로 협력하고 산출물을 전달하므로 가시성이 확보되면 신뢰도는 높아진다. 가시성 확보가 어려운 상태에서 문제가 발생하면 산출물을 이용하는 이해관계자는 산출물을 전달해주는 상대 이해관계자에 대한 신뢰를 잃는 경향이 있다. 예를 들어 테스터가 기본 테스트에 계속 실패하는 코드를 개발자로부터 받으면 개발자가 보내는 코드를 못 믿게 된다. 하지만 개발자가 코드를 넘겨주기 전에 수행한 각종 품질 테스트의 가시성을 확보한다면 테스터는 개발자와 함께 테스트 실패 원인을 파악하는 작업을 수행할 수 있다. 또한 테스터가 코드에 수행한 작업의 가시성을 확보한다면 개발자가 검증되지 않은 코드를 테스터에게 보내지 않도록 보장할 수 있다. 이러한 예는 서로에게 산출물을 전달하는 모든 실무자로 확장될 수 있다.

또한 가시성은 실무자들이 팀 내에서 누가 어떤 일을 하고 있는지, 누가 전문가인지, 누가 필요한 산출물에 대한 책임을 지는지 볼 수 있게 해주므로 신뢰를 끌어낸다. 이러한 가시성은 팀 전체의 소통이 더 잘 이뤄지게 해준다. 전체를 볼 수 있는 가시성이 전체의 신뢰를 이끈다.

가장 중요한 것은 사람

유능한 리더는 팀 성과를 앞세워 개인의 열정과 성과를 뒤로 하지 않는다.
개개인의 열정을 모아 슈퍼스타 팀으로 육성, 코칭, 성장시킨다.

– 타이 하워드(전 미식축구 선수)

궁극적으로 이 모든 것은 사람에 대한 것이다. 그러므로 지도자의 가장 중요한 역할은 사람을 육성하고 발전시키는 것이다. 이는 채용부터 시작해 적합한 사람을 모아 팀을 만드는 것으로 이어진다. 여기에는 팀이 잘 성장하고 생산성을 극대화할 수 있는 즐거운 환경을 제공하는 모든 방법이 포함된다.

"카페"에서 실제 사무실 공간으로 옮긴 스타트업을 방문할 기회가 생긴다면 전통적인 기업 업무 환경과 매우 다른 일터를 볼 수 있다. 사무실에는 고립된 공간이 없으며 오픈돼 있다. 직함도 업무 일정도 없는 것 같다. 사람들은 자유로운 복장으로 뛰어다닌다. "뛰어다닌다"라는 표현은 과장이 아니다. 롤러스케이트나 스케이트보드를 정말 탈 수도 있다. 회의실에는 빈백beanbags이 있다. 실제로 회의실에 형식적인 테이블과 의자가 없을 수도 있다. 사방에 화이트보드가 널려 있다. 그리고 탁구대, 테이블축구, 게임기, 당구대 등 스포츠 장비가 곳곳에 있다. 간식과 맥주도 있다. 그것도 많이. 이 모든 것에 대해 대기업의 기업생산성 기관과 인사부서는 모두 반대해 들고 일어날 것이다. 대기업이 "부적절"하다고 여기는 것은 사람들이 시간을 보내고 일하는 즐거운 직장 환경을 조성하는 데 필수적이다.

스타트업과 대조적으로 대기업에서는 각층의 모든 사무실이 같은 파티션을 쓴다. 운동기구도 없다. 점심시간은 12시부터 1시까지다. 그리고 침묵은 황금으로 여겨진다. 5시가 되는 순간 누가 더 있고 싶겠는가?

재미있고 매력적인 업무 환경을 개발하는 것이 최고의 인재를 끌어들이는 필수 조건이 되고 있다. 모든 사람이 매일 오후 무료 마사지를 받거나 휴게실에서 맥주를 마시고 싶어하는 것은 아니지만 젊고 숙련된 전문 인력은 즐겁지 않은 환경에서 삶을 보내고 싶어하지 않는다. 오늘날 젊은 이들 특히 밀레니얼 세대의 일과 삶의 균형은 일 외의 삶뿐만 아니라 일 안에서도 삶을 갖는 것을 의미한다.

팀을 구성하기 위해서는 서로 일하고 싶은 사람, 즐기고 일에 열정적인 사람이 있어야 한다. 이런 환경을 조성하는 것은 임원진의 책임이다.

전략: 사업 관련 부서를 위한 데브옵스 사고방식

NBA를 바꾸는 구단주들

"괴짜가 지구를 상속받는다"라는 말은 이제 진부하다. 21세기 들어 기술적 마인드의 엘리트가 재계를 대표하며 거침없이 부상했다. 이들은 미국 스포츠 비즈니스에서도 활약해 긍정적인 효과를 나타내고 있다.

보통 미국 프로스포츠팀 구단주를 떠올리면 기업가다운 유창한 말솜씨와 어마어마한 재산을 가진 재계 거물을 떠올린다. 하지만 기술 마인드를 가진 새로운 기업가들이 재계에 속속 등장하면서 스포츠계에서도 역시 이들이 등장해 구단주로 활약하고 있다.

특히 NBA에서는 스티브 발머(LA 클리퍼스), 마크 큐반(댈러스 매버릭스), 비베크 라나디베(새크라멘토 킹스) 등 IT 업계 출신의 재계 거물 구단주가 팀을 혁신하고 기술적으로 향상시키는 노력에 핵심 역할을 해왔다. 각각 구체적인 방식은 달랐지만 뭔가를 작업하고 생각할 때 자연스럽게 IT 방식을 활용했으며 경쟁우위와 경제적 이득을 얻기 위해 기술을 활용해야 할 때 꾸물대며 시간을 낭비하지 않았다.

– 로빈스(2015)

데브옵스 혁신에는 사업 관련 부서가 참여해야 한다. IT 부서는 현재는 불가능한 비즈니스 요구와 목표를 더 잘 전달하기 위해 노력한다. 따라서 사업 관련 부서는 데브옵스 혁신을 지지해야 하며 시간과 비용을 투자해 IT 부서와의 상호작용 방식을 발전시키며 혁신에 참여해야 한다. 사업 관련 부서는 완전하게 이해관계자가 돼야 한다. 또한 IT 조직이 제공할 수 있는 수준과 비즈니스 요구의 차이를 파악하고 IT 부서와 협력해 차이를 줄일 수 있도록 다음과 같은 질문이 필요하다.

- IT 부서가 최신 아키텍처를 활용해 새롭고 혁신적인 애플리케이션을 신속하게 전달할 수 있는가?
- 기존 애플리케이션을 최신화해 더 빠른 전달과 혁신을 달성할 수 있는가?
- IT 부서는 성공하기 위해 문화, 도구, 프로세스를 조정할 수 있는가?

사업 관련 부서와 IT 부서의 협력

사업 관련 부서와 IT 부서의 협력을 살펴보자. 이 협력은 보통 형식적이고 최소한으로 이뤄진다. 사업 관련 부서는 일부 요구사항만 파악해 IT 부서가 정의하도록 도와주고 이후에는 관심을 끊는다. IT 부서는 IT 부서 대로 요구사항을 충족시키는 솔루션을 구축한다. 사업 관련 부서와 IT 부서는 쌍방향 관계가 아니다. 요구사항을 더 세분화하거나 문제를 파악하기 위해 실험을 진행하지 않으며 IT 부서에 관여하지 않는다. 사업 관련 부서는 중요한 역할을 할 수 있다. IT 부서와 함께 실험을 수행하며 사업 관련 부서는 고객과 더 넓은 시장까지 대신할 수 있다.

또한 사업 관련 부서는 고객에게 전달하려는 비즈니스 가치의 정의와 자체 요구사항을 지속적으로 개선하고 해결하려는 비즈니스 문제에 대한 이해도를 지속적으로 높여야 한다. 실험하는 동안 그리고 릴리즈 이후 모두에서 운영환경에서 애플리케이션을 사용하는 IT 조직과 사용자로부터 받는 피드백을 적절하게 받아들임으로써 그렇게 할 수 있다. 다음과 같은 사항에 대한 피드백을 받고 사용할 수 있다.

- **애플리케이션 사용 패턴** 고객은 애플리케이션을 어떻게 사용하고 있는가? 고객의 사용 패턴은 사업 관련 부서가 기대하고 원하는 패턴과 일치하는가? 애플리케이션에서 고객이 사용하지 않는 부분은 어디인가?
- **고객의 새로운 활용 사례** 고객이 애플리케이션을 원래 의도와 다른 방식으로 사용하고 있는가? 기업이 파악하지 못한 새로운 사용 사례(사용 패턴)인가? 사용자는 애플리케이션으로 무엇을 하는가? 예를 들어 고객이 다른 애플리케이션의 특정 기능과 함께 사용한다면 해당 기능은 개발 애플리케이션에 포함돼야 하는가(사용자가 계속 바뀌는 지도 애플리케이션은 어떤가)?
- **사용자 페르소나[1]** 다양한 사용자 유형이 사업 관련 부서가 파악한 사용자 페르소나와 일치하는가? 파악해야 할 새로운 사용자 페르소나가 있는가? 불필요한 사용자 페르소나가 있는가?
- **사용자 감정** 애플리케이션을 사용할 때 사용자의 감정은 어떤가? 사용자가 만족하는가? 불만족하는가? 사용자는 불평하는가? 아니면 애플리케이션의 홍보대사가 됐는가?

사업 관련 부서는 이외에도 여러 피드백으로 지속적인 개선을 스스로 수행할 수 있으며 사용자 및 요구사항에 대한 이해도를 높일 수 있다.

사업 관련 부서가 이러한 수준으로 피드백을 수용하기 위해서는 피드백이 다음과 같아야 한다.

---

[1] 특정 제품이나 서비스를 사용할 만한 목표 인구집단 안에 있는 다양한 사용자 유형을 대표하는 가상 인물 – 옮긴이

- 사용 가능함
- 실행 가능함
- 시기적절해야 함

사업 관련 부서가 피드백을 수용할 수 있도록 하는 것은 IT 조직의 책임이다. 피드백을 단순하게 서버 로그로 전송하는 것은 아무 의미가 없으며 이전 버전 애플리케이션의 사용 패턴이나 사용자 감정 데이터도 마찬가지다.

데브옵스 혁신 참여

사업 관련 부서는 데브옵스 혁신이 시작되면 애플리케이션 전달 내내 참여하고 피드백을 수용하는 것 외에도 자체 영향력으로 데브옵스 도입 추진을 도움으로써 관여할 수 있다. 또한 사업 관련 부서는 CIO, CTO, 선임 애플리케이션 개발책임자 등의 이해관계자와 협력해 다음을 수행해야 한다.

- 경쟁사보다 빨리 대응하고 혁신할 수 있도록 신기술, 플랫폼 개발교육의 기회 파악
- 기존 애플리케이션 최적화를 위한 영역 우선순위 지정, 혁신증대 및 혁신을 위한 리소스 확보
- 데브옵스 가치 흐름 지도 워크숍 후원 및 참여

섀도 IT는 밝은 곳으로

마지막으로 사업 관련 부서는 섀도 IT를 다뤄야 한다. 사업 관련 부서는 자체 IT 조직이 제공하지 못하는 요구를 충족시키는 데 도움이 되도록 조직 내에 섀도 IT를 만들 수 있다. 더 나은 방식은 섀도 IT 모델보다 자체

IT에서 요구를 충족시킬 수 있도록 기술과 민첩성을 개발하는 데 투자하는 것이다.

자체 IT 조직이 적시에 제공할 수 없는 특정 요구사항 때문에 외부 IT 제공업체를 활용해야 한다면 사업 관련 부서와 외부 IT 업체 간에 계약할 때 자체 IT 조직과 협력해야 한다. 이는 섀도 IT를 그림자 밖으로 나오게 하며 혁신하면서 핵심 프로세스 일부를 활용해 자체 IT 영역 내에서 활용될 수 있다. 예로는 IBM이 관리하지만 5장에 제시된 로컬 배포 모델을 활용해 조직 내부의 IT 방화벽이나 자체 데이터 센터에 있는 IBM 블루믹스 같은 사설 서비스형 플랫폼을 활용하는 기업 IT 조직을 들 수 있다.

전략: 파일럿 프로젝트 시작

팬 참여 실험

NFL 뉴욕 제츠(New York Jets)의 사업 운영담당 임원인 맷 히긴스(Matt Higgins)는 인터넷만 되면 경기를 보기 쉽기 때문에 어떤 의미에서는 하나의 라이브 경기를 처음부터 끝까지 보기 어렵다고 생각했다. 뉴저지에 있는 제츠의 새 경기장에서 팬들이 자리에서 경기 정보를 볼 수 있도록 데이터 스트림을 제공해 경기에 대한 흥미를 더 끄는 실험을 진행하고 있다.

맷 히긴스는 "종합적인 경험에 접근하지 못하면 인지 부조화가 일어날 것"이라고 말했다.

뉴욕에 본사를 둔 작은 스타트업인 프리플레이 스포츠(PrePlay Sports)와 제휴하는 실험도 진행 중이다. 이 회사는 팬들이 경기 결과를 예측하면 포인트를 주고 특히 예상 밖의 예측에 더 많은 포인트를 주는 모바일 게임을 만들었다.

초기 형태에서 프리플레이 스포츠는 팬들이 특정 경기의 결과만 예측할 수 있게 했다. 그러자 사용자들은 바로 모든 킥오프 기간과 모든 코치의 도전 결과를 추측하게 해줄 것을 요청했다고 코넬대 졸업 직후 이 회사를 설립한 앤드류 다이네스(Andrew Daines)가 말했다.

앤드류는 "사용자들이 계속 참여할 수 있도록 우리는 훨씬 더 많은 정보를 제공해야 했다. 우리는 99%를 제공했고 나머지 1%를 사용자들은 맞추고 싶어한다. 그들은 동전 던지기를 예측하고 싶어한다."라고 말했다.

또한 프리플레이 스포츠 사용자가 보통 스마트폰 기준으로 엄청난 시간인 40분을 게임에 쓴다고 말하면서 사람들이 게임에 빠지기 쉬운 이유로 이미 하고 있던 일(축구경기 3시간 동안 여러 상황마다 소소한 내기를 하는 것)에 대해 꾸준하게 긍정적인 피드백을 받기 때문이라고 설명했다.

– 브루스틴(2011)

아이디어를 검증하며 조금씩 수정하는 유일한 방법은 실험을 수행하는 것이다. 특정 데브옵스 역량 도입도 마찬가지다. 데브옵스 도입 로드맵이 개발되면서 식별된 낭비 영역(일반적으로 가치 흐름 지도 연습을 수행)을 처리하기 위해 갖춰야 할 일련의 역량을 정의할 것이다. 이러한 역량을 개별적으로 도입하거나 이 책에 제시된 전략을 사용해 여러 역량을 함께 도입할 수 있다. 이 역량은 프로세스, 도구, 플랫폼, 문화 등 데브옵스의 모든 영역에 영향을 미칠 것이다. 실험을 실행하고 파일럿 프로젝트를 활용해 이러한 역량을 도입해야 한다.

이상적인 접근 방식은 도입하는 각 역량에 대해 하나의 파일럿 프로젝트를 식별하는 것이다. 각 파일럿 프로젝트의 목표는 다음과 같다.

- 도입하는 역량이 목표하는 결과를 내고 있는지 확인한다.
- 역량 도입에 필요한 투자가 예산에 부합하고 기대하는 투자수익을 내는지 검증한다.
- 역량을 도입하는 접근법과 방법이 올바른지 확인한다.
- 역량 도입 방법의 개선사항을 결정해 후속 프로젝트에 더 나은 역량을 제공하게 한다.
- 역량 도입으로 교훈을 얻는다.

이러한 목표는 조직 전체의 다른 프로젝트에서 활용할 수 있는 역량 도입 방법을 개선하는 것이다. 파일럿 프로젝트당 하나의 역량만 도입하는 주요 이유는 역량별로 실험을 분리하기 위해서다. 파일럿 프로젝트가 2개 이상의 역량을 동시에 도입하면 목표대로 잘 진행되고 있는지 분석하기 어려울 것이다.

역량 도입으로 기대되는 비즈니스 목표와 기술적 결과 수준을 측정할 수 있도록 올바른 측정지표를 식별하고 이러한 측정지표에 대한 올바른 개선 목표를 미리 문서화해야 한다. 또한 파일럿 프로젝트를 시행하기 전에 측정 기준선을 정해 얼마나 개선됐는지 측정해야 한다.

파일럿 프로젝트를 진행하고 여러 가지를 측정하면서 데브옵스 혁신 리더는 다음 질문의 답을 찾아야 한다.

- 역량을 확장할 수 있는가? 조직 내 다른 프로젝트에서도 도입할 수 있는가?
- 조직 전체에 걸쳐 재사용할 수 있도록 역량 도입 방법을 개선해야 하는가?

파일럿 프로젝트 선택

이러한 질문에 답하기 위해서는 적절한 파일럿 프로젝트를 선택해야 한다. 파일럿 프로젝트는 조직 내의 대표적인 프로젝트로 모범이 돼야 한다. 조직 밖의 프로젝트를 수행할 수는 없다. 파일럿 프로젝트를 선정할 때 고려해야 할 기준은 다음과 같다.

- **기술 스택** 파일럿 프로젝트는 조직 전체에 널리 도입된 기술 스택을 사용하는가? 특유의 스택을 사용하는가?
- **플랫폼 구축** 마찬가지로 파일럿 프로젝트도 특유의 플랫폼에 배포하는가? 조직 표준에 배포하는가?

- **팀 위치** 팀은 한 곳에 있는가? 지리적으로 분산돼 있는가? 조직의 기준은 무엇인가?

- **팀 구성** 파일럿 프로젝트를 운영하는 팀은 일반 직원과 협력업체 직원이 혼합돼 있는가? 일반적인 형태인 선임직원과 신입사원의 혼합인가?

- **팀 경험** 팀이 조직에서 사용하는 도구, 방식, 플랫폼을 경험하는 것이 일반적인가? 아니면 프로젝트의 성공을 위해 경험이 풍부한 팀을 파일럿 프로젝트에 투입했는가?

- **프로젝트 시기/단계** 프로젝트 라이프사이클의 적절한 시점에서 역량을 도입하고 있는가? 릴리즈까지 2주 밖에 남지 않아 역량 도입의 우선순위가 낮은가?

- **프로젝트 중요도** 조직은 프로젝트를 신경쓰고 있는가? 해당 프로젝트의 성공이 조직에게 중요한가? 해당 프로젝트를 아무도 신경쓰지 않는다면 필요한 관심과 자원을 얻지 못할 것이다. 그와 반대로 프로젝트가 중요하면 너무 많은 관심과 자원이 주어질 것이다. 어느 쪽이든 프로젝트를 특수하게 만들고 조직에서 일반적인 프로젝트가 될 수 없다.

이 모든 것은 적절한 파일럿 프로젝트를 선택하기 위해 해야 할 질문의 예다. 도입되는 각 역량에 맞는 프로젝트를 파악하기 위해 수십 개 프로젝트에서 리더를 만나 인터뷰해야 할 수도 있다.

임원진의 지지

이 파일럿 프로젝트들이 성공하기 위해서는 임원진의 지지가 필수적이다. 임원진의 지지는 다음과 같은 목표를 달성해야 한다.

- 필요에 따라 프로젝트에 대한 적절한 자원과 투자를 확보해야 한다.

- 목표 역량 도입에 해가 되는 경직된 프로세스와 관리 감독을 파일럿 프로젝트에 적용하지 않는다.
- 다른 임원, 사업주 또는 이해관계자가 특정 프로젝트 마감일을 맞추기 위해 해당 역량을 포기하도록 압력을 가하거나 도입을 보류하지 않도록 간섭을 실행한다.
- 패널티 없이 파일럿 프로젝트를 지연시키거나 실패하는 것을 허용해 경험에서 올바른 교훈을 얻을 수 있게 한다. 학습은 파일럿 프로젝트의 주요 목표다.

전략: 항공모함에서 유니콘 키우기

매버릭(MAVERICK) 선수 육성

매버릭 선수는 비주류이고 모범을 보이지도 않지만 우수한 경기력을 보인다. 운동 경기에서 이러한 선수는 현재의 한계를 알고 의식적, 무의식적으로 그 한계를 뛰어넘으려는 자신만의 전략과 기술을 개발한다. 매버릭 선수는 선을 넘나들며 아슬아슬하게 경기한다. 그들은 다른 선수들과 달라 사람들을 흥분시킨다.

알파인에서는 보드 밀러(Bode Miller), 사이클링에서는 1990년대 초 그레이엄 오브리(Graham Obree), F1에서는 미카 하키넨(Mika Hakkinen), 복싱에서는 나심 하메드(Naseem Hamed)와 무하마드 알리(Muhammad Ali(1960~1970년대))가 있었다. 모두 매우 유명했고 욕도 많이 먹었다. 이들은 모두 자신의 종목에서 매버릭 선수로 당시의 모범 기술을 엄격하게 따르지 않고도 승리를 따냈다. 또한 각 종목에서 변화를 일으킨 당사자였다.

매버릭 선수의 핵심 조건은 승리다. 선수는 자신의 스타일(스킬, 전략, 멘탈)을 개발할 수 있지만 이 스타일로 경기를 지배하고 상대방을 이기고 녹다운시키지 않는 한 매버릭 선수라고 하기는 어렵다. 하지만 우승이 유일한 차별점은 아니다. 진정한 매버릭은 다른 방식으로 일해 경쟁을 넘어 성과를 만들어낸다. 무하마드 알리는 당시 거의 모든 최고 헤비급 선수들을 이겼다. 그는 복싱계의 매버릭이었고 자기 PR에 특출했으며 경기 도중이나 전후의 심리전술은 전설이 됐다. 하지만 그가 그렇게 오랫동안 자신의 위치를 유지할 수 있었던 것은 그의 운동과 권투기술 덕분이었다.

몇 년 전 F1 경주에서 인터뷰 진행자는 팀장에게 당시 빠르지만 불규칙한 새로운 젊은 드라이버 "미카 하키넨"과 계약하기로 했는지 물었다. 팀장은 "미카는 매우 빠른 드라이버다. 우리는 그에게 기존 기술을 따르는 것을 가르칠 수는 있지만 빨리 가는 것을 가르칠 수는 없다."라고 대답했다. 즉 "팀장의 생각으로" 미카는 기존 기술에 기초하지 않고도 팀이 원하는 개성 있는 고속주행 기술을 사용했다.

– 휴이트(2015)

매버릭이라고 부르든, 유니콘이라고 부르든 모든 조직에는 항상 눈에 띄는 사람이 있다. 그들은 혁신적이다. 정말 틀에서 벗어난 생각을 한다. 타고난 지도자다. 하지만 그들은 기업 구조, 정책, 계층 구조, 지배 구조에 매우 쉽게 억압될 수 있다. 매우 생산적인 기여자와 팀 리더가 되지 못하고 자신의 특성을 잃거나 다른 곳으로 떠난다.

"항공모함을 타고 있는 유니콘이 동쪽으로 걸어가는데 항공모함이 서쪽으로 가고 있다면 유니콘은 결국 어디로 갈 것인가?" 글쎄, 유니콘이 물 속에 빠지거나 동쪽으로 가는 것을 포기하고 서쪽으로 가게 될 것이다.

유니콘을 매버릭으로 생각하고 항공모함을 조직으로 생각해보자. 매버릭을 육성하는 유일한 방법은 그들을 유니콘 농장에서 다른 유니콘들과 함께 자유롭게 뛰놀게 해주는 것이다. 자율적으로 조직하고 소규모(스쿼드처럼)로 자유롭게 활동할 수 있고 재미를 느끼는 팀을 만드는 것이 유니콘 농장을 만드는 일이다. 신뢰와 협업의 문화는 이러한 농장을 육성하는데 자유로운 의사소통이 수직적 보고를 뛰어넘는다. 혁신과 실험을 활성화하기보다 보상받는 문화가 핵심 요소다. 실제로 실험이 실패하더라도 학습과 발견은 장려된다.

임원진은 이러한 문화의 발전과 육성을 이끌어야 하며 매버릭 자세도 필요하다. 임원진 스스로 매버릭이 돼 모범을 보여야 한다. 임원은 팀원들이 열심히 일하게 해야 하는데 생산성을 짜낼 것이 아니라 승리하는 문화와 태도를 발전시킬 수 있게 도와줘야 한다.

아이디어 육성

> 이전부터 우리 영화는 모두 형편없었어!
>
> – 에드 캣멀(픽사 사장)

유니콘을 육성하는 것만으로는 부족하다. 그들의 아이디어를 장려해야 한다. 아이디어는 인상적이지 않을 수도 있지만 대부분의 아이디어는 시작부터 거창하지 않다. 아이디어는 위대한 뭔가의 씨앗이 될지도 모른다. 임원진은 이러한 아이디어 실험을 허용해야 한다. 초기 아이디어를 다듬는 데는 디자인 싱킹 기법과 MVP를 활용할 수 있다. 또한 아이디어를 실험할 수 있는 린 스타트업 기법의 등장으로 아이디어 검증과 정제에 드는 위험과 비용이 매우 낮아졌다. 아이디어 육성을 위한 황금률은 실패를 빨리 자주 경험해 낮은 비용으로 실패하는 것이다. 이렇게 수백 개 아이디어를 실험해 추려낼 수 있다. 이러한 아이디어에 투자해 출시하면 비즈니스에 큰 영향을 미칠 수 있다.

디자인 싱킹과 린 스타트업의 실천 방법을 소개하고 혁신 가능 영역을 파악해 MVP를 신속하게 개발할 수 있는 탄력적인 플랫폼을 제공하는 것이 임원진의 책임이다. 임원진은 아이디어를 낼 필요가 없다. 알 필요도 없다. 이러한 아이디어들이 실험되고 성공적인 아이디어들이 적절한 투자로 개발될 수 있는 환경을 제공해야 한다. 임원진은 혁신문화를 발전시켜야 한다. 유니콘이 항공모함을 장악하게 해야 한다.

요약하면 훌륭한 스포츠팀의 구단주, 단장, 감독처럼 임원진은 아마추어를 챔피언으로 만들어야 한다.

1980년 올림픽에서 일어난 "은반 위의 기적"

브룩스(Brooks)는 선수들의 감독이 아니었다. 그는 선수들을 무자비하게 훈련시켰고 선수들이 그를 싫어하게 만들었다. 그것은 감독의 정체성이었고 그의 코칭을 항상 받아들여야 했다. 브룩스가 바비 나이트(Bobby Knight)와 좋은 친구였다는 사실은 놀랄 일이 아니다. 나이트처럼 브룩스는 군대식 지도자였다. 선수들은 그의 방식대로 일해야만 했다. 항상.

노르웨이와의 경기에서 일어난 유명한 일화가 있다. 브룩스는 플레이가 맘에 안 들어 경기 도중 선수들에게 제대로 경기하지 않으면 경기가 끝난 후에도 계속 경기하게 할 거라고 경고했다. 경기가 끝나고도 계속 불만이던 브룩스는 선수들을 빈 빙상 위를 쓰러질 때까지 계속 달리게 했다. 메시지는 분명했다. 일을 하거나 집에 가거나.

훗날 그는 미 동부 출신 선수들과 중서부 출신 선수들이 서로 미워하기보다 자신을 더 미워하기를 바랐다고 말했다. 두 집단은 자연스러운 경쟁 관계였다. 선수 중 14명은 미네소타나 위스콘신 출신이고 9명은 미네소타대에서 뛰었다. 선수 중 4명은 보스턴 출신으로 보스턴대에서 뛴 경험이 있다.

1976년 미국 대학체육협회(NCAA) 하키 챔피언십 준결승에서 미네소타대와 보스턴대 사이에 격렬한 싸움이 있었다. 경기가 30분 동안 중단될 정도로 심각했다. 1980년 팀의 선수 중 5명은 이날 서로 주먹을 날리며 빙판 위에 있었다.

그 사건 말고도 감독이 선수들을 벼랑 끝으로 몬 또 다른 이유가 있었다. 소련 팀은 신체 조건이 매우 좋아 하키 팬들은 소련 팀을 초인 팀이라고 불렀다. 브룩스는 고되게 훈련시켜 선수들이 3피리어드 동안 뛸 수 있게 했다. 미국 팀의 컨디션은 비밀 무기가 됐다.

훗날 브룩스는 올림픽 감독으로 보낸 1980년을 하키에서 가장 외로운 해였다고 말했다. 그는 무자비한 폭군의 가면을 썼다. 팀에 필요했기 때문이다. 이후 마이크 이루지온(Mike Eruzione)은 "감독님이 우리 하키팀을 사랑했다고 믿지만 당시 우리는 몰랐다."라고 말했다.

– 위트니파이(2014)

데브옵스 혁신을 이끄는 임원진의 책임인 만큼 여기서 필요한 전략이 하나 더 있다. 데브옵스 혁신을 위한 비즈니스 사례를 구축하는 것으로 3장에서 논의했다. 3장에서 설명한 도구와 기법을 활용해 회사를 위한 비즈니스 사례를 구축하면 된다.

요약

7장은 한 가지 주제 즉 조직 전반의 데브옵스 혁신을 이끌기 위해 임원진이 해야 할 일에만 초점을 맞췄다. 여기서 소개된 전략은 임원 즉 감독과 단장이 플레이북을 만들 때 쓰는 전략들이다.

- 혁신 활동으로서의 데브옵스
- 협업과 신뢰의 문화 개발
- 사업 관련 부서를 위한 데브옵스 사고방식
- 파일럿 프로젝트 시작
- 항공모함에서 유니콘 키우기
- 데브옵스 혁신을 위한 비즈니스 사례 구축(3장 참조)

데브옵스는 프로젝트가 아닌 혁신 과정이다. 한 번 하고 끝나는 것이 아니다. 조직을 변화시켜야 하며 그것은 시간과 지속적인 노력이 필요하다. 모든 자동화 도구와 프로세스 개선은 협업과 소통 무엇보다 신뢰 문화로 전환되지 않으면 조직에 지속적인 가치를 줄 수 없을 것이다. 혁신을 이루기 위해서는 조직의 문화적 관성을 극복해야 한다. 문화적 관성을 극복하기 위해서는 데브옵스 사고와 문화도 개발해야 한다. 데브옵스 사고와 문화도 혁신해야 한다.

먼저 파일럿 프로젝트를 통해 데브옵스 혁신을 시작한다. 파일럿 프로젝트로 데브옵스 프로세스, 도구, 조직 변화의 가치를 볼 수 있다. 또한 조직의 상황(필요성, 성숙도, 변화 수용 능력)에 따라 이러한 프로세스, 도구, 조직을 어떻게 변화시켜야 좋을지 알 수 있다.

임원진은 조직의 변화 요인인 매버릭을 육성하는 역할도 맡는다. 이 유니콘들이 자유롭게 잘 자라게 하고 아이디어를 연구하고 변화를 이끌게 할 책임이 있다.

마지막으로 혁신을 수행하고 실제로 혁신을 시작하기 위해서는 임원진도 데브옵스 혁신을 위한 비즈니스 사례를 구축해야 할 것이다. 이 비즈니스 사례는 투자 가치와 사업 변화를 보여줘야 한다. 또한 투자 대비 수익률과 변화도 보여줘야 할 것이다.

부록

사례 연구: 데브옵스 도입 로드맵 예

이 부록에는 대규모 다국적 금융서비스 기관용으로 개발된 데브옵스 도입 로드맵이 수록돼 있다. 기관에 특정한 내용은 없애고 일반화하기 위해 도입 로드맵의 일부 세부 정보는 수정됐다. 모든 실명은 제거했고 구체적인 지명 등의 세부사항은 정보보호를 위해 변경했다. 이 로드맵은 다양한 산업과 조직 규모에 걸쳐 데브옵스 도입 상황에 광범위하게 적용할 수 있기 때문에 선택됐다. 고객 특성은 제거해 일반화하고 매우 일반적인 일련의 비즈니스 영향 요소, 이들의 현재 성숙도 및 제약 조건(기술, 조직, 재무)을 제시했다.

여기서의 목표는 조직 템플릿이 최대한 광범위하게 관련되고 모범적인 로드맵을 제시하는 것이다. 결과는 다양할 것이다. 모든 것을 하나로 맞추는 도입 로드맵이 없기 때문이다. 이 책에서 논의된 전략 중 일부는 여기에 적용되지 않는다. 추천하는 방법은 비즈니스 영향 요소와 현재 상태를 고려해 로드맵을 어떻게 시작할지 비즈니스 사례 연구를 찾아보고 조직이 원하는 최종 상태에 도달할 수 있는 유사한 로드맵을 개발할 수 있도록 데브옵스 전략 세트를 찾는 것이다.

조직 배경

매시브 뱅크 앤 파이낸스 그룹MBFG, Massive Bank and Finance Group이라는 조직이 있다고 가정해보자. 이 조직은 은행서비스와 금융서비스를 제공하는 대규모 다국적 금융서비스 기관이다.

- 일반 뱅킹(온라인, 오프라인)
- 기업 뱅킹
- 프라이빗 뱅킹
- 증권 거래

주택 버블 붕괴의 여파로 대부분의 금융서비스 기관들처럼 MBFG는 인수 합병으로 매우 빨리 성장했다. MBFG는 다국적 기업으로 여러 시장에서 끊임없이 변화하는 규제에 직면한다. 또한 선진 시장에서 은행을 이용하지 않는 밀레니얼 세대와 새로운 시장에서 은행을 이용하지 않는 이들에게 다가가도록 혁신해 유기적인 성장을 가속화해야 할 상황에 직면해 있다. 무엇보다 핀테크 스타트업이 바짝 뒤쫓아오고 있다. 핀테크는 은행을 이용하지 않는 고객에게 은행서비스를 제공하면서도 은행이 아니어서 은행이 받는 규제를 받지 않는다. MBFG는 기존 오프라인 지점을 내는 비용을 줄이고 온라인 뱅킹을 구축하는 데 많은 투자를 해야 한다. 그리고 규제 상황은 은행법과 신탁법 개정부터 브렉시트 같은 지역적, 정치적 문제까지 계속 발생한다. 이렇게 끊임없이 변화하는 제약 상황은 민첩성, 속도, 혁신을 필요로 한다. 동시에 MBFG는 다른 조직과 마찬가지로 품질을 유지하면서도 비용은 최대한 낮춰야 한다.

로드맵 구조

3장에서 자세하게 설명했듯이 데브옵스 혁신 플레이북과 도입 로드맵을 만드는 과정에는 다음과 같은 3가지 핵심 요소가 필요하다.

- 목표 상태의 정확한 정의(비즈니스 목표, 비즈니스 영향 요소)
- 현황 파악(현재의 역량 및 성숙도)
- 실행을 위한 최선의 방법 결정(위험, 가치, 투자 균형)

데브옵스 도입 로드맵 작성 프로세스를 다시 정리해보자.

- 조직의 비즈니스 영향 요소와 목표를 알고 목표 상태를 결정한다. IT 조직이 혁신을 거쳐 제공해야 할 비즈니스 요구사항은 무엇인가?
- 현 상태가 조직의 현재 성숙도와 사업 관련 부서가 요구하는 바를 전달하는 능력을 저해하는 요소를 파악해 결정한다. 가치 흐름 지도로 전달 파이프라인의 병목현상과 비효율성을 파악해 현재의 상태를 파악할 수 있다.
- 적절한 전략을 선택해 로드맵을 개발한다. 식별된 병목현상을 해결하기 위해서는 데브옵스 역량을 갖춰야 한다. 전략을 선택할 때는 기술적, 조직적, 제도적 요소를 고려해야 한다. 이는 3장에서 이야기했다.

다음 절에서 제시하는 도입 로드맵은 앞에서 설명한 모든 영역을 포괄한다.

데브옵스 최적화 및 혁신 워크숍

MBFG에서 진행된 데브옵스 최적화 및 혁신 워크숍 결과 다음과 같은 로드맵이 작성됐다. 이 워크숍은 조직이 데브옵스 도입 로드맵을 개발하고 데브옵스로의 여정을 시작하기 위해 IBM이 운영하는 반나절 공식 워크숍이다. 도입 로드맵은 다음과 같은 절로 구성된다.

1. 비즈니스 영향 요소
2. 이미 실행 중이거나 예정된 기술 계획
3. 가치 흐름 지도 결과
4. 근본 원인
5. 데브옵스 역량(전략)

각 절은 데브옵스 혁신 및 최적화 워크숍을 구성하는 5가지 연습의 결과물로 작성됐으며 이 5가지 영역을 각각 설명한다.

IBM은 MBFG 온라인 뱅킹 부서를 위해 워크숍을 열었다. 온라인 뱅킹 부서는 일반 뱅킹, 기업 뱅킹 서비스를 웹과 모바일로 제공하는 별도 사업 부서다. 또한 이 부서는 신기술 도입, 혁신적인 애플리케이션 및 비즈니스 모델 개발을 통해 세계시장으로 확장하고 핀테크 기술도 인수했다. 이를 통해 세계적인 은행으로 혁신하는 데 앞장섰다. 따라서 이 부서는 주로 운영하는 혁신 가능 영역[1]과 부서가 사용하는 최적화된 핵심 영역인 서비스 측면 모두에서 데브옵스 도입에 이상적인 후보였다. 또한 이 부분들 때문에 해당 부서는 최적화되면서도 민첩해야 한다.

이번 워크숍은 CTO의 지지하에 진행됐다. 다음과 같은 기술임원도 참석했다.

- 아키텍처 담당 부장
- 애플리케이션 개발 책임자(QA 포함)
- 엔터프라이즈 아키텍처 책임자

---

1 앞 부분을 건너뛰었다면 4장에서 혁신 가능 영역(Innovation Edge)과 최적화된 핵심 기능 영역(Optimized Core)이 소개돼 있다.

- 디지털 운영 책임자
- 서비스 전달 책임자
- CEO

IBM은 워크숍을 원활하게 진행하기 위해 MBFG와 계약한 경험이 있는 데브옵스 주제 전문가^{SME}와 IT 전문가를 참가시켰다. 워크숍은 모두 1시간 전 사전 워크숍 준비 전화를 포함해 6시간가량 진행됐다. 보고서는 2주간 MBFG와 연계해 작성한 후 CTO와 다른 참석자들에게 전달됐다. 그 후 그들이 현재 소유하고 있는 로드맵으로 MBFG에 넘겨졌다.

로드맵은 현재 실행 중이다. MBFG의 리더십과 IBM 간 정기 미팅으로 혁신 방향을 검토하고 필요하면 로드맵을 업데이트한다.

배경과 컨텍스트

로드맵을 더 잘 이해하기 위해서는 워크숍을 운영하는 IBM이 워크숍 전에 알고 있던 MBFG(온라인 뱅킹 부서)의 배경 정보를 아는 것이 중요하다. 이러한 정보로 워크숍 맥락을 만들어 논의할 필요가 없는 부분을 걸러내 시간을 절약할 수 있도록 한다.

- **시장** MBFG 특히 온라인 뱅킹 부서는 2가지 주요 성장 시장을 목표로 정했다.
  - 은행 서비스가 필요했지만 기존 은행을 이용하지 않았던 밀레니얼 세대. 여기서는 벤모^{Venmo} 같은 새로운 핀테크 업체가 주요 경쟁 상대다.
  - 은행을 이용하지 않던 중산층 특히 개발도상국 신흥시장에서의 중산층. MBFG는 빠르게 성장하는 중산층이 있는 개발도상국의 전 세계 여러 은행을 인수했다. 여기서는 동네 구멍가게를 통해 은행거래를 제공하던 인도의 노보페이^{Novopay}(스탠다드,

2014) 같은 핀테크 업체가 주요 경쟁 상대다.

- **파트너 환경** MBFG는 파트너 환경을 개발해 추가 수익원을 검토 중이었다. 이를 위해 API를 만들어야 했다.

- **규제 우려** MBFG가 맞닥뜨리는 규제 환경은 시장마다 다르다. 이러한 모든 요건 특히 유럽의 지급 서비스 지침[PSD2, Payment Services Directive] 같은 새로운 규정을 준수하면서 IT 자원을 매우 많이 소모하고 있었다.

- **보안 우려** "나는 월스트리트 저널에서 내 이름을 절대로 보고 싶지 않다."라고 MBFG의 최고 보안 책임자가 보안 목표를 설명했다. 최근 대형 금융기관들이 보안 문제로 보안 관련 투자가 늘어 다른 곳의 투자가 줄었다.

- **중단** MBFG의 한 지점에서 큰 운영 중단이 있었다. MBFG는 원인 파악을 위해 다시 정전을 일으킬 수는 없었다. 기업 구조가 최신이 아니라 정전 상황을 재현할 수도 없었다. 규제 당국은 운영 중단이 어떻게 왜 일어났는지조차 정확하게 모르는 무능을 주시했다. 고객은 정전으로 자신의 계좌를 이용할 수 없었기 때문이다. MBFG는 현재의 엔터프라이즈 아키텍처가 유지될 수 있도록 모든 변경사항이 잘 설계되고 모든 아키텍처 변경사항이 문서화되도록 보장하길 원했다.

IT 컨텍스트

이번 절은 MBFG가 데브옵스 도입을 고려하는 IT 부서의 컨텍스트를 제공한다. IT 부서의 목표와 제약은 무엇이었는가?

- **하이브리드 시스템** MBFG는 인수합병[M&A]을 통해 수십 년 동안 성장해왔다. 따라서 메인 프레임에서 IBM 시스템 i, 유니시스[Unisys] 시스템, 구형 시스템을 실행하는 여러 구식 미들웨어에 이르기까지 기

존 기술 스택이 매우 컸으며 이를 업그레이드해야만 했다.

- **섀도 IT** 특히 온라인 뱅킹 부분 외에서 널리 쓰였다. 일부 사업부에서는 공용 클라우드(아마존 웹 서비스, 랙스페이스Rackspace, 소프트레이어SoftLayer에서 제공하는)에서 실행할 비즈니스 애플리케이션을 개발했다. 애플리케이션을 개발하는 데 법률회사에도 자문을 구했다.

- **데이터 위치** 데이터 위치가 큰 문제였다. 일부 국가는 고객 데이터를 자기 나라에 로컬로 저장할 것을 요구한다. 인수 합병으로 MBFG는 일부 애플리케이션과 시스템을 로컬 데이터 센터에서 실행시키고 있으며 MBFG가 직접 또는 외부 벤더가 관리하는 국가별 애플리케이션 및 시스템 버전을 보유하고 있다.

- **클라우드 전략 부재** MBFG CIO가 이사회와 언론에 "우리 클라우드는 최고다"라는 말만 하고 실제로는 전사적 클라우드 전략이 없었다. 여러 클라우드 업체의 섀도 IT가 만연했다. 여러 그룹이 오픈스택, 도커, 클라우드 파운드리를 사용해 실험을 수행하고 있었다. CIO는 여전히 공용 클라우드 사용에 대한 공식 입장을 정하지 못했다.

도입 로드맵

부록의 나머지 부분은 MBFG를 위해 개발된 도입 로드맵 전체를 문서화한다. 물론 로드맵을 일반화하기 위해 몇 가지 직접 참고자료와 구체적인 세부사항은 생략하고 일반화했다.

비즈니스 영향 요소

워크숍에서는 MBFG의 온라인 뱅킹 부서에서 다음과 같은 비즈니스 영향 요소가 확인됐다.

- 더 많은 것을 하기 위해 비용을 관리함
  - 여기서의 목표는 비용절감이 아니라 기존 예산 구조 내에서 더 많은 것을 전달할 수 있도록 생산성을 향상시키는 것임
- 새로운 애플리케이션의 개발과 기존 애플리케이션의 속도 및 처리량을 향상시킴
  - 더 빠른 혁신과 기존 시스템의 개선 병행을 목표로 함
- 더 많은 제품 및 고객 중심 제공 접근 방식을 도입함
  - 고객의 피드백을 포착하고 그 피드백을 바탕으로 애플리케이션 개발과 개선을 목표로 함
- 품질 향상. 제품과 소프트웨어 모두
  - 고객이 경험하는 다운타임과 운영 중단을 줄이는 것이 목표임
- 규제 압력을 수용해 변경 부분을 줄이거나 제거함
  - MBFG는 수많은 금융조직처럼 예정된 변경 기간 동안 고객이 일부 기능을 이용하지 못하는 다운타임을 줄이기 위해 여러 시장에서 규제 감시를 받고 있다.

기존 IT 계획

MBFG는 이번 워크숍 이전에도 당면한 과제를 적극적으로 해결하고 있었다. 다수 계획이 이미 진행 중이었고 곧 시행될 예정이었다. 이러한 계획은 아래에 나와 있으며 도입 로드맵에 통합돼 있다.

- 환경 프로비저닝 자동화
  - 이 계획은 특히 배포될 수 있는 풀스택 환경을 가리킨다. MBFG는 현재 클라우드 환경 프로비저닝 및 오케스트레이션 도구를 탐색하고 있다.
- 릴리즈 자동화

- 애플리케이션 소프트웨어 배포를 운영 환경(개발, 테스트 환경으로 확장) 인프라로 자동화하는 것을 말한다. MBFG는 이 과제를 지원하기 위해 IBM 어반코드 도구 제품군을 도입하고 있었다.

- 지속적 통합^{CI} 도구 도입
  - 여러 지속적 통합 도구가 MBFG 전반에 다양하게 도입되고 있다. 목표는 표준 세트를 만들어 MBFG의 어느 팀이든 CI를 도입할 수 있는 최소 도구 세트(1세트 이상)로 표준화하는 것이다.

- 서비스 가상화 도입
  - MBFG는 서비스 가상화 도구를 도입하고 온라인 뱅킹 부서 전반에서의 사용을 빠르게 확대하고 있다.

- QA 전환
  - 테스트를 자동화하고 라이프사이클 초기에 통합 시험을 수행하기 위한 작업(시프트 레프트)[2]이 평가되고 있다.

- 애플리케이션 구조 단순화
  - 온라인 뱅킹 부서의 주요 과제는 기존 코드가 복잡하다는 것이다. 현재 설계에 더 많은 모듈화를 도입함으로써 어떻게 더 단순화될 수 있을지 검토 중이다. 이것은 엔터프라이즈 아키텍처 노력과는 별개다.

- 구조적 계층 간소화
  - 온라인 뱅킹 부서에만 있는 또 다른 문제로 누가 봐도 구조 계층에 중복되거나 불필요한 계층이 있다는 점이다. 이러한 계층을 적절하게 통합할 수 있는 방법을 검토 중이다.

- 디자인 싱킹 파일럿
  - 온라인 뱅킹 부서는 워크숍에 계속 참석하면서 디자인 싱킹을 활용해 요구사항 도출과 문서화에서 요식적인 프로세스를 줄

---

2 시프트 레프트는 린 원칙으로 도입 장에서 설명했다.

일 방법을 고민 중이다. 기존 프로세스에서 34개 부서의 승인을 받아야 하는 부분에서 문제를 식별했으며 최소 실행 제품 MVP을 2주 내에 만들어내는 것을 초기 목표로 정했다.

- 데브옵스 도구에서 측정지표 추출
  □ 현재는 내·외부의 여러 출처로부터 지표들을 추출한다. 여러 출처에서 보고 목적의 지표를 추출한다. 임원진이 전달받는 대부분의 보고서는 작성하는 데만 며칠이 걸리므로 데이터가 최신이 아니게 된다. MBFG 온라인 뱅킹 부서는 미국 은행인 캐피탈 원Capital One이 개발한 오픈 소스 데브옵스 대시보드인 하이지에이아Hygieia를 도입하는 방안을 검토 중이다.

병목현상

워크숍 동안 실시한 가치 흐름 지도 연습에서는 MBFG의 온라인 뱅킹 부서의 전달 파이프라인에서 다음과 같은 병목현상이 확인됐다. 워크숍 참석자들은 가치 흐름 지도 연습용으로 Java 개발을 위한 예시적인 파이프라인 하나를 선택했다.

- 요구사항 관리 및 설계
  □ 정의 단계는 비용이 너무 많이 든다. 일반적으로 정의 단계에서 발생하는 비용은 프로젝트가 만들어질 정도로 크지만 유연성은 거의 없다.
  □ 요구사항 도출 및 설계 프로세스의 산출물은 보통 문서로 나온다. 이는 반복적으로 작업하기 쉽지 않다. 또한 문서는 길어서(일반적으로 100페이지 이상) 이를 사용해야 하는 팀이 읽지 않거나 완전하게 준수하지 않는 경우가 많다.
  □ 상위 수준의 설계는 다른 플랫폼으로 확장한다. 하지만 정작 그렇게 되면 각 팀은 상위 수준의 설계와 독립적으로 다른 설

계를 만든다. 따라서 상위 수준 설계에서 하위 수준 설계로 추적할 수 없다.

- 프로젝트 규정 및 관리
  - 프로젝트 관리는 프로젝트에 적극 참여하기보다 관찰해 보고 하는 방식이 훨씬 많다.
  - 프로젝트 비용 투자는 때때로 간헐적일 수 있고 프로젝트 일관성에 바로 영향을 미치는 시작 중단 방식으로 이어질 수 있다. 예를 들어 자금이 고갈돼 인력이 방출될 수 있다. 자금이 확보되면 다른 사람들이 해당 프로젝트에 할당된다.
  - 규정으로 기술 결정이 내려질 때까지 오랜 시간이 걸릴 수 있다.
  - 사람들에게 무엇을 하라고 지시하지만 어떻게 하라고 지시하지 않는 프로세스가 있다.
- 프로젝트 팀
  - 팀에 일을 할당하기보다 일에 팀을 할당하는 것이 조직의 전반적인 철학이다. 사람이 프로젝트 팀에 할당되는 구조는 해당 인원이 프로젝트 관련 분야에서 경험이 없지만 단지 시기적으로 가능해 업무를 맡긴다. 그 결과 프로젝트 팀은 해당 분야의 지식이 점점 사라진다.
  - 교차기능팀은 이슈(티켓) 기반 시스템을 사용해 의사소통을 하는데 너무 느리고 번거로워 대기시간이 길다.
- 코드 및 아키텍처
  - 코드 관리는 현재 매우 비효율적이다. 배포 30일 전에 여러 프로젝트의 코드가 비즈니스 릴리즈 코드 스트림으로 병합된다.
  - 코드는 모듈화되지 않았거나 내부 아키텍처라고 할 만한 것이 없기도 하다. 이러한 상황은 많은 비효율성과 기술적 부채를 초래한다.

- 애플리케이션 서버 환경 설정 관리
  - 애플리케이션 서버 구성은 여러 애플리케이션에 대한 많은 환경 설정이 하나의 큰 파일로 관리된다. 이로 인해 환경 설정 관리 제약이 발생하고 환경 설정 관리에 오류가 발생할 가능성이 매우 높다.
  - 웹스피어 애플리케이션 서버^{WAS, WebSphere Application Server}가 실제 운영 환경 배포 대상이지만 비용절감을 위해 초기 단계 테스트는 제티 앱 서버^{Jetty App Server}를 사용한다. 이를 위해 모든 프로젝트가 운영 환경에 배포하기 전에 애플리케이션이 WAS에서 실행되도록 릴리즈 사이클당 1회의 전용 스프린트(이터레이션)가 필요하다.
- 배포 및 릴리즈 관리
  - 배포는 수동이며 비용과 시간이 많이 소요된다. 개발, 테스트, 운영 환경으로 배포하기 위해서는 35~40명의 정규직 직원이 필요하다.
  - 비즈니스 릴리즈의 배포 규모는 매우 크다. 한 릴리즈에 최대 20개 프로젝트가 있을 수도 있기 때문에 모든 프로젝트는 한 번에 릴리즈되도록 시간에 맞춰 조정돼야 한다.
  - 설계 단계에서는 사업 릴리즈에서 여러 프로젝트 간에 연동된다. 그리고 시스템 테스트에서는 다시 한 번 서로 연동되지만 사업 릴리즈와 시스템 테스트 사이에는 아무 것도 없다. 이로 인해 통합에서 일어나는 문제의 일부를 너무 늦게 식별하게 된다.

근본 원인

앞에서 이야기한 병목현상에는 다음과 같은 근본 원인이 있다. 이러한 근본 원인은 각 병목현상을 개별적으로 시험해 찾아냈다. 다음은 의존성과 중복을 검토해 개발된 통합 목록이다.

- 설계가 분리되지 않고 단일 애플리케이션이 계속 진화하는 구조. 이는 전체 라이프사이클에 걸쳐 진화할 수 있다.
- 골고루 적용되는 단일 관리 프로세스를 만들어 기존 프로세스를 대체. 기존 프로세스는 너무 번거롭기 때문이다.
- 전체 라이프사이클에 걸쳐 전반적인 책임을 지는 제품 기반 단일 팀의 부재. 책임은 프로젝트팀 간에 이동하므로 라이프사이클 전체, 애플리케이션 컴포넌트 전체에 걸친 종단 간 기술 책임이 부재하게 된다.
- 자동화 부재. 특히 릴리즈, 빌드 자동화의 부재
- 우수한 애플리케이션 구조 및 환경 설정 관리 관행의 결여 특히 마이크로서비스 기반 아키텍처의 필요성과 서비스 및 컴포넌트 간의 느슨한 결합
- 통합 시험은 전달 라이프사이클이 너무 늦음
- 프로세스 중심에서 제품 중심으로의 이동

데브옵스 실천 방안

다음과 같이 갖춰야 할 데브옵스 역량을 MBFG 온라인 뱅킹 부서에 추천해 전달 파이프라인에서의 병목현상을 해결하고 데브옵스 혁신을 시작할 수 있게 했다.

1. 자동화

목표

다음 4가지 영역에 대한 자동화 도구 도입

- 배포
- 환경 구축 및 유지·관리
- 테스트
- 릴리즈

자동화는 프로세스를 반복 가능하고 안정적이며 확장 가능하도록 만드는 역량을 갖추게 해준다.

비즈니스 및 기술적 이점

워크숍 동안 자동화 도입으로 해결할 수 있는 비효율적인 부분을 확인할 수 있었다. 비효율성은 낭비를 초래하고 대기시간을 증가시켜 비즈니스에 큰 영향을 미친다.

- 교차기능팀 간 소통에 비효율적인 이슈(티켓)를 사용한다.
- 테스트는 수동으로 이뤄져 완료하는 데 수일이 걸린다.
- 회귀 테스트는 자동화됐지만 여전히 수일이 소요되며 전달 라이프사이클상에서 너무 늦게 수행된다.
- 전체 릴리즈 배포는 한 번에 많은 배치가 수동으로 이뤄져 대기시간도 길고 비용도 많이 든다.
- 개발, 테스트, 운영 환경이 같은 미들웨어와 환경 설정을 사용하지 않는다.

다음은 투자 대비 수익을 빨리 달성할 수 있어 먼저 도입된 권장사항들이다.

데브옵스 도입 권장사항

IBM은 MBFG 온라인 뱅킹 부서가 낭비를 야기하고 결국 사업에 영향을 미칠 비효율성을 해결하기 위해 다음 4가지 분야의 각각에 자동화 도구를 도입할 것을 권고했다.

i. 전달 라이프사이클 전체에 걸쳐 모든 이해관계자가 작업 항목을 계획하고 협업, 공유할 수 있는 하나의 협업 도구를 구현한다. 이는 현재 사용하는 이슈(티켓) 시스템을 대체함으로써 모든 협업 문제를 해결한다.

ii. 전달 파이프라인상 모든 환경에 미들웨어 코드와 환경 설정뿐만 아니라 애플리케이션 컴포넌트 배포를 신뢰할 수 있도록 배포 자동화를 도입한다.

iii. 애플리케이션 컴포넌트를 지속적으로 테스트할 수 있도록 테스트 가상화를 도입하고 이를 계속 릴리즈한다. 전달 라이프사이클의 모든 단계에서 지속적 테스팅을 수행하면 테스트 자체를 더 일찍 수행해(시프트 레프트) 오류와 구조적 결함을 조기에 식별하고 전반적인 품질을 향상시킨다.

iv. 릴리즈, 리소스 가용성, 환경 가용성을 조정할 수 있도록 릴리즈 관리 도구를 도입한다. 이로써 릴리즈와 해당 컴포넌트가 전달 파이프라인을 통과하면서 각 단계 스트림에 통합될 때 적절한 대기열을 보장한다.

프로세스를 적절하게 자동화, 최적화해 최대 효율성을 달성해야 한다. 그래서 MBFG 온라인 뱅킹 부서는 IBM의 권고를 받고 있다. 주제 전문가와 협력해 위의 자동화를 도입할 수 있는 4가지 영역에서 기존 프로세스를 검토하고 개선을 시작한다. 자동화 도구 도입으로 가능해진(수동으로는 할 수 없던) 효율적인 프로세스를 탐색할 기능도 제공한다.

2. 전달 가능한 배치 크기 축소

목표

각 반복 또는 스프린트에서 사이클 타임을 줄이기 위해서는 최대한 효율적으로 전달 파이프라인을 만들어야 한다. 전달 가능한 각 배치 크기를 줄이면 이러한 목표 달성에 도움이 된다.

비즈니스 및 기술적 이점

애플리케이션 기능 변경을 더 작은 배치로 전달하면 처리량 향상, 리스크 감소, 품질 개선으로 신속한 반복을 수행할 수 있다. 전달 파이프라인에 자동화 도구를 사용하고 전달 파이프라인을 통해 반복이 가능하도록 설계하면 기능을 변경하기 더 쉽다. 결과적으로 전달 파이프라인 전체에서 더 자주 배포할 수 있고 코드 및 환경 설정의 작은 변경도 더 자주 테스트할 수 있으며 컴포넌트를 더 자주 통합할 수 있다. 이를 통해 지속적 통합, 지속적 전달, 지속적 테스트 같은 데브옵스 역량을 갖출 수 있다. 또한 배치 크기가 작을수록 전달 파이프라인에서 리소스 경쟁과 긴 시간 동안의 리소스 독점을 줄이므로 릴리즈 사이클 주기도 줄일 수 있다.

데브옵스 도입 권장사항

i. 전달 배치 크기 축소 계획에 착수해야 한다. 이는 사소한 작업이 아니다. 독립적으로 배포하고 테스트할 수 있도록 애플리케이션이 더 작고 느슨하게 결합된 컴포넌트로 구성되게 해야 배치 크기를 축소할 수 있고 이 과정에서 애플리케이션과 데이터 구조 리팩토링이 필요하기 때문이다. 애플리케이션 수준에서 이상적인 접근으로 마이크로서비스 기반 아키텍처를 도입하는 방법이 있다.

ii. 테스트 가상화를 사용하면 필요한 다른 컴포넌트를 기다리지 않고도 작은 컴포넌트를 더 자주 테스트할 수 있다. 또한 배포 자동화는 컴포넌트 및 애플리케이션을 더 자주 지속적으로 배포할 수 있게 해준다.

MBFG 온라인 뱅킹 부서가 마이크로서비스 기반 아키텍처로 애플리케이션을 재설계하고 리팩토링할 수 있도록 가이드라인이 필요하다.

3. 제안 관리팀 설치

목표

MBFG 온라인 뱅킹 부서에 제안 관리팀을 둬 애플리케이션을 지속적으로 담당하게 한다.

비즈니스 및 기술적 이점

제안 관리팀을 둬 애플리케이션 제품의 프로그램 측면과 기술적 측면 모두 담당시키면 MBFG 온라인 뱅킹 부서의 핵심 관리 요구사항을 준수하면서도 애플리케이션 전달 복원력을 높일 수 있다. 이러한 팀은 영구적이며 개별 프로젝트 이상으로 전사적 계획에 맞춰 여러 프로젝트를 담당한다. 개별 프로젝트와 제품의 전반적인 능력을 담당할 수 있도록 주제 전문가와 기술 전문가로 구성된 팀을 조직한다. 이 팀에는 일이 계속 들어오므로 일시적으로 조직되는 팀이 아니며 여러 일을 다루게 된다.

데브옵스 도입 권장사항

i. 자체 제안 관리팀을 보유해야 하는 최소 제품군을 파악해야 한다. 이 팀들은 제품에 대한 구조, 기술 설계, 장기적 비전을 담당해야 하며 비즈니스 요구사항을 충족시키기 위해 사업 관련 부서와 함께 일해야 한다.

ii. 제안 관리팀을 운영하기 위한 관리 프로세스와 표준을 개발해야 한다.

iii. 경력 있는 자원이 제안 관리팀에 제공돼야 한다. 제품 담당자, 솔루션 설계자, 필수 관리를 포함해 제안 관리팀이 안정적, 성공적으로 유지될 수 있도록 한다.

iv. 제안 관리팀에 디자인 싱킹 교육을 지원한다. 페르소나를 잘 정의하고 이들이 원하는 사용자 경험을 바탕으로 애플리케이션 로드맵 설계, 요구사항, 기능 설계에 활용할 수 있다.

v. 특정 제품을 담당하는 제안 관리팀이 바뀌지 않고 유지될 수 있도록 지속적인 자금지원 모델을 만들어야 한다.

이러한 권장사항은 조직, 프로세스, 관리 체계를 바꿔야 하며 MBFG 온라인 뱅킹 부서의 고위 임원진이 이를 시작해 담당해야 한다. IBM은 자체 제안 관리팀의 경험 즉 IBM 애플리케이션 전달 조직 내에서 어떻게 구성되고 운영되는지를 MBFG에 설명하고 공유했다.

4. 애플리케이션 아키텍처 설계

목표

애플리케이션 및 시스템이 애플리케이션 전달 라이프사이클을 통해 발전하는 과정을 캡처할 수 있도록 MBFG 온라인 뱅킹 부서에 애플리케이션 아키텍처 모델링 역량을 갖춰야 한다.

비즈니스 및 기술적 이점

모든 애플리케이션과 시스템에 걸쳐 코드와 아키텍처를 나타내는 공통 모델 세트를 갖춰야만 오늘날 사용되는 다양한 설계 산출물이 아닌 단일 뷰를 제공할 수 있다. 공통 모델 세트를 유지하면 아키텍처 개선과 리팩토링에 유리하며 재사용도 가능하다.

데브옵스 도입 권장사항

i. 문서화된 애플리케이션 아키텍처는 물론 여러 컴포넌트, 애플리케이션, 시스템에 걸쳐 모든 코드를 캡처할 계획을 세워야 한다. 각 전달 팀의 솔루션 설계자는 아키텍처를 담당해야 한다. 아키텍처가 만들어지고 애플리케이션 간 서비스에 대

한 의존성이 진화함에 따라 이를 유지해야 한다. 또한 솔루션 설계자는 아키텍처에 대한 재사용, 리팩토링 기회를 식별하고 엔터프라이즈 아키텍처를 업데이트할 책임이 있다. IBM은 MBFG 온라인 뱅킹 부서에 모델 및 아키텍처 관리 모범 사례와 도구 사용 활성화를 위한 도구 및 아키텍처 지침을 제공할 수 있다.

5. 셀프서비스식 개발 테스트 환경 프로비저닝

목표

개발 실무자와 테스트 실무자가 버튼 하나로 적절한 유사 운영 환경을 설정하고 프로비저닝하고 개발 및 테스트 중인 애플리케이션을 배포할 수 있도록 셀프서비스 포털을 도입한다.

비즈니스 및 기술적 이점

개발 실무자, 테스트 실무자의 효율성과 생산성을 저해하는 큰 장애 요인은 이들이 필요로 하는 유사 운영 환경에 접근하기 어려운 것이다. 그래서 셀프서비스 포털을 실무자에게 제공하면 생산성을 크게 향상시킬 수 있다. 셀프서비스 포털에서는 운영팀 개입 없이 자동으로 프로비저닝해 사용할 수 있는 사전 구성된 풀스택 패턴들이 있다. 프로비저닝할 수 있는 환경이 운영 환경의 토폴로지, 설정, 동작과 같게 하면 개발, 테스트 중인 제품의 품질을 크게 개선할 수 있다.

데브옵스 도입 권장사항

i. 클라우드 기반 셀프 시스템 포털을 만드는 계획에 착수한다. 운영팀은 포털에서 사용 가능한 패턴, 개발 테스트 환경을 프로비저닝하는 클라우드 환경을 관리한다. 개발 테스트팀은 필요하면 새로운 환경 패턴을 요청할 것이다.

ii. 클라우드 관리 도구를 사용해 오픈스택 기반 클라우드를 활용
    한다. 패턴 설계, 패턴 포털, 카탈로그 관리, 오픈스택 히트를
    사용한 환경 프로비저닝 및 환경 오케스트레이션을 관리할 수
    있다.

로드맵 도입

부록에 제시된 도입 로드맵은 단일 조직이 수행하기에는 작업량이 엄청
나 감당하기 벅차다. 이러한 로드맵은 대규모 조직 차원에서 혁신을 시작
하기 위한 지침으로 개발된다는 점에 유의해야 한다.

MBFG 같은 조직은 "빅뱅" 방식으로 혁신할 거라고 생각하지도 못했
겠지만 7장에서 언급했듯이 권고사항들을 도입할 수 있도록 소규모 관리
프로젝트에서 일련의 파일럿 프로젝트로 시작한다. 파일럿 프로젝트에서
성공을 경험하고 교훈을 얻어야만 조직 전체로 넓힐 수 있다. 이러한 파
일럿 프로젝트들은 시차를 두고 진행돼야 한다. 필요한 시간, 비용, 인력
자원에 들어가는 투자를 분산시키기 위해서다. 또한 애플리케이션 개발
및 전달 방식을 충분하게 혁신할 수 있도록 적절한 프로젝트가 적절한
단계에 오게 해야 한다. 이것이 다년간의 혁신 로드맵이다.

또한 MBFG와 협력해 로드맵에서 수행할 권고사항을 정하고 우선순
위를 매길 수 있게 했다. 어떤 역량을 갖춰야 할지는 비즈니스 목표와 시
장 타이밍에 따라 정의된다. 여기에 필요한 투자와 투자 대비 수익이 우
선순위를 정하는 데 중요한 고려사항이다.

따라서 이 로드맵은 조직 전체의 혁신을 위한 대규모 데브옵스 도입
로드맵으로 채택돼야 한다. 여러분의 로드맵은 여러분의 필요와 목표에
따라 달라질 것이고 (바라건대) 덜 복잡할 것이다.

참고문헌

들어가며

Sharma, S. (2016, May 15). The Ultimate Winning Play? Retrieved from sportsthrills.wordpress.com: https://sportsthrills.wordpress.com/2016/05/15/the-ultimate-winning-play/

Wikipedia. (2016, September). DevOps. Retrieved from wikipedia.org: https://en.wikipedia.org/wiki/DevOps

1장

Bias, R. (2012, February 16). Architectures for open and scalable clouds (slide 20). Retrieved from slideshare.net: http://www.slideshare.net/randybias/architectures-for-open-and-scalable-clouds

Caum, C. (2013, August 28). @ccaum. Retrieved from Twitter: https://twitter.com/ccaum/status/372620989257232384

Deming, D. W. (1998, April 27). Dr. Deming's Management Training. Retrieved from Dr. Deming's Management Training: http://www.dharma-haven.org/five-havens/deming.htm

Forrester. (2011, July 26). Water-Scrum-Fall Is The Reality Of Agile For Most Organizations Today . Retrieved from Forrester.com: https://www.forrester.com/report/WaterScrumFall+Is+The+Reality+Of+Agile+For+Most+Organizations+Today/-/E-RES60109

Garvin, David A., Amy C. Edmondson, and F.G. (2008, March). Is yours a Learning Organization? Retrieved from hbr.org: https://hbr.org/2008/03/is-yours-a-learning-organization

Kaz, P. (2013, July 4). Measurement Myopia. Retrieved from Drucker Institute: http://www.druckerinstitute.com/2013/07/measurement-myopia/

Kruchten, P. (2002, August 6). The 4+1 View Model of architecture. Retrieved from ieee.org: http://ieeexplore.ieee.org/xpl/articleDetails. jsp?arnumber=469759

Lean.org. (2016). Lean.org. Retrieved from Lean.org: http://www.lean.org/ WhatsLean/History.cfm

McCance, G. (2012, November 19). CERN Data Centre Evolution (Slide 17). Retrieved from Slideshare.net: http://www.slideshare.net/gmccance/cern-data-centre-evolution

Rice, R. (2009). Achieving Software Quality Using Defect Filters. Retrieved from Randy Rice's Software Testing Site: http://www.riceconsulting.com/ articles/achieving-software-quality-using-defect-filters.htm

2장

Cantor, M. (2014, July 15). Flow measurements for software. Retrieved from IBM DeveloperWorks: http://www.ibm.com/developerworks/library/d-flow-measurements-sw/index.html

Hartman, B. (2009, November 11). An Introduction to Planning Poker. Retrieved from dzone.com: https://dzone.com/articles/introduction-planning-poker

Martin, K. (2011, August 11). Value Stream Mapping in Non-Manufacturing Environments. Retrieved from Slideshare.net: http://www.slideshare.net/ KarenMartinGroup/value-stream-mapping-in-nonmanufacturing-environments/24-Key_Metrics_QualityComplete_and_Accurate

Ohno, T. (2006, March). Ask 'why' five times about every matter. Retrieved from toyota-global.com: http://www.toyota-global.com/company/toyota_ traditions/quality/mar_apr_2006.html

Poppendieck, M. (2008, October). Value Stream Mapping. Retrieved from agiles.org: http://agiles2008.agiles.org/common/pdfs/Poppendieck%20-%20

Value%20Stream%20Mapping.pdf

Wagner, B. (2009, January 9). Notes on Value Stream Mapping. Retrieved from thebillwagter.com: http://thebillwagner.com/Blog/Item/2009-01-07-Notesf romPoppendieckValueStreamMapping

Wikipedia. (n.d.). Supply Chain. Retrieved September 16, 2016, from Wikipedia: https://en.wikipedia.org/wiki/Supply_chain

Wikipedia. (n.d.). Value Stream Mapping. Retrieved July 10, 2016, from Value Stream Mapping: https://en.wikipedia.org/wiki/Value_stream_mapping

3장

Forrester. (2013, July). Forrester Research Total Economic Impact Study on Service Virtualization and Test Automation Solutions. Retrieved from ibm.com: https://www.ibm.com/developerworks/community/blogs/rqtm/entry/ forrester_research_total_economic_impact_study_on_service_virtualization_and_test_ automation_solutions?lang=en

Forrester. (2015, August). The Total Economic Impact Of IBM UrbanCode. Retrieved from ibm.com: https://developer.ibm.com/urbancode/docs/the-total- economic-impact-of-ibm-urbancode/

Osterwalder, Y. P. (2013). Business Model Generation: A Handbook for Visionaries, Game Changers, and Challengers. John Wiley and Sons.

Strategyzer. (2013). Business Model Canvas. Retrieved from www. businessmodelgeneration.com: http://www.businessmodelgeneration.com/ canvas/bmc

Vaccaro, A. (2014, Janurary 8). An Unlikely Case Study in Fast Growth: Major League Soccer. Retrieved from Inc.com: http://www.inc.com/adam-vaccaro/ mls-commissioner-don-garber.html

4장

ASUM, I. (2016, March 1). Analytics Solutions Unifi ed Method. Retrieved from IBM Analytics Services: http://public.dhe.ibm.com/software/data/swlibrary/services/ASUM.pdf

Bradbury, J. (2011, September 26). A Sports Economist's Thoughts on Moneyball: A Guest Post by J.C. Bradbury. Retrieved from Freakonomics: http://freakonomics.com/2011/09/26/a-sports-economists-thoughts-on-moneyball-a-guest-post-by-j-c-bradbury/

Burke, T. (2016). This Is Why There Are So Many Ties In Swimming. Retrieved from deadspin.com: http://regressing.deadspin.com/this-is-why-there-are-so-many-ties-in-swimming-1785234795

Capital One GitHub. (2015, July 18). CapitalOne DevOps Dashboard. Retrieved from Github.com: https://github.com/capitalone/Hygieia

Cheshire, J. (2012, January 9). Cricket: The Top 10 All-Rounders of All Time. Retrieved from bleacherreport.com: http://bleacherreport.com/articles/1017237-the-top-10-all-rounders-of-all-time

Cockcroft, A. (2012, March 19). Ops, DevOps and PaaS (NoOps) at Netflix. Retrieved from Adrian Cockcroft's blog: http://perfcap.blogspot.com/2012/03/ops-devops-and-noops-at-netflix.html

Conway, M. E. (1967). Conway's Law. Retrieved from www.melconway.com: http://www.melconway.com/Home/Conways_Law.html

Donato, C. (2016, July 14). Big Data Analytics are Enhancing Women's Tennis. Retrieved from ZDNet.com: http://www.zdnet.com/article/big-data-analytics-are-enhancing-womens-tennis/

Harrell, E. (2015, October 30). How 1% Performance Improvements Led to Olympic Gold. Retrieved from Harvard Business Review: https://hbr.org/2015/10/how-1-performance-improvements-led-to-olympic-gold

Higdon, H. (2011). Marathon Training Guide - Introduction. Retrieved from halhigdon.com: http://halhigdon.com/training/51135/Marathon-Training-Guide/

Hodges, R. (2015). IT Service Management for DevOps. Retrieved from IBM DeveloperWorks: https://www.ibm.com/developerworks/community/files/form/anonymous/api/library/42529e82-173a-4f45-805b-93d9eb35ffa6/document/19b71c8c-1675-4727-a3ab-b259ba1d49e6/media/ITSM%20

Reference%20Architecture%20-%20DevOps%20-%20Whitepaper.pdf

Judge, L. (2016). Should power hitters bunt against defensive shifts? Retrieved from The Kansas City Star: http://www.kansascity.com/sports/spt-columns-blogs/judging-the-royals/article78348842.html#storylink=cpy

Kagan, S. a. (2015). Transforming Application Delivery: Executive Advisory Session. IBM InterConnect 2015. IBM.

Kim, G. (2013). The Three Ways: The Principles Underpinning DevOps. Retrieved from IT revolution: http://itrevolution.com/the-three-ways-principles-underpinning-devops/

Kniberg, H. (2014, March 27). Spotify engineering culture. Retrieved from Spotify Labs: https://labs.spotify.com/2014/03/27/spotify-engineering-culture-part-1/

LinkedIn, Engineering Blog. (2011, October 26). Continuous Integration for Mobile. Retrieved from LinkedIn Engineering Blog: https://engineering.linkedin.com/testing/continuous-integration-mobile?cm_mc_uid=92132403740114635134753&cm_mc_sid_50200000=

Medeiros, J. (2014). The winning formula: data analytics has become the latest tool keeping football teams one step ahead. Retrieved from wired.co.uk: http://www.wired.co.uk/article/the-winning-formula

Moran, S. S. (2013, September 6). Test Data Management in the DevOps Lifecycle. Retrieved from The Invisible Thread: https://www.ibm.com/developerworks/community/blogs/invisiblethread/entry/test_data_management_in_the_devops_lifecycle?lang=en

Pal, T. (2015). Hygieia Dashboard - Making sense out of your DevOps tools. Retrieved from capitalone.io: http://www.capitalone.io/blog/hygieia-making-sense-out-of-your-devops-tools/

Pereira, R. (2009). The Seven Wastes. Retrieved from iSixSigma Magazine: http://blog.gembaacademy.com/wp-content/uploads/2009/09/7_wastes_isixsigma_magazine_0909.pdf

Peter, U. (2008, August 20). Tips from a Top Sports Team Coach. Retrieved from infoq.com: https://www.infoq.com/articles/sport-coaching-and-agile

Pollock, R. (2013, October 17). Troubled Obamacare website wasn't tested until a week before launch. Retrieved from Washington Examiner: http://www.washingtonexaminer.com/troubled-obamacare-website-wasnt-tested-until-a-week-before-launch/article/2537381

Powers, J. (2013). Why pulling the goalie is often worth the risk. Retrieved from bostonglobe.com: https://www.bostonglobe.com/sports/2013/05/29/pulling-goaltender-may-risky-move-but-bruins-and-other-hockey-teams-have-made-pay-off/u1dbL9XrfejggKHUnxpPUl/story.html

Quirk, T. P. (2004 , January 5). How to quantify downtime. Retrieved from networkworld.com: http://www.networkworld.com/article/2329877/infrastructure-management/how-to-quantify-downtime.html

Radcliffe, S. S. (2014, July). Whitepaper: Best practices for a DevOps approach with IBM System z. Retrieved from IBM Software: https://www14.software.ibm.com/webapp/iwm/web/signup.do?source=swg-rtl-sd-wp&S_PKG=ov26345

Reinertsen, D. G. (2009). The Principles of Product Development Flow: Second Generation Lean Product Development. Celeritas.

Roberts, A. (2009, May 14). How To Build a Championship Basketball Team. Retrieved from Bleacher Report: http://bleacherreport.com/articles/174989-how-to-build-a-championship-basketball-team

Rosenbaum, M. (n.d.). Strategies for the 4 x 100 Relay Race. Retrieved from About.com: http://trackandfield.about.com/od/sprintsandrelays/a/400relaystrat.htm

Sun, J. L. (2013, May 7). Don't Believe the Myth-information about the Mainframe. Retrieved from share.org: http://www.share.org/p/bl/et/blogid=2&blogaid=234

Surowiecki, J. (2014). Better All the Time. Retrieved from newyorker.com: http://www.newyorker.com/magazine/2014/11/10/better-time

Taylor, B. (2014, April 14). Why Amazon Is Copying Zappos and Paying Employees to Quit. Retrieved from Harvard Business Review: https://hbr.org/2014/04/why-amazon-is-copying-zappos-and-paying-employees-to-quit/

UML. (2005). uml.org. Retrieved from What is UML?: http://www.uml.org/what-is-uml.htm

Ward, S. C. (2012, July 23). The Fastest Baton to the Finish Line. Retrieved from nytimes.com: http://www.nytimes.com/interactive/2012/07/23/sports/olympics/the-fastest-baton-to-the-finish-line.html?_r=0

Wikipedia. (n.d.). Daily Standup Meeting. Retrieved from Wikipedia: https://en.wikipedia.org/wiki/Stand-up_meeting

Williamson, S. S. (2014, May 13). DevOps for mobile apps challenges and best practices. Retrieved from IBM DeveloperWorks: https://www.ibm.com/developerworks/library/mo-bestdevops-mobileapps/

5장

Blue Label Labs. (2016, April 19). MVPs: Why a Minimum Viable Product Is Your Most Valuable Player. Retrieved from IdeaToAppster: https://www.bluelabellabs.com/ideatoappster/mvps-why-a-minimum-viable-product-is-your-most-valuable-player/

Bowen, M. (2015, May 21). What It Takes to Be a Special Teams Demon. Retrieved from Bleacher Report: http://bleacherreport.com/articles/2470321-what-it-takes-to-be-a-special-teams-demon

Brown, C. (2013, January 25). Speak My Language. Retrieved from grantland.com: http://grantland.com/features/how-terminology-erhardt-perkins-system-helped-maintain-dominance-tom-brady-patriots/

Brown, K. (2016). Microservices Architectures for Cloud. IBM InterConnect 2016. IBM.

Brown, K. (2016, April 13). Refactoring to microservices, Part 1 and 2. Retrieved from IBM DeveloperWorks: https://www.ibm.com/developerworks/cloud/library/cl-refactor-microservices-bluemix-trs-1/index.html

CattleTags.com. (2016). Year Letter Designations for Beef Cattle Numbering. Retrieved from CattleTags.com: http://www.cattletags.com/beef-cattle-year-letter-designations

Cavin, J. W. (2014, December 18). Seattle Sounders Sports Science Weekend: Building the Anti-fragile Athlete: Dave Tenney. Retrieved from jameswcavin.com: http://www.jameswcavin.com/clinicians-and-coaches/2014/12/18/yiux6yv6ro6feual4j5qelwremc77i

Chase , C. (2015, September 9). What is Roger Federer's new SABR move? Retrieved from usatoday.com: http://ftw.usatoday.com/2015/09/what-is-roger-federers-new-sabr-move

Chiara Brandle, e. a. (2014, January 7). Cloud Computing Patterns of Expertise. Retrieved from IBm Redpaper: http://www.redbooks.ibm.com/abstracts/redp5040.html?Open

Cloud Native Computing Foundation. (2015, November 6). CNCF Charter. Retrieved from CNCF.io: https://cncf.io/about/charter

Edelman, D. M. (2015, October). How to scale your own digital disruption. Retrieved from McKinsey.com: http://www.mckinsey.com/business-functions/operations/our-insights/how-to-scale-your-owndigital-disruption

ESPN Developer Center. (2015). ESPN API Explorer. Retrieved from ESPN Developer Center: http://www.espn.com/static/apis/devcenter/io-docs.html

Farrell, A. (2008, August 20). A merica's Top 10 Olympic Schools. Retrieved from Forbes: http://www.forbes.com/2008/08/20/olympics-colleges-phelps-biz-sports_cx_af_0820olympics.html

Farres, L. G. (2004, Fall). Becoming a Better Coach through Reflective Practice. Retrieved from mindinmotion.ca: http://www.mindinmotion.ca/articles/lgfarres_reflective_practice.pdf

Feinberg, R. (2011, Summer). Baseball's Newest Farm System. Retrieved from Americas Quarterly: http://www.americasquarterly.org/node/2752

Fordacell, M. B. (2006, November). Real Madrid football club: A new model of business organization for sports clubs in Spain. Retrieved from researchgate.net: https://www.researchgate.net/publication/229478080_Real_Madrid_football_club_A_new_model_of_business_organization_for_sports_clubs_in_Spain

Fowler, J. L. (2014, March 25). Microservices. Retrieved from martinfowler.com: http://martinfowler.com/articles/microservices.html

Frederick, S. (2016, February 10). Which cloud? Any cloud: Getting started with portable HOT documents. Retrieved from Freddy on Cloudy Stuff: https://sudhakarf.wordpress.com/2016/02/10/which-cloud-any-cloud-designing-portable-hot-documents-with-urbancode/

He, L. (2013, March 29). Google's Secrets Of Innovation: Empowering Its Employees. Retrieved from Forbes: http://www.forbes.com/sites/laurahe/2013/03/29/googles-secrets-of-innovation-empowering-its-employees/

IBM Design. (2016). IBM Design Thinking Field Guide. IBM Design.

IBM Institute for Business Value. (2016). Digital reinvention in action. Retrieved from ibm.com: https://www-01.ibm.com/common/ssi/cgi-bin/ssialias?htmlfid=GBE03752USEN

Imgur, U. a. (2013, January 28). Redbox used to be for more than movies. Found this in DC in 2004. Retrieved from imgur.com: http://imgur.com/HmQNCwj

Jenkins, M. (1998). Overtraining Syndrome. Retrieved from rice.edu: http://www.rice.edu/~jenky/sports/overtraining.html

Joe Loewengruber, K. G. (2016). High Availability. Retrieved from IBM Garage Method: https://www.ibm.com/devops/method/content/manage/practice_high_availability/

Kalavalapalli, Y. (2016, April 8). Sony looks to extend IPL broadcasting rights. Retrieved from Live Mint: http://www.livemint.com/Companies/NXFJ1Ycguzq1a4vxuv1ruL/Sony-looks-to-extend-IPL-broadcasting-rights.html

Koffel, W. (2014, January 4). 12-Factor Apps in Plain English. Retrieved from ClearlyTech: http://www.clearlytech.com/2014/01/04/12-factor-apps-plain-english/

Li, C.-S. (2014, March). Software defined environments: An introduction. Retrieved from Researchgate: https://www.researchgate.net/publication/261718883_Software_defined_environments_An_introduction

Lopez, A. (2014, May 14). The ESPN Effect – The Evolution of our Sports Consumption. Retrieved from page2sports: http://page2sports.com/6038/espn-effect-evolution-sports-consumption-2

Martin, M. (2014, August 12). FastCustomer can help get you out of customer service hell. Retrieved from engadget.com: https://www.engadget.com/2014/12/08/fastcustomer-can-help-get-you-out-of-customer-service-hell/

Martinez, C. (2016, August 25). 2016 Rio Olympics: Current NCAA studentathletes competing by school. Retrieved from NCAA: http://www.ncaa.com/news/ncaa/article/2016-07-28/2016-rio-olympics-ncaa-olympic-student-athletes-school

NIST, U.S. Department of Commerce. (2011, September). The NIST definition of Cloud Computing. Retrieved from nist.gov: http://nvlpubs.nist.gov/nistpubs/Legacy/SP/nistspecialpublication800-145.pdf

Olenski, S. (2015, February 20). How Pro Sports Teams Are Taking The Customer Experience To The Next Level. Retrieved from Forbes.com: http://www.forbes.com/sites/steveolenski/2015/02/20/how-pro-sports-teams-are-taking-the-customer-experience-to-the-next-level/2/#4c384afe1c31

OpenStack.org. (2016, September 8). Networking API v2.0. Retrieved from OpenStack Documentation: http://developer.openstack.org/api-ref/networking/v2/?expanded=create-network-detail

Peranandam, C. (2012, September 10). Orchestrating the cloud to simplify and accelerate service delivery. Retrieved from IBM DeveloperWorks: https://www.ibm.com/developerworks/community/blogs/9e696bfa-94af-4f5a-ab50-c955cca76fd0/entry/orchestrating_the_cloud_to_simplify_and_accelerate_service_delivery1?lang=en

Ries, E. (2011). The Lean Startup: How Today's Entrepreneurs Use Continuous Innovation to Create Radically Successful Businesses. Crown

Business.

Roettgers, J. (2008, May 3). Whatever Happened to Red Swoosh? Retrieved from GigaOm: https://gigaom.com/2008/05/03/whatever-happened-to-red-swoosh/

Spiewak, S. (2016, April 29). Multi-sport Athletes Dominate First Round of 2016 NFL Draft. Retrieved from USA Football: http://usafootball.com/blogs/americas-game/post/12009/multi-sport-athletes-dominate-first-round-of-2016-nfl-draft

Taleb, N. N. (2007). The Black Swan: The Impact of the Highly Improbable. Random House.

Taleb, N. N. (2012). Antifragile: Things That Gain from Disorder. Random House.

The Movie Network. (2014, February 26). The Rental Revolution: How Redbox Revitalized the Movie Rental Industry. Retrieved from Themovienetwork.com: http://www.themovienetwork.com/article/rental-revolution-how-redbox-revitalized-movie-rental-industry

Timmons, A . (2008, November 2). The 10 Greatest Multi-Sport Athletes of All Time. Retrieved from Bleacher Report: http://bleacherreport.com/articles/76583-the-10-greatest-multi-sport-athletes-of-all-time

Triplett, M. (2014, July 3). Saints' top plays: 'Ambush' onside kick. Retrieved from ESPN: http://www.espn.com/blog/nfcsouth/post/_/id/55736/saints-top-play-ambush-onside-kick

Tseitlin, Y. I. (2011, July 19). The Netfl ix Simian Army. Retrieved from The Netflix Tech Blog: http://techblog.netflix.com/2011/07/netflix-simian-army.html

Wilson, J. (2010, April 23). Business Model Generation: Osterwalder rethinks the publishing industry. Retrieved from MaRS: https://www.marsdd.com/news-and-insights/business-model-generation-osterwalder-rethinks-the-publishing-industry/

Wolverine, E. (2014, September 4). Michigan Wolverine Football: Coaches Orchestrating The Big Game. Retrieved from http://gbmwolverine.com:

http://gbmwolverine.com/2014/09/04/michigan-wolverine-football-coaches-
orchestrating-big-game/

6장

Boyd, I. (2014, August 20). Evolving the Option. Retrieved from SB Nation:
http://www.sbnation.com/college-football/2014/8/20/6044003/read-option-pass-
play-football-xs-os-diagrams

Brealy, C. M. (2016). Adding your tools to IBM Cloud Platform DevOps
Toolchains. IBM InterConnect (pp. 12, 14). Las Vegas, NV: IBM.

Christofes, M. (2014, April 26). Engineering Failures: Apollo 13. Retrieved
from Michael Christoffes Engineering Design Blog http://sites.psu.edu/
mchristofes/2014/04/26/engineering-failures-apollo-13/

Davie, B. (2015, October 29). Football 101: Option football. Retrieved from
ESPN.com: http://static.espn.go.com/ncf/columns/davie/1447132.html

DW on Sport. (2012, February 24). The Importance of Goalkeeping.
Retrieved from DW on Sport: http://www.sportdw.com/2012/02/importance-of-
goalkeeping.html

Elder, M. J. (2014, June 1). Security considerations for DevOps adoption.
Retrieved from IBm DeveloperWorks: https://www.ibm.com/developerworks/
library/d-security-considerations-devops-adoption/

Flynn, D. (2016, June 24). Outsourced! Foreign Players Constitute Half of
NBA Draft's First Round Picks. Retrieved from www.breitbart.com: http://
www.breitbart.com/sports/2016/06/24/outsourced-foreign-players-constitute-
half-of-nba-drafts-first-round-picks/

Gartner. (2016). IT Glossary. Retrieved from Gartner: http://blogs.gartner.com/
it-glossary/competency-center/

IBM Design Thinking Field Guide. (2016). IBM Design Thinking Field Guide.
IBM Design.

iSport.com. (n.d.). History of Gymnastics. Retrieved from iSport.com
Gymnastics: http://gymnastics.isport.com/gymnastics-guides/history-of-

gymnastics

Ivarsson, H. K. (2012, October). Scaling Agile @ Spotify. Retrieved from
Scribd.com: https://www.scribd.com/document/113617905/Scaling-Agile-Spotify

Parcells, B. (2000, November). The Tough Work of Turning Around a Team.
Retrieved from Harvard Business Review : https://hbr.org/2000/11/the-
tough-work-of-turning-around-a-team

Popper, N. (2012, August 2). Knight Capital Says Trading Glitch Cost It
$440 Million. Retrieved from New York Times: http://dealbook.nytimes.
com/2012/08/02/knight-capital-says-trading-mishap-cost-it-440-million/?_r=0

Smith, J. (2015, June 22). How "Thinking Like A Developer" Disrupts
The Boardroom. Retrieved from Forbes.com: http://www.forbes.
com/sites/ibm/2015/06/22/how-thinking-like-a-developer-disrupts-the-
boardroom/#d9436cb41203

TheSportsCampus. (2016, August 19). Gopichand, the man behind India's
successful women shuttlers. Retrieved from The Sports Campus: http://
www.thesportscampus.com/2016081955475/articles/gopichand-the-man-behind-
indias-successful-women-shuttlers

Toyota Production System. (n.d.). Kaizen. Retrieved from Toyota Material
Handling: http://www.toyota-forklifts.eu/En/company/Toyota-Production-System/
Kaizen/Pages/default.aspx

Whitmore, J. T. (2012, August 15). Security in Development: The IBM Secure
Engineering Framework. Retrieved from IBm DeveloperWorks: https://
www.ibm.com/developerworks/library/se-framework/

7장

Breer, A. (2013, June 10). Who's really in charge? Power structures vary
across NFC East. Retrieved from NFL.com: http://www.nfl.com/news/
story/0ap1000000210494/printable/whos-ireallyi-in-charge-power-structures-
vary-across-nfc-east

Brustein, J. (2011, March 12). A Better Way to Watch Sports. Retrieved from nytimes.com: http://www.nytimes.com/2011/03/13/weekinreview/13watch.html?_r=0

Foss, M. (2015, March 11). Chip Kelly reminds the NFL that letting a coach also be a GM is stupid. Retrieved from USA Today: http://ftw.usatoday.com/2015/03/chip-kelly-reminds-the-nfl-that-letting-a-coach-also-be-gm-is-stupid

Gallo, C. (2014, August 19). The Coach Behind The Longest Winning Streak In Sports History Shows How To Build A Champion Business Team. Retrieved from Forbes.com: http://www.forbes.com/sites/carminegallo/2014/08/19/the-coach-behind-the-longest-winning-streak-in-sports-history-shows-how-to-build-a-champion-business-team/#a65422b1e906

Hewitt, J. (2015, June 13). Why Mavericks are good for Sport? Retrieved from InternationalRacer.com: http://www.j3sm.com/index.php/modules-menu/alpine-ski-racing-academy-coaches-corner/104-fast-or-technical-and-why-mavericks-are-good-for-sport

Minick, E. (2015, April 16). Building a DevOps Team that Isn't Evil . Retrieved from IBM DeveloperWorks: https://developer.ibm.com/urbancode/docs/building-a-devops-team-that-isnt-evil/

Reid, L. (2015, June 22). The Simple Math of DevOps. Retrieved from DevOps.com: http://devops.com/2015/06/22/the-simple-math-of-devops/

Robbins, B. (2015, January 22). Meet the technology titans transforming the NBA. Retrieved from TheGuardian.com: https://www.theguardian.com/sport/2015/jan/22/technology-titans-transform-the-nba

Rosenbush, S. (2015, April 27). IBM CIO Designs New IT Workf low for Tech Giant Under Pressure. Retrieved from Wall Street Journal: http://blogs.wsj.com/cio/2015/04/27/ibm-cio-designs-new-it-workflow-for-struggling-tech-giant/

Witnify. (2014, February 11). The 1980 Miracle On Ice: Herb Brooks. Retrieved from sbnation.com: http://www.sbnation.com/miracle-on-ice-1980-

us-hockey/2014/2/11/5400156/the-1980-miracle-on-ice-herb-brooks

부록

Forrester. (n.d.). Water-Scrum-Fall Is The Reality Of Agile For Most Organizations Today. Retrieved from Forrester.com: https://www.forrester. com/report/WaterScrumFall+Is+The+Reality+Of+Agile+For+Most+Organizations+Tod ay/-/E-RES60109

Garvin, David A., Amy C. Edmondson, and F. G. (n.d.). Is yours a Learning Organization? Retrieved from hbr.org: https://hbr.org/2008/03/is-yours-a-learning-organization

Kaz, P. (n.d.). Measurement Myopia. Retrieved from Drucker Institure: http:// www.druckerinstitute.com/2013/07/measurement-myopia/

Kruchten, P. (n.d.). The 4+1 View Model of architecture. Retrieved from ieee.org: http://ieeexplore.ieee.org/xpl/articleDetails.jsp?arnumber=469759

Lean.org. (n.d.). Lean.org. Retrieved from Lean.org: http://www.lean.org/ WhatsLean/History.cfm

Standard, B. (2014, November 4). Khosla Ventures incubates startup to enable bank transactions via kirana stores. Retrieved from Business Standard: http://www.business-standard.com/article/companies/ khosla-incubatesstart-up-to-enable-bank-transcations-via-kirana-stores-114110400013_1.html

찾아보기

ㄱ

가치 제안 126, 128, 130
가치 흐름 지도 27, 92, 95, 117, 379
개방형 서비스 178
공급업체 135
길드 386

ㄴ

노옵스 29, 160

ㄷ

다중 속도 IT 91, 182, 278
단일 진실 공급원 178, 202
대시보드 230
대체성 359
데브옵스 38
데브옵스 역량 센터 363
데브옵스 코치 365
데이터 리팩토링 343
도입 로드맵 378
도커 328
디자인 싱킹 69, 286, 375

ㄹ

록인 208
리드 시간 97
린 스타트업 69, 284
릴리즈 관리 프로세스 234

ㅁ

마이크로서비스 332

마일스톤 41
매버릭 431
매트릭스 조직 160
메인프레임 248
무다 168
문화적 관성 24, 80, 112, 161, 352, 408

ㅂ

바이모달 IT 182
배치 75
배치 크기 153
배포 오케스트레이션 319
배포 자동화 190
보안 테스트 394
브로커 314
블루 그린 배포 302
비즈니스 가치 평가 117
비즈니스 모델 캔버스 118, 120
비즈니스 사례 116
비즈니스 영향 요소 77, 78
빅데이터 256

ㅅ

사물인터넷 253
사용자 감정 227, 424
사이클 타임 43, 49, 61, 149, 151, 240
사일로 160
사일로 현상 360
생산성 저하 109
섀도 IT 88, 389, 425
서비스 수준 계약 103
서비스 오케스트레이션 315

서비스형 데브옵스 324
서비스형 소프트웨어 301
서비스형 인프라 304, 312
서비스형 인프라 클라우드 348
서비스형 컨테이너 330
서비스형 테스트 환경 215
서비스형 플랫폼 143, 222, 271, 321
소프트웨어 정의 데이터센터 304
소프트웨어 정의 환경 62, 303, 304
스모크 테스트 65
스쿼드 160, 367, 384
스테이징 환경 65
스프린트 185
시스템 모니터링 227
시프트 레프트 47, 71, 74, 208
시프트 레프트 테스팅 72

ㅇ

아마존 웹서비스 318
아웃소싱 403, 404
안티 패턴 27, 415
안티프래질 290, 293
애자일 172
애자일 매니페스토 41, 51
애자일 운동 50
애플리케이션 동작 227
애플리케이션 리패키징 342
애플리케이션 모니터링 227
오케스트레이션 184
오픈스택 히트 319
온프레미스 215
우버 28
워터-스크럼-폴 174
유사 운영 환경 42, 199
유저 스토리 43
이중 속도 IT 143, 182

일급 객체 247
임피던스 불일치 175, 270

ㅈ

전달 파이프라인 56, 178
조직 관성 24
종단 간 추적성 179
지속적 개선 231
지속적 모니터링 67
지속적 배포 58
지속적 전달 55, 58, 59
지속적 테스팅 64
지속적 통합 49, 51, 185
지속적 피드백 63

ㅊ

챕터 385
최소 기능 제품 285

ㅋ

카오스 멍키 295
카이젠 102, 184, 377
카탈로그 314
컨테이너 222, 326
코드 리팩토링 343
콘웨이의 법칙 158
클라우드 306
클라우드 네이티브 147, 337
클라우드 오케스트레이션 315, 349
클라우드 컴퓨팅 패턴 317
클라우드 파운드리 325
클라우드 호스팅 환경 305

ㅌ

테스트 가상화 66, 244

트라이브 367, 385

ㅍ

파워 유저 125
파이프라인 56
파일럿 프로젝트 111, 428
파트너사 135
페르소나 424
표준화 358
품질 게이트 235
프로비저닝 45
프로세스 시간 97
플레이북 27, 84

ㅎ

하이지에이아 229
핵심 기능 영역 142, 144
핵심성과지표 77
핸드오프 204
혁신 가능 영역 142, 145
환경 버전 관리 61
환경 추상화 303

A

A/B 테스트 58, 288
A/B 테스팅 227
ASUM 258
AWS 318

B

batch 75
Business Model Canvas 118

C

CaaS 330

Chaos Monkey 295
Container as a Service 330

D

Design Thinking 69

H

Hygieia 229

I

IaaS 304
IBM 가라지 49
IDEF 다이어그램 95
Industrialized Core 142
Infrastructure as a Service 304
Innovation Edge 142
ITIL 223, 225

K

Kaizen 102
KPI 77, 78, 110, 162

M

Mean Time Between Failure 297
Mean Time To Repair 297
MTBF 297
MTTR 297
MUDA 168
Multi-Speed IT 91
MVP 285

N

NoOps 29

O

OSLC 178

P

PaaS 143
PDCA 40
PDCA 사이클 63

S

SaaS 301
SDE 303
SDEs 62
Shadow IT 88
shift-left 47
SLAs 103
Software as a Service 301
Software Defined Environment 303

Squad 367
SSOT 178

T

Test Environment As a Service 215
test virtualization 66
Tribe 367

U

Uber 28

기호

%C&A 메트릭 97

번호

12 팩터 앱 335

데브옵스 도입 전략

기업 상황에 따라 적용하는 데브옵스 도입 방법

발 행 | 2021년 6월 30일

지은이 | 산지브 샤르마
옮긴이 | 정 아 정

펴낸이 | 권 성 준
편집장 | 황 영 주
편 집 | 이 지 은
디자인 | 송 서 연

에이콘출판주식회사
서울특별시 양천구 국회대로 287 (목동)
전화 02-2653-7600, 팩스 02-2653-0433
www.acornpub.co.kr / editor@acornpub.co.kr

한국어판 © 에이콘출판주식회사, 2021, Printed in Korea.
ISBN 979-11-6175-537-3
http://www.acornpub.co.kr/book/devops-adoption-playbook

책값은 뒤표지에 있습니다.